다문화교육

장인실 · 모경환 · 김윤주 · 박철희 · 임은미 · 조현희 · 함승환 공저

Multicultural
Education

학지사

 머리말

    2006년 미식축구 선수인 하인즈 워드(Hines Ward)로 인해 한국의 다문화교육은 촉발되었다. 결혼이주자, 외국인 근로자, 북한이탈주민, 난민 등의 유입으로 인종적·문화적으로 다양성이 증가하면서 한국은 점차 다문화사회로 접어들고 있다. 그동안 한국에서도 다문화교육 관련 담론과 정책들이 확산되어 왔으나, 다문화교육에 대한 진정한 의미가 왜곡되어 교육정책이 운행되기도 하였다. 사회통합이라는 전제하에 다문화 가정의 인권과 문화적 다양성을 인정하고 존중하기보다는 동화주의 관점에서 다문화교육 관련 연구와 정책이 수행되어 왔다. 특히 초기의 다문화교육 관련 정책은 다문화 가정을 위한 한국문화 체험과 한국어 습득 등에 집중되어 있어, 이들의 강점을 강화하여 역량을 신장하는 데 소홀하였다. 진정한 의미의 다문화교육은 단순히 서로를 이해하는 단계에서 그치는 것이 아니라 모든 사람이 각자의 잠재력을 최대로 발현할 수 있도록 교육 평등이 이루어져야 하며, 교육 평등이 이루어지기 위해서는 학교 교육과정의 변화, 사회체제의 변화와 개혁이 필요하다.

    이렇듯 한국에서의 다문화교육은 이주민을 위한 지원과 한글 교육, 정주민을 위한 다른 나라 문화 체험에 집중되어 있었으며, 최근까지 학교에서 이루어지는 다문화교육에도 큰 변화는 없다. 한국의 전통적인 정서인 '우리'라는 틀 속에서 벗어나 '나'와 다름을 인정할 수 있는 인식 변화가 일어나기 위해서는 장기적인 측면에서의 교육이 지속되어야 하며, 이를 위해서는 교사의 역할이 무엇보다 중요하다. 이 책은 현장교사, 예비교사, 다문화교육 전공자들이 다문화교육의 기본을 이해하고, 이를 실제 상황에 적용하는 데 작게나마 도움이 되고자 다문화교육 연구자들이 모여 집필하였다.

    이 책이 기존의 다문화교육 관련 책들과 다른 점은 다문화교육에 대한 단순한 이해뿐만 아니라 교사들이 실질적으로 교실에서 어떻게 다문화교육을 적용하여야 하는가에 대한 실제에도 중점을 두었다는 것이다. 또한 다문화교육에서 최신 이론인 비판적 다문화교육, 문화감응교수, 다문화 친화적 학교 구축 등을 이 책에서 다루고 있다. 이 책은 크게 두 부분으로 구성되어 있다. 제1부에서는 다문화교육을 올바르게 이해하기 위하여 필요한 다문화주의, 다문화 가정, 다문화교육 관련 이론을 다룬다. 제2부에서는 다문화교육에 대한 이해를 바탕으로 이를 실천할 수 있는 실제 방안을 소개한다. 각 장별 내용을 간단히 설명하면 다음과 같다.

제1장 '다문화사회로의 변화'에서는 글로벌 시대의 국제이주로 인한 우리나라 외국인 주민의 증가 양상을 살펴본다. 또한 다문화 학생과 외국인 유학생의 증가로 인한 한국 사회의 다문화적 변화양상을 검토하고, 이러한 다문화사회로의 변화에서 우리 사회의 교육체제가 추구해야 할 시민교육의 과제를 제시한다.

제2장 '다문화주의의 개념과 쟁점'은 다문화주의가 무엇인지에 대해 정교하게 이해하는 것을 목표로 한다. 이를 위해 몇 가지 이론적 관점들에 주목한다. 특히 '인정의 정치'로서의 다문화주의, '자유주의적' 다문화주의, '비판적' 다문화주의를 살펴본다. 또한 다문화주의와 다문화정책 간의 관계에 대해 살펴보고, 다문화주의에 대한 비판과 논쟁들을 검토한다.

제3장 '다문화 가정의 이해'에서는 한국의 다문화 가정 학생이 주로 국제결혼 가정 학생, 탈북 청소년, 외국인 가정 학생을 의미하며, 이들의 비율이 증가하고 있음을 언급한다. 교사들은 다문화 학생의 현황에 대한 기본적인 지식을 지니고 교직에 입문할 필요가 있다. 아울러 다문화 가족의 의미와 등장 배경을 살펴본 후, 각 집단별 현황, 어려움, 지원서비스들을 제시한다.

제4장 '다문화교육의 개념 및 범주'에서는 한국과 미국에서의 다문화교육의 발전 역사를 살펴보고, 다문화교육의 개념과 범주를 살펴본다. 또한 다문화교육 용어와 유사한 의미로 사용되고 있는 국제이해교육과 상호문화교육에 대한 비교를 통해 다문화교육의 개념을 좀 더 명확하게 파악한다.

제5장 '한국의 다문화교육 정책'은 중앙정부 수준의 다문화교육 정책의 등장 배경, 전개과정, 성과와 과제 등에 대한 이해도 향상을 목표로 한다. 중앙정

부 수준에서 다문화교육 정책을 체계적으로 계획하고 추진하게 된 배경과 역대 정부의 다문화정책의 비전과 목표, 핵심과제 등을 순차적으로 고찰한다. 그리고 일련의 다문화교육 정책의 추진을 통해 이룩한 주요 성과와 향후 다문화교육의 발전을 위한 정책과제를 제시한다.

제6장 '다문화교육과 교사교육'에서는 다문화교육을 위한 교사 역할의 중요성과 교사 다문화 역량의 개념을 살펴본다. 또한 다문화교육의 효과적인 실행을 위한 예비교사 양성 과정 및 현직교사 전문성 육성 프로그램의 원리를 고찰한다. 이러한 논의를 토대로 우리나라 다문화 교사교육의 과제를 제시한다.

제7장 '비판적 다문화교육'에서는 비판적 다문화교육의 의미와 목적 및 실천방안을 다룬다. 보다 구체적으로는 사회와 지식, 학교 교육을 비판적으로 인식한다는 것의 의미를 설명하고, 이를 토대로 비판적 다문화교육의 학문적·문화적·사회정치적 목적을 설명한다. 이어서 예비교사를 위한 비판적 다문화교육의 실천방안과 사례를 제시한다.

제8장 '다문화교육과 교육과정'에서는 다문화교육을 실현하기 위해 필요한 것은 사람들의 인식 변화이고, 인식이 변화되기 위해서는 교육과정의 변화가 필수적임을 언급한다. 이 장에서는 다문화교육과 교육과정의 관계, 교육과정 개발 모형, 다문화 교육과정 적용사례를 제시한다.

제9장 '문화감응교수의 이론과 실제'에서는 학습자들이 속한 다양한 집단의 경험과 문화를 교수·학습을 위한 자원으로 이해하고 활용하는 방안에 대해 살펴본다. 이 장에서는 문화감응교수의 등장 배경 및 필요성, 목표, 핵심개념(문화, 다양성, 감응, 교수), 실천원리 및 사례 등을 제시한다.

제10장 '다문화 친화적 학교 구축'은 다문화 친화적 학교의 특징을 종합적으로 이해하는 것을 목표로 한다. 이를 위해 다문화 친화적 학교의 주요 특징을 검토한다. 또한 다문화교육을 위해 요구되는 '자생적 학교개혁'과 '문화감응적 리더십'의 중요성에 대해 살펴보고, 다문화교육을 위한 더 나은 여건 조성의 가능성에 대해 논의한다.

제11장 '다문화 학생을 위한 상담'은 교사가 자신의 문화적 특성과 학생의 문화적 특성을 이해하고 상담에 통합하는 것으로서, 문화적으로 다양한 학

생 모두를 위한 상담이다. 교사가 다문화 상담을 진행할 때 참고할 사항들을 다문화 상담의 개념, 다문화 상담을 위한 교사의 준비, 다문화 상담의 과정과 방법, 그리고 다문화 상담 사례를 통해 제시한다.

제12장 '다문화 학생을 위한 한국어교육'에서는 학령기 다문화 학생을 위한 한국어교육 방안에 대해 살펴본다. 이를 위해 먼저 다문화사회에서의 언어 습득 문제, 언어교육에 접근하는 다양한 관점에 대해 검토한다. 이를 기반으로 제2언어로서 한국어교육의 개념과 범주, 목표와 내용에 대해 살펴보고, 실제 한국어 수업을 설계하고 운영하기 위한 원리와 방법, 수업 모형을 제시한다.

제13장 '문학을 활용한 다문화교육'에서는 다문화교육에 문학 작품을 활용하는 방안에 대해 살펴본다. 이를 위해 먼저 문학의 교육적 가치, 디아스포라와 다문화 문학의 개념과 범주에 대해 논의한다. 이어서 다문화교육을 위한 문학 작품 선정의 원리와 주요 수업 설계 모형을 살펴본 후 문학을 활용한 실제 수업 사례를 제시한다.

이 책은 현직교사, 예비교사, 다문화교육 전공자들이 다문화교육에 대한 올바른 개념과 현장에서 활용할 수 있는 구체적인 실천방안을 제공하려 노력하였다. 애초 의도했던 만큼의 성과를 이루었는지는 독자들의 몫으로 남겨 놓겠다. 이 책이 나오기까지 많은 분의 지원과 노고가 있었음을 밝히고 감사의 뜻을 전하고자 한다. 특히 다문화교육의 중요성을 인식하고 다문화교육 관련 저서를 출간해 주신 학지사 김진환 사장님과 직원분들께 깊은 감사의 마음을 전한다.

2022. 3.
저자 일동

차례

Ⅱ
다문화교육의 실제

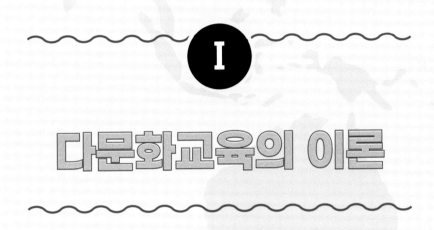

I

다문화교육의 이론

제 1 장
다문화사회로의 변화

모경환

 **개요**

대규모 국제이주와 세계화가 진행되면서 21세기 한국 사회는 다인종, 다문화사회로 급속히 변화하고 있다. 1990년대 이후 국제화, 개방화 물결로 인해 외국인 노동자, 결혼이주자, 유학생 등의 국내 유입이 가속화되면서 우리 사회에 다문화 가정의 구성원이 증가하고 있으며, 각급 학교에서 다문화 학생도 늘어나고 있다. 이로 인해 우리 사회가 더 이상 민족적 · 문화적 단일성을 기반으로 사회적 통합을 추구할 수 없는 상황에 직면하고 있다. 사회 구성원의 다양화는 학교와 사회에서 다인종적 · 다문화적 이해와 상호존중이 중요한 사회적 과제가 되었음을 의미한다. 따라서 인종, 민족, 언어, 문화, 종교가 다양한 시민이 서로 공존하는 가운데 사회통합의 원리를 모색하는 것과 변화하는 시대에 적응하고 이끌어 갈 수 있는 시민의 자질을 육성하는 것이 중요한 교육목표로 부각되었다.

 세부목차

1. 글로벌 시대의 국제이주
2. 한국 사회의 다문화적 변화
3. 다문화사회의 교육 과제

 학습목표

1. 국제이주에 따른 인구구조의 변화 추이를 이해한다.
2. 한국 사회의 다문화적 변화를 기술할 수 있다.
3. 다문화사회의 교육 과제를 설명할 수 있다.

1. 글로벌 시대의 국제이주

21세기는 전 지구적 대규모 이주가 보편화된 시대이다. 자신이 출생한 나라를 떠나 다른 나라에 거주하는 이주민의 숫자가 꾸준히 늘어나고 있다. 국제이주의 규모와 속도는 경제 위기, 정치적 갈등, 감염병 대유행 등의 요인에 의해 영향을 받는데, 장기적으로는 증가 추세를 나타낸다. [그림 1-1]에 나타난 바와 같이, 국제 이주민의 규모는 2000년에는 전 세계 인구의 약 2.9%(약 1억 9천 2백만 명)이었으나, 2019년에는 3.5%로 늘었고 2억 7천 2백만 명 수준이다. 또한 이들 이주민의 74%는 노동가능인구(20~64세)이다(International Organization for Migration, 2019).

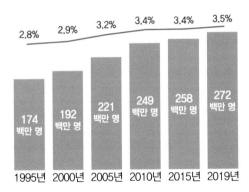

[그림 1-1] 국제이주의 규모

출처: International Organization for Migration (2019), p. 22.

이러한 국제적 추세와 함께 국내 거주하는 외국인의 수도 증가하고 있는데, '외국인주민'이 2009년에 1백만 명을 넘어섰고, 2018년에 2백만 명을 돌파하였다. [그림 1-2]에 나타난 바와 같이, 2019년 11월 기준 우리나라에 거주하는 외국인주민 수는 222만 명으로, 총인구 대비 4.3%에 이르며, 2018년 11월 기준 2,054,621명 대비 161,991명(7.9%) 증가하였다. 국내 외국인주민이 1만 명 이상 또는 인구 대비 5% 이상 거주하는 시·군·구는 95개 지역에 이른다(행정안전부, 2020).

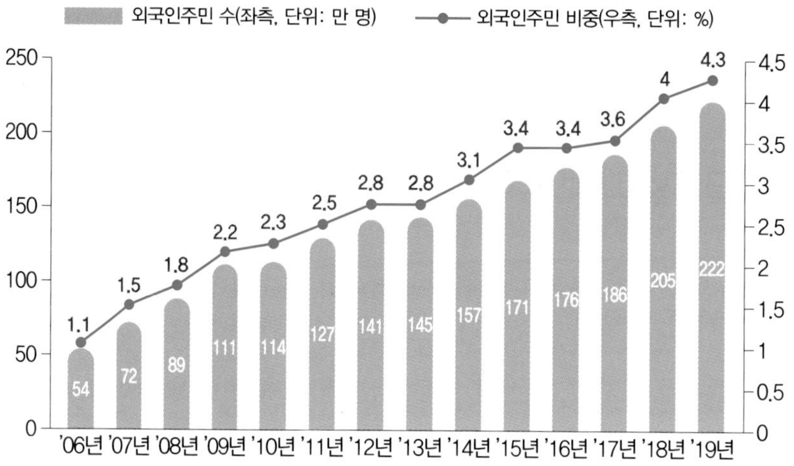

■ 외국인주민 수(좌측, 단위: 만 명) ● 외국인주민 비중(우측, 단위: %)

[그림 1-2] 외국인주민 증가 추이

출처: 행정안전부(2020), p. 4.

이들 외국인주민을 유형별로 살펴보면 한국 국적을 가지지 아니한 자(외국인 근로자, 외국 국적 동포, 결혼이민자 등)가 177만 8,918명(80.3%), 한국 국적 취득자 18만 5,728명(8.4%), 외국인주민 자녀(출생)가 25만 1,966명(11.4%)이다.

첫째, 한국 국적을 가지지 않은 자 1,778,918명을 유형별로 살펴보면 [그림 1-3]에 나타난 바와 같이 ① 외국인 근로자(29.0%), ② 외국 국적 동포(17.0%), ③ 결혼이민자(9.8%), ④ 유학생(9.0%) 순이다.

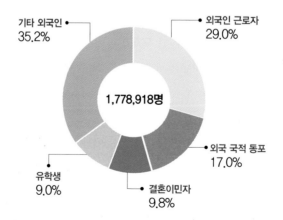

[그림 1-3] 한국 국적을 가지지 아니한 자 유형별

출처: 행정안전부(2020), p. 4.

한국 국적을 가지지 않은 외국인주민들을 국적별로는 살펴보면, 〈표 1-1〉에 나타난 바와 같이 중국 출신이 42.6%(757,037명)를 차지하고 있으며, 그다음으로는 베트남(11.1%), 태국(10.2%), 미국(4.4%) 등 순이다.

〈표 1-1〉 주요 국적별 현황 (단위: 명, %)

중국(한국계)	중국	베트남	태국	미국	우즈베키스탄	필리핀	캄보디아
536,638	220,399	197,340	182,160	78,539	62,076	50,217	45,475
30.2	12.4	11.1	10.2	4.4	3.5	2.8	2.6

출처: 행정안전부(2020), p. 4.

둘째, 한국 국적을 취득한 자는 2019년 11월 기준 185,728명으로 2018년 176,915명에 비해 8,813명(5.0%) 증가하였다. 이들의 주요 출신 국가는 중국(한국계) 85,977명(46.3%), 베트남 38,469명(20.7%), 중국 35,199명(19.0%), 필리핀 8,921명(4.8%) 순이다.

2. 한국 사회의 다문화적 변화

1) 다문화 학생의 증가

글로벌 시대의 이러한 인구구조의 변화와 함께 우리 사회에 다문화 가정 자녀의 숫자도 계속 증가하고 있다. 우리나라의 다문화정책 시행 초기에 "우리와 다른 민족·문화적 배경을 가진 사람들로 구성된 가정"을 통칭하여 '다문화 가정'이라는 용어를 사용하였고(교육부, 2006), 이들 다문화 가정의 자녀가 학교에 재학할 경우 '다문화 학생'의 범주에 포함시킨다. 〈표 1-2〉에 나타난 바와 같이, 다문화 학생은 국제결혼 가정의 자녀(국내출생 자녀와 중도입국 자녀), 외국인 가정의 자녀로 구성된다. 이러한 다문화 학생의 유형별 증가 추이는 〈표 1-3〉에 나타난 바와 같다.

2021년 기준 초 · 중등(각종학교 포함) '다문화 학생'의 수는 [그림 1-4]에 나타난 바와 같이 160,056명으로 전년(147,378명) 대비 12,678명(8.6%) 증가하여, 2012년 (46,954명) 조사 시행 이후 지속적인 증가 추세를 나타내고 있다. 전년 대비 각급 학교별로 살펴보면 초등학교는 111,371명으로 3,677명(3.4%), 중학교는 33,950명 으로 7,177명(26.8%), 고등학교는 14,307명으로 1,829명(14.7%) 증가하였고, 각종 학교 428명으로 5명(1.2%) 감소하였다. 2021년 기준 초 · 중등 학생 중 다문화 학생 비율은 3.0%로 전년(2.8%) 대비 0.2%p 상승하였다(교육부, 2021b).

<표 1-2> 다문화 학생 유형

유형		설명
국제결혼 가정	국내출생 자녀	• 한국인과 결혼이민자 사이에서 태어나 한국에서 성장한 경우 • 한국어 구사에 어려움은 없으나, 학습에 필요한 문장이나 어휘를 이해하는 데 곤란을 겪는 경우 존재 • 사춘기에 진입하면서 다문화에 대한 고정관념에 불편함을 느끼며, 심리정서 지원 요구
	중도입국 자녀	• 결혼이민자가 한국인과 재혼한 이후에 본국에서 데려온 경우, 한국인과 결혼이민자 사이에서 태어났으나 결혼이민자 본국에서 성장하다가 입국한 경우 등 • 새로운 가족과 한국문화에 적응하기 위한 스트레스가 발생하며, 정체성 혼란이나 무기력 등을 경험하는 경우 존재 • 한국어 능력이 부족하여 공교육 진입과 적응에 어려움 발생
외국인 가정	외국인 가정 자녀	• 외국인 사이에서 태어난 경우(조선족, 중앙아시아 고려인, 시리아 난민 등 포함) • 정주여건이 불안정하여 학업을 지속하기 어려운 경우 존재 ※ 유엔아동권리협약에 따라 미등록 이주아동의 교육권 보장

출처: 교육부(2021a), p. 20.

<표 1-3> 다문화 학생 현황 (단위: 명)

연도	전체					국제결혼 가정											외국인 가정				
						국내출생					중도입국										
	소계	초등학교	중학교	고등학교	각종학교	소계	초등학교	중학교	고등학교	각종학교	소계	초등학교	중학교	고등학교	각종학교		소계	초등학교	중학교	고등학교	각종학교
2021년	160,056	111,371	33,950	14,307	428	122,093	86,399	25,368	10,182	144	9,427	4,953	2,773	1,519	182		28,536	20,019	5,809	2,606	102
2020년	147,378	107,694	26,773	12,478	433	113,774	85,089	19,532	9,049	104	9,151	5,073	2,459	1,415	204		24,453	17,532	4,782	2,014	125
2019년	137,225	103,881	21,693	11,234	417	108,069	83,602	15,891	8,464	112	8,697	5,148	2,131	1,220	198		20,459	15,131	3,671	1,550	107
2018년	122,212	93,027	18,068	10,688	429	98,263	76,181	13,599	8,361	122	8,320	5,023	1,907	1,185	205		15,629	11,823	2,562	1,142	102
2017년	109,387	82,733	15,945	10,334	375	89,314	68,610	12,265	8,335	104	7,792	4,843	1,722	1,063	164		12,281	9,280	1,958	936	107
2016년	99,186	73,972	15,080	9,816	318	79,134	59,970	11,475	7,589	100	7,418	4,577	1,624	1,075	142		12,634	9,425	1,981	1,152	76
2015년	82,536	60,162	13,827	8,146	401	68,099	50,191	11,054	6,688	166	6,261	3,965	1,389	723	184		8,176	6,006	1,384	735	51
2014년	67,806	48,225	12,506	6,734	341	57,498	41,546	10,316	5,562	74	5,602	3,262	1,386	750	204		4,706	3,417	804	422	63
2013년	55,780	39,360	11,280	4,858	282	45,814	32,823	9,162	3,793	36	4,922	3,006	1,143	565	208		5,044	3,531	975	500	38
2012년	46,954	33,740	9,627	3,409	178	40,040	29,282	8,194	2,536	28	4,288	2,669	985	547	87		2,626	1,789	448	326	63

주: 1) 다문화 학생 수＝국제결혼 가정 자녀＋외국인 가정 자녀
  2) 국제결혼 가정 자녀: 한국인 부(모)와 외국인 모(부) 사이에 태어난 자녀로, 국내출생과 중도입국으로 분류됨
    − 국내출생 자녀: 국제결혼 가정 자녀 중 국내에서 출생한 자녀
    − 중도입국 자녀: 국제결혼 가정 자녀 중 외국에서 태어나 부모와 함께 중도에 국내로 입국한 자녀
  3) 외국인 가정 자녀: 외국인 사이에서 출생한 자녀
출처: 교육부(2021b), p. 5.

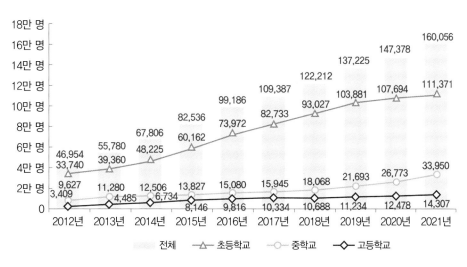

[그림 1-4] 초중등/학교급별 다문화 학생 수

출처: 교육부(2021b), p. 5.

다문화 학생 부모의 출신 국적별 현황을 살펴보면 [그림 1-5]에 나타난 바와 같
이 베트남이 32.2%(51,532명)로 가장 많은 비율을 차지하고, 다음으로 중국(한국계
제외) 23.6%(37,805명), 필리핀 10.0%(15,935명), 중국(한국계) 8.2%(13,175명), 일본
5.2%(8,286명) 순이다.

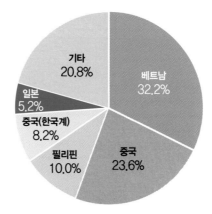

[그림 1-5] 다문화 학생 부모의 출신 국적

출처: 교육부(2021b), p. 6.

<표 1-4> 다문화 학생 부모의 출신 국적   (단위: 명, %)

국가	다문화 학생 수	비율
계	160,056	100.0
베트남	51,532	32.2
중국(한국계 제외)	37,805	23.6
필리핀	15,935	10.0
중국(한국계)	13,175	8.2
일본	8,286	5.2
기타	33,323	20.8

주: 기타에는 태국, 몽골, 캄보디아, 러시아, 미국, 대만, 인도네시아, 유럽, 아프리카, 중앙아시아, 중
동, 기타 국가가 포함됨
출처: 교육부(2021b), p. 6.

우리나라의 저출산·고령화 추세가 빠르게 진행되기 때문에 외국 인력의 수요
가 급증하고, 더불어 이주민의 유입은 더욱 늘어날 전망이다. 또한 초·중등 학

생 수가 지속적으로 감소하고 있음을 감안하면, 현재 3.0%인 다문화 학생의 비율은 더욱 증가할 것이 예상된다. [그림 1-6]에 나타난 바와 같이, 2021년 기준 우리나라 전체 유·초·중등 학생의 수는 5,957,087명으로 전년(6,010,006명) 대비 52,919명(0.9%) 감소하였고, 초·중·고교 학생 수는 5,323,075명으로 전년(5,346,874명) 대비 23,799명(0.4%) 감소하였다.

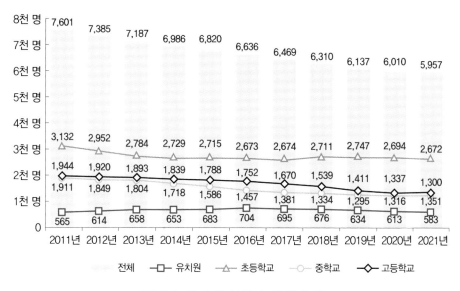

[그림 1-6] 전체 학생 수 변화 추이

출처: 교육부(2021b), p. 2.

2) 외국인 유학생의 증가

'외국인 유학생'이란 우리나라에서 유학 또는 연수활동을 할 수 있는 체류자격을 가지고 있는 외국인을 말한다(「출입국관리법」 제19조의4 제1항). 국내 외국인 유학생은 총 152,281명으로 전년 대비 1,414명(0.9%) 감소하였으나, [그림 1-7]에 나타난 바와 같이 10년 전에 비해 두 배가량 증가한 수준이다. 2021년 기준 학위과정 외국인 유학생 수는 〈표 1-5〉에 나타난 바와 같이 120,018명(78.8%)으로 전년 대비 7,015명(6.2%) 증가하였고, 전체 고등교육기관 재적학생(3,201,561명)의 3.7%를 차지하고 있다. 비학위과정 외국인 유학생 수는 32,263명(21.2%)으로 전년 대비 8,429명(20.7%) 감소하였다.

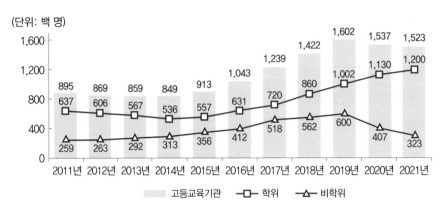

[그림 1-7] 외국인 유학생 추이

출처: 교육부(2021b), p. 24.

<표 1-5> 외국인 유학생 수 (단위: 명, %)

연도	총계	학위과정				비학위과정		
		합계	전문학사/학사	석사	박사	합계	어학연수생	기타 연수생
2021년	152,281	120,018(78.8)	80,597(52.9)	25,169(16.5)	14,252(9.4)	32,263(21.2)	23,442(15.4)	8,821(5.8)
2020년	153,695	113,003(73.5)	74,851(48.7)	24,996(16.3)	13,156(8.6)	40,692(26.5)	32,315(21.0)	8,377(5.5)
2019년	160,165	100,215(62.6)	65,828(41.1)	23,605(14.7)	10,782(6.7)	59,950(37.4)	44,756(27.9)	15,194(9.5)
2018년	142,205	86,036(60.5)	56,097(39.4)	21,429(15.1)	8,510(6.0)	56,169(39.5)	41,661(29.3)	14,508(10.2)
2017년	123,858	72,032(58.2)	45,966(37.1)	18,753(15.1)	7,313(5.9)	51,826(41.8)	35,734(28.9)	16,092(13.0)
2016년	104,262	63,104(60.5)	38,944(37.4)	17,282(16.6)	6,878(6.6)	41,158(39.5)	26,976(25.9)	14,182(13.6)
2015년	91,332	55,739(61.0)	32,972(36.1)	16,441(18.0)	6,326(6.9)	35,593(39.0)	22,178(24.3)	13,415(14.7)
2014년	84,891	53,636(63.2)	32,101(37.8)	15,826(18.6)	5,709(6.7)	31,255(36.8)	18,543(21.8)	12,712(15.0)
2013년	85,923	56,715(66.0)	35,503(41.3)	16,115(18.8)	5,097(5.9)	29,208(34.0)	17,498(20.4)	11,710(13.6)
2012년	86,878	60,589(69.7)	40,551(46.7)	15,399(17.7)	4,639(5.3)	26,289(30.3)	16,639(19.2)	9,650(11.1)
2011년	89,537	63,653(71.1)	44,641(49.9)	14,516(16.2)	4,496(5.0)	25,884(28.9)	18,424(20.6)	7,460(8.3)
2010년	83,842	60,000(71.6)	43,709(52.1)	12,480(14.9)	3,811(4.5)	23,842(28.4)	17,064(20.4)	6,778(8.1)

주: 1) 외국인 유학생 비율(%) = (해당 과정 외국인 유학생 수/전체 외국인 유학생 수)×100
　　2) 외국인 유학생 수에는 일반대학, 산업대학, 교육대학, 전문대학, 방송통신대학, 사이버대학, 기술대학, 각종학교, 대학원, 전공대학, 원격대학형태의 평생교육시설, 사내대학형태의 평생교육시설, 기능대학의 학위/비학위 과정에 있는 외국인 유학생이 포함됨
　　3) 비학위과정 기타 연수생에는 교육과정공동운영생, 교환연수생, 방문연수생, 기타 연수생이 포함됨
출처: 교육부(2021b), p. 25.

이들 유학생을 출신 국가별로 살펴보면 〈표 1-6〉에 나타난 바와 같이 중국이 44.2%(67,348명)로 가장 많고, 다음으로 베트남 23.5%(35,843명), 몽골 4.0%(6,028명), 일본 2.5%(3,818명),미국 1.5%(2,218명) 순으로 아시아 국가의 유학생 비율이 높은 편이다.

〈표 1-6〉 출신 국가별 외국인 유학생 수 (단위: 명, %)

연도	합계	중국	베트남	몽골	일본	미국	기타	아시아
2021년	152,281	67,348(44.2)	35,843(23.5)	6,028(4.0)	3,818(2.5)	2,218(1.5)	37,026(24.3)	138,343(90.8)
2020년	153,695	67,030(43.6)	38,337(24.9)	6,842(4.5)	3,174(2.1)	1,827(1.2)	36,485(23.7)	141,232(91.9)
2019년	160,165	71,067(44.4)	37,426(23.4)	7,381(4.6)	4,392(2.7)	2,915(1.8)	36,984(23.1)	145,747(91.0)
2018년	142,205	68,537(48.2)	27,061(19.0)	6,768(4.8)	3,977(2.8)	2,746(1.9)	33,116(23.3)	128,506(90.4)
2017년	123,858	68,184(55.1)	14,614(11.8)	5,384(4.3)	3,828(3.1)	2,767(2.2)	29,081(23.5)	109,915(88.7)
2016년	104,262	60,136(57.7)	7,459(7.2)	4,456(4.3)	3,676(3.5)	2,826(2.7)	25,709(24.7)	91,368(87.6)
2015년	91,332	54,214(59.4)	4,451(4.9)	3,138(3.4)	3,492(3.8)	2,968(3.2)	23,069(25.3)	79,257(86.8)
2014년	84,891	50,336(59.3)	3,181(3.7)	3,126(3.7)	3,958(4.7)	3,104(3.7)	21,186(25.0)	73,229(86.3)
2013년	85,923	52,317(60.9)	3,013(3.5)	3,904(4.5)	4,503(5.2)	3,120(3.6)	19,066(22.2)	75,288(87.6)
2012년	86,878	57,399(66.1)	2,458(2.8)	3,799(4.4)	4,172(4.8)	3,037(3.5)	16,013(18.4)	77,639(89.4)
2011년	89,537	60,935(68.1)	2,332(2.6)	3,700(4.1)	4,645(5.2)	3,023(3.4)	14,902(16.6)	80,766(90.2)
2010년	83,842	59,490(71.0)	1,919(2.3)	3,335(4.0)	4,090(4.9)	2,485(3.0)	12,523(14.9)	76,483(91.2)

주: 1) 출신 국가별 외국인 유학생 비율(%)＝(출신 국가별 외국인 유학생 수/해당년도 총 외국인 유학생 수)×100
   2) 출신 국가별 외국인 유학생에는 해당 국가의 재외동포가 포함됨
   3) 기타에는 중국, 베트남, 몽골, 일본, 미국 이외의 모든 국가가 포함됨
   4) 아시아에는 한국과 북한을 제외한 아시아 국가의 유학생 수가 포함됨
   5) 이 표는 2021년 기준 외국인 유학생 수가 많은 국가 순으로 나열함
출처: 교육부(2021b), p. 24.

3. 다문화사회의 교육 과제

글로벌 시대의 현대 국가는 내부적으로는 문화적 · 인종적 · 언어적 · 종교적 다양성의 심화, 즉 다문화적(multicultural) 변화라는 도전에 직면하게 된다. 다문화사

회로 변해 가는 민주국가는 인종적 · 종교적 · 언어적으로 다양한 집단들이 자신들의 문화 공동체에 대한 정체성을 유지하면서 동시에 국가 공동체에 일체감을 느끼는 통합된 국가 형성의 과제를 안고 있다. 즉, 다양성(diversity)과 통합(unity)의 균형과 조화를 이루는 것이 현대국가의 주요 과제이며, 다문화사회의 주요한 교육목표이다.

1) 전통적 교육체제의 한계

국가는 전통적으로 교육체제를 통해 미성숙한 학습자를 국가의 시민으로 양성하는 시민교육을 통해 유지 · 발전을 추구해 왔다. 근대 국민국가의 교육체제는 개인을 시민의 지위로 인도하는 시민교육을 통해 국가적 결속력과 통합을 주요 목적으로 하였다. 즉, 전통적 시민교육은 국가에 대한 충성심과 일체감을 육성하는 과정이었다.

국가 중심의 시민성 개념은 다양한 민족 집단이 자기 공동체의 문화를 버리고 국가의 주류문화를 받아들임으로써 국가적 시민문화에 포함될 수 있다고 가정한다. 이러한 관점의 시민교육은 소수집단의 학습자들이 자신의 문화 정체성을 상실하게 되고 그들의 공동체로부터 소외당하는 결과를 초래한다. 이 경우 소수집단의 구성원들은 소속 공동체의 문화와 국가의 시민문화 모두로부터 소외된다(Banks, 2016). 하지만 현대국가는 다문화사회로의 변화하는 과정에서 기존의 이러한 국가 중심 시민성 개념은 도전을 받고 있다.

히터(Heater, 2003)에 따르면 이러한 국가 중심 시민성 개념에 대한 도전은 두 가지 방향에서 이루어진다. 첫째, 국가 내 소수집단들에 의해 이루어지는 아래로부터의 도전이다. 즉, 다문화사회로 변화하는 과정에서 이주민이 증가하고 이들은 국가로부터 자신들의 정체성을 인정받기 원한다. 이주민들이 자신의 고유한 문화, 언어, 종교에 대한 애착심이 강할 경우 국가 중심 시민성 개념은 도전을 받게된다. 둘째, 국제연합과 같은 다양한 초국가적 기구 창설과 세계시민성 개념에 대한 인식의 확산에서 오는 위로부터의 도전이다. 전통적으로 국가를 중심으로 국제 관계가 형성되었지만, 최근에는 국가 이외의 다양한 행위 주체들이 국제관계에 참여하고 있다.

또한 브릭하우스(Brighouse, 2021)는 국가정체성과 애국심을 강조하는 시민교육은 민주주의의 원칙에 어긋날 뿐만 아니라 교육과정을 왜곡할 수 있다고 비판한다. 권위적 방법으로 정부 혹은 국가에 순응하는 태도를 육성하는 것은 구성원의 자발적 동의에 기초하여 정당성을 확보해야 한다는 민주정부의 원칙에 어긋난다는 것이다. 또한 국가에 대한 소속감과 존경심을 길러 주기 위해 교육과정에 특정 내용을 배제하거나 왜곡할 가능성이 크기 때문이다.

이와 같이 현대사회는 다문화적 변화로 인해 시민교육을 통한 국가의 동질성 유지를 지속적으로 추구하기 어려운 상황이 되었다. 이는 소수집단 구성원들을 강제로 동화하거나 배제하는 기존의 전통적 시민교육에 대한 도전이다.

2) 다문화사회의 교육체제

이상에서 살펴본 바와 같이 전통적인 시민교육은 국가의 이익에 기여하고 자국 국민으로서의 정체성을 강화하는 것에 초점이 있었다. 그러나 글로벌 시대 다문화사회의 시민은 다문화사회의 구성원으로서 다양한 인종, 민족, 언어, 종교 집단의 구성원과 상호작용하고 공공의 문제해결에 참여할 수 있어야 한다(Banks, 2007).

데이비스 등(Davies et al., 2010)는 시민교육에 대한 국가체제적 접근과 탈국가체제적 접근을 〈표 1-7〉과 같이 구분한다. 국민국가 시대의 국가체제적 접근에서는 국가의 이익을 강조하고, 국가정체성의 유지와 강화에 초점을 둔다. 이 접근법에서는 애국심과 국민으로서의 정체성을 강조한다. 반면에 글로벌 시대 탈국가체제적 접근의 시민교육에서는 전 지구적인 상호의존을 지향하며 소외된 집단에 대한 관심과 보편적 인권을 강조한다.

〈표 1-7〉 국가체제적 vs. 탈국가체제적 시민교육 모델

구분	국가체제적 접근	탈국가체제적 접근
교육체제의 일반적 지향점	• 국가의 이익이 초점 • 국가정체성의 유지, 강화 강조	• 국가 외적인 관계에 초점 • 국가나 지역 간의 전 지구적 상호의존

시민교육에 대한 접근	• 애국심 강조 • 자국의 역사 및 사회구조 강조 • 개인들에게 국민으로서의 정체성 강조 • 국민의 법적 권리와 의무	• 국가를 넘어선 관점을 강조 • 역사적으로 소외된 집단을 포함 • 초국가적 시민성 개념 • 지역 또는 지구 차원의 정치 구조 강조 • 보편적 인권 강조(정치, 사회, 경제)

글로벌 시대에 다문화사회라는 새로운 변화 추세에 직면하여 시민교육은 새로운 공존의 원리를 모색하고 민주주의적 가치의 실현을 위해 노력해야 한다. 국가를 구성하는 다양한 인종적·언어적·종교적 공동체가 국가 시민문화 속에 반영될 수 있을 때 비로소 다양한 공동체가 국가의 이상에 대한 신념을 내면화할 수 있다(Banks & Banks, 2004). 다문화사회의 시민교육은 전통적인 국가 중심 시민교육에서 벗어나 다양성이 증가하는 시대에 요구되는 다문화적 인식과 태도를 함양하고 실천할 수 있는 시민성을 육성하는 것을 목표로 설정해야 한다.

이러한 시민교육은 학교와 사회에서 나타나는 모든 형태의 차별, 즉 인종차별, 성차별, 계급차별, 장애인차별 등을 극복하며 사회정의를 실현하는 데 공헌한다. 문화적 차이는 강제적 동화의 대상이 아니라 그 자체로 가치 있다는 것을 인식하게 함으로써 소수집단의 긍정적 자아개념 형성과 학업성취를 고취하며, 다수집단을 위한 시민교육으로서 역할도 수행할 수 있다. 이와 같이 다문화사회의 시민교육은 다문화시대에 필요한 시민적 자질, 즉 다문화 시민성을 육성하는 것이 핵심적 목표이다.

 생각해 봅시다

1. 외국인주민의 증가로 변화될 한국 사회의 모습에 대해 토의하시오.
2. 최근 10년간의 다문화 학생 유형별 증가 추이를 분석하시오.
3. 다문화사회의 교육체제가 추구해야 할 시민교육의 방향에 대해 토의하시오.

교육부(2006). 다문화가정 자녀 교육지원 대책. 교육부 인적자원정책국.

교육부(2019). 2019년 다문화교육 지원계획. 교육부 교육기회보장과.

교육부(2021a). 2021년 다문화교육 지원계획. 교육부 교육기회보장과.

교육부(2021b). 2021년 교육기본통계 주요 내용. 교육안전정보국 교육통계과 2021. 8.

행정안전부(2020). 한국에 거주하는 외국인주민 수 222만 명, 총인구 대비 4.3%. 2020. 10. 30. 보도자료.

Banks, J. A. (2007). *Educating Citizens in a Multicultural Society* (2nd ed.). New York: Teachers College Press.

Banks, J. A. (2016). *An Introduction to Multicultural Education* (5th ed.). 모경환 외 공역. 다문화교육 입문. 서울: 아카데미프레스. (원저는 2014년 출판)

Banks, J. A, & Banks, C. (Ed.) (2004). *Handbook of Research on Multicultural Education*. San Francisco, CA: Jossey-Bass.

Brighouse, H. (2021). *On Education*. 모경환 외 공역. 시민교육의 이해. 서울: 교육과학사. (원저는 2005년 출판)

Davies, I. et al. (2010). Globalising citizenship education: A critique of global education and citizenship education. *British Journal of Education Studies, 53*(1), 69-89.

Heater, D. B. (2003). *A History of Education for Citizenship*. London, UK: Routledge.

International Organization for Migration (2019). *World Migration Report 2020*. https://publications.iom.int/system/files/pdf/wmr_2020.pdf

제2장
다문화주의의 개념과 쟁점[1]

함승환

---

1) 이 장의 일부 내용은 저자의 다른 글(송효준, 함승환, 2019; 차윤경, 함승환, 2012)을 참고한 것이다.

개요

다문화주의라는 용어는 더 이상 한국 사회에서 낯선 용어가 아니다. 그럼에도 불구하고 그 정확한 의미에 대해 잘 알고 있는 경우는 드문 것이 현실이다. 이 장에서는 다문화주의가 무엇인지에 대해 정교하게 이해하는 것을 목표로 한다. 이를 위해 먼저 다문화주의에 대한 이론적 개념을 살펴본다. 특히 '인정의 정치'로서의 다문화주의, 자유주의적 다문화주의, 비판적 다문화주의를 검토한다. 또한 다문화주의가 그 이론적 개념 측면에서뿐만 아니라 구체적 발현 형태 측면에서도 어떻게 다양한지 확인한다. 나아가, 다문화주의와 다문화정책 간의 관계에 대해 살펴보고, 다문화주의에 대한 대표적인 비판과 논쟁들을 검토한다.

세부목차

학습목표

1. 다문화주의 개념에 대해 여러 이론적 시각을 종합하여 설명할 수 있다.
2. 다문화주의가 구체적으로 발현되는 다양한 형태의 맥락을 이해한다.
3. 실제의 정책이나 프로그램을 다문화주의 관점에서 평가할 수 있다.
4. 사회문화적 다양성과 통합성 간의 긴장 관계에 대해 설명할 수 있다.
5. 다문화주의에 대한 비판과 논쟁을 이해하고 자신의 의견을 제시할 수 있다.

🔤 1. 다문화주의의 개념

'다문화주의'는 다양한 방식으로 개념화하는 포괄적인 용어이지만, 대체로 소수자 집단의 정체성과 관행이 사회에서 존중받아야 한다는 생각을 내포한다. 다문화주의를 다문화사회의 규범적 이상으로 이해할 때, 다문화주의는 소수자 집단의 구성원이 주류 문화에 동화되기를 기대하는 '용광로' 모델을 거부한다. 용광로 모델은 다양한 소수자 집단이 개별 문화를 포기하고 주류 문화에 완전히 동화되는 것을 이상적 상태로 간주한다. 용광로에서 철과 탄소가 함께 녹아 강철을 만드는 것처럼, 이민자 등 소수자 집단은 완전한 동화를 통해 더 나은 사회의 구현에 기여할 수 있다는 것이다. 하지만 용광로 모델은 사회 내 다양성을 감소시키고 다양한 문화적 유산을 잃게 한다는 비판을 받아 왔다.

다문화주의는 소수자 집단이 그들의 집단적 정체성과 관행을 유지할 수 있다는 이상을 지지하며, 사람들이 사회의 온전한 구성원으로 간주되기 위해 자신의 문화적 유산을 포기해야 한다는 동화주의적인 시각에 의문을 제기한다. 샐러드 볼에 담긴 재료가 각각 고유한 풍미를 유지하면서도 서로 조화를 이루는 것처럼, 사회 내 다양한 문화집단도 자신들의 고유한 문화적 유산을 어느 정도 유지할 수 있다는 것이다. 이러한 '샐러드 볼'에의 비유는 다문화주의 중요한 특징을 간략히 보여 주지만, 다문화주의는 관점에 따라 다양하게 개념화된다. 다음에서는 다문화주의에 대한 다양한 개념화 가운데 특히 '인정의 정치'로서의 다문화주의, 자유주의적 다문화주의, 비판적 다문화주의에 대해 살펴본다.

1) '인정의 정치'로서의 다문화주의

테일러(Taylor, 2020)는 다문화사회에서 '인정의 정치(politics of recognition)'의 중요성을 역설한다. 그는 사람들의 정체성이 형성되는 과정에 주목한다. 그에 따르면, 사람들은 다른 사람들과 분리된 채로 자신의 정체성을 정의하지 않는다. 사람들의 정체성은 '독백'의 과정을 통해 결정되는 것이 아니라 '대화'와 때로는 '투쟁'의 과정을 통해 얻은 상호 '인정'에 의해 형성되고 협상된다는 것이다. 테일러는 각 문화가 하나의 공동체로서 존재론적 가치를 지닌다고 본다. 그는 공동체주의적 시각에 기초하여 각 문화가 그 자체로 보존할 가치를 지니는 것으로 간주되어야 한다고 본다. 개인은 결국 공동체에 속해 있는 사회적 존재라는 공동체주의적 명제를 수용할 경우, 각 문화 공동체에 대한 온당한 '인정'은 단순히 '예의'와 같은 올바름의 문제가 아니라 '존재론적' 당위의 문제가 된다는 것이다. 각 문화는 그 구성원에게 중요한 집단 정체성을 부여한다는 점에서, 어떠한 문화집단을 제대로 인정하는 데 실패하는 것은 결과적으로 그 집단 구성원의 정체성에 대한 실제적 가해나 왜곡에 가담하는 것과 마찬가지일 수 있다.

다문화주의에 대한 비평가들 중 일부는 모든 사람을 동등하게 존중해야 한다는 일반적 원칙이 필요할 뿐 다문화주의는 불필요하다고 주장한다. 여기에는 일종의 자유주의적 관념이 반영되어 있다. 자유주의자들은 무엇이 좋은 삶인지에 대한 개념을 개인 각자가 자유롭게 선택하고 추구해야 한다고 본다. 다문화주의 사회에서는 특정 소수자 집단의 문화를 국가가 특별히 승인할 개연성이 있고, 이것은 자칫 무엇이 좋은 삶인지에 대한 판단을 둘러싼 국가의 중립성을 깨트릴 수 있다는 것이다. 테일러는 이러한 자유주의적 접근을 '동등한 존중의 정치'로 명명하고, 이것이 그가 강조하는 '인정의 정치'와는 다르다고 말한다. 모든 사람이 동등하게 존중받아야 한다는 일반적 관념이 다문화주의를 대체하지 못한다는 것이다. 모든 사람에 대한 '동등한 존중의 정치'는 윤리적으로 합당함에도 불구하고 현실에서는 자칫 차이에 대한 둔감함이나 차이의 외면을 정당화한다. 이것은 결과적으로 모두에게 다수자 집단의 문화를 교묘하게 강요하는 것일 수 있다.

'인정의 정치'로서의 다문화주의는 제대로 존중받지 못하는 문화집단을 재평가하는 것과 더불어, 이들을 소외시키는 표현 및 의사소통의 지배적인 패턴을 변화시키는 것이 중요하다고 강조한다. 이를 구현하는 데 있어서 교육의 역할은 특히 중요하다. 교육을 통해 주류 문화뿐만 아니라 보다 확장된 범위의 다양한 문화에 대한 '인정'을 도모하고 소수자 집단에 대한 부당한 열등성(inferiority)의 이미지를 바로잡을 수 있기 때문이다. 다양한 문화집단에 대한 이해와 포용을 강조하는 '인정의 정치'는 경제적 구조의 불평등 개선을 강조하는 '재분배의 정치(politics of redistribution)'와 종종 비교된다. '재분배의 정치'(Fraser, 2000)를 통한 경제적 불평등 완화가 사회정책의 중요한 과제라면, '인정의 정치'를 통한 존재론적 평등의 구현은 모두에 대한 민주적 포용과 통합을 중요한 가치로 삼는 교육정책의 과제와 긴밀히 닿아 있다.

2) 자유주의적 다문화주의

테일러가 다문화주의를 공동체주의적 정치철학에 기초하여 정당화했다면, 킴리카(Kymlicka, 2010)는 다문화주의의 중요성에 대한 자유주의적 논거를 제공한다. 자유주의자들은 일반적으로 문화와 정체성의 다양성 인정에 인색한 경향이 있다. 문화집단을 떠나 각 개인이 사회의 구성단위라는 것이다. 하지만 킴리카는 문화가 개인의 자율성 확보에 기여하는 가치에 주목함으로써 다문화주의를 자유주의적 관점에서 옹호한다. 킴리카는 특히 문화가 개인에게 '선택의 맥락(contexts of choice)'을 제공한다는 점에 주목한다. 그는 개인의 자율적 삶이 문화적 진공 상태에서 가능한 것이 아니라 일련의 의미 있는 선택지들을 포함하는 구체적 맥락 속에서 가능하다고 강조한다. 자신이 속한 문화가 제공하는 '선택의 맥락' 속에서 개인은 자신의 목표를 자유롭게 설정하거나 수정할 수 있으며 자신의 경험에 의미를 부여할 수 있다는 것이다. 따라서 각 문화는 사람들이 그 문화에 접근하여 그것이 제공하는 의미 있는 선택의 맥락을 제공받기 때문에 중요한 가치를 지니는 것으로 이해된다. 요컨대, 문화는 개인에게 도구적 가치를 제공한다는 것이다.

이처럼 각 문화가 그 소속 구성원에게 '선택의 맥락'을 제공함으로써 개인의 자율성 확보에 기여한다고 볼 때, 자신의 문화에 대한 접근성이 제한적인 상황에 직면하는 것은 곧 자신의 자율성에 제약이 가해지는 것을 의미한다. 사회 내 소수자 집단의 구성원은 다수자 집단의 구성원과 달리 자신의 문화에 대한 접근성 면에서 불리한 경향이 있다. 모든 사람이 각자 의미 있는 선택을 통해 자율적인 삶을 영위하기 위해서는 모두가 자신의 문화에 충분히 접근할 수 있어야 한다. 따라서 이러한 접근성을 보호하기 위한 조치는 자유주의적 정의의 관념과 부합한다. 소수자 집단의 구성원은 자신의 문화에 대한 접근성 측면에서 불리하기 때문에 특별한 보호를 받거나 예외적 조치를 적용받을 수 있다는 것이다. 자신의 문화에 대한 접근성의 불평등으로 인해 누군가는 자신의 자율적 삶에 제한을 받게 되는 한, 이를 바로잡기 위한 정치적 인정과 지원은 자유주의적 관점에서 정당화된다. 결국 자유주의적 다문화주의는 좋은 삶의 개념에 대한 다원주의적 개방성을 바탕으로 삶에 대한 개인의 자율적 선택권을 평등하게 만드는 것으로 이해될 수 있다.

소수자 집단에 대한 보호적 조치는 주로 소수자 집단의 구성원에게 특별한 권리를 부여하는 형태를 취한다. 이러한 집단특수적 권리(group-differentiated rights)는 소수자 집단의 구성원이 다수자 집단의 구성원과 동등한 기회를 누릴 수 있도록 불이익을 교정하기 위한 것이다. 예컨대, 특정 종교적 신념을 지닌 사람들에 대한 예외적 법 적용이나 특정 소수 민족에 대한 자치권 부여 등이 이에 해당한다. 이러한 집단특수적 권리는 소수자 집단의 문화가 다수자 집단의 정치·경제적 결정이나 사회적 관행으로 인해 자칫 그 활력에 손상을 입을 가능성을 줄일 수 있다. 집단특수적 권리의 허용은 그 권리의 내용상 집단 내 구성원을 억압하는 데 기여하거나 다른 집단을 지배하는 데 기여하는 것이 아니라는 자유주의적 조건을 충족하는 한에서 가능하다. 집단특수적 권리는 일반적으로 소수자 집단의 구성원이 자신이 속한 문화집단의 의무에 따라 특정 방식으로 행동하거나 행동하지 않을 권리이다. 이는 경우에 따라 소수자 집단의 문화를 보호하기 위해 외부 집단 구성원의 자유를 일부 제한할 수 있는 권리(예: 캐나다 퀘벡에서 영어 사용의 제한)이기도 하다. 킴리카는 집단특수적 권리로 인해 외부 집단 구성원이 겪게 되는 희생의 정도는 집단특수적 권리의 부재로 인해 소수자 집단 구성원이 겪게 될 문화의 손상이나 상실에 비하면 훨씬 작다는 점을 강조한다.

자유주의적 다문화주의는 이처럼 기본적으로는 '보호적' 다문화주의이다. 보호적 다문화주의는 각 문화가 그 구성원 각자에게 의미 있는 '선택의 맥락'을 제공하기 때문에 모두가 평등하게 자기 문화에 접근할 수 있도록 보장되어야 한다고 강조한다. 소수자 집단의 문화를 보호하기 위한 노력은 곧 그 구성원의 자율성을 보장하는 것과 직결된다는 것이다. 하지만 다문화주의가 자유주의적 관점에서 늘 보호적 다문화주의로 귀결되는 것은 아니다. 다문화주의는 소수자 집단의 구성원뿐만 아니라 사회 구성원 다수에게도 도구적 가치를 제공할 수 있다. 한 사회가 다양한 문화들을 한데 포용함으로써 궁극적으로는 사회 구성원들에게 보다 폭넓은 '선택의 맥락'이 제공될 수 있기 때문이다. 다언어 환경 속에서 살아가는 사

람들이 여러 언어를 능숙하게 구사하기도 하는 것처럼, 적절한 다문화 환경에서 사람들은 여러 문화에 동시에 참여할 수 있는 역량을 기른다는 것이다(Goodin, 2006). 이처럼 다문화주의가 사람들의 '선택의 맥락' 폭을 확장하는 데 기여할 수 있다면, 이는 개인의 자율적 선택을 강조하는 자유주의적 이상과 부합한다.

더 나아가, 파레크(Parekh, 2000)는 사람들이 문화적 다양성으로부터 자신의 '선택의 맥락'을 확장하는 선택을 하지 않더라도 여전히 문화적 다양성은 중요한 가치를 지닌다고 주장한다. 사회 내 다양한 문화집단의 존재는 사람들로 하여금 좋은 삶에 대한 다양하고 대안적인 가치 판단의 준거가 존재한다는 점을 상기시킨다는 것이다. 파레크는 문화적 다양성에 내포된 이질적 타자성이야말로 사람들의 지적 · 도덕적 상상력을 자극하고 스스로의 인식론적 범주들의 한계에 대해 되짚어 보도록 하는 촉매라고 강조한다. 이는 또한 사람들의 자유 증진에도 기여할 수 있다. 문화적 다양성 덕분에 사람들은 하나의 문화에 갇혀서 그것을 절대화하는 것을 피할 수 있는 가능성을 획득하기 때문이다. 문화적 다양성은 결국 자기이해와 자기비판을 통한 자기초월로서의 자유를 확대하는 데 있어서 중요한 맥락 조건인 것이다.

3) 비판적 다문화주의

비판적 다문화주의는 불평등한 권력 관계에 대한 구조적 분석에 집중한다(May & Sleeter, 2014). 이때 다문화주의는 문화와 정체성에 대한 주장에 국한되지 않는다. 다문화주의는 소외된 집단 정체성의 결과로 사람들이 겪는 정치 · 경제적 불이익을 시정하라는 요구를 포함한다. 문화나 정체성의 차이는 다양한 형태의 구조적 불평등과 연결되어 있기 때문에, 차이를 인정하고 다양성을 축복하는 것 이상의 노력이 필요하다는 것이다. 비판적 다문화주의는 사회의 다수자 집단과 소수자 집단 간의 불평등한 관계에 주목하고, 그것이 인종주의, 성차별주의, 계급주의 등의 형태로 사회적 제도 및 일상의 관행에 어떻게 반영되어 있는지를 파헤친다. 문화를 단순히 사회적 신념이나 관습의 집합체로 간주하기보다는 그러한 사회적 신념이나 관습을 가능하게 하고 정당화하는 지식과 권력의 체계로 이해하는 것이다. 비판적 다문화주의는 이러한 체계에 내재하는 다양하고 복잡한 위계 구조를 밝히고 이를 비판적으로 바라볼 것을 강조한다. 이러한 관점에 기초할 때 다문화교육은 학생들에게 여러 문화에 대한 지식을 가르치는 데 초점이 있지 않다. 왜 특정 문화가 희생되거나 배제되는지와 관련된 제도적 · 구조적 불평등과 차별에 대해 학생들이 관심을 갖고 탐구하도록 하는 데 초점이 있다.

비판적 다문화주의는 한 사회가 다양한 문화와 정체성을 수용하기로 선택하더라도 여전히 주의를 기울여야 할 중요한 문제가 남아 있다고 본다. 특히 문화 간 경계를 지나치게 구분하여 문화를 본질화(essentialize)할 위험을 지적한다. 문화를 고정적인 특징들의 총체로 오해하고 개인을 그러한 특징들에 끼워 맞춰 단정적으로 규정할 위험이 있다는 것이다. 이러한 본질화는 문화 간 경계가 명확하며 문화공동체의 구성원은 고유한 특징을 공유한다는 가정에 기초한다. 이러한 본질주의적 가정은 구성원의 동질성을 강조한다는 점에서 동화주의와 닮아 있다. 또한 이러한 시각은 각 개인이 하나의 문화적 경계 안에서 생활하며 그러한 문화적 경계를 벗어나지 않는 것으로 간주하는 경향이 있다. 이것은 한 개인이 유동적이고 복합적인 정체성을 형성할 수 있는 가능성을 배제하는 것이다. 이는 다문화주의의 이름으로 개인을 특정 공동체 안으로 고립시키는 결과로 이어질 수 있다. 문화와 정체성의 다양성과 차이를 인정한다는 명목하에 소수자 집단을 강하게 구분지어 타자화함으로써 자칫 사회적 배제를 공고화할 위험이 있는 것이다. 비판적 다문화주의는 기존의 사회적 구획들을 비판적으로 재검토하고 그것이 반영하고 있는 억압과 차별의 구조를 드러내는 것이 중요하다고 강조한다.

다문화주자들이 문화와 정체성의 다양성 인정에만 지나치게 집중할 경우 여러 소수자 집단이 처해 있는 정치 · 경제 · 사회적 불평등의 구조를 과소평가할 위험이 있다. 복잡한 사회구조적 불평등의 문제를 자칫 문화나 정체성의 문제로 단순화함으로써 당면한 문제와 그 해법의 모색을 '탈정치화'해서는 안 된다는 것이다(Grant, 2016). 비판적 다문화주의는 문화와 정체성의 차이의 문제가 불평등의 문제와 중첩되어 있다는 점을 강조한다(McLaren, 1997). 사회문화적 소수자 집단은 경제적으로나 정치적으로 불리한 입장에 놓여 있을 개연성이 있다. 이들은 사회적 주변부로 밀려나 있거나 계층적 상승이동에 불리함을 겪기 쉽다. 이는 문화와 정체성의 문제일 뿐만 아니라 권력 관계와 기회 구조의 문제이다. 비판적 다문화주의자들은 소수자 집단이 마주하는 '억압(oppression)'과 다수자 집단이 누리는

'특권(privilege)'이 구조적 불평등과 제도화된 차별이라는 동일한 현상의 서로 다른 국면이라고 주장한다. 문화와 정체성의 문제가 권력과 기회의 배분 구조와 연결되어 있다는 것이다. 비판적 다문화주의자들은 다양한 정체성 범주들이 여러 형태의 불평등 양상과 서로 어떻게 관련되어 있는지를 분석할 때 실질적 변혁의 가능성을 제대로 모색할 수 있다고 강조한다.

2. 다문화주의의 다양한 형태

다문화주의는 그 개념화 측면에서 다양할 뿐만 아니라 그 구체적 발현 형태 측면에서도 다양하다. 여기서는 마르티니엘로(Martiniello, 2002)가 분류한 다문화주의의 몇 가지 형태에 대해 살펴본다.

1) '온건' 다문화주의

'온건' 다문화주의는 사회적 생활양식 혹은 소비양식과 관련된 다문화주의이다. 세계 각지의 다양한 민족 · 문화적 특징을 반영한 요리, 의복, 예술, 사상 등을 즐기거나 이에 가치를 부여하는 경향성을 지칭한다. 점차 가속화되는 지구화로 인하여 국경을 넘는 이주가 일상화되고 시간과 공간이 축약됨으로써 지구상의 거의 모든 사회는 다양한 이질적인 문화에 노출되거나 이러한 문화 요소들이 혼재하는 상황을 맞고 있다. 사람들이 생활양식 또는 소비와 관련된 다양하고도 '코스모폴리탄'적인 선택을 추구하는 것은 개인적 호기심을 충족시키거나 답답한 일상으로부터의 탈출을 제공한다는 점에서 매우 '가볍고'도 '온건한' 다문화주의 입장에 속한다고 할 수 있다. 이러한 다문화주의는 한 사회의 문화적 자산을 풍부하게 하고 선택 가능한 삶의 방식을 다양화한다는 점에서 긍정적이다. 이는 문화적 배제와 포용 등의 사회적 문제에 대해 심오한 성찰이나 정치적 행동을 수반하지는 않는다는 의미에서도 '온건'하다.

2) '시장' 다문화주의

자본주의 체제의 전지구화와 더불어 다양한 문화상품에 대한 수요가 증대됨에 따라 이를 충족시키기 위한 기업과 시장의 반응 역시 다양해지고 있다. 예컨대, 소수 민족 집단이 밀집해 있는 지역에서 해당 민족 언어로 방송되는 공공 미디어 채널이나 대형 서점 및 음반 가게에 자리 잡은 다양한 민족문화 관련 도서 및 민속음악 코너 등이 그 예이다. 이 외에도 특정 종교를 믿는 외국인 노동자나 유학생들을 배려하여 별도의 의례 장소를 설치하는 대학도 있으며, 특정 종교인들을 위해 엄격한 인증과정을 거친 제품을 생산하는 기업(예: 유대인을 위한 청결식품 인증제인 코서)도 있다. 문화와 정체성의 다양성을 인정하고 수용하고자 하는 이와 같은 시장의 반응은 그것이 생산성 향상이나 제품의 판매실적과 관련되어 있는 한 지극히 당연한 것이라고 할 수 있다. 이는 상당히 성공적인 결과로 이어지기도 한다. 시장 다문화주의는 문화적 다양성에 대한 인정과 고려를 당연시하는 사회문화적 풍토를 확산시키는 데 일정 부분 기여할 수 있다는 점에서 긍정적이다.

3) '결사' 다문화주의

다문화주의는 소수자 집단의 결사 내지 '정체성 정치'의 형태로도 나타난다. 사회문화적으로 소외되어 있거나 억압받고 있다고 주장하는 특정 집단의 구성원들이 자신들의 정체성 인정 및 권리 획득을 위해 사회제도적 개선을 추구하기도 한다. 과거 조상들이 살았던 영토나 성지에 대한 독점적 소유권을 주장하는 원주민들의 결사, 노예제도로 희생된 조상들에 대한 재평가 요구, 소수자 집단의 언어나 방언의 공식적 인정에 대한 요구 등이 정체성 정치에 해당하는 몇 가지 예이다. 이때 다문화주의는 인종·민족적 소수자, 성소수자, 장애인 등을 포함하여 다양한 소수자 집단이 더 높은 수준의 인정과 권리를 요구하는 광범위한 정치적 운동의 일부로 볼 수 있다. 하지만 각 소수자 집단이 동질적인 집단일 것이라는 가정은 많은 경우 타당하지 않다. 집단 내에 정치·경제적 차이가 있을 수 있다. 따라서 소수자 집단의 구성원 모두가 언제나 '정체성 정치'를 지지하는 입장에 있다고 간주할 수는 없다.

4) '공공정책' 다문화주의

사실상 모든 국가는 순수하게 하나의 민족으로 구성된 동질적 집합체라기보다 다양한 인종·민족적 배경을 지닌 사람들이 함께 살아가는 복합적 구성체이다. 정도의 차이만 있을 뿐 어느 사회나 인종·민족적, 언어적, 종교적 이질성을 지니고 있다. 따라서 각국은 사회적 통합성 유지와 다양성 관리를 위한 양방향의 노력을 동시에 기울이게 된다. 한편으로는 사회 구성원 모두를 국가라는 하나의 거대한 '상상의 공동체'로 통합하기 위한 노력을 기울이는 동시에, 다른 한편으로는 사회 내 개별 공동체에 어느 정도의 특수한 권리나 예외를 인정하는 공공정책 차원의 노력을 기울이는 것이다. 후자의 정책적 노력을 공공정책으로서의 다문화주의라고 칭할 수 있다. 이는 다양한 형태로 표현된다. 예컨대, 국가의 주권과 정체성을 다문화주의적으로 규정한 헌법조항, 사회 제반 영역에서 차별을 금지하고 포용을 강조하는 각종 법률, 소수자 집단에 대한 적극적 차별수정 조치, 소수자 집단 대표자를 포함한 정책자문위원회, 대중의 다문화적 이해를 증진하기 위한 공익광고, 다문화주의를 반영한 학교 교육과정, 소수자 집단 학생들을 위한 이중언어교육 또는 모국어교육 지원사업 등이 그 예이다.

5) '강경' 다문화주의

다문화주의는 흔히 다양성에 대한 예찬이나 다양성의 옹호와 관련된 집단적 또는 공적 행태로 나타난다. 이러한 수준을 넘어서서, 다문화주의 담론은 문화적 다양성과 관련된 사회적 도전을 정교하게 이해하고 이를 바탕으로 사회 전반의 제도적·구조적 개선 방안을 모색하는 데에도 기여해 왔다. 다문화사회에 대한 정치철학적 논의를 심화하고 다문화주의의 개념을 확장함으로써 사회 모델의 개선을 모색하는 것을 '강경' 다문화주의라고 칭할 수 있다. '강경' 다문화주의는 민족적 정체성에 대한 고전적 개념에 문제를 제기하고, 시민적 정체성을 다문화 친화적으로 확장할 것을 제안한다. 특히, 사회 내에서 개인과 문화 공동체가 각각 어떤 의미를 지니며 서로 어떤 관계에 있는지에 대해 심도 있게 이해할 필요가 있다고 강조한다. 이를 바탕으로 다양한 문화 공동체들을 인정하면서도 동시에 모든 구성원을 하나로 통합하는 건강한 민주주의 사회의 건설을 모색해야 한다는 것이다. 예컨대, '다문화적 시민권' 모델을 주장하는 킴리카는 모든 개인이 누려야 하는 보편적 권리와 소수자 집단 구성원에게 정당하게 부여될 수 있는 특별한 권리를 구분하고, 양자를 조화시키는 것이 민주주의적 이상과 부합한다는 것을 강조한다.

🄰 3. 다문화주의와 다문화정책

　다문화주의는 사회 내 문화적 다양성을 존중하고 보호하기 위한 다양한 정책적 노력과 밀접하게 관련된다. '다문화정책'이라는 용어는 맥락에 따라 다양한 의미를 지니지만, 주로 다문화주의에 기초한 이주민 사회통합 정책을 가리킨다. 하지만 엄밀한 의미에서 다문화정책이 반드시 다문화주의를 취해야 하는 것은 아니다. 다문화정책은 한 사회의 문화적 다양성 관리 정책 전반을 가리키는 광의의 개념이기도 하다. 한 사회가 다문화정책을 다문화주의에 기초하여 수립하고 추진할 경우, 이는 사회 내 다양한 문화의 구성원들이 평화롭게 공존할 수 있다는 근본적인 가정을 기초로 한다. 문화적 다양성의 존중을 통해 사회가 풍요로워질 수 있다고 기대하는 것이다. 다문화주의의 지지자들은 사람들이 자신의 문화 공동체에 소속감을 가질 수 있는 기회가 열려 있어야 한다고 믿는다. 예컨대, 베리(Berry, 2005)는 이주민 등 소수자 집단의 구성원이 자신의 문화 공동체 구성원으로서의 정체성을 유지하면서도 동시에 주류 사회에도 높은 수준으로 참여하는 상황을 '통합(integration)'의 상태로 본다. [그림 2-1]에 요약된 바와 같이, 이러한 '통합'을 지원하는 제도적 · 정책적 지향성이 '다문화주의'라는 것이다.

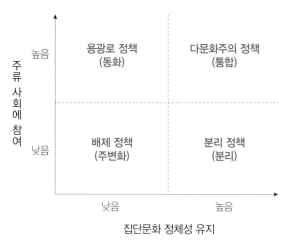

[그림 2-1] 베리의 다문화정책 유형화

    한 사회가 이주민의 사회통합에 대해 어떠한 정책적 접근을 취하는지도 국가 간 차이를 보인다. 쿠프만스(Koopmans et al., 2005)의 정책 유형화 모형은 이러한 차이를 살펴보는 데 유용하다. 이 모형에서 이주민의 권리는 두 가지 측면에서 이해된다. 하나는 평등한 시민적 권리(equal civic rights)이며, 다른 하나는 집단별 문화적 권리(group-based cultural rights)이다. 먼저, 평등한 시민적 권리 측면은 법적 · 제도적 권리와 의무가 이주민과 비이주민 간에 얼마나 평등하게 적용되는지를 가리킨다. 이는 시민권에 대한 민족중심적(ethnocentric) 이해와 시민 · 영토적(civic-territorial) 이해 간의 긴장을 보여 준다. 평등한 시민적 권리를 높은 수준으로 제도화하고 있는 국가에서는 이주민에게 국적 취득 기회를 더 열어 놓을 뿐만 아니라 내국인과 외국인에게 비슷한 수준의 권리를 제공하는 경향이 있다.

    다음으로, 집단별 문화적 권리 측면은 각 개인이 출신국의 문화적 정체성과 관습을 얼마나 잘 유지할 수 있도록 허용되거나 장려되는지를 가리킨다. 이는 시민권에 대한 문화다원주의적(cultural pluralist) 이해와 단일문화주의적(monocultual) 이해 간의 긴장을 보여 준다. 집단별 문화적 권리를 높은 수준으로 제도화하고 있는 국가에서는 이주민에 대한 동화 압력이 낮고 이들을 위한 별도의 제도적 배려를 마련하는 경향이 있다. [그림 2-2]에 제시된 바와 같이, 쿠프만스는 평등한 시민적 권리와 집단별 문화적 권리 모두를 높은 수준으로 보장하는 정책적 접근을 '다문화주의'로 칭한다. 하지만 그는 다문화주의 정책이 이주민 통합에 실제로 긍

정적 영향을 미치는지에 대해서는 증거의 일관성이 부족하다고 평가한다. 다문화
정책의 다양한 유형과 그 실제 효과에 대해서는 더 많은 연구가 필요하다.

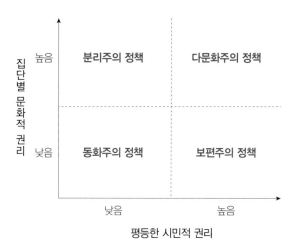

[그림 2-2] 쿠프만스의 다문화정책 유형화

　다문화주의를 다양성과 통합성 간의 균형으로 보아야 한다는 관점도 존재한다.
이러한 관점에 따르면, 소수자 집단에 대한 문화적 권리 보장은 해당 사회가 수
용할 수 있는 다양성의 범위 내에서 가능하다. 사회적 통합성을 해치지 않는 정
도로만 다양성이 존중될 수 있다는 것이다. 거트만(Gutmann, 2004)은 민족·문화
적 소수자에 대한 특수한 권리의 보장은 그들이 국가의 공유된 가치와 규범을 준
수하는 범위 내에서 가능하다는 점을 사회의 민주적 운영 원리와 관련하여 설명
한다. 하버마스(Habermas, 2020)는 거대한 '소통'의 공동체인 국가가 사회 구성원
간 '공동의 해석지평'을 담보하기 위한 정치적 사회통합 노력에 다문화정책도 부
합해야 한다고 주장한다. 다문화정책이 문화 다양성 관리 정책일 뿐만 아니라 사
회정치적 통합 정책이기도 하다는 것이다. 세계 여러 국가는 다양성 아젠다와 통
합성 아젠다 간의 긴장을 목격하고 있다. 사회의 각 집단이 자신의 특수한 문화를
포기하지 않도록 하면서도 동시에 국가적 수준의 연대감과 소속감을 충분히 가지
도록 하는 것은 정책적으로 매우 어려운 과제이다. 하지만 이들 두 가지 정책 아
젠다가 모두 중요하며 양자가 균형을 이룰 수 있도록 정책을 설계해야 할 필요가
있다. 결국 '균형적 다문화주의' 정책이 요구되는 것이다(Ham et al., 2020). 뱅크스

(Banks, 2009)는 이를 '섬세한 균형'이라고 표현함으로써 이것이 중요한 과제이면 서도 동시에 매우 어려운 과제임을 상기시킨다.

일부 분석가들은 유럽 등 세계 각지에서 다문화주의가 '후퇴'하고 있다는 진단을 내놓기도 한다(Joppke, 2004). 각국에서 다문화주의 정책에 대한 사회정치적 지지가 약화되고 있다는 것이다. 국가 안보가 위협받는 것으로 보일 때나 경제 상황이 좋지 못할 때 다양성 아젠다는 공격의 대상이 되곤 한다. 하지만 다른 학자들은 다문화주의의 후퇴에 대한 증거가 부족하다고 주장한다(Banting & Kymlicka, 2013). 일부 국가에서 다문화주의가 후퇴한 것처럼 보이는 것은 대개의 경우 기존의 정책이 폐기되었기 때문이 아니라 새로운 정책에서 '다문화주의'라는 정치적으로 '예민한' 용어 대신 대안적 용어들이 사용되었기 때문이다. '다문화주의'라는 용어의 명시적 사용이 정치적 수사에서 감소했더라도 정책의 내용이 유지된다면 이것이 다문화주의의 중단이나 후퇴를 의미하는 것은 아니다. 교육정책 측면에서도 다문화주의는 세계 각국에서 높은 제도적 정당성을 갖춘 정책담론으로서 공고한 지위를 유지하고 있다(Cha et al., 2017).

🔤 4. 다문화주의에 대한 비판과 논쟁

일부 비평가들은 다문화주의적 주장들이 많은 경우 문화에 대한 본질주의적 관점을 전제로 한다고 지적한다. 각 문화는 그 경계가 명확히 구분되는 독립된 단위체가 아님에도 불구하고, 다문화주의자들은 대개 각 문화 공동체의 구성원들이 고유한 문화적 특징에 따라 서로 구분된다고 간주한다는 것이다. 오늘날 대부분의 사람들은 어떠한 '순수한' 버전의 문화 내에서 살아간다기보다는 문화적 혼성으로 특징지어지는 국제적이며 글로컬한 문화 속에서 살아간다. 이러한 현실을 고려하면 다문화주의라는 이름으로 특정 문화를 보호하려는 조치는 실제로는 그 문화의 어떤 독특한 부분에 집중하여 그것에 일종의 특별한 지위나 혜택을 부여하는 것일 가능성이 있다. 이는 지구적이며 혼성적인 성격을 지닌 오늘날의 문화적 현실과 어울리지 않는다는 것이다(Benhabib, 1999).

오늘날 대부분의 사람들이 문화적 혼성 속에서 살아간다는 점을 인정할 경우,

각 문화가 그 구성원에게 '선택의 맥락'을 제공하기 때문에 집단별 문화의 보호가 필요하다는 주장도 비판적 재검토의 대상이 된다. 각 개인에게 제공되는 '선택의 맥락'이 하나의 특정 문화로부터 나온다는 전제가 흔들리기 때문이다. 만약 개인의 의미 있는 자율적 선택이 다양한 문화적 출처에 근거하여 이루어질 수 있다고 본다면, 반드시 한 개인이 하나의 특정한 문화 공동체에 강하게 소속되어야 할 필요가 없게 된다. 이는 모든 문화가 보호되어야 한다는 주장의 타당성을 약화시킨다. 사람들에게 필요한 것은 특정한 문화적 울타리가 아니라 다양한 문화적 자원이라는 것이다(Waldron 1995).

다문화주의 이론가들 역시 문화가 서로 중첩되고 상호작용한다는 데 어느 정도 동의하지만, 그럼에도 불구하고 개인은 개별 문화 공동체에 속한다고 주장하는 경향이 있다. 예컨대, 킴리카는 우리가 문화에 대한 보다 코스모폴리탄적인 관점을 채택하더라도 소수 문화집단에 대한 특별한 보호가 여전히 필요하다고 주장한다. 어떠한 사안에 대해 개인이 택할 수 있는 선택지가 다양한 문화적 출처로부터에 나올 수 있다고 하더라도, 각 선택지가 개인에게 얼마만큼의 의미를 지니는지는 또 다른 문제라는 것이다. 가용한 다양한 선택지가 존재한다는 것이 곧 이들 모두가 똑같이 의미 있는 선택지라는 뜻은 아니다. 다양한 문화에서 생활양식 등을 차용해 온다고 해서 개별 문화 공동체가 그 정체성을 포기하는 것은 아니라는 것이다.

다문화주의는 '인정의 정치'에 집중함으로써 '재분배의 정치'를 소홀히 한다는 비판도 있다(Rorty, 2000). 인정의 정치는 문화적 불평등 해결에 관심을 두는 반면, 재분배의 정치는 경제적 불평등 해결에 관심을 둔다. 재분배의 정치를 강조하는 사람들은 인정의 정치가 자칫 경제 정의를 위한 노력에서 초점을 돌리도록 할 가능성을 우려한다. 하지만 다문화주의자들은 인정의 이슈와 재분배의 이슈가 양자택일의 대상이 아니라고 주장한다. 둘 다 소수자 집단의 평등을 추구하는 데 중요하다는 것이다. 문화적 인정과 경제적 재분배는 공통적으로 인종·민족적, 언어적, 종교적, 성적, 계층적 배경을 초월하여 모두가 더 큰 평등을 달성하는 데 관심을 둔다. 많은 사람이 이러한 여러 정체성 범주의 교차점에 서서 다양한 형태의 소외와 차별을 경험한다. 인정의 정치와 재분배의 정치 모두 소외된 집단의 구성원을 평등한 시민으로 포용하는 것을 목표로 한다.

일각에서는 다문화주의가 사회적 신뢰와 경제적 재분배에 대한 대중의 태도에 부정적 영향을 미칠 가능성을 제기한다. 예컨대, 퍼트넘(Putnam, 2007)은 미국에서 인종·민족적 이질성이 사회적 신뢰와 시민 참여 감소와 관련이 있다고 주장한다. 인종·민족적 이질성이 사회적 신뢰와 연대감을 실제로 약화시킨다면, 이는 경제적 재분배에 대한 대중의 지지를 약화시키는 결과로도 이어질 수 있다. 한 사회가 낮은 수준의 문화적 동질성을 가질수록 사회 구성원들의 경제적 연대감 강화 측면에서 더 불리하다는 것이다. 미국 내에서 인종·민족적 이질성이 큰 주일수록 복지 정책의 제도화에 덜 적극적이라는 분석이 있다(Hero & Preuhs, 2007). 여러 국가를 실증적으로 비교한 연구에서도 국가별 이주민 비율의 증가가 경제적 재분배에 대한 대중의 지지를 약화시킬 개연성이 관찰된다(Dahlberg et al., 2012). 하지만 이것이 얼마나 뚜렷한 현상인지에 대해서는 여전히 논쟁 중이다.

일부 다문화주의 옹호자들은 소수자 집단에 대한 특별 보호를 주장할 때 집단 간의 불평등에 초점을 맞추는 경향이 있다. 이러한 집단 단위의 보호 조치가 경우에 따라 집단 내 억압과 불평등을 공고히 하는 결과로 이어질 수 있다는 비판도 있다(Eisenberg & Spinner-Halev, 2005). 예컨대, 가부장제 관행을 지닌 소수자 집단에 대한 특별 보호는 해당 집단 내에서 성 불평등을 공고히 하는 데 기여할 수 있다. 따라서 다문화주의가 모든 종류의 소수 문화를 무조건적으로 수용해야 한다는 뜻으로 이해되어서는 곤란하다. 오늘날 대부분의 민주주의 국가에서 명예살인이나 여성할례 등과 같은 풍습을 소수 문화를 존중한다는 명목으로 용인한다는 것은 상상할 수 없을 것이다. 민주주의는 다문화주의를 수용할 수 있는 이념적 기반을 제공함과 동시에 다문화주의의 한계를 규정하기도 한다. 민주주의 원리에 위배되지 않는 한에서 소수자 집단의 차이에 대한 인정과 보호가 정당화될 수 있다. 각 사회가 차이를 포용하면서도 동시에 다양한 집단들이 함께 지향할 수 있는 공통의 가치와 규범을 설정하는 데 노력을 기울이는 것이 중요하다.

생각해 봅시다

1. 다문화주의에 대한 다양한 개념화 간의 차이점과 공통점을 분석하시오.
2. 다문화정책의 여러 유형 중 한국의 정책 유형은 어디에 가까운지 논하시오.
3. 한국 사회의 맥락에서 다문화주의가 지닌 가능성과 한계를 평가하시오.

 참고문헌

송효준, 함승환(2019). 다문화주의 정책은 이주민의 사회통합을 돕는가? 이주배경 청소년
    의 교육적 통합 양상 재검토. 사회과학연구, 45(1), 127-149.
차윤경, 함승환(2012). 다문화사회와 다문화주의. 장인실 외 공저. 다문화교육의 이해와 실
    천(pp. 17-49). 서울: 학지사.

Banks, J. A. (2009). Diversity and citizenship education in multicultural nations.
    Multicultural Education Review, 1(1), 1-28.
Banting, K., & Kymlicka, W. (2013). Is there really a retreat from multiculturalism
    policies? New evidence from the multiculturalism policy index. *Comparative
    European Politics, 11*(5), 577-598.
Benhabib, S. (1999). 'Nous' et 'les autres': The politics of complex cultural dialogue in a
    global civilization. In C. Joppke & S. Lukes (Eds.), *Multicultural Questions* (pp. 44-
    62). Oxford, UK: Oxford University Press.
Berry, J. W. (2005). Acculturation: Living successfully in two cultures. *International
    Journal of Intercultural Relations, 29*(6), 697-712.
Cha, Y.-K., Gundara, J., Ham, S.-H., & Lee, M. (2017). *Multicultural Education in
    Global Perspectives: Policy and Institutionalization*. Singapore: Springer.
Dahlberg, M. Edmark, K., Lundqvist, H. (2012). Ethnic diversity and preferences for
    redistribution. *Journal of Political Economy, 120*(1), 41-76.
Eisenberg, A., & Spinner-Halev, J. (Eds.). (2005). *Minorities within Minorities: Equality,
    Rights and Diversity*. Cambridge, UK: Cambridge University Press.
Fraser, N. (2000). Rethinking recognition. *New Left Review, 3*, 107-120.
Goodin, R. E. (2006). Liberal multiculturalism: Protective and polyglot. *Political Theory,
    34*(3), 289-303.

Grant, C. A. (2016). Depoliticization of the language of social justice, multiculturalism, and multicultural education. *Multicultural Education Review, 8*(1), 1–13.

Gutmann, A. (2004). Unity and diversity in democratic multicultural education: Creative and destructive tensions. In J. A. Banks (Ed.), *Diversity and Citizenship Education: Global Perspectives* (pp. 71–96). San Francisco, CA: Jossey-Bass.

Habermas, J. (2020). *Multiculturalism*. A. Gutmann (Ed.). 이상형, 이광석 공역. 다문화주의와 인정의 정치. 민주주의 법치국가에서 인정투쟁(pp. 146–193). 서울: 하누리. (원저는 1994년 출판)

Ham, S.-H., Song, H., & Yang, K.-E. (2020). Towards a balanced multiculturalism? Immigrant integration policies and immigrant children's educational performance. *Social Policy & Administration, 54*(5), 630–645.

Hero, R., & Preuhs, R. (2007). Multiculturalism and welfare policies in the USA: A state-level comparative analysis. In K. Banting & W. Kymlicka (Eds.), *Multiculturalism and the Welfare State: Recognition and Redistribution in Contemporary Democracies* (pp. 121–151). Oxford, UK: Oxford University Press.

Joppke, C. (2004). The retreat of multiculturalism in the liberal state: Theory and policy. *British Journal of Sociology, 55*(2), 237–257.

Koopmans, R., Statham, P., Giugni, M., & Passy, F. (2005). *Contested Citizenship: Immigration and Cultural Diversity in Europe*. Minneapolis, MN: Minnesota University Press.

Kymlicka, W. (2010). *Multicultural Citizenship*. 장동진, 황민혁, 송경호, 변영환 공역. 다문화주의 시민권. 경기: 동명사. (원저는 1995년 출판)

Martiniello, M. (2002). *Sortir des ghettos culturels*. 윤진 역. 현대사회와 다문화주의: 다르게, 평등하게 살기. 서울: 한울. (원저는 1997년 출판)

May, S., & Sleeter, C. (Eds.). (2014). *Critical Multiculturalism: Theory and Praxis*. 부향숙, 김경혜 공역. 비판적 다문화주의: 이론과 실제. 서울: 시그마프레스. (원저는 2010년 출판)

McLaren, P. (1997). *Revolutionary Multiculturalism: Pedagogies of Dissent for the New Millennium*. Boulder, CO: Westview Press.

Parekh, B. (2000). *Rethinking Multiculturalism: Cultural Diversity and Political Theory*. Cambridge, MA: Harvard University Press.

Putnam, R. D. (2007). E pluribus unum: Diversity and community in the twenty-first century. *Scandinavian Political Studies, 30*(2), 137–174.

Rorty, R. (2000). Is "cultural recognition" a useful concept for leftist politics? *Critical Horizons, 1*(1), 7-20.

Taylor, C. (2020). *Multiculturalism*. A. Gutmann (Ed.). 이상형, 이광석 공역. 다문화주의와 인정의 정치. 인정의 정치(pp. 47-109). 서울: 하누리. (원저는 1994년 출판)

Waldron, J. (1995). Minority cultures and the cosmopolitan alternative. In W. Kymlicka (Ed.), *The Rights of Minority Cultures* (pp. 93-119). Oxford, UK: Oxford University Press.

제3장
다문화 가정의 이해

임은미

개요

학교 현장에 다문화 학생이 많아지고 있다. 2021년을 기준으로 초 · 중 · 고등학교의 다문화 학생이 정규 학교와 비정규 학교를 포함하여 전체의 약 3.0%에 이르고 있으며, 전년 대비 증가율이 8.6%이다(교육부, 2021a). 전체 학생 수가 감소하는 데 비해 다문화 학생 수는 늘어나고 있기 때문에, 다문화 학생 증가율은 더 가파르다. 우리나라 교육에서 다문화 가정 학생은 주로 국제결혼 가정 학생, 탈북 청소년, 외국인 가정 학생을 일컫는다. 다문화 학생 수의 증가는 주로 국제결혼 가정 학생과 외국인 가정 학생에게서 나타난다. 교사들은 다문화 학생의 현황에 대한 기본적인 지식을 지니고 교직에 입문할 필요가 있다. 이러한 기초적 학습은 향후 점차 문화적 다양성이 강화될 학교 현장에서 학생을 이해할 수 있는 중요한 준비 작업이다. 이 장에서는 이들 다문화 가족의 의미와 등장 배경을 살펴본 후, 세 집단별로 현황, 어려움, 지원 상황을 정리하였다.

세부목차

학습목표

1. 다문화 가정의 현황과 변화양상을 설명할 수 있다.
2. 국제결혼 가정 학생의 현황과 어려움, 교육방안을 설명할 수 있다.
3. 탈북 가정 학생의 현황과 어려움, 교육방안을 설명할 수 있다.
4. 다문화 가정의 초 · 중등 학생을 위한 지원 실태와 개선방안을 설명할 수 있다.

1. 다문화 가족의 의미와 등장 배경

1) 다문화 가족의 의미

「다문화가족지원법」에서 다문화 가족은 "결혼이민자, 부 또는 모가 대한민국 국민인 자, 부모가 분명하지 아니한 경우나 국적이 없는 경우 대한민국에서 출생한 자, 대한민국 법무부장관의 귀화허가를 받은 자가 속한 가족이다. 결혼이민자는 대한민국 국민과 혼인한 적이 있거나 혼인 관계에 있는 재한외국인"을 의미한다. 이와 같이 「다문화가족지원법」에서 제시하는 다문화 가족은 주로 국제결혼 가족에 초점을 두고 있다.

그러나 학교 현장에서는 국제결혼 가족 이외에도 다양한 가족 배경의 학생들이 재학하고 있다. 북한이탈주민, 유학생, 외국인 노동자 가정 등 우리와 다른 문화적 배경을 지닌 가정의 자녀들이다. 외국인 노동자는 취업을 목적으로 모국을 떠나 우리나라에서 일정 기간 정착하는 사람들을 의미한다. 탈북주민은 군사분계선 이북 지역, 즉 북한에 주소, 직계가족, 배우자, 직장 등을 두고 있는 사람으로서 북한을 벗어난 후 외국 국적을 취득하지 아니한 사람들이다(통일부, 2021a). 이 장에서 다문화 가족은 국제결혼 가족, 외국인 노동자 가족, 탈북주민을 통칭한다.

2021년을 기준으로 우리나라 초ㆍ중ㆍ고등학교에 재학 중인 학생은 600만 명 아래로 내려갔으며, 이들 중 국제결혼 가정 학생은 122,093명, 탈북 청소년은 2,546명, 외국인 가정 자녀는 28,536명이다. 전년 대비 인구 증가 집단은 국제결혼 가정과 외국인 가정 자녀이며, 탈북 청소년의 수는 감소하였다(교육부, 2021a; 탈북 청소년교육지원센터, 2021). 다문화 가족의 학생들은 성장환경과 문화의 '다름'으로 인해 우리나라의 학교에 적응하는 데 도움이 필요할 수 있어서 교사들의 관심과 이해, 그리고 문화적으로 적절한 대응이 필요하다. 이 장에서는 우리나라 학교 현장에 이들 다문화 가정 학생이 등장하게 된 배경, 현황, 문제점, 지원정책들을 살펴보고자 한다.

2) 다문화 가정의 등장 배경

(1) 국제결혼 가정

국제결혼 가정은 주로 외국인 남성과 한국인 여성 또는 한국인 여성과 외국인 남성이 만나서 이룬 가정이다. 우리나라의 대규모 국제결혼은 해방 이후 미군정과 한국전쟁을 전후하여 미국인 병사와 우리나라 여성의 결혼에서 시작되었다. 이후 해외 유학, 근무 등을 통해 개인적인 결정에 의해 이루어진 국제결혼이 등장하였다. 1990년대까지는 이들의 숫자가 많지 않았고 사회가 이들을 돌봐야 한다는 인식이 없었다. 이들의 자녀 중에는 우리나라에 정착하지 않는 선택을 하는 경우도 많았기 때문에 교육적 배려를 받는 다문화 가정 학생 집단이 형성되지 않았다(장인실 외, 2012).

1980년대 말부터 한국의 여성들이 결혼 대상으로 농어촌 남성을 기피하게 되면서, '농어촌 총각 장가 보내기 운동'의 일환으로 조선족 여성과 우리나라 농어촌 남성과의 국제결혼이 본격화되었다. 이후 1990년대 중반부터 국제결혼은 급증하게 되었다. 이들의 결혼은 지방자치단체, 종교, 결혼중개업체 등 다양한 주체에 의해 추진되었으며, 혼인 대상 국가 또한 중국, 베트남, 필리핀, 일본 등을 포함하여 동남아 국가 여러 나라로 확대되었다. 우리나라 여성과 외국인 남성과의 결혼도 꾸준히 진행되고 있다. 이들 중 우리나라 남성과 동남아 결혼이주여성의 국제결혼 가정은 수적으로 많은 데다 그들 자녀의 출생지가 대부분 우리나라이고 우리나라에서 교육을 받으며 성장한다는 특징이 있다.

국제결혼 가정 중에는 부모가 한국에 입국하기 전 외국에서 태어난 후, 부모 중 1명이 한국인과 결혼하여 우리나라에 입국한 자녀를 둔 경우가 있다. 이와 같이 국제결혼 가정 자녀 중 외국에서 태어나 부모와 함께 국내로 입국한 자녀를 중도입국 자녀라고 한다. 중도입국 자녀의 수도 꾸준히 늘어나고 있다.

(2) 탈북주민

탈북주민은 한국전쟁 이후 매년 10명 내외였으며, 탈북의 주요 사유는 정치적 망명이었다. 1990년대 후반 이후 규모가 급격하게 증가하였고, 경제난민의 성격으로 바뀌게 되었다. 우리 정부는 탈북주민들이 사회의 일원으로 자립·자활 의

지를 갖고 안정적으로 정착하도록 1997년 1월「북한이탈주민의 보호 및 정착지원에 관한 법률」을 제정하고 정책적 지원을 하고 있다(한국학중앙연구원, 2021). 탈북주민의 규모는 1998년 이후로 꾸준히 증가하였고, 2003년에서 2011년 사이에는 연간 입국 인원이 2,000~3,000명 수준에 이르렀다가 2012년 이후 입국 인원이 점차 줄어들고 있다(남북하나재단, 2021; 통일부, 2021b).

(3) 외국인 노동자

외국인 노동자는 한국이 1988년에 서울올림픽을 개최하면서 국제사회의 관심을 받고 제조업 인력난을 겪게 되면서 유입되기 시작하였다. 1992년 한국과 중국의 공식 수교로 중국 동포의 이주노동이 시작되었고, 이후에도 정부는 1993년 산업기술연수생 제도와 2004년 고용허가제 등을 실시하여 외국인 노동자를 통해 부족한 일손을 충당하려는 정책을 도입하였다. 정부는 외국인 노동자 중에서도 중국 동포를 비롯한 재외동포에게는 한국에 연고자가 없어도 자유롭게 왕래하며 취업할 수 있는 방문취업제를 일부 업종에 대하여 시행하고 있다. 외국인 노동자는 자국보다 우리나라에서 상대적으로 높은 임금을 받기 위해 중개업자에게 수수료를 지불하고 오는 경우도 많지만, 국내에서는 3년 또는 5년의 단기 고용만 허가되고 있다(한국학중앙연구원, 2021).

우리나라 학교에는 외국인 가정 자녀들이 재학하고 있다. 부모 모두 외국인인 학생들이다. 외국인 가정 자녀 중 외국인 노동자 가정 자녀가 얼마나 되는지를 정확히 추산하기는 어렵지만, 부모 모두 외국인인 가정이 자녀를 학교에 보낼 만큼 우리나라에 장기적으로 체류하는 경우는 노동자 가정일 경우가 대부분일 것으로 짐작할 수 있다.

🔤 2. 국제결혼 가정의 현황과 문제

1) 국제결혼의 현황

총 국제결혼 건수의 변화는 1994년에서 1996년 사이, 2002년에서 2004년 사이에 급격히 증가하다가 2006년 정점에 이른 후 감소 추세를 보이고 있다. 2017년에서 2018년 사이에 소폭 증가세를 보였지만 2020년에 급격히 줄어들었다([그림 3-1] 참조). 2020년의 감소된 국제결혼 건수는 COVID-19의 영향이 컸던 것으로 짐작되며, 위드코로나로 접어든 이후의 국제결혼 건수에 어떤 변화기 있을지 관심 있게 지켜볼 필요가 있다.

아내가 외국인인 경우의 국제결혼 건수는 남편이 외국인인 국제결혼 건수에 비하여 많다. 아내가 외국인인 국제결혼 건수는 2006년 4만 건에 육박하다가 이후 점차 감소하여 2020년에는 1만 5천 건을 다소 상회하는 정도로 줄었다. 남편이 외국인인 국제결혼 건수는 5천 건 내외로 유지되고 있다.

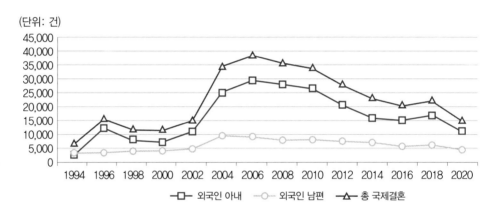

[그림 3-1] 국제결혼 건수 변화 추이

출처: 통계청(2021).

<표 3-1> 2010년 이후의 국제결혼 건수   (단위: 건)

연도	2010	2011	2012	2013	2014	2015	2016	2017	2018	2019	2020
국제결혼 총 건수	34,235	29,762	28,325	25,963	23,316	21,274	20,591	20,835	22,698	23,643	15,341

출처: 통계청(2021), p. 14.

2010년 이후 외국인 아내의 주요 출신국은 베트남, 중국, 태국, 일본, 미국, 필리핀, 캄보디아의 순이다. 외국인 남편의 주요 출신국은 미국, 중국, 베트남, 캐나다, 영국, 일본의 순이다. 2010년까지는 중국인 남편의 비율이 높았으나 점차 미국인 남편의 비율이 높아지고 있다. 외국인 아내의 주요 출신국은 베트남, 중국, 태국, 필리핀, 캄보디아 등이다. 외국인 아내들의 출신국에는 우리나라보다 경제적인 여건이 열악한 나라들이 많고, 이에 비해 외국인 남편의 출신국에는 선진국이 많이 포함되어 있다.

　이러한 자료는 우리나라 학교에 다니는 국제결혼 가정의 자녀들 모두 인종·민족적 차이로 인한 '다름'을 경험하겠지만, 어머니가 외국인 출신인 학생은 아버지가 외국인 출신인 학생보다 경제적인 어려움이나 어머니의 모국에 대한 편견으로 인한 어려움이 더 클 수 있음을 짐작하게 한다. 그러나 학생 개인을 이해할 때는 같은 인종집단 내에서도 개별 가정마다 경제·교육 수준과 가치관 등에 차이가 있음을 고려하여야 한다.

〈표 3-2〉 국제결혼 배우자 출신국 분포 (단위: 건, %)

구분	2010년	2015년	2020년
외국인 아내	26,274(100.0)	14,677(100.0)	11,100(100.0)
베트남	9,623(36.6)	4,651(31.7)	3,136(28.3)
중국	9,623(36.6)	4,545(31.0)	2,524(22.7)
태국	438(1.8)	543(3.7)	1,735(15.6)
일본	1,193(4.5)	1,030(7.0)	758(6.8)
미국	428(1.6)	577(3.9)	432(3.9)
필리핀	1,906(7.3)	1,006(6.9)	367(3.3)
캄보디아	1,205(4.6)	524(3.6)	275(2.5)
기타	1,858(7.1)	1,801(12.3)	1,873(16.9)
외국인 남편	7,961(100.0)	6,597(100.0)	4,241(100.0)
미국	1,516(19.0)	1,612(24.4)	1,101(26.0)
중국	2,293(28.9)	1,434(21.7)	942(22.2)
베트남	67(.8)	432(6.5)	501(11.8)
캐나다	403(5.1)	465(7.0)	257(6.1)
영국	178(2.2)	196(3.0)	146(3.4)
일본	2,090(26.3)	808(12.2)	135(3.2)
기타	1,414(17.8)	1,650(25.0)	1,159(27.3)

출처: 통계청(2021).

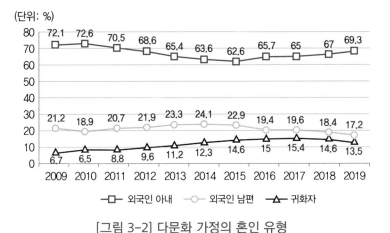

(단위: %)

[그림 3-2] 다문화 가정의 혼인 유형

출처: 통계청(2020).

　다문화 가정의 혼인 유형의 비율을 보면, 외국인 아내의 비율이 외국인 남편의 비율보다 매우 높다. 다문화 가정 학생들은 아버지보다 어머니의 국적이나 언어가 다른 친구들과 다른 경우가 많음을 알 수 있다. 우리나라의 자녀 교육은 어머니에 의해 이루어지고 그에 비해 아버지의 관여도는 낮은 편임을 고려할 때, 다문화 가정 자녀가 가정으로부터 교육적 지원을 받기 어려운 여건에 놓여 있음을 나타낸다. 외국인 배우자 중 우리나라의 국적을 취득한 사람을 의미하는 귀화자의 비율이 전체의 15%대를 넘지 못하고 있다는 것 또한 주목해서 보아야 한다.

2) 결혼이민자의 법적 지위

　외국인 배우자가 우리나라 국민으로 귀화하기 위한 조건을 갖추기 위해서는 〈표 3-3〉과 같은 쉽지 않은 조건을 갖춰야 한다. 조건을 갖추고 귀화에 성공하면 대한민국 국민으로서의 법적 지위를 지니고 자녀 양육과 교육에 임할 수 있지만 그렇지 않은 경우 다문화 가정의 자녀는 부모 중 1명의 법적 지위 불안정에서 비롯되는 직·간접적인 영향을 받아야 한다.

〈표 3-3〉 결혼이민자의 간이귀화 조건

- 국민인 배우자와 반드시 법률상 혼인신고가 되어 있어야 함
  - 사실혼인 경우 귀화허가 신청 가능하지만 이 경우 간이귀화가 아니라 일반귀화이므로 국내에 계속해서 5년 이상 거주해야 신청 가능
- 대한민국에 계속해서 거주할 것
  - 2년 거주 또는 3년 경과 1년 거주: 결혼한 상태로 2년 이상 계속 대한민국에 주소가 있어야 함. 2년 이상 계속 주소가 없어도 결혼한 후 3년이 지나고 결혼한 상태로 대한민국에 1년 이상 주소가 있으면 가능함
  - 거주기간의 계산
    위 거주기간은 적법하게 입국해서 외국인 등록을 마친 날임. 그날부터 2년 동안 계속 체류해야 함
  - 거주기간 요건의 예외: 배우자 사망·실종, 이혼·별거 및 자녀 양육
    다만, 거주기간 요건을 채우지 못했더라도 다음의 어느 하나에 해당하면 위 기간의 잔여기간을 채우고 난 후 법무부장관의 인정에 의해 간이귀화 허가신청 가능
    ① 국민의 배우자와 결혼생활을 하던 중, 배우자의 사망이나 실종 또는 그 밖에 자신에게 책임이 없는 사유로 정상적인 혼인 생활을 할 수 없었던 경우
    ② 국민인 배우자와의 사이에서 출생한 미성년의 자녀를 양육하고 있거나 양육하여야 할 경우
- 그 밖에 필요한 요건: 「국적법」 제5조 제2~6호
  - 대한민국의 「민법」상 성년(19세)일 것
  - 법령을 준수하는 등 품행이 단정할 것
    ※ 품행 단정의 요건: 「국적법 시행규칙」 제5조의2
    ① 귀화허가를 받으려는 외국인이 어느 하나에도 해당하지 않는 경우로서 법무부장관이 해당 외국인의 법령위반행위를 한 경위·횟수, 법령 위반행위의 공익 침해 정도, 대한민국 사회에 기여한 정도, 인도적인 사정 및 국익 등을 고려해 품행이 단정한 것으로 인정하는 경우
    ② 귀화허가를 받으려는 외국인이 위의 어느 하나에 해당하는 경우에도 불구하고 법무부장관이 해당 외국인의 위의 어느 하나에 해당하게 된 경위나 그로 인한 공익 침해 정도, 대한민국 사회에 기여한 정도, 인도적인 사정 및 국익 등을 고려해 품행이 단정한 것으로 인정하는 경우
  - 자신의 자산이나 기능에 의하거나 생계를 같이하는 가족에 의존하여 생계를 유지할 능력이 있을 것
  - 국어 능력과 대한민국의 풍습에 대한 이해 등 대한민국 국민으로서의 기본 소양을 갖추고 있을 것
  - 귀화를 허가하는 것이 국가안전보장·질서유지 또는 공공복리를 해치지 않는다고 법무부장관이 인정할 것

출처: 찾기 쉬운 생활법령정보(2021. 10. 15.).

3) 국제결혼 가정 부모의 특징

(1) 연령

국제결혼 가정 부부의 평균 연령 차이는 내국인 부부의 평균 연령 차이보다 훨씬 높다. 내국인 부부의 경우 남편의 연령이 약 2~3세 높은 경향이 유지되고 있지만, 국제결혼 가정 부부의 경우 남편의 연령이 7~10세 높다. 이러한 경향은 꾸준히 이어지고 있다. 이는 국제결혼 가정 부부는 부부간에 출신 국가와 언어 차이뿐 아니라 세대 차이까지 경험할 가능성이 있음을 나타낸다. 국제결혼 가정 부부가 부부생활을 원만하게 하기 위해서는 부부 각자가 배우자 연령대의 사고방식을 이해하려는 노력을 더 기울여야 한다.

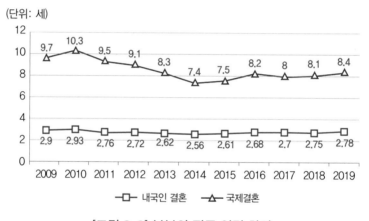

[그림 3-3] 부부의 평균 연령 차이

출처: 통계청(2020, 2021).

(2) 학력

국제결혼 가정 중 26.6%의 가정이 부부 모두 초등학교 이하의 학력을 지니고 있으며, 부부 모두 대학 이상의 학력을 지닌 비율은 11.9%로서 국제결혼 가정의 학력이 낮음을 알 수 있다. 부부간 학력 격차도 커서 대학 이상의 학력을 지닌 결혼이민 여성 중 47.9%만이 대학 이상의 학력을 지닌 배우자와 결혼하였다. 외국인 여성 본인은 대학을 졸업하였음에도 배우자는 초등학교만 졸업한 경우도 3.9%에 이르렀다. 이와 반대로 본인은 초등학교 이하의 학력을 지녔으면서 초등학교 졸업 이하의 배우자와 결혼한 경우 11.9%, 중학교 졸업 학력을 지닌 배우자와 결혼한 경우 15.3%,

고등학교 졸업 학력을 지닌 배우자와의 결혼 비율이 19.2 %였다(〈표 3-4〉 참조).

〈표 3-4〉 여성 결혼이민자 교육수준별 배우자의 교육수준 분포

구분	배우자 교육수준				
	초등학교 이하	중학교	고등학교	대학 이상	계
초등학교 이하	26.6	22.4	39.1	11.9	100.0
중학교	6.2	28.3	50.2	15.3	100.0
고등학교	4.9	13.5	62.4	19.2	100.0
대학 이상	3.9	8.4	39.8	47.9	100.0

출처: 한국보건사회연구원(2010).

(3) 한국어 수준

　다문화 가정 배우자의 한국어 수준은 낮은 것으로 나타났다. 어머니가 외국인인 다문화 가정 배우자의 한국어 수준을 말하기, 쓰기, 읽기, 듣기 영역별로 살펴보면, 잘하는 편이거나 매우 잘하는 편에 속하는 배우자의 비율은 말하기, 쓰기, 읽기에서 절반 이하였다. 듣기의 경우 잘하는 편이거나 매우 잘하는 배우자의 비율이 60.8% 인 데 비해, 말하기는 53.1%, 읽기는 48.8%였고, 이에 비해 쓰기는 34.8%에 그쳤다. 네 영역에서 매우 잘하는 수준만을 살펴보면, 듣기의 경우 매우 잘하는 수준이 18.5%로서 20% 가까이 되었으나, 말하기는 14.0%, 읽기는 13.6%, 쓰기의 경우에는 10%에도 미치지 못하는 9.5%였다. 이러한 자료는 다문화 가정에서 외국인 부모가 주로 자녀 교육을 맡는 경우 학교에서 가정에 보내는 메시지를 이해하기 쉽지 않을 뿐 아니라 가정에서 학교로 보내는 메시지도 부정확한 경우가 많음을 나타낸다.

〈표 3-5〉 어머니가 외국인인 다문화 가정 배우자의 한국어 수준　(단위: %)

구분	전혀 못한다	못하는 편이다	중간이다	잘하는 편이다	매우 잘한다	계
말하기	.5	6.5	39.9	39.1	14.0	100.0
쓰기	1.4	22.5	42.3	24.3	9.5	100.0
읽기	1.0	11.3	38.9	35.2	13.6	100.0
듣기	0.7	5.4	33.1	42.3	18.5	100.0

출처: 양계민, 장윤선, 정윤미(2020), pp. 174-177에서 발췌.

이와 관련하여 다문화 가정에서 자녀의 성적 향상을 위한 노력 중 학교 선생님과 상담을 자주 또는 매우 자주 하는 학부모는 15.7%인 데 비해 별로 하지 않거나 전혀 하지 않는 비율은 35.3%에 이르렀다. 자녀의 학교생활을 위해 담임교사와 4회 이상 면담을 한 경우는 4.2%인 데 비해 전혀 하지 않은 비율은 24.9%에 이르렀으며 상담을 하더라도 1회나 2회가 주를 이루었다. 자녀의 학교생활에 대한 학부모회의 참석 비율은 더욱 낮아서 1년에 4회 이상 참석한 다문화 가정 학부모는 2.5%에 그친 데 비해 전혀 참석하지 않은 경우는 56.8%였으며, 학부모의 학력과 가구소득이 낮을수록 참여비율은 현저하게 저조하였다. 학부모 교육 참석률은 더욱 낮아서 학부모 교육에 전혀 참석하지 않은 비율이 67.9%였다. 이에 비해 체육대회 · 소풍 · 발표회 · 학교축제 등에는 참여율이 다소 높아서 4회 이상 참여한 비율이 4.5%, 전혀 참여하지 않은 비율이 35.1%였으며, 행사 참여율 또한 소득 및 교육수준이 낮을수록 낮아졌다(양계민, 장윤선, 정윤미, 2020).

다문화 학부모들이 원하는 도움은 다문화 학생을 일반 학생과 분리하지 않으면서 공부를 함께 할 수 있는 형태인 것으로 나타났다. 학부모들이 자녀 교육지원을 받을 수 있는 곳으로 희망하는 곳은 학교(59.3%)였으며, 이에 비해 학원, 지역의 아동 · 청소년센터, 지역의 다문화 관련 센터 등을 원하는 학부모의 비율은 현저히 낮았다. 거의 모든 부모들이 자녀가 대학 또는 그 이상의 학력을 가지고(95.6%), 전문가나 사무종사자가 되기를 원하였고(각 56.6%, 17.7%), 한국의 대학을 졸업하여(86.5%), 한국에서 거주하기를 원하였다(80.4%). 선호하는 자녀 교육방식은 일반 한국 학교에서 다른 아이들과 똑같은 방식으로 교육받는 것(74.1%)으로서, 별도의 다문화 학급이나 학교 또는 대안학교를 원하는 비율보다 훨씬 높았다(양계민, 장윤선, 정윤미, 2020).

(4) 자녀 양육 시 어려운 점

다문화 가정 학부모의 자녀 양육 시 어려운 점에 대하여 순위별로 응답하게 하고 3순위까지 집계한 결과, 가장 큰 어려움은 자녀가 학교에서 배우는 교과목이나 학교생활을 잘 알지 못하는 것, 다른 학부모와 대화하거나 정보를 얻기 어려운 것, 자녀의 학교 숙제나 준비물을 챙겨 주지 못하는 것의 순으로 나타났다. 출신국별로 차이가 있지만 다문화 가정 부모(13.7~26.6%)는 한국인 부모(45.1%)에 비해 어려운 점이 없다는 비율이 월등히 낮았다(양계민, 장윤선, 정윤미, 2020, p. 245).

어려움의 내용에서도 한국인 부모들은 경제적인 어려움과 바쁘거나 아플 때 자녀를 돌봐 줄 사람이 없는 점을 주로 걱정하는 데 비해 다문화 가정 부모들은 자녀가 학교에서 배우는 교과목이나 학교생활을 잘 알지 못하는 것, 자녀의 학교 준비물이나 숙제를 잘 챙겨 주지 못하는 것, 다른 학부모와 대화하거나 정보를 얻기 어려운 것을 주요 어려움으로 응답하였다. 어려움의 내용에 대한 정보만으로는 어느 쪽 어려움이 더 큰지를 가늠하기는 어렵지만, 이 자료를 통해 다문화 가정 학부모들이 한국의 학교체제나 과제의 성격 등을 이해할 수 있도록 꾸준히 소통할 수 있는 창구를 마련하는 노력이 필요하다는 것을 알 수 있다.

<표 3-6> 자녀 양육 시 어려운 점   (단위: %)

출신국	1	2	3	4	5	6	7	8	9	10
전체	48.5	30.6	35.9	27.6	19.1	11.6	23.8	1.3	0.9	17.6
한국	17.9	8.2	22.8	19.2	25.5	–	31.0	–	3.4	45.1
베트남	56.8	36.6	34.7	35.6	17.9	13.5	21.1	0.9	0.8	13.7
중국(한족 등)	46.0	24.9	40.5	33.2	24.4	14.0	20.6	1.1	0.7	15.6
중국(조선족)	35.8	20.2	31.3	23.4	19.8	6.1	27.3	1.6	1.5	25.9
필리핀	45.1	41.9	35.6	26.9	15.8	8.2	26.5	2.0	–	18.0
일본	31.9	14.6	48.1	22.7	24.2	5.0	27.3	–	3.4	27.6
몽골	33.6	13.7	39.8	30.8	15.4	7.5	47.4	1.1	–	19.8
기타	53.6	33.9	33.8	29.6	14.5	13.1	25.1	2.0	0.9	17.7

주: 순위별로 응답하게 하고, 3순위까지 집계하여 빈도 산출
 1. 자녀가 학교에서 배우는 교과목이나 학교생활을 잘 알지 못하는 것
 2. 자녀의 학교 숙제나 준비물을 잘 챙겨 주지 못하는 것
 3. 다른 학부모와 대화하거나 정보를 얻기 어려운 것
 4. 학교 행사나 학부모 모임에 참여하기 어려운 것
 5. 내가 바쁘거나 아플 때 자녀를 돌봐 줄 사람을 찾기 어려운 것
 6. 학교 선생님과의 소통이 어려운 것
 7. 경제적으로 어려워서 충분히 지원해 주지 못하는 것
 8. 자녀가 의료보험이 없어서 병원치료가 어려운 것
 9. 기타
 10. 어려운 점이 없다.
출처: 양계민, 장윤선, 정윤미(2020), p. 245에서 발췌 재구성.

4) 국제결혼 가정 학생의 현황

국제결혼 가정 자녀는 한국인 부(모)와 외국인 모(부) 사이에 태어난 자녀로 국내출생과 중도입국으로 분류된다. 국내출생 자녀는 국제결혼 가정 자녀 중 국내에서 출생한 자녀이고, 중도입국 자녀는 국제결혼 가정 자녀 중 외국에서 태어나 부모와 함께 중도에 국내로 입국한 자녀이다.

(1) 국제결혼 가정 자녀의 초·중·고등학교 재학생 수

국내의 국제결혼 가정 학생은 꾸준히 늘어나서 국내출생 학생과 중도입국 학생의 수를 포함하면 131,520명에 이르고 있다. 이에 비해 전체 학생 수는 꾸준히 줄어들고 있어서 다문화 학생의 비율은 점차 높아지고 있다.

<표 3-7> 국제결혼 가정 학생 수 (단위: 명)

연도	계	국내출생					중도입국				
		소계	초등학교	중학교	고등학교	각종학교	소계	초등학교	중학교	고등학교	각종학교
2021	131,520	122,093	86,399	25,368	10,182	144	9,427	4,953	2,773	1,519	182
2020	122,925	113,774	85,089	19,532	9,049	104	9,151	5,073	2,459	1,415	204
2019	116,766	108,069	83,602	15,891	8,464	112	8,697	5,148	2,131	1,220	198
2018	106,583	98,263	76,181	13,599	8,361	122	8,320	5,023	1,907	1,185	205
2017	97,106	89,314	68,610	12,265	8,335	104	7,792	4,843	1,722	1,063	164
2016	86,552	79,134	59,970	11,475	7,589	100	7,418	4,577	1,624	1,075	142
2015	74,360	68,099	50,191	11,054	6,688	166	6,261	3,965	1,389	723	184
2014	63,100	57,498	41,546	10,316	5,562	74	5,602	3,262	1,386	750	204
2013	50,736	45,814	32,823	9,162	3,793	36	4,922	3,006	1,143	565	208
2012	44,328	40,040	29,282	8,194	2,536	28	4,288	2,669	985	547	87

출처: 교육부(2021a).

부모 출신국별로 보면 초등학교의 경우 베트남(35.6%), 중국(비 한국계)(23.8%), 필리핀(9.2%)의 순이고, 중학교의 경우 베트남(26.7%), 중국(비 한국계)(22.9%), 필리핀(11.0%)의 순이어서 초등학교와 중학교의 순위는 동일하다. 이에 비해 고등 학교의 경우에는 중국(비 한국계) (23.6%), 일본(20.0%), 필리핀(18.1%)의 순으로 다 소 차이가 있다. 교사가 비율이 높은 부모 출신국의 문화에 대하여 기회가 있을 때마다 관심을 가지고 학습해 놓으면 다문화 학생을 지도하는 상황에 유용할 것 이다. 이 외에도 국제결혼 가정 부모의 출신국은 캄보디아, 우즈베키스탄, 러시 아, 몽골, 중앙아시아, 태국, 남부아시아, 미국, 유럽, 대만, 아프리카, 인도네시아, 서남아시아, 동남아시아, 중남미, 오세아니아, 인도, 말레이시아, 기타 등으로 매 우 다양하기 때문에 교사들에게는 다양한 문화에 대한 열린 태도와 폭넓은 학습 이 필수적이다(교육부, 2020).

(2) 학교급별 국제결혼 가정 학생 비율

학교급별 국제결혼 가정 학생 비율을 보면([그림 3-4] 참조). 초등학생 비율이 대 부분이며, 다음으로는 중학교, 고등학교의 순이다. 중도입국 학생은 국제결혼 가 정 학생보다 중·고등학생 비율이 더 높다. 중도입국 학생들은 이미 자국의 문화 에서 어린 시절을 보내고 한국에 입국한 학생들이 많아서 국제결혼 가정 학생보 다 언어와 문화 차이를 더 심하게 느낄 수 있음을 알 수 있다. 시간이 지남에 따라 초등학생은 중학교에, 중학생은 고등학교에 진입할 것이므로 교사들은 초·중· 고 모두를 고려하여 부모 출신국의 문화에 따라 가정의 특징에 대한 지식을 지닐 필요가 있다.

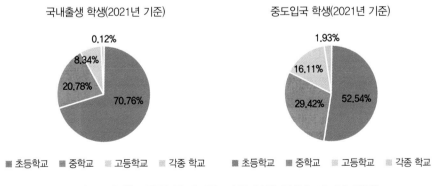

[그림 3-4] 학교급별 국제결혼 가정 학생 비율(2021년 기준)

출처: 교육부(2021a).

(3) 다문화 가정 학생의 학업중단율

다문화 가정 학생의 학업중단율은 전체적으로 증가세인 가운데 증가와 감소를 반복하고 있다(〈표 3-8〉 참조). 부적응 관련 학업중단에서 초등학교 학업중단율은 1%를 약간 밑도는 추세를 유지하는 데 비해 중학생의 학업중단율은 점점 높아져서 2017년에는 1.47%에 이른다. 고등학교는 1.5% 근처를 맴돌다가 2017년에는 2%를 넘겼으며 2018년에도 직전년도에 비해 감소되었음에도 불구하고 2%에 가까운 학업중단율을 보이고 있다.

〈표 3-8〉 다문화 학생 학업중단율 (단위: %)

구분	2014년	2015년	2016년	2017년	2018년
전체	1.01(0.38)	.85(0.29)	.88(0.29)	1.17(0.32)	1.03(0.27)
초	.90(0.23)	.71(0.14)	.74(0.11)	.99(0.15)	.87(0.11)
중	1.17(0.60)	1.15(0.47)	1.16(0.52)	1.47(0.52)	1.34(0.44)
고	1.53(1.05)	1.41(1.01)	1.53(1.20)	2.11(1.37)	1.91(1.35)

주: 괄호 안은 부적응 관련 학업중단(질병, 유학, 해외출국 등 제외)
출처: 중앙다문화교육센터(2021).

2018년 교육통계에 나타난 전체 학생의 학업중단율이 초등학교 0.6%, 중학교 0.7%, 고등학교 1.5%인 점을 고려할 때(한국교육개발원, 2018), 다문화 학생의 학업중단율은 일반 학생에 비해 매우 높다는 것을 알 수 있다. 특히 중학교 다문화 학생은 일반 학생에 비해 2배 이상의 격차를 벌이며 높은 중단율을 보여서 관심이 필요하다.

(4) 다문화 가정 학생 학교생활의 어려움

다문화 학생이 경험하는 신체적 · 언어적 · 관계적 괴롭힘 전체를 보면, 다문화 가정 학생이 일반 학생보다 괴롭힘을 많이 경험하지만 두 집단 간의 차이가 유의하지는 않다. 특히 언어적 괴롭힘을 경험하는 비율은 거의 유사하다. 그러나 관계적 괴롭힘에서 일반 학생은 11.2%만이 이를 경험하는 데 비해, 다문화 학생은 18.0%가 경험하여 집단 간에 유의한 차이가 있었다(〈표 3-9〉 참조). 신체적 괴롭

힘이나 언어적 괴롭힘은 노골적이고 밖으로 드러나기 때문에 교사의 눈에도 띄기 쉬울 수 있다. 관계적 괴롭힘은 은밀한 따돌림이나 가해자 없이 피해자만 생기는 등의 유형으로 일어날 수 있어서 피해 학생이 뚜렷하게 호소할 만한 사건으로 연결되지 않아 도움을 요청하기 어려울 수 있다. 이에 교사는 학급 내에서 다문화 학생을 향한 미묘한 차별과 따돌림 현상이 존재하는지에 각별히 주의를 기울일 필요가 있다.

<표 3-9> 일반 학생과 다문화 가정 학생의 괴롭힘 및 심리적 경험 차이

괴롭힘 유형	일반 학생(%)	다문화 가정 학생(%)	합계(%)	χ^2
괴롭힘 전체	253(31.2)	263(34.6)	516(32.8)	2.06
신체적 괴롭힘	78(9.6)	90(11.8)	168(10.7)	2.03
언어적 괴롭힘	204(25.2)	199(26.2)	403(25.7)	0.21
관계적 괴롭힘	90(11.2)	135(18.0)	225(14.5)	14.91*

* $p < .01$
출처: 오인수(2014).

일반 학생과 다문화 가정 학생의 심리적 특성 차이를 보면, 다문화 학생은 일반 학생에 비해 우울, 불안, 사회적 위축, 정체감 혼돈을 심하게 겪고 있었다. 이에 비해 심리적 안녕감 정도는 유의하게 낮았다. 이와 같은 문제들은 심리 내적인 문제라서 주의 깊게 보지 않으면 다문화 학생들의 심리적 문제를 무심히 지나치게 되어 도움을 주기 어려울 우려가 있다. 다문화 학생들의 심리 · 정서 지원을 위한 학교와 교사의 관심과 대비가 필요하다.

<표 3-10> 일반 학생과 다문화 가정 학생의 심리적 특성 차이

학생 구분	우울	불안	사회적 위축	정체감 혼돈	심리적 안녕감
다문화 학생(760)	2.22(2.36)	2.11(1.93)	2.57(2.43)	1.96(2.00)	53.35(9.68)
일반 학생(811)	1.77(2.06)	1.88(1.76)	2.01(2.07)	1.50(1.75)	57.18(9.26)
t	3.92*	2.38*	4.93*	4.89*	8.00*

* $p < .01$
출처: 오인수(2014).

3. 탈북 청소년의 현황과 문제

1) 탈북주민의 국내입국 추세

탈북주민은 2000년대 이후 지속적으로 증가하여 2003~2011년에는 연간 입국 인원이 2천~3천 명 수준에 이르렀으나, 2012년 이후 연간 평균 1,300명대로 감소하였고 2020년에는 229명으로 급감하였다. 2020년까지 입국한 탈북주민의 총 숫자는 33,752명이다. 입국자 중 여성의 비율은 1998년 이전에는 12.2%였다가 2000년대 들어서 급격히 증가하였고, 해마다 꾸준히 상승하여 2019년에는 80.7%에 이르렀다가 2020년에는 68.6%로 줄어들었다(남북하나재단, 2021; 통일부, 2021b).

2) 탈북 청소년의 재학 현황

2020년 기준으로 초·중·고에 재학 중인 탈북 청소년은 총 2,437명으로 초등학교 741명, 중학교 782명, 고등학교 738명, 기타학교 176명이다. 탈북 청소년 중 재학생 숫자는 해마다 늘어나고 있으며, 초·중·고등학생의 차이가 줄어들고 있다. 2018년부터 기타학교에 재학하는 탈북 청소년이 생겨났다. 기타학교는 초·중·고등학교가 아닌 특수학교, 공민학교, 고등공민학교, 고등기술학교, 방송통신 중·고등학교 등 대안교육시설을 의미한다. 대안교육시설에 재학하는 학생들은 검정고시를 통해 학력을 취득하게 된다. 탈북 청소년들이 정규 학교가 아니라 기타에 재학하는 이유로는 학령 초과, 가정 사정 등을 들 수 있다(탈북청소년교육지원센터, 2021).

탈북 청소년의 출생지는 2015년을 기점으로 중국 및 제3국에서 출생한 비율이 전체 학생의 50%를 넘어섰고, 2020년 현재 북한 출생은 37.2%, 중국 등 제3국 출생은 62.8%로 제3국 출생 탈북 청소년 비율이 지속적으로 증가하고 있다(탈북청소년교육지원센터, 2021). 이는 탈북 청소년 집단의 내집단 차이가 크다는 것을 의미한다. 교사는 탈북 청소년의 개인차에도 주의를 기울여야 한다.

<표 3-11> 탈북 청소년의 재학 현황   (단위: 명)

연도	초등학교	중학교	고등학교	기타학교	계
2005년	247	131	43	–	421
2009년	562	305	276	–	1,143
2013년	1,159	478	385	–	2,022
2017년	1,027	726	785	–	2,538
2020년	741	782	738	176	2,437

출처: 탈북청소년교육지원센터(2021).

3) 탈북 청소년의 학교생활

(1) 학업중단율

탈북 청소년의 학업중단율은 2008년 10.8%로 최고조에 달했고, 그 이후 점차 낮아져서 2019년 현재 3% 정도를 기록하고 있다. 특히 고등학교에서의 학업중단율이 2008년 28.1%에서 2019년 4.7%로 크게 감소하였다(탈북청소년교육지원센터, 2021). 그러나 아직도 탈북 청소년의 학업중단율은 일반 학생이나 국제결혼 가정 학생의 학업중단율에 비해 매우 높은 편이다. 이는 다음 내용에서 나타나는 학교생활 만족도, 수업적응, 교우관계에 대한 긍정적인 통계치들과 일치되지 않는다. 따라서 탈북 청소년의 학업중단 원인을 충분히 이해하기 위한 기초연구가 필요하다.

(2) 학교생활 만족도

학교에 다니고 있는 탈북 청소년 중 학교생활에 만족하는 학생의 비율은 2020년도 기준으로 81.4%로서 학교생활에 만족하는 일반 청소년의 비율인 59.3%보다 훨씬 높았다. 이에 비해 보통 또는 불만족하는 청소년은 18.5%로 일반 청소년(40.8%)보다 훨씬 낮았다. 학교생활 중 가장 어려운 점에 대하여도 별 어려움이 없다고 응답한 청소년이 62.9%로 높았고, 학교수업이 어려운 청소년이 23.7%, 친구 문제 4.4%, 남한의 말 2.5%, 학교생활 1.8%였다. 학교 공부를 잘한다고 응답한 비율은 21.4%로 일반 청소년 42.2%보다 낮았고, 못한다고 응답한 비율은 26.0%로

일반 청소년 9.8%보다 높았다(남북하나재단, 2021).

　탈북 청소년에게 어려운 일이 있을 때 도와주는 어른이 누구인지를 중복 응답 가능한 설문으로 질문한 결과, 담임선생님(75.8%), 그 외 학교 안의 선생님(27.7%), 학원선생님(18.1%), 담당형사(16.1%), 남북하나재단상담사/하나센터 선생님(11.2%)의 순이었다. 탈북 청소년도 교사에 대한 신뢰와 의존이 높은 것으로 나타났다(남북하나재단, 2021).

(3) 수업적응

　탈북 청소년 중 61.1%는 수업시간에 배운 학습 내용을 이해할 수 있다고 하였고, 67.4%는 수업시간에 교사의 설명을 주의 깊게 듣고 있다고 하였으며, 51.4%는 교사가 내준 어려운 과제를 잘 해결할 수 있다고 하였고, 41.5%는 공부하고 있는 내용 중 어려운 부분이 있을 때 그것을 이해하기 위해 따로 시간을 내어 공부한다고 하였다(남북하나재단, 2021). 86.1%의 청소년이 재학하는 학교의 교사들이 친절하다고 응답하였고, 76.2%는 재학하는 학교의 교사들을 좋아하였으며, 74.3%는 학교생활에 어려운 문제가 생겼을 때 찾아가서 의논할 교사가 있다고 응답하였다(남북하나재단, 2021).

(4) 교우관계

　탈북 청소년 중 80.8%는 학교 친구들이 자신을 잘 이해해 준다고 지각하였고, 79.3%는 학교 친구들이 자신을 존중하고 배려해 준다고 생각하였으며, 77.0%는 학교 친구들과 방과 후에도 어울렸고, 73.8%는 외로울 때 학교 친구들의 위로를 받는다고 응답하였다. 전반적으로 학교 친구들에 대하여 긍정적으로 생각하는 비율이 높았으나 이러한 2020년의 긍정응답률은 2018년도에 비해 다소 낮아진 것이다(남북하나재단, 2021). 특히 외로울 때 학교 친구들로부터 위로받을 수 있다는 생각을 하는 비율이 8.5%나 낮아졌는데, 이는 2020년 초부터 코로나로 인해 비대면 수업을 실시한 데 따른 일시적인 현상으로 볼 수도 있겠지만 탈북 청소년의 교우관계에 관심이 필요함을 나타낸다.

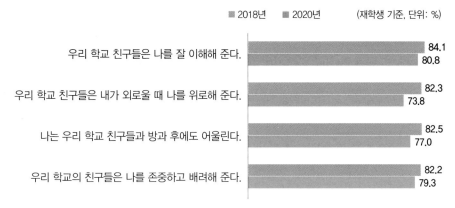

■ 2018년 ■ 2020년 　(재학생 기준, 단위: %)

우리 학교 친구들은 나를 잘 이해해 준다.	84.1 / 80.8
우리 학교 친구들은 내가 외로울 때 나를 위로해 준다.	82.3 / 73.8
나는 우리 학교 친구들과 방과 후에도 어울린다.	82.5 / 77.0
우리 학교의 친구들은 나를 존중하고 배려해 준다.	82.2 / 79.3

[그림 3-5] 학교 친구들에 대한 탈북 청소년의 생각

출처: 남북하나재단(2021), p. 33.

이 외에도 탈북 청소년들이 어울리는 친구는 남한 출신 친구(79.2%), 북한 출신 친구(8.4%), 중국 등 제3국 출신 친구(2.6%), 남북한 제3국 출신 친구 모두(8.5%)의 순이었으며, 1.2%의 청소년들은 아무와도 어울리지 않는다고 응답하였다. 적은 비율이기는 하지만 아무와도 어울리지 않거나 남한 출신 청소년과 어울리지 않는 탈북 청소년들을 포용하기 위한 노력이 필요하다.

(5) 희망하는 교육수준

탈북 청소년의 희망 교육수준은 2020년을 기준으로 4년제 이상 대학(62.5%), 4년제 미만 대학(17.2%), 고등학교 이하(12.4%), 대학원 이상(7.9%)로서 대체적으로는 일반 청소년과 유사한 수준이었다. 다만, 4년제 미만 대학 이하의 학력을 희망하는 비율은 일반 청소년(24.1%)보다 높은 데 비해 대학원 이상을 희망하는 비율은 일반 청소년(13.1%)보다 낮았다(남북하나재단, 2021).

이들이 대학 이상의 교육을 기대하는 이유는 좋은 직업을 갖기 위해서(57.6%)가 가장 높았고, 능력과 소질을 개발하기 위해서(31.2%), 인격이나 교양을 쌓기 위해서(5.4%)의 순이었다. 일반 청소년과 비교하면 자신의 능력과 소질을 개발하고자 하는 비율이 낮았고, 인격이나 교양을 쌓기 위해 교육을 받는 비율은 높았다(남북하나재단, 2021).

(6) 받고 싶은 지원

추후 받고 싶은 지원을 순위별로 질문한 후 1순위 응답자와 2순위 응답자의 비율을 계산한 결과를 중심으로 탈북 청소년들이 받고 싶어 하는 지원을 정리하면 다음과 같다. 2020년 기준으로 볼 때, '학습 · 학업지원'이 70.8%로 가장 높고, 다음으로 생활비 지원(47.4%), 진로지원(41.2%)의 순이었다. 이들은 지원 관련 정보를 주로 부모님과 형제자매로부터 받았고(69.8%), 다음으로 전문상담사 · 청소년센터 · 복지관 등의 학교 밖 선생님(52.0%)을 통해 받았으며, 신문 · 잡지 · 인터넷 등을 통해 스스로 알아보는 비율은 32.3%가량이었다(남북하나재단, 2021). 이는 탈북 청소년이 교사를 신뢰하고 따르는 경향이 강하다고 나타난 앞의 자료와 차이가 있는 결과이다. 학습 · 학업지원을 가장 필요로 하면서도 교사를 통해 지원 관련 정보를 얻는 비율이 매우 낮다는 것은 교사들이 이들과 생활의 어려움에 관한 대화를 좀 더 나눌 필요가 있음을 의미한다. 그래야 학생들의 어려움을 잘 파악할 수 있고, 교사가 알고 활용할 수 있는 지원 방안들을 탈북 청소년에게 연계해 줄 수 있을 것이다.

4) 탈북 청소년 지원사업

정부는 탈북주민들이 우리 사회 일원으로 자립 · 자활 의지를 갖고 안정적으로 정착하도록 「북한이탈북주민의 보호 및 정착지원에 관한 법률」을 제정하고(1997년 1월 14일), 다양한 정책적 지원을 시행하고 있다. 북한이탈주민정착지원사무소(제2하나원) 시설을 확충하고, 교육 프로그램으로 여성특화교육을 강화하고 심리안정 및 건강회복 지원을 강화하고자 노력하고 있다. 북한이탈주민의 조속한 자립 · 자활을 지원하기 위해 탈북주민이 가장 큰 애로를 호소하는 취업문제 해결을 위해 노동부 · 기업 등과 유기적 협력관계를 구축하고 '북한이탈주민 일자리 창출사업'을 시행하고 있다(통일부, 2021b).

「북한이탈주민의 보호 및 정착지원에 관한 법률」에 북한이탈주민지원재단 · 북한이탈주민 예비학교 설립, 취업지원 강화방안 등의 내용을 포함하는 취지의 개정작업이 2010년에 있었고, 2013년과 2014년에는 북한이탈주민 자산형성 지원, 취업 · 교육 등 실태조사 근거 마련, 기본계획(3년 주기) 신설, 자산형성제도 도입을 위한 법 개정이 거듭되었다(통일부, 2021b).

탈북 청소년을 위한 지원사업은 남북하나재단(koreanhana.or.kr)을 통해 시행된다. 남북하나재단의 청소년 교육 및 적응 지원사업의 목적은, 첫째, 탈북 청소년의 학교 및 학업적응을 지원하고 중도이탈 및 방과 후 방임 등을 예방하기 위한 맞춤형 교육/보호시설 운영을 지원하기 위한 것이다. 둘째, 탈북 청소년과 탈북주민 자녀들의 일반학교적응 지원을 위한 통일전담교육사를 파견하고, 정착지원 인력의 체계적 교육을 통한 역량 강화로 지원의 효과를 높이고 통일기반 인력을 육성하기 위한 것이다. 이를 위해 탈북 청소년 관련 사업 경험이 있는 비영리 민간단체 및 법인에 청소년 교육 및 공동생활시설을 지원하고, 탈북 청소년 및 탈북주민 자녀 밀집 학교에 통일전담교육사를 파견하고 있다(남북하나재단, 2021).

탈북 청소년 대상별로 탈북 직후 입소하는 기관인 하나원 기초교육생에게는 효과적인 초기 정착을 위한 취업지원 및 전입 초기 지역 정착 교육과 정착지원 전문인력을 지원하고 있으며, 탈북학생 학력 증진을 위해 화상영어교육과 학습지 지원사업을 하고 있다(남북하나재단, 2021).

그러나 이러한 지원사업들이 「북한이탈주민의 보호 및 정착지원에 관한 법률」에 기반하여 북한 출생 청소년 지원은 가능하나, 남한 출생, 그리고 제3국 출생 북한배경 청소년은 교육 · 사회적 지원이 제한적이거나 쉽게 배제되는 한계가 있다(김지수, 김선, 김희정, 2018).

4. 외국인 노동자 가족의 현황과 문제

「외국인근로자의 고용 등에 관한 법률」은 외국인 근로자를 "대한민국의 국적을 가지지 아니한 사람으로서 국내에 소재하고 있는 사업 또는 사업장에서 임금을 목적으로 근로를 제공하고 있거나 제공하려는 사람"으로 정의한다. 국내 거주 외국인 근로자는 해마다 늘어나고 있고, 2021년 현재 약 142만 7천 명에 달하고 있지만 이들 자녀의 교육지원을 위한 연구나 정책은 거의 이루어지지 않는 실정이다(김철효, 2021).

1) 외국인 가정 자녀의 재학 현황

교육부 통계에는 외국인 노동자 가정이 아니라 외국인 가정 학생들이 포함되어 있다. 따라서 현재 초·중·고등학교에 재학하는 외국인 가정 자녀들이 모두 외국인 노동자 가정의 자녀라고 단정하기는 어렵다. 이러한 한계를 고려하고 외국인 가정 자녀 현황을 살펴보면, 2021년 현재 외국인 가정의 자녀는 초등학교 20,019명, 중학교 5,809명, 고등학교 2,606명, 각종학교 102명으로 총 28,536명이다. COVID-19로 해외 교류에 직격탄을 맞은 2020년과 2021년에도 외국인 가정 자녀의 증가 추세는 유지되었다.

<표 3-12> 외국인 가정 자녀의 재학 현황 (단위: 명)

연도	소계	초등학교	중학교	고등학교	각종 학교
2021년	28,536	20,019	5,809	2,606	102
2020년	24,453	17,532	4,782	2,014	125
2019년	20,459	15,131	3,671	1,550	107
2018년	15,629	11,823	2,562	1,142	102
2017년	12,281	9,280	1,958	936	107
2016년	12,634	9,425	1,981	1,152	76
2015년	8,176	6,006	1,384	735	51
2014년	4,706	3,417	804	422	63
2013년	5,044	3,531	975	500	38
2012년	2,626	1,789	448	326	63

출처: 교육부(2021a).

재학 중인 외국인 가정 자녀를 위한 지원정책은 국제결혼 가정 자녀 지원정책과 함께 교육부를 주축으로 여러 부처가 협업하여 수행하고 있다. 교육부에서는 출발선 평등을 위한 교육기회 보장 작업으로 다문화 학생 공교육 진입제도 안착과 학교 교육 준비도 격차 해소 사업을 수행한다. 학교적응 및 안정적 성장 지원을 위해 맞춤형 한국어교육 제공과 학교적응 및 인재양성을 지원한다. 다양성이 공

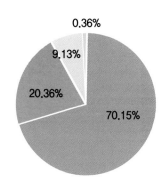

0.36%

9.13%

20.36%

70.15%

■ 초등학교　　■ 중학교　　□ 고등학교　　▨ 각종 학교

[그림 3-6] 외국인 가정 자녀의 학교급별 재학 현황(2021년 기준)

출처: 교육부(2021a).

존하는 학교환경을 조성하기 위해 전체 학교의 다문화교육 확대, 교원의 다문화 역량 제고, 가정·지역사회와 연계 사업을 수행한다. 다문화교육 지원체제 내실화를 위해 다문화교육 관련 법과 제도를 개선하고, 온라인 기반 다문화교육을 지원하며, 중앙·지역 및 부처 간 협력을 강화한다(교육부, 2021b).

　부처 간 협력의 예로서, 법무부에서는 중도입국·난민 자녀 취학 현황 파악을 위한 정보 연계, 체류자격 및 외국인 인권 관련 협업을 담당한다. 여성가족부는 자녀 언어발달 서비스와 레인보우스쿨 등의 사업 간 연계를 담당한다. 문화체육관광부는 국립국어원의 '한국어교수학습샘터'를 활용하여 교원연수 및 교재개발 등 한국어교육 관련 협업을 진행한다(교육부, 2021b).

　그럼에도 불구하고 교육 현장에서는 외국인 노동자 가정 학생들이 국제결혼 가정 학생들과는 많은 차이가 있기 때문에 별도의 현황조사와 지원대책이 마련되어야 한다고 주장한다. 외국인 노동자 가정 자녀들은 피부색의 차이가 확연하고, 수업적응력도 보다 낮은 상황이어서 이들에게 일반 학생 또는 국제결혼 가정 다문화 학생들을 대상으로 하는 지원 프로그램을 제공하는 것만으로는 한계가 있다는 것이다. 이들은 한국에 한시적으로 체류할 것을 계획하고 있으며, 부모 모두 외국인이어서 한국어 학습기회, 한국인과의 접촉기회 등이 더욱 적기 때문에 한국 학교적응에 또 다른 어려움을 겪을 수 있다. 또 부모가 불법 체류자인 경우 법률로는 불법 체류자 자녀의 입학이 허가되고 있음에도 불구하고 자녀를 아예 학교에 보내지 않거나 부모의 교육적 관여가 현저히 낮은 점 등은 이들 자녀의 학교 교육에 대한 접근 가능성과 적응을 매우 힘들게 하는 요소이다.

이에 오성배(2011)의 다음과 같은 제언은 교육정책 및 현장에서 진지하게 검토될 필요가 있다. 첫째, 「초・중등교육법 시행령」에 근거하여, 불법 체류 여부와 무관하게 외국인 노동자 가정 자녀들에게 허용된 공교육 입학 기회가 학교 현장에서 실제적으로 적용될 수 있도록 하는 방안이 마련되어야 할 것이다. 둘째, 외국인 노동자 가정 자녀를 위한 교육 프로그램, 교재, 교수・학습방법 등의 개발이 필요하다. 특히 국제결혼 가정과는 다른 외국인 노동자 가정 자녀의 특성을 감안하여 개발될 필요가 있다. 셋째, 외국인 노동자 가정 자녀 특별학급의 확대와 지속성이 보장되어야 할 것이다. 넷째, 소수집단 외국인 학교의 설립과 운영 지원을 확대할 필요가 있다.

지금까지 우리나라 학교의 다문화 학생을 국제결혼 가정 학생, 탈북 청소년, 외국인 노동자 가정의 학생에 중점을 두었다. 그러나 교사는 다문화교육의 궁극적 목표가 모든 학생에게 평등한 교육기회를 제공하여 학생 모두의 잠재력을 극대화하는 데 있다는 것과 학생들을 불리한 여건에 놓이게 하는 문화적 차이가 다양한 요소에서 발생할 수 있음을 알아야 한다. 종교, 장애, 연령, 가족의 다양성 등이 그 예이다. 쉽게 드러나는 문화적 차이뿐 아니라 그렇지 않은 문화적 차이에도 민감하게 반응하여 학생을 이해하고 존중함으로써 학생의 잠재력 개발에 도움을 주기 위해 교사에게는 문화적 역량이 필요하다.

 생각해 봅시다

1. 이 장에서 제시한 국제결혼 가정 학생의 가정적 배경은 학생들의 학교생활에 어떤 영향을 미칠 것인지 토의하시오.
2. 탈북 청소년의 학업중단율을 더 줄이기 위해 교사가 할 수 있는 노력에 어떤 것들이 있을지 토의하시오.
3. 외국인 노동자 가정 자녀에 대한 연구나 지원대책이 국제결혼 가정 학생이나 탈북 청소년에 비해 덜 마련되어 있는 현실에 대한 서로의 입장을 나누어 보시오.
4. 앞으로 학교 현장에서 다문화 학생의 수와 다양성이 어떻게 변화할지에 대해 토의하시오.

 참고문헌

교육부(2020). 2020 교육통계 분석자료집: 유·초·중등 교육통계편. 교육부.

교육부(2021a). 2021년 교육기본통계 주요내용. 교육안전정보국 교육통계과.

교육부(2021b). 출발선 평등을 위한 2021년 다문화교육 지원계획. 교육부 교육기회보장과.

김지수, 김선, 김희정(2018). 탈북청소년 교육정책에 대한 고찰: 토대역량 접근법을 중심으로. 교육사회학연구, 28, 31-55.

김철효(2021). 한국의 이주노동자 정책현안과 개선방안. 한국노총 이슈페이퍼. https://webzine.mynewsletter.co.kr/newsletter/kcplaa/202108-5/6.pdf에서 2021년 11월 13일 인출.

남북하나재단(2021). 2020 탈북청소년 실태조사. 북한이탈주민지원재단(남북하나재단).

두산백과(2021). 북한이탈주민. terms.naver.com에서 2021년 9월 25일 인출.

양계민, 장윤선, 정윤미 (2020). 2020 다문화청소년 종단연구: 기초분석보고서(2기패널). 한국청소년정책연구원.

오성배(2011). 외국인 이주 노동자 가정 자녀의 재학학교 특성에 따른 교육지원실태와 문제 탐색. 순천향 인문과학논총 29, 245-281.

오인수(2014). 다문화가정 학생의 학교 괴롭힘 피해 경험과 심리 문제의 관계: 심리적 안녕감의 매개효과를 중심으로. 아시아교육연구, 15(4), 219-238.

장인실, 김경근, 모경환, 민병곤, 박성혁, 박철희, 성상환, 오은순, 이윤정, 정문성, 차경희, 차윤경, 최일선, 함승환, 허창수, 황매향(2012). 다문화교육의 이해와 실천. 서울: 학지사.

중앙다문화교육센터(2021). 국내 다문화학생 학업중단률 현황. https://www.edu4mc.
or.kr/guide/stat.html에서 2021년 8월 인출.

찾기 쉬운 생활법령정보(2021. 10. 15.). 국적 취득의 방법 · 절차: 결혼이민자의 간이귀화
요건(「국적법」제6조 제2항에 근거). https://easylaw.go.kr에서 2021년 11월 인출.

최윤정, 김이선, 선보영, 동제연, 정해숙, 양계민, 이은아, 황정미(2019). 2018 전국다문화
가족실태조사 연구. 한국여성정책연구원.

탈북청소년교육지원센터(2021). https://www.hub4u.or.kr/hub/edu/status01.dodptj에
서 2021년 11월 인출.

통계청(2020). 2019년 다문화 인구통태 통계 보도자료. 사회통계국 인구동향과.

통계청(2021). 인구동향조사: 2020년 혼인 · 이혼통계. 사회통계국 인구동향과.

통일부(2021a). 북한이탈주민의 보호 및 정착지원에 관한 법률 제2조. 통일부(정착지원
과). www.law.go.kr에서 2021년 9월 인출.

통일부(2021b). 주요사업: 북한이탈주민정책 최근현황. 통일부(정착지원과). www.
unikorea.go.kr에서 2021년 11월 인출.

한국교육개발원(2018). 교육통계자료: 조사기준일 2017년 3월 1일~2018년 2월 말.
https://kess.kedi.re.kr/index에서 2021년 8월 인출.

한국보건사회연구원(2010). 여성 결혼 이민자 취업지원을 위한 조사연구. 보건복지부, 여
성부, 법무부, p. 61.

한국학중앙연구원(2021). 한국민족문화대백과: 외국인노동자/북한인탈주민. terms.
naver.com에서 2021년 9월 인출.

제4장
다문화교육의 개념 및 범주

장인실

다문화교육은 학자에 따라 다양하게 정의되고 있다. 이 장에서는 다문화교육이 생겨나게 된 과정을 미국과 한국을 중심으로 살펴보고, 학자들의 주장을 중심으로 다문화교육의 개념을 살펴보고자 한다. 특히 다문화교육의 핵심개념인 평등교육과 형평성 교육에 대해 설명한다. 또한 슬리터와 그랜트의 이론을 중심으로 다문화교육을 다섯 가지 접근법으로 살펴본다. 다문화교육은 여러 용어들과 혼용되고 있는데, 그중에서도 한국에서 유사한 의미로 사용되고 있는 국제이해교육과 상호문화교육과의 비교를 통하여 다문화교육의 개념을 좀 더 분명하게 파악하고자 한다.

 세부목차

1. 다문화교육의 역사적 발전
2. 다문화교육의 개념
3. 유사 용어와의 비교

 학습목표

1. 다문화교육의 출현 과정에 대해 설명할 수 있다.
2. 다문화교육의 개념에 대해 기술할 수 있다.
3. 평등교육과 형평성 교육을 비교하여 설명할 수 있다.
4. 다문화교육의 다섯 가지 접근법을 설명할 수 있다.
5. 다문화교육과 유사한 용어를 비교하여 설명할 수 있다.

🔤 1. 다문화교육의 역사적 발전[1]

한국에서 다문화교육이라는 용어가 부각되기 시작한 것은 2006년 하인즈 워드의 방문 이후이나, 미국에서는 1970년대부터 다문화교육이라는 용어를 사용하기 시작하였다. 이 절에서는 한국보다 먼저 다문화교육이 발전한 미국에서의 역사적 발전 과정을 살펴보고, 한국에서의 다문화교육 출현에 대해 알아보고자 한다.

미국에서 다문화교육이라는 용어가 등장한 것은 1970년대로, 다문화교육이 발생한 이유는 인종 간, 민족 간 갈등을 교육을 통하여 해결하기 위해서였다. 미국에서도 다문화교육은 갑자기 생겨난 것이 아니라 오랜 시간 많은 시행착오를 거쳐 오늘날의 발전된 다문화교육으로 형성된 것이다. 이를 위하여 미국에서 다문화교육이 출현하게 된 역사적 배경을 뱅크스(Banks, 1988, 1993)와 램지 등(Ramsey, Vold, & Williams, 1989)의 관점에 근거하여 고찰해 보겠다. 뱅크스는 미국 다문화교육의 발전단계를 네이티비즘, 용광로이론, 민족교육, 집단 간 교육, 새로운 다원주의, 다문화교육으로 분류하였으며, 램지 등은 용광로이론, 앵글로주의로의 통합, 인종차별 폐지, 민족 재부흥, 문화다원주의로 분류하였다. 미국의 다문화교육 형성 과정을 살펴보는 것은 한국에서 다문화교육이 발전되어 가는 양상을 이해하는 데 도움을 줄 것이다.

1) 미국 다문화교육의 출현

(1) 네이티비즘(nativism)

1620년에 영국을 떠난 메이플라워호가 미국 대륙에 도착하여 오늘날 매사추세츠의 프리마우스에 정착하면서 유럽인들의 미국생활이 시작된다. 그로부터 미국

[1] 본 내용은 장(Chang, 2002)의 박사학위논문에서 발췌하여 수정·보완한 것이다.

에는 영국의 백인 청교도문화가 뿌리를 내리기 시작하였다. 이렇게 시작된 유럽 이민자들은 1890년 이전에는 주로 영국, 독일, 스웨덴과 스위스 등의 북부 및 서부 유럽 출신이었으나, 20세기에 들어오면서부터 남부, 중부, 동부 유럽 출신의 이민자들이 미국으로 들어오게 된다. 북부와 서부 유럽 이민자들은 자신들을 구 이민자들로 여겼으며, 다른 유럽 지역 출신 이민자들을 신 이민자로 받아들였다. 구 이민자들은 대부분 개신교 신자들이었으며, 신 이민자들은 주로 가톨릭 신자였다. 네이티비즘 용어는 구 이민자들이 신 이민자들의 미국 이주를 멈추게 하기 위한 움직임을 의미하는 것으로, 1914년 제1차 세계대전의 발발로 인해 미국에서 이민자 집단에 대한 의심과 불신은 크게 증가하였다. 이로 인하여 초기 이민자(nativist)들은 100%의 미국주의와 미국인들만을 위해 존재하는 미국을 주장하였다.

이러한 분위기 속에서 1640년경 매사추세츠와 버지니아에 최초로 세워진 공립학교는 학생들을 인종에 따라 분리하지 않은 학교였으나, 이러한 학교 형태에서 차별을 경험한 아프리카계 미국인들은 그들의 아이들을 위한 별도의 학교를 설립하기 시작하였다. 1800년에 보스턴에서는 아프리카계 미국인을 위한 별도의 학교 설립에 필요한 기금을 정부가 보조하지 않자 그들 스스로 설립 기금을 모아 학교를 설립하고, 교사를 채용하였다. 1818년 보스턴에서는 아프리카계 미국인을 위한 별도의 학교를 위해 기금을 제공하기 시작하였다. 남부 지방에서의 아프리카계 미국인 학생을 위한 최초의 학교는 남북전쟁 이후에 설립되었다. 아프리카계 미국인을 위한 공립학교는 독립적이었지만, 학생당 비용, 교사와 행정가의 봉급, 교과서와 다른 자료의 질적 측면은 백인 학교와는 차이가 있었다. 아프리카계 미국인 교사와 행정가들이 고용되었지만, 학교 이사회, 교육과정, 교과서는 백인들에 의해 조정되고 지배받는 형태로 운영되었다. 네이티비즘 시기 동안에 학교와 대학은 미국화를 추구하였으며, 정부가 지원하는 가운데 국가에 대한 맹목적 충성심 교육 그리고 외국인과 이민자 집단에 대한 불신을 조장하는 역할을 수행하였다(장인실, 2006).

(2) 용광로이론(melting pot)

미국 사회의 이민자 수가 증가함에 따라 사회를 통합하기 위한 이론이 필요했는데, 뱅크스(1988, 1993)와 램지 등(1989)은 제1차 세계대전 동안의 동화주의적 이데올로기를 용광로이론으로 설명하였다. 각 민족의 차이를 그대로 두는 것보다는 하나의 문화로 합치는 것이 이상적이라는 생각에서 용광로이론이 생성되었다. 그러므로 용광로이론은 여러 나라의 문화를 용광로에 녹여 남미문화도, 영국문화도, 동양문화도 아닌 종합된 하나의 새로운 동질문화를 형성하려는 이상주의적 이론이다. 마요-스미스(Mayo-Smith, 1904)는 용광로이론에 대해 "어떤 국가도 동질적 문화 없이 강국이 될 수 없고 존재할 수도 없다. 그러므로 우리가 해결해야 할 인종 간의 갈등은 이질적 문화 요소들을 용해시켜 하나의 공통 국가 내에서 단일 언어, 단일 정치체제, 단일 국가주의, 단일 사회발전의 이상을 추구하는 것이다."라고 그 필요성을 주장하였다.

그러나 이러한 용광로이론은 이상과 현실 간의 괴리로 인하여 갈등을 야기하였다. 현실에서는 모든 문화가 동등한 위치에 자리하지 못하였고, 앵글로색슨 문화가 소수 인종 문화를 용해시켜 주도적 역할을 하였으며, 소수 민족 집단이 미국 사회에서 사회적·경제적·정치적으로 참여하기 위해서는 그들의 문화적 특성을 버려야만 했다. 그러므로 동화론적인 용광로이론은 소수 민족이 사회·경제·문화적 특성을 버리고 주류 사회에 영속되는 도구가 되었다. 가르시아(Garcia, 1978)는 이러한 현상을 다음과 같이 묘사하였다.

> 같은 용광로 안에서도 각 인종 간의 우세는 다시 나누어진다. 예를 들어, 백인종 내에서도 독일과 영국계 이민자들로 구성된 키가 크고, 금발이며 파란 눈을 가진 아리아인이 가장 순수하고 우수한 집단이고, 동유럽계 이민자들은 약간 어두운 피부 색깔로 덜 순수하기 때문에 같은 백인 가운데서도 중간 위치를 차지하며, 지중해 연안의 남부 유럽계 이민자들은 검은 머리와 어두운 피부 색깔로 같은 백인 집단 내에서도 가장 열등한 집단으로 남아 있다. 백인종 아래에 유색 인종으로는 황색계(중국, 일본, 한국 등)와 미국 원주민의 적색계 인종이 있고, 갈색계 인종으로는 중남미의 라틴계 멕시코인, 스페인인 등이 있으며, 흑색계 인종은 백인문화에 용해되지 않은 채 용광로 아래에 깔려 있다.

이 시기에는 앵글로색슨의 문화가 미국 사회의 주류가 되었지만, 독일계, 아일랜드계, 미국 토착민, 아프리카계 미국인 등과 같은 다른 민족 집단도 주류 사회에 영향을 미치기 시작하였다. 이 시기의 미국 학교는 두 가지 중요한 목표를 가지고 있었다. 하나는 소수 민족 집단의 특성을 없애는 것이고, 다른 하나는 앵글로색슨의 가치와 행동을 습득하도록 만드는 것이었다.

(3) 민족교육(ethnic education) 또는 앵글로주의로의 통합(Anglo conformity)

뱅크스와 램지 등은 1920년대의 미국을 특징짓는 교육을 규정하면서 각각 민족교육, 앵글로주의로의 통합이라는 용어를 사용하였다. 이 시기의 일부 철학자와 작가들은 미국 사회에서 각 민족의 문화는 고유한 역할을 할 것이며, 사회 전체를 풍부하게 하는 데 기여할 것이라고 주장하였다. 그리고 이러한 현상을 샐러드 볼(salad bowl)이나 문화다원주의로 불렀다(Banks, 1988).

그러나 이러한 일부 학자들의 주장과는 달리 대부분의 미국 정계 · 경제계 · 교육계의 지도자들은 이민자와 토착 민족 집단의 동화를 강조하였다. 그들은 이 방법만이 많은 민족 집단들이 함께 모여 단일 국가를 이룰 수 있는 유일한 방법이라고 생각하였다. 또한 1917년과 1924년에 「이민법」은 북부와 서부의 유럽인들을 제외한 유럽 이민자들의 숫자를 극적으로 제한하였다(Banks, 1988).

뱅크스와 램지 등은 같은 시대를 보는 관점을 달리하여, 뱅크스는 이 시기 교육의 특징을 과정에 초점을 맞추어 '민족교육'이라고 한 반면에, 램지 등은 결과에 중점을 두고 '앵글로주의로의 통합'으로 명명하였다. 이 시기는 앵글로주의로의 통합이 사회 전반에 만연해 있던 분위기라면, 민족교육은 막 시작하는 단계였다. 그러므로 이 시기의 전체적인 사회 분위기는 여전히 단일 문화로 묘사된다. 학교에서도 단일 문화 교육이 주를 이루었으며, 민족연구의 도래에도 불구하고 교육과정은 시민교육과 충성심을 배양하기 위한 전통적인 인식교육이 주를 이루었다(장인실, 2003).

(4) 집단 간 교육(intergroup education)과 인종차별 폐지(toward desegregation)

제2차 세계대전으로 빚어진 사회적 · 정치적 · 경제적 변화는 집단 간 교육 및 인종차별 폐지를 야기하였다. 전쟁은 북부와 서부에 많은 일자리를 만들었고, 그 결과 지방에 살고 있던 아프리카계 미국인들, 멕시코계 미국인들이 전쟁 관련 산업에 종사하기 위해 북부와 서부의 도시로 이주하였다. 이후 앵글로색슨계와 멕시코계 미국인들 간의 인종 갈등은 서부 도시를 중심으로, 아프리카계 미국인과 앵글로색슨계 간의 갈등은 북부 도시를 중심으로 발생하였다. 이러한 인종적 갈등과 긴장은 1940년대 후반과 1950년대에 이르러 시카고, 디트로이트, 뉴욕, 로스앤젤레스 등에서 인종 폭동으로 나타났다(Banks, 1988).

사회적 변화로 인한 인종 폭동의 발생은 갈등을 해결하려는 국가적 조치를 절실히 요구하게 되었다. 그리고 이러한 조치 중에 하나로 학교는 인종과 민족 간의 이해를 증진시키도록 요청받았는데, 이것이 집단 간 교육 운동의 시작이었다. 집단 간 교육은 소수집단에 대한 사실적 지식이 다른 인종과 민족에 대한 수용과 이해를 증진시킬 것이라는 가정하에 교육을 통해 인종과 민족에 대한 편견과 오해를 줄이는 것이 목적이었다(장인실, 2003). 집단 간의 이해를 증진시키기 위해 실시되었던 활동들로는 여러 소수 민족에 대해 강의하기, 편견에 대해 훈계하기, 민족 집단 간에 함께하기, 인종적·민족적·종교적 배경에 대한 지식 제공하기, 민족 집단을 비방하거나 정형화하는 것을 금지하기 등을 들 수 있다(Banks, 1988).

이러한 집단 간 교육 개혁의 노력에도 불구하고 동화론자들은 1960년대 초까지도 미국 생활 전반을 지배하고 있었다. 이는 사회 지배층인 대부분의 사회과학자와 활동가들이 미국과 같은 민주적인 다민족주의 국가체제에서는 동화주의가 국가의 발전을 위해서 필수불가결하고 바람직한 교육모형이라고 생각하였기 때문이다. 그런데 이러한 동화론적인 생각은 주류집단과는 부합되지만, 다른 소수 인종이나 민족 집단에게는 그들의 문화유산을 부정하도록 강요하는 것이었다. 뱅크스(1988)는 자신의 인종적·민족적 정체성을 부정하는 것은 매우 고통스럽고 심리적으로 혼란스러운 과정을 겪게 만든다고 주장하였다. 이 같은 사회적·역사적 배경을 가진 집단 간 교육은 1960년대에 인종 간의 차별 대우 금지를 목표로 하는 초기 인권 운동이 시작되면서 사라지게 된다.

(5) 새로운 다원주의(new pluralism)와 민족연구의 부흥(ethnic revitalization)

1965년 「이민법」 개혁 이후에 미국은 남미와 아시아로부터 새로운 이민자들의 물결을 경험하게 된다. 또한 시민권 운동, 직장, 주거, 교육에 있어서의 불평등에 대한 인식의 제고는 차별과 분리를 종식하려는 요구를 증가시켰다. 이러한 시민권 운동과 다양한 민족연구에 의해 촉발된 개혁운동은 다른 민족문화를 부정하던 주류집단 단체들에게 다른 문화에 대해 더 많이 알고 이해하기 위한 노력을 펼치도록 하였다. 이러한 운동을 뱅크스는 새로운 다원주의로 명명하였으며, 램지 등은 민족연구 부흥으로 불렀다.

1960년대에 학교는 소수 민족 집단을 위하여 그들의 문화적 유산과 기여를 기본 교육과정에 포함하고 그들을 위한 교수 방법을 고려하기 시작하였다. 대학에 소수 민족 연구소가 설치되고, 흑인, 아시아인, 토착민 연구를 위한 과목들이 개설되었다. 새로운 다원주의와 민족연구는 다른 인종과 민족 집단의 국가적 기여에 대한 인식과 민족의 존엄성을 일깨워 줌으로써 교육에 중요한 영향을 미친다. 그러나 새로운 다원주의와 민족연구는 몇 가지 제한점을 가지고 있다(Ramsey et al., 1989). 첫째, 민족연구는 내용 지향적이거나 지식에만 토대를 두고, 자신의 문화적 기여도에만 집중하는 등 다른 집단에 대해서는 배타적이었다. 둘째, 인종주의나 차별 등과의 인과 관계에 대해서는 고려하지 않았다. 셋째, 앵글로색슨의 자기 중심성이나 우월적 인식에 대한 비판에는 실패하였다는 점 등이다.

(6) 다문화교육(multicultrual education)과 문화다원주의(cultural pluralism)

집단 간 교육운동은 다문화교육의 중요한 선례가 되었으나, 실질적인 뿌리는 아니었다. 다문화교육은 윌리엄스(Williams, 1882)에 의해 시작되어 두보이스(Dubois, 1935), 우드슨(Woodson, 1993), 웨슬리(Wesley, 1935) 등에 의해 이어진 초기 민족연구운동과 직접적으로 관련되어 있다(Banks, 2001, 재인용). 다문화교육운동의 기본 골격은 아프리카계 미국인 학자와 다른 소수 민족 집단에 의한 민족연구에 의해 영향을 받았다.

뱅크스(2001)는 다문화교육의 발전 국면을 시기적으로 네 단계로 나누었다. 첫 번째 단계는 다문화교육이 민족연구(ethnic studies)로 나타나는 단계이다. 교육자들이 소수 민족 집단의 문화와 역사에 관심을 가지고 개인이나 기관이 민족연구의 개념, 정보, 이론을 학교나 교사 교육과정에 통합하려고 시도하는 단계이다. 두 번째 단계는 다민족교육(multiethnic education) 단계이다. 교육자들이 민족연구에 관심을 가지고 민족연구 내용이 학교와 교사 교육과정에 필요한 것을 깨닫기 시작하는 단계이지만, 모든 학생이 인종과 민족에 대해 좀 더 민주적인 태도를 가질 수 있거나 소수 민족 학생들의 독특한 요구에 부응할 수 있을 만큼 학교개혁이 뒤따르지는 못한 단계이다. 그러므로 이 단계의 목표는 교육 평등을 실현할 수 있도록 전체 학교의 구조적이고 체계적인 변화를 가져오는 것이다. 세 번째 단계는 인종과 민족뿐만 아니라 성별, 장애 등과 관련한 사회적 소수자를 사회와 학교에서 희생자로 여기는 단계이다. 이들은 그들의 역사, 문화, 목소리가 학교와 대학의 교육과정과 구조에 반영되기를 요구한다. 네 번째 단계는 다문화교육이 인종, 계층, 성별, 성적 소수자, 종교 등의 모든 소외 집단과 관련하여 이론, 연구, 실행을 전개하는 발전 단계이다. 다문화교육의 각 단계 모두가 오늘날에도 존재하고 있지만, 초기 단계보다는 후기 단계가 좀 더 발전된 양상으로 나타난다(장인실, 2006).

미국은 다민족국가로 형성되어 다양한 소수 민족 집단들이 함께 어울려 살아가고 있다. 서로 다른 문화가 공존함으로써 인종 간, 민족 간의 긴장이 나타나게 됨에 따라 선입견을 줄이고 상호 이해가 중요시되는 교육이 필요함에도 불구하고 초기에는 하나의 문화로 국가를 만드는 동화주의 이데올로기가 중심이 되었다. 즉, 소수 민족들은 본래 자신의 문화와 언어를 버리고 그 나라의 시민이 되고자 하였으며, 주류집단은 국가정체성과 지배계급에 존재하는 문화적 헤게모니를 유지시키고자 하였다.

그러나 소수 민족에 대한 제도적 차별이 개선되고 소수 민족의 사회 · 경제적 지위가 향상되자 그들은 자신의 언어, 종교, 그 외의 다른 중요한 민족성과 상징들을 유지하려는 권리들을 요구하기 시작하였다. 이러한 시대적 · 역사적 배경을 바탕으로 다문화교육은 1960년대와 1970년대 초 소수자의 인권을 옹호하는 시민운동으로 출발하여, 학교에 존재하는 인종차별주의를 반대하는 교육의 일환으로 개념화되었다(Gollnick & Chinn, 1986). 그리고 1970년대 이후에는 인종과 민족뿐만 아니라 성별, 나이, 종교, 사회적 계층, 성적 소수자, 장애 등과 관련된 다양한 사회적 소수자를 위한 학교개혁 운동으로 확장되었다.

〈표 4-1〉 미국 다문화교육의 발전과정

연도	뱅크스	램지 등	특성
1800년대	네이티비즘		• 맹목적 충성심 교육 • 전적인 미국화 교육

1900년대	용광로이론	용광로이론	• 동화에 중점 • 앵글로 문화교육이 중심이 된 학교 교육 • 서부 유럽 전통에 근거한 교육과정 내용
1920년대	민족교육	앵글로 주의로의 통합	• 동화와 통합에 중점 • 앵글로 문화 교육이 중심이 된 학교 교육 • 고전적 전통, 시민교육, 충성심을 향한 교육과정 • 민족교육의 소개
1950년대	집단 간 교육	인종차별 폐지	• 집단 간 교육의 증진 • 인종적 균형과 교육과정의 변화보다는 기관의 변화에 초점
1960년대	새로운 다원주의	민족연구 부흥	• 민족연구가 분리된 과목으로 인정 • 소수 민족의 유용성 인식 • 차이를 인정하는 데 초점 • 민족/문화적 집단에 영향을 미치는 역사, 전통, 문제들을 교육과정 내용에 삽입
1970년대	다문화교육	문화 다원주의	• 다문화교육의 등장 • 다양한 문화적 유산을 국가 힘을 위한 자원으로 봄 • 다양함과 유사함의 균형에 초점 • 모든 과목에 다문화 관점을 융합하는 교육과정

2) 한국에서의 다문화교육 출현

한국에서 다문화교육에 대한 학술적인 논의는 1980년대부터 시작되었으나(김종석, 1984), 2000년대 중반까지도 몇몇 학자들에 의해 연구가 진행되었을 뿐 대중적인 관심을 받지는 못하였다. 다문화교육이 정부와 대중의 본격적인 관심을 받기 시작한 것은 미국의 풋볼선수인 하인즈 워드의 방문이 있었던 2006년 이후이다. 2006년에 교육인적자원부가 '다문화 가정 자녀 교육지원 대책'을 발표하면서 다문화 가정 자녀를 위한 적극적인 지원을 실시하게 되었고, 여성가족부, 법무부 등의 정부 부처에서도 다문화 가정을 위한 지원정책을 실시하게 되면서 다문화교육이 전국적으로 확산되기 시작하였다. 한국에서의 다문화교육 발전에 대한 것은 제5장의 한국의 다문화교육 정책에서 자세하게 다루게 된다.

🔤 2. 다문화교육의 개념

1) 다문화교육의 정의

  다문화교육에 대한 구체적인 개념과 정의는 학자에 따라 다양하다. 다문화교육에 있어 선구적인 학자인 뱅크스(1993)는 "다문화교육은 교육철학이자 교육개혁운동으로 교육기관의 구조를 바꾸어 학생들에게 평등한 교육기회를 제공하는 것이 중요한 목표이다."라고 정의하였다. 여기서 교육기관의 구조는 건물 등의 단순한 물리적 구조가 아니라 사람들의 인식 구조와 인적 구성, 행·재정적 지원 등의 총체적인 변화를 의미한다. 사람들의 인식 구조를 변화시키기 위해서는 교육이 바뀌어야 하고, 특히 교육 내용과 관련된 교육과정 개혁을 통한 종합적인 학교개혁이 필요하다. 다문화교육에서의 교육과정 개혁을 강조한 학자인 니에토(Nieto, 1992)는 "다문화교육은 모든 학생을 위한 기본 교육과 종합적인 학교개혁과정"으로 정의하였으며, 그랜트(Grant, 1993)도 "다문화교육은 철학개념이고 교육과정으로, 모든 학생이 미국의 조직과 기관에서 구조적으로 평등하게 일하도록 준비시키는 과정이다."라고 정의하였다.

  골닉과 친(Gollnick & Chinn, 2009)은 평등교육을 강조하여 "다문화교육은 교육에 평등성과 다양성을 포함시킨 개념"으로 규정하고, 여기에서 평등성이란 모든 학생들이 그들이 속한 집단에 상관없이 동등한 혜택을 보장받는 것을 의미한다고 설명한다. 존슨과 존슨(Johnson & Johnson, 2002)은 "다문화교육은 모든 학생이 인지적·사회적·인격적 측면에서 본인의 잠재력을 최대한 발휘할 수 있도록 동등한 학습기회를 제공하는 것"이라고 정의하여 다문화교육에서의 평등교육을 강조하였다.

  일부 학자들은 다문화교육이 이루어지고 적용되는 장(場)을 학교 현장에 국한시키지 않고, 학교 바깥으로 확장하려는 시도도 선보이고 있다. 슬리터와 그랜트(Sleeter & Grant, 2009)는 사회개혁의 의미에 중점을 두어 "모두를 위한 기회와 부의 공평한 분배는 사회와 개인에 대한 권한 부여를 통해서 가능하며, 이는 다문화교육을 통한 사회개혁으로 이루어진다."라고 주장하며 다문화교육을 사회개혁의 수단으로 간주하였다. 스터 등(Stuhr et al., 1992)은 "다문화교육은 지역과 국가, 국제 사회 차원에서 모든 개인 간에 힘과 자원을 평등하게 분배하는 것"으로 정의하고, 이러한 다문화교육은 사회변화와 해방을 위한 효과적인 수단이라고 주장하였다. 고르스키(Gorski, 2002)는 "학교가 사회를 변화시키고 사회적 불평등과 억압을 없앨 수 있는 초석이라고 가정하고 사회변화와 개혁에 목표"를 두었다. 그러므로 다문화교육은 교육에 있어서 평등교육을 실현하는 것뿐만 아니라 학교개혁과 사회개혁까지로 그 범위를 확대하고 있다.

다문화교육 학자들의 주장에 근거하면, 다문화교육은 교육철학이지만 교육개혁 운동으로 평등교육의 목표를 달성하기 위한 교육과정 개혁을 통해 학교개혁 및 사회개혁을 실현하려는 교육이다. 이러한 다문화교육의 개념을 종합하여 베넷(Bennett, 2011)은 평등교육, 교육과정 개혁, 다문화적 능력, 사회정의를 향한 교육의 네 가지 구성요소로 설명하고 있다. 즉, 다문화교육은 평등교육을 목표로 교육과정 개혁을 통하여 주류집단과 소수집단의 모든 사람이 다문화적 능력을 배양하여 사회정의 실현에 참여할 수 있도록 하는 교육을 의미한다. 다문화교육의 개념을 도식화하면 [그림 4-1]과 같다.

[그림 4-1] 다문화교육의 개념틀

평등교육은 모든 아동, 특히 소수 민족이나 경제적으로 불리한 조건에 있는 아동에게 공평하고 동등한 교육의 기회를 부여해 주는 것을 의미한다. 그러나 평등교육은 소수집단의 아동들이 주류집단의 아동들과 함께 학교에 입학할 수 있는 기회만 부여하는 기회의 평등만을 의미하는 것이 아닌 이들 각자가 가지고 있는 잠재력을 계발할 수 있도록 잠재력의 차이에 따라 교육적 개입이 달라져야 한다는 것을 의미한다. 다문화교육에서 의미하는 평등교육은 교육이 이루어지는 과정 혹은 그 이전에 각각의 아동이 가지고 있던 잠재력을 발현할 수 있도록 또는 문화적 차이가 문화적 결핍으로 작용하지 않도록 지원이 있어야 함을 의미하는 '과정의 평등'이라 할 수 있다. 예를 들어, 어려서부터 부모에게 지원을 많이 받은 아동과 경제적·문화적 여건으로 인해 부모로부터 지원을 받지 못한 아동이 함께 초등학교에 입학하였을 때 이들에게 기회의 평등은 주어졌지만 과정의 평등이 담보된 것으로 보기는 어렵다. 과정의 평등은 여건이 열악한 아동을 대상으로 이들이 문화적으로 결핍된 존재로 오인되기보다 이들의 문화에 적합한 방식의 지원을 국가 또는 지역 차원에서 제공하는 것을 의미한다. 그러므로 다문화교육은 모든 학생의 탁월성(excellence)을 위한 교육이라 할 수 있다. 즉, 다문화교육은 학생 개인의 다양성을 인정하고 그들이 가지고 있는 잠재력을 최대한 신장시킬 수 있는 교육을 의미한다.

　다문화교육에서 의미하는 평등은 동등한 기회의 제공을 강조하는 평등(equality) 개념과 결과의 평등을 보장하는 형평성(equity) 개념의 두 차원을 통해 좀 더 구체적으로 규명될 수 있다. 평등교육과 형평성 교육은 종종 비슷한 의미로 혼용되어 사용되기도 하지만 동의어는 아니다. 평등교육은 학교에서 모든 학생을 위한 동일한 자료를 제공하는 것과 같이 상황이 동일하게 제공되는 상태를 의미한다(Vavrus, 2017). 반면에 형평성 교육은 교육 접근이 평등하다는 것을 포함하여, 다양한 사회적 약자와 배려 계층을 위한 교육 요구를 적극적으로 수용하는 방향으로 학습 과정이 수립되고 적용되어야 함을 의미한다. 그러므로 형평성 교육은 동일(sameness)하거나 통일(uniformity)된 것보다는 공평(fairness)하고 포용(inclusion)적인 가치를 추구한다. 공평성은 개인적·사회적 환경 보장으로, 성별, 사회·경제적 지위, 인종 등이 교육 잠재성을 실현하는 데 장벽이 되어서는 안 된다는 것이고, 포용성은 모든 이를 위한 교육의 최소한을 의미하는 것이다(OECD, 2012). 그러므로 베이커와 그린(Baker & Green, 2008)은 형평성 교육과 관련하여 학생들 사이에서의 교육 자원, 과정, 결과에서의 다양성이나 상대적인 차이를 강조한다. 종합하면, 형평성 교육은 민족, 인종, 사회·경제 계층, 성, 장애, 지역 등과 관련된 넓은 의미에서 다양한 배경을 지닌 학생을 포함하는 개념으로(Jordan, 2010), 개별 학생에게 동일한 교육을 제공하기보다는 자신의 잠재력을 최대화할 수 있도록 개별화된 교육을 지원하는 것을 의미한다.

번과 스티펠(Berne & Stiefel, 1984)은 교육 자원 분배의 수평적 형평성과 수직적 형평성을 구별하였다. 수평적 형평성은 모든 학교와 학생들에게 동등한 관리와 규정을 제공하는 것인 반면, 수직적 형평성은 장애를 가졌거나 빈곤한 상황에 처한 학생들이 더 많은 자원을 지원하는 것과 관련이 있다. 이러한 수평적 대 수직적 구별은 평등성과 형평성 간의 차이를 의미하고 있다. 수직적 형평성의 개념은 고유한 학교의 상황과 다양한 학생들의 요구를 인식하고, 그 결과로 학생들 중 특히 가장 많은 도움이 필요한 학생들의 다양한 교육적 요구를 충족시키기 위해 요구되는 자원을 판별하며 지원의 양과 유형을 구별하는 것과 관련된다. 이는 [그림 4-2]를 통해 설명할 수 있을 것이다. 평등교육에서는 키가 크거나 작거나 상관없이 모두에게 동일한 받침대(지원)를 제공하고 있으나(좌측 그림), 형평성 교육은 학생들의 잠재력을 최대화할 수 있도록 서로 다른 받침대(지원)를 제공하고 있다(우측 그림). 그러므로 형평성 교육이란 단순히 같은 기회를 제공하는 것을 넘어서 학생이 각자 가지고 있는 강점과 잠재력을 최대한 계발할 수 있도록 교육적 개입이 달라져야 한다는 것을 의미한다.

[그림 4-2] 평등교육과 형평성 교육의 비교

출처: Vavrus (2017).

  교육과정의 개혁은 단일민족 혹은 주류집단 중심의 관점에서만 기술되었던 기존의 교육 내용에 다민족적이고 전 지구적인 관점을 포함하여 다른 사람의 입장에서 사안을 판단할 수 있도록 교육과정이 개편되는 것을 의미한다. 그러므로 평등교육이나 형평성 교육이 실현되기 위해서는 교육과정 개혁은 필수적인 영역이다. 교육과정 개혁은 교육 내용의 변화뿐만 아니라 다양한 학생의 요구에 부합하는 교육방법 등을 모두 포함한 개념이다. 예를 들어, 학생들에게 일제강점기에 대해 한국의 입장에서 일본이 나쁘다는 감정만을 가르치기보다는 객관적인 입장에서 일본의 상황, 한국의 상황 등에 대해 설명하고, 이에 대한 미국, 중국, 일본 등의 입장 등을 고찰하게 함으로써 나의 입장만이 아닌 다른 사람 또는 국가의 입장에서도 생각할 수 있는 비판적인 인지능력을 키우도록 교육과정이 개편되는 것을 의미한다. 교육과정 개혁과 관련된 내용은 다문화 교육과정 모형에서 좀 더 자세하게 다루게 된다.

  다문화 역량은 다양한 방식으로 인식하고 생각하고 평가하고 행동할 수 있는 역량을 의미한다. 이 과정에서 중요한 것은 자국 내에서 또는 국가와 국가 간에 존재하는 문화적 다양성을 이해하고 조율하는 방법을 학습하는 것이다. 다문화 역량을 갖춘 사람은 문화적 공감(cultural empathy), 제3세계적 관점(third world perspective), 타자의 세계관에 대해 이해할 수 있는 능력을 가진 사람이다(Bennett, 2006). 특히 교사의 경우에는 공감 능력과 더불어 다양한 학생에게 적합하도록 교육과정을 개혁할 수 있는 능력까지도 포함하는 개념이다. 그러므로 다문화 역량을 계발하도록 도와주는 것이 다문화교육의 주된 목적 중의 하나이다.

  사회정의를 향한 교육은 인종차별, 계급차별, 성차별에 대한 이해력을 향상시키고 그와 관련된 적절한 태도와 사회적 행동기술을 발달시킴으로써, 차별에 대한 투쟁과 문제해결 과정에 직접적으로 참여하게 하는 교육을 의미한다(Bennett, 2011). 사회정의를 향한 교육은 개인적 · 제도적 · 문화적으로 나타나고 있는 차별주의에 대한 관련 증거들을 감지하고 이해할 수 있는 능력을 발달시키는 것을 포함한다. 사회정의를 향한 교육을 통해 학생들은 지금까지 깨닫지 못했던 인종차별, 계급차별, 성차별 등의 차별을 인식하는 것에서만 그치지 않고 이를 직접 행동으로 옮기는 것이 중요하다. 예를 들면, 걷지 못하는 장애인들의 불편함을 인식하고 이들을 위한 문제해결 방안으로 교장선생님에게 엘리베이터의 설치를 건의하는 편지를 쓰는 것과 같은 행동은 사회정의를 향한 교육의 대표적인 예시라 할 수 있다.

다문화교육이 무엇인가에 대한 관점은 학자에 따라 상당히 다양하므로 이를 한 마디로 정리하는 데는 어려움이 있다. 그렇지만 대부분의 학자들이 다문화교육의 가장 기본적이면서도 중요한 목표이자 소임이 학습자들이 그들이 속한 집단에 상관없이 평등한 교육을 보장받도록 하는 데 있다는 점에는 합의를 하고 있다 (Banks, 2010; Ladson-Billings & Gillborn, 2004).

2) 다문화교육의 접근법

다문화교육은 학자, 교육행정가, 교사들마다 다양한 생각과 관점을 가지고 있기 때문에 다문화교육에 대한 정의와 접근법도 다양하다. 이로 인해 다문화교육과 관련한 정책이나 학교 현장에서의 적용도 다양하게 나타나며, 때로는 혼선을 빚기도 한다. 다문화교육을 좀 더 잘 이해하기 위한 핵심적이고 이론적인 접근으로 슬리터와 그랜트(Sleeter & Grant, 2009)의 다문화교육의 다섯 가지 접근법을 살펴보도록 한다. 그들은 다문화교육의 접근법으로 특수학생과 문화적으로 다른 학생들에 대한 교수, 대인관계, 단일집단 연구, 다문화교육, 다문화사회정의교육으로 나누었다.

특수학생과 문화적으로 다른 학생들에 대한 교수는 다양한 문화적 배경을 지닌 학생들과 집단들에 대해 어떠한 방식으로 교육할 수 있는지와 관련한 것이다. 이 접근방법에 의하면 학교 교육을 통해 교화(modification)가 이루어지고, 다문화 학생들의 학업성취도를 높이고, 주류 사회와 문화에 적응하는 것을 목표로 한다. 즉, 다문화 학생들이 사회 내에 존재하는 직업과 기능을 갖기 위해 언어, 인지적 기술, 개념, 정보, 가치를 갖추도록 하는 것이다.

이러한 접근은 사회의 인간자본이론(human capital theory)에 기초한 것이다. 인간자본이론에서 교육은 한 개인이 직업을 통해 수입을 얻을 수 있는 기술이나 지식을 습득하는 투자의 한 형태로 인식된다. 그러므로 다문화교육을 특수학생과 문화적으로 다른 학생들을 가르치는 것으로 보는 학자들은 교육을 통해 다문화 학생이 최대한 주류 사회의 일원이 되게 하는 것에 목표를 둔다. 이러한 주류 사

회로의 동화는 인종차별, 성차별, 가난, 실업 등 일반적인 사회적 긴장을 해소하기 위한 최선의 방법으로 가정된다.

이 접근 방법을 주장하는 교육학자들은 두 진영으로 나뉘는데 결핍 지향적 (deficiency orientation) 입장과 차이 지향적(difference orientation) 입장으로 구분된다. 결핍 지향적 입장에서는 주류 문화와 정형적인 인간 발달의 일반적인 규범들이 보편적으로 옳다고 보는 입장이다. 즉, 다른 집단의 사람들은 주류집단에 비해 무엇이 부족하다고 인식하고 이를 지원해 주려고 한다. 그러므로 다문화 학생의 규범 성취의 실패 요인은 이들의 가정환경, 생리적 · 정신적 재능 또는 두 가지 모두에 대한 결핍에 근거한다고 주장한다. 반면에 차이 지향적 입장에서는 일반적인 규범이라는 것을 특정 문화의 요구와 관련이 있는 것으로 여긴다. 차이 지향적 관점을 가진 사람들은 어떤 결핍을 치료하는 데 중점을 두기보다는 다문화 학생이 주류 사회에 잘 적응할 수 있도록 돕기 위해 그들이 지닌 특성적인 강점에 초점을 맞춘다. 두 가지 접근법이 이러한 차이점을 가지고 있으나, 학교 목표는 학생들이 가진 지식과 능력을 향상하여 학문적인 지식을 좀 더 효과적으로 가르치는 데 있다고 보는 점이나 주류 사회 동화에 중점을 두고 있다는 점에서는 공통점이 있다.

대인관계 접근법의 목표는 개인들 사이에서 긍정적인 정서를 유발하고 고정관념을 줄임으로써 다양한 사람으로 구성된 사회에서 일치를 도모하고 관용 정신을 발전시키는 것이다(Sleeter & Grant, 2009). 즉, 주류 사회 사람들이 갖는 이민자들이나 다문화 가정에 대한 두려움과 오개념을 감소시키고, 집단 간의 관계를 개선시키는 것에 중점을 둔다. 존슨과 존슨(2002)은 대인관계 교육의 목표를 두 가지로 설명하였다. 첫째는 차별과 편견을 제거함으로써 주류집단과 소수집단 간의 관계를 개선하는 것이다. 둘째는 다양한 개개인이 효과적으로 상호작용하기 위한 역량을 기르는 것이다. 다른 사람들과 성공적으로 관계를 맺기 위해서는 개개인의 차이를 인지하고 존중할 뿐만 아니라, 공동의 인도주의(common humanity)를 인지할 수 있는 기술을 갖추어야 한다. 대인관계 접근법은 이러한 기술들을 익힐 수 있도록 돕는 것에 중점을 둔다. 이러한 점에서 대인관계 접근법은 한국에서 다문화교육의 핵심개념으로 주장하고 있는 학생들이 어떻게 서로 더불어 잘 사는 학급 공동체, 학교 공동체, 사회 공동체를 창출해 나갈 수 있는지와 유사한 개념이다.

단일집단 연구는 용어가 의미하는 바와 같이 여성, 중국계 한국인, 베트남계 한국인, 결혼이민자, 장애인, 동성애자, 외국인 노동자 등 하나의 집단에만 초점을 맞춘다. 단일집단 연구는 미국의 1960년대 아프리카계 미국인 중심의 시민권 운동으로 시작하였고, 그들의 사회적 · 경제적 · 정치적 권리를 주장하였다. 단일집단 연구 접근 방법의 철학적 전제는 교육이 중립적인 과정이 아니라 정부나 다른 강력한 권력에 의해 사회적 · 정치적 목적을 위해 사용된다는 것이다. 학교 교육은 사회화의 과정으로 국가의 정치적 구조와 관련이 있고, 사회적 가치 및 신념과 관련이 있다고 간주한다. 단일집단 연구에서 학교는 사회화 과정을 통하여 통제의 역할을 수행하고 현재의 상태를 유지하는 데 공헌한다고 주장한다. 학교는 학생들을 기존의 문화와 사회 관습에 적용하도록 교육하면서, 가정에서 가지고 온 문화와 언어 등을 등한시하고 주류 사회가 올바르다고 믿는 가치와 사회적 태도를 주입시키는 기관이라고 간주한다. 뱅크스(1997)는 "민족학 연구의 중요한 목적은 개개인이 자신의 민족적 정체성을 명확하게 하는 것을 돕고, 그들의 민족 공동체에서 효과적으로 기능할 수 있도록 돕는 것"이라고 주장한다. 그러므로 소수집단 학생들에게 단일집단 연구 접근 방법은 학생들 자신들이 누구인지, 그리고 그들 집단이 어떻게 희생당했는지를 이해함으로써, 자긍심을 발달시킬 수 있는 출발점을 제공한다.

단일집단 연구 접근 방법의 주된 아이디어는 억압받는 사람들의 권리를 증진시키고 연합을 강화하는 것이다. 그러므로 단일집단 연구의 주된 미션은 학생들이 비판적인 관점으로 사고하는 능력을 함양하고, 특정 집단의 억압과 관련된 불평등한 사회적 환경을 변화시키기 위해 노력하는 것이다(Sleeter & Grant, 2009). 이를 실현하기 위해 단일집단 연구 지지자들은 다양한 집단의 학생들을 교육과정에 포함시키는 교육과정의 재구성을 목표로 한다.

문화적으로 다른 집단 가르치기 관점에서는 단일집단 연구가 사회화에 도움이 되지 않는 것에 너무 많은 시간을 할애한다고 비판하며, 궁극적으로 소수집단이 주류 사회에 들어오지 못하게 하여 문화적 분리주의를 증진시킨다고 주장한다. 대인관계 접근 방법 지지자들은 다양한 집단의 기여를 연구하는 것은 옹호하지만, 그들의 억압에 대한 연구는 긴장과 적개심을 악화시킬 것이라고 염려한다. 대인관계 지지자들은 학생들이 과거의 억압과 불공평을 추구하기보다는, 그들의 비

숫한 점과 문화적 차이를 인정하고, 서로 훌륭한 개인으로서 상호작용하는 법을 배우기를 바란다.

다문화교육은 문화적 다원주의를 기본으로, 학생들이 민주적인 사회에 적극적으로 참여할 수 있도록 준비시키는 것이다(Koppelman & Goodhart, 2005). 문화적 다원주의는 차이와 단합을 모두 존중하는 것을 바탕으로 다양한 문화와 한 국가 내의 정체성 간의 조화를 중요하게 생각한다. 즉, 사회 전체 구성원들이 모두 다양성을 유지하고 차이를 존중하면서도 한 개인의 독창적인 정체성을 포기하지 않고 사회에 적극적으로 참여하는 권리를 포함한다. 예를 들어, 다원주의자는 다문화 학생이 한국어를 할 수 있어야 한다고 믿지만, 그들 부모 언어도 유지하면서 한 가지 이상의 언어를 구사하는 것이 전 세계인들과 의사소통하는 데 중요하다고 주장한다.

또한 다문화교육의 이념은 사회변화에 있으며, 사회에서 소외된 이들을 단순히 통합하는 것이 아니라 사회 전체의 조직을 변화하는 것에 중점을 둔다(Sleeter & Grant, 2009). 학생들의 배경이나 경험이 다른 이상, 공평한 기회를 제공한다는 것이 꼭 똑같은 형태의 기회를 제공하는 것은 아니다. 다문화교육 접근법은 모든 아동을 위한 학교 교육의 전 과정에 대한 개혁을 모색한다. 이는 사람들을 기존 사회에 통합시키는 것뿐만 아니라 모든 이들을 위해 사회를 개선하는 것을 포함한다. 다문화교육은 대인관계 접근법과는 달리 단순한 태도의 개선에서 멈추지 않고 다문화주의를 지지하는 기술과 확고한 지식 기반을 개발하는 것을 모색한다. 또한 단일집단 연구와 달리 다문화교육은 단순히 교육과정을 개선하는 수준에서 벗어나 학교 교육 전체를 변혁시키는 것을 추구한다(Sleeter & Grant, 2009).

다문화사회정의교육은 평등과 정의를 모든 이들을 위한 목표로 보고, 차이를 아우르는 단합이 정의를 위한 필수 요건이라는 전제에서 시작한다(Sleeter & Grant, 2009). 공평하고 정의로운 사회는 어떠한 공동체에 속해 있든 모든 사람이 사회의 다양한 조직과 기관을 통해 자생할 수 있고 기본적인 인권을 보장받을 수 있다는 것을 의미한다. 그러므로 평등과 정의는 기회의 평등뿐만이 아니라 다양한 공동체 간의 결과의 평등까지도 이룰 수 있도록 사회적 지원이 요구됨을 의미한다. 이를 실현하기 위해서는 자원이 지금보다 평등하고 공평한 방향으로 분배되어야 한다고 주장하고, 각 개인의 재산, 행복, 권력, 존중을 위해 '정상' 혹은 '바람직하다'

고 정형화된 한 가지 모델에 모든 사람을 끼워 맞추지 않아야 한다고 주장한다. 다문화사회정의교육의 지지자들은 학교의 역할이란 학생들이 교육을 통해 정의롭지 못한 사회에 대한 실제적인 의식을 개발하고, 이에 대해 건설적으로 대응하는 법을 발달시키기 위해 자신의 삶을 분석할 수 있도록 도와주는 것이라 제안한다(Sleeter & Grant, 2009). 그러므로 다문화사회정의교육은 평등과 정의 실현, 사회변화를 위해 젊은이들의 임파워먼트(empowerment)를 향상하는 것에 관심을 기울인다.

다른 접근법의 관점에서 다문화사회정의교육을 비교하면 다음과 같다. 특수학생과 문화적으로 다른 학생들에 대한 교수법에서는 이 접근법이 비실제적인 변화를 추구한다는 점에서 너무 이상적이라고 지적한다. 또한 다문화 학생이나 빈곤층 학생들에게 지금 당장 필요한 것을 제공하지 못한다는 점에서 문제점을 제기한다. 대인관계 접근법에서는 다문화사회정의교육이 사람들 간의 갈등을 악화시키고 문제를 줄이기보다는 더 강화시킬 수 있다는 점을 비판한다. 다문화사회정의교육이 단일집단 연구 접근법과 다른 점은 인종, 사회계층, 종교, 장애, 성, 언어, 성적 지향 등과 같이 다른 형태의 억압과 관련한 사항들을 각각으로 보기보다는 연대와 통합을 지향한다는 점이다. 이들은 모두 억압이라는 공통된 주제를 가질 뿐만 아니라, 개인의 정체성은 성, 인종, 민족성, 종교, 언어, 사회계층 등과 같은 측면들이 결합된 것이기 때문이다. 다문화교육 접근법과 비교하였을 때, 다문화사회정의교육은 전반적인 교육 운영의 개혁을 요구하는 점에서는 유사점이 있으나, 좀 더 명시적으로 사회 비판과 민주적인 시민 참여에 초점을 둔다는 점에서는 차이점이 있다.

3. 유사 용어와의 비교

1970년대에 시작된 다문화교육은 여러 문헌들에서 다양한 용어로 사용되고 있다. 다양한 용어의 예로는 다민족교육(multiethnic education), 다문화적 교육(education that is multicultural), 국제이해교육(education for intercultural understanding), 상호문화교육(intercultural education) 등이 다문화교육과 유사한 개념으로 혼용되어 사용되고 있다.

　다민족교육은 외국 문헌에서 다문화교육 다음으로 많이 쓰이는 용어로, 뱅크스에 의해 널리 알려졌으며, 민족연구를 통해 미국 사회에 민족적 다양성을 반영하는 것을 목적으로 한다. 다민족교육을 실현하기 위해서는 전체 교육환경을 수정하는 교육과정 개혁 과정이 필수적이다. 그랜트(1981)는 다문화교육이라는 용어가 교육의 한 부분이나 특수성을 강조하기 때문에 다문화교육이라는 용어 대신 '다문화적 교육'이라는 용어를 만들었다. 다문화적 교육은 다양성을 받아들이기 위한 전체 교육과정과 교육환경을 포괄하는 종합적이고 통합적인 개혁의 의미를 수반한다. 한국에서는 다민족교육, 다문화적 교육, 문화 간 교육 등의 용어는 거의 사용되지 있고 않지만, 국제이해교육과 상호문화교육은 다문화교육과 혼용되어 사용되고 있다. 그러므로 이 절에서는 한국에서 많이 사용되고 있는 국제이해교육과 상호문화교육의 비교를 통하여 다문화교육의 개념을 좀 더 명확히 하고자 한다.

1) 국제이해교육

　제2차 세계대전 이후 유엔이 결성되고 세계의 재난과 파멸을 가져오는 전쟁의 방지와 국가 간 평화 유지를 위해 유네스코(UNESCO, 국제연합교육과학문화기구)가 설립되었다. 유네스코는 세계의 전쟁을 방지하고 평화를 유지하기 위해 각 국가 간의 이해가 우선시되어야 한다는 생각을 갖고 있는데, 이를 위해 교육의 중요성을 인식하고 국제이해교육을 실시하였다. 특히, 1974년 제18차 유네스코 총회에서 채택된 '국제 이해 협력과 평화와 인권 및 기본적 자유에 관한 권고'를 통해 국제이해교육의 정당성을 확립하였으며, 이것이 국제이해교육의 기본 방침이 되었다. 이 권고문에서는 단순한 국가 간 이해나 협력이란 차원을 넘어 인구, 식량, 자원, 환경, 에너지 등과 같은 전 지구적 문제들의 상호의존적인 측면과 세계 공동체 의식을 강조하며 국제이해교육의 정의를 확대하여 설명하고 있다. 이후 국제이해교육과 관련하여 국제 교육, 세계 교육, 평화 교육 등 다양한 개념이 등장했고, 시대적 배경과 국제 환경에 따라 국제이해교육의 구체적인 개념과 명칭은 조금씩 변화하고 있다.

국제이해교육의 정의를 가장 먼저 규정한 한베이(Hanvey, 1976)는 국제이해교육에서 강조하여야 할 다섯 가지 구성요소가 "관점에 대한 자각, 지구 상황에 대한 인식, 문화 간 이해, 세계의 역동적 체제에 대한 지식, 인간의 선택에 대한 지식 강조 교육"이라 주장한다. 타이(Tye, 2003)는 "국제이해교육은 세계 여러 나라가 공통으로 겪는 세계 문제에 대한 학습 외에 문화 · 생태 · 경제 · 정치 · 기술적으로 상호 연결되어 있는 지구체제에 대한 학습이다. 그리고 우리와는 문화적 배경이 다른 나라 문화를 이해하고 인정하며, 타인의 눈과 마음으로 세계를 보고 다른 나라 사람들도 우리와 똑같은 요구와 필요를 가지고 있음을 깨닫게 하는 세계적 시각에 대한 교육을 포함한다"고 정의한다.

미국 사회과교육협회(NCSS)는 국제이해교육이란 문화 간, 인종 간 상호 연결성이 강조되는 시각을 학생들에게 가르치는 것이라고 정의했고, 강환국(1994)은 국제이해교육은 하나의 세계, 하나의 지구, 하나의 인류로 공존, 공영할 수 있는 교육으로, 국가 간의 상호의존성을 이해하고 상호 협력함으로써 평화로운 인류의 세계를 이룩하는 데 공헌할 수 있는 교육이라고 정의하였다. 김현덕(2003)은 세계 상호의존성에 대한 이해를 증진시키기 위해 세계적 관점의 교육, 문화 간 이해에 대한 교육, 세계 문제 및 이슈에 대한 교육, 그리고 세계 체제에 대한 교육을 포함하는 시민교육이라고 정의하였다.

이를 바탕으로 국제이해교육의 의미를 정의해 보면, 국가 간의 평화와 공존을 추구하는 것을 목표로 하며, 전쟁과 폭력으로 서로를 불신하지 않고, 존중하고 이해하며 평화적으로 세계 각처에서 일어나고 있는 환경, 인권, 평화, 문화, 발전, 기아 등과 같은 지구촌 문제를 함께 해결하고 세계 시민으로 생활하는 데 필요한 기능 및 태도를 함양하는 것이라고 할 수 있다. 국제이해교육은 전쟁의 위기로부터 자유로운 평화적 공존을 강조하고 경제적 성장에도 불구하고 소외받고 있는 국가와 계층과 인권에 대한 내용이 주를 이루고 있음을 알 수 있다. 즉, 국제이해교육은 학자와 시대에 따라 차이점은 있으나, 세계 평화와 지구촌 화합을 목적으로 개념과 중요 범주를 구성하고 있다. 국제이해교육에 대한 이러한 정의는 인종, 민족, 사회계층, 성과 관련된 다양한 소수집단에 소속된 사람들이 차별받지 않고 평등한 학습기회를 가질 수 있도록 학교체제를 바꾸려는 개혁운동인 다문화교육과는 차이가 있다.

2) 상호문화교육

다문화교육(multicultural education)이 북미를 중심으로 사용하는 용어인 데 비해서, 상호문화교육(intercultural education)은 유럽을 중심으로 통용되는 용어이다. 독일이나 프랑스에서는 사용하는 상호문화교육은 문화 간의 대화와 만남을 강조하며, 나와 다른 사람과의 사이에서 발견할 수 있는 보편성을 통해 관계를 확장시켜 나가는 교육을 지향한다(이영민, 이연주, 2017). 상호문화교육은 한국의 학자들에 의해 다양하게 번역되어 사용되는데, '문화 간 이해교육'(김형민, 2010; 이종하, 2006), '간문화교육'(허영식, 김진희, 2013), '상호문화교육'(장한업, 2009; 정영근, 2001) 등으로 소개되고 있다.

상호문화교육은 제2차 세계대전 이후 프랑스와 독일 등 나라의 경제가 부활하면서 노동인력이 부족해지자 식민지 국가들이나 남유럽 및 북아프리카 국가들로부터 많은 수의 외국인 노동자들이 유입되면서 시작되었다. 이민자의 급증으로 인해 학교 교육 현장도 인종적·문화적으로 다양화되었으며, 이러한 다양성 속에서 사회통합을 이뤄야 한다는 문제에 직면하게 되었다. 독일의 경우는 초기 외국인 아동을 결핍과 지원의 존재로 보는 외국인 교육학 단계에서, 그들을 문화적 차이를 지닌 다른 능력의 존재이자 문화적 풍요를 가져올 수 있는 존재로 이해하는 상호문화교육 단계로 전개되었다(김상무, 2011). 프랑스의 경우에도 1970년대 초반 이민자 자녀들에게는 '모국어로서의 프랑스어'를 가르치기 위한 취지에서 교육 현장에 처음으로 상호문화교육이라는 용어를 도입하기 시작하였다(이경수, 2019). 이후 문화의 상대성을 인정하는 차원에서 본국으로 돌아갈 때를 대비한 자국 언어-문화교육인 ELCO 프로그램이 실시되었다. 프랑스의 상호문화교육은 이민자 가정 자녀들이 프랑스 학교에 원만하게 적응하도록 하는 것에 초점이 맞춰져 왔다(이경수, 2019). 그러나 1980년대부터 이민 학생의 수가 줄어들고, 유엔의 건설, 국제교류의 확대, 지역이나 세대, 직업 문화가 다양화되면서 기존의 이민자 가정 자녀에 초점을 맞춘 교육에서 이민자 가정 자녀와 일반 가정 자녀 모두가 다문화 상황에서 더불어 살아갈 수 있도록 교육하는 것에 중점을 두었다. 즉, 1970년대 이민자 출신을 위한 언어·문화교육의 차원에서 도입된 상호문화교육은 1980년대 접어들면서 상호문화적 대화, 민족중심주의의 거부, 각 문화의 가치와 특수성 존중 등을 강조하는 교육(장한업, 2009)으로 발전하였다.

상호문화교육은 "타문화의 지식이나 내용을 전달하기보다는 그 문화를 이해하고 성찰하는 것을 중시하고 결과보다는 과정에 초점"(정영근, 2001)을 맞추는 교육으로 타문화에 대한 이해만큼 자문화에 대한 성찰의 과정을 중요하게 생각한다. 즉, 상호문화교육은 자신의 문화에 기반을 두는 동시에 그 문화를 비판적으로 성찰하며 다른 문화에 대해 열려 있는 태도를 가지게 하는 교육이고 타자와의 만남을 전제로 한 교육(이경수, 2019)이다. 그러므로 상호문화교육은 사회문화적·언어적 다원성을 사회통합을 방해하는 사회적 문제가 아니라 가치 있는 현상으로 받아들인다(김상무, 2011). 이에 따라 이민자 학생들도 부족한 존재가 아니라 다른 존재이며, 다른 능력을 소유하고 있는 이들로 이해한다.

상호문화교육은 적절한 교육 내용과 교수·학습방법을 통해 내국인과 외국인 학생 모두 언어적·문화적 다양성을 인정하고, 외국인 혐오, 사회문화적·인종적 편견 등에 민감하며 상호 문화적 의사소통능력을 키우고자 하는 교육이다(김상무, 2011). 문화적 배경이 다른 사람들이 공생하기 위해서는 그 속에서 생활하는 모든 사람의 성찰적 학습 과정을 전제로 하며, 서로 다른 문화에 대한 학습은 내국인이든 외국인이든 양측 모두에서 이루어져야 함을 강조한다.

3) 다문화교육과의 비교

한국에서의 다문화교육은 2006년에 하인즈 워드의 방문이 도화선이 되었다. 그가 방문하기 전의 한국은 단일민족과 순혈주의가 팽배해 있었으나, 2006년 이후에 갑자기 증가된 다문화교육에 대한 관심과 지원은 다양한 학문을 전공한 학자들로 하여금 다문화교육에 대한 연구를 시작하게 하였고, 국제이해교육을 전공하던 학자들도 학문적 유사성으로 인해 다문화교육을 연구하게 되었다. 그로 인하여 한국에서 초창기의 다문화교육은 국제이해교육의 내용과 방법이 혼용되어 사용되었다. 다문화교육과 국제이해교육은 유사점을 가지고 있지만, 출발점이나 목표 등에서 차이가 있으므로 이에 대한 비교는 다문화교육의 개념을 좀 더 명확히 이해하는 데 도움이 될 것이다.

몇몇 학자들은 다문화교육은 '국민, 국가의 경계 내'의 다양성 존중에, 국제이해

교육은 '나라 간 상호 관계'에 초점을 맞추고 있기 때문에 자국 내와 국가와 국가 간의 차이에 근거하여 다문화교육이 국제이해교육의 하위 범주에 포함된다고 주장한다. 그러나 두 교육 간의 관계를 상하위의 포함 관계로 구분하기에는 무리가 있다. 다문화교육과 국제이해교육은 지역적인 대상에 의한 차이뿐만 아니라 이로 인해 추구하는 교육의 목표와 강조점 등이 다르기 때문에 다르게 인식되어야 하는 개념이다.

그럼에도 불구하고 다문화교육과 국제이해교육이 혼용되고 있는 이유는 양자가 공통점을 가지고 있기 때문이다. 다문화교육과 국제이해교육은 다른 문화에 대한 인식과 지식을 함양하고, 문화 간 이해와 문화적 다원주의의 범주를 강조하여 다양한 관점에서 세상을 이해하는 것을 추구한다. 그로 인해 다양한 집단과 계층에 속한 사회 구성원들의 인권을 존중하고, 더 나아가 환경이나 국제적인 문제에 관심(Bennett, 2006)을 갖는다는 데 공통점이 있다. 이러한 공통점은 상호문화교육에서도 동일하게 나타난다.

다문화교육과 국제이해교육이 서로 다른 문화의 다양성을 이해하고 존중한다는 공통점을 갖고 있지만 문화를 바라보는 시각에는 차이점이 있다. 다문화교육은 '다름에 대한 이해'로 문화적 다양성을 강조한다. 인종, 성, 계층, 종교 등과 관련된 다양한 사회집단의 문화적 다양성을 이해하고 인식의 전환, 사고의 전환을 통해 사회 속에 내재되어 있는 불평등과 편견 등을 깨닫도록 돕는다. 즉, 자기중심적인 인식에서 타인의 입장에서 생각할 수 있는 인식으로의 전환을 통해 비판적·분석적 사고를 기르는 데 강조점을 둔다. 이에 비해 국제이해교육은 모든 민족과 문화, 문명, 가치, 생활양식에 대한 이해와 존중이라는 목표의 실현을 위해 문화이해교육을 강조한다. 즉, 다문화교육에서는 문화의 다양성이 정의롭고 평등한 교육을 실현하기 위한 토대가 된다면, 국제이해교육의 문화적 다양성은 국가 간 이해를 위한 필수적인 요소라 할 수 있다.

다문화교육과 국제이해교육의 궁극적인 목표에서도 차이를 파악할 수 있다. 다문화교육은 다양한 문화를 존중하고, 사회계층, 성별, 종교에 대한 긍정적인 태도를 형성하고 존재를 인정하며, 평등의 가치를 인식하여 편견과 선입견에 대한 비판적 사고를 형성함으로써 궁극적으로 평등교육을 목표로 삼는다. 반면에 국제이해교육은 국제 관계에 초점을 두어 국제 문제를 인지하고 국제 관계에 대한 지식을 습득하며 전 지구적 문제의 평화적 해결을 위한 적극적인 참여 의지를 함양하는 것을 지향하는 평화교육에 궁극적인 목표를 두고 있다. 그러므로 다문화교육은 평등교육을, 국제이해교육은 평화교육을 강조하는데, 이 같은 차이는 발생 배경에 기인한다. 다문화교육은 다민족 국가에서 겪고 있는 민족과 인종 간의 불평등과 차별을 해결하고 평등과 다양성의 존중을 강조하기 위해 시작되었다. 반면에 국제이해교육은 제2차 세계대전 이후 전쟁을 방지하고 지구촌의 평화와 화합을 도모하고, 국제적 문제를 함께 해결할 목적으로 탄생하였다. 이러한 목표의 차이는 각 교육의 강조점이나 방법적인 측면에서도 적용된다.

다문화교육과 국제이해교육은 각각의 강조점에서도 차이점을 찾을 수 있다. 국제이해교육은 문화 간 이해에 강조점을 두는 반면에, 다문화교육은 문화 이해를 바탕으로 한 비판적 사고(critical thinking)에 강조점을 두고 있다(Bennett, 2006). 여기서 비판적 사고란 나와 자문화 중심주의적인 사고에서 탈피하여 타인과 타 문화를 이해하고 존중할 수 있는 사고력을 의미한다. 비판적 사고력을 신장하고 사람들의 인식을 변화시키기 위해서는 교육과정 개혁이 필요하다. 즉, 다문화교육의 실천을 위한 핵심적인 요소는 교육과정 개혁이라 할 수 있다. 그러나 국제이해교육은 문화 이해에 강조점을 두기 때문에 국제 관계 이해나 지구적 문제의 평화적 해결을 위한 적극적인 참여가 핵심적인 실천방법이라고 할 수 있다.

마지막 차이점은 교육 대상에 있다. 다문화교육은 국내에 거주하는 주류집단과 소수집단 모두를 다문화교육의 대상자로 한다. 반면에 국제이해교육에서는 다수자를 위한 문화이해교육만을 실시할 뿐 소수자들을 대상으로 하는 교육은 이루어지지 않는다. 즉, 다문화교육의 대상자로는 주류집단과 소수집단 모두가 해당된다면, 국제이해교육은 주류집단만을 대상으로 한다.

상호문화교육과 다문화교육을 비교해 보면, 상호문화교육은 내국인과 외국인 모두 서로의 다양성을 인정하고, 인종적·사회문화적 편견 등에 민감하며 상호문화적 의사소통능력을 키우는 데 강조점을 두고 있다. 이러한 관점에서 상호문화교육은 다문화교육과 공통점이 있다. 그러나 이러한 관점은 다문화교육의 접근법을 주장하는 슬리터와 그랜트(2009)의 범주에 따르면 '대인관계'만을 강조하는 것으로 진정한 의미의 사회정의를 향한 교육이 되기에는 한계가 있다. 상호문화교육은 문화 간 만남과 교류의 상호작용, 서로 배우기, 그에 따른 제3의 문화 창조 가능성

을 강조(김상무, 2010)하듯이, 서로 간의 '문화' 이해와 존중에 중점을 두고 있다.

상호문화교육의 교수·학습방법은 '자기중심에서 벗어나기' '타인의 입장이 되어 보기' '타인과 협력하기' '타인이 현실과 나를 어떻게 인식하는지를 이해하기'와 같은 방법론적 원칙을 권장한다(장한업, 2009). 그는 상호문화교육의 방법론적 원칙은 여섯 가지의 교수·학습 단계를 통해 보다 구체화된다고 주장한다. 첫째, 학생들에게 문화개념을 이해시키는 단계, 둘째, 학생 자신의 고유한 시각을 인식시키는 단계, 셋째, 타인의 문화를 발견하는 단계, 넷째, 자기 문화와 타인의 문화를 비교하게 하는 단계, 다섯째, 상대화하게 하는 단계, 여섯째, 타인의 문화를 수용하는 단계이다. 이렇듯 상호문화교육의 교수·학습방법이 나와 다른 문화를 이해하고 수용하는 것에 중점이 맞추어져 있는 반면에, 다문화교육은 베넷(2011)이 주장하는 바와 같이 총체적 차원의 교육과정 개혁을 통한 평등교육을 추구하고 있다. 이러한 관점에서 본다면 상호문화교육과 다문화교육의 목표와 지향점은 확연하게 구별된다.

앞에서 살펴본 것과 같이 다문화교육은 국제이해교육과는 문화, 인권, 환경 등에서, 상호문화교육과는 서로 다른 문화의 존중 관점에서는 유사점을 보이고 있지만, 궁극적인 목표와 강조점, 내용 등에서는 차이를 나타낸다. 그러나 한국에서 전개되고 있는 다문화교육은 다문화교육 고유의 궁극적인 목표나 방법에 관심을 갖기보다는, 세계 각국의 민족문화를 가르치는 경향이 있고(양영자, 2008), 초기의 다문화교육 정책이 다문화 가정과 다문화 학생에게만 집중됨으로써 비판을 받아 왔다. 그러나 최근의 다문화교육 정책은 다문화 학생뿐만 아니라 일반 학생 모두를 포함하는 교육으로 정책방향이 바뀌고 있으나, 여전히 학교 현장에서의 다문화교육은 다른 나라의 문화를 가르치는 수준에 머물러 있다. 다문화교육이 제대로 이루어지기 위해서는 서로 간의 단순한 문화 이해 수준이 아닌 비판적 사고력 증진과 모든 학생의 잠재력을 실현시킬 수 있는 평등교육이 실현될 수 있도록 학교 교육과정의 개혁이 필요하다. 즉, 한국의 다문화교육은 뱅크스(1993)의 기여적 접근이나 부가적 접근에서처럼 다양한 문화적 사례나 개념을 추가적으로 배우는 것에서 나아가, 인간과 사회를 둘러싼 현안들을 다른 민족과 문화의 관점에서도 바라볼 수 있는 비판적 사고력을 신장할 수 있도록 변혁적 접근이나 사회행동 접근으로 전환하는 것이 필요하다.

생각해 봅시다

1. 미국에서의 다문화교육 출현 과정을 설명하시오.
2. 다문화교육의 개념을 베넷 이론에 근거하여 기술하시오.
3. 슬리터와 그랜트의 다문화교육의 다섯 가지 접근법을 설명하시오.
4. 다문화교육과 국제이해교육의 차이점과 공통점을 비교하여 기술하시오.
5. 다문화교육과 상호문화교육의 차이점과 공통점을 비교하여 기술하시오.

참고문헌

강환국(1994). 한국 사회과에 반영된 국제 이해 교육에 대한 분석연구. 사회과교육, 27, 15-36.

김상무(2010). 독일의 상호문화교육정책이 한국 다문화교육정책에 주는 시사점. 교육사상연구, 24(3), 65-89.

김상무(2011). 독일 상호문화교육학 논의의 전개과정에 관한 연구. 교육사상연구, 25(3), 37-57.

김종석(1984). 미국 다문화교육의 이론적 고찰. 미국학논문집, 5, 35-60.

김현덕(2003). 미국 국제이해교육의 동향. 유네스코 아시아 · 태평양국제이해교육원 편.

김형민(2010). 독일 상호문화교육의 배경과 초기 발전 과정. 독일언어문학, 47, 359-379.

양영자(2008). 한국 다문화 교육의 개념 정립과 교육과정 개발 방향 탐색. 이화여자대학교 대학원 박사학위논문.

이경수(2019). 프랑스어 교육에서 상호문화 개념의 이해. 프랑스학연구, 90, 185-206.

이영민, 이연주(2017). 중등 사회과에서 다문화교육과 상호문화교육의 상호보완성 연구: 교사들의 인식을 중심으로. 한국지리환경교육학회지, 25(2), 75-87.

이종하(2006). 독일의 문화간 이해교육의 실천과 시사점. 한국교육문제연구, 17, 105-120.

장인실(2003). 다문화 교육이 한국 교사 교육과정 개혁에 주는 시사점. 교육과정연구, 21(3), 409-431.

장인실(2006). 미국 다문화 교육과 교육과정. 교육과정연구, 24(4), 27-53.

장한업(2009). 프랑스의 이민정책과 상호문화교육. 불어불문학연구, 79(가을호), 633-656.

정영근(2001). 세계화시대 상호문화교육의 목표와 과제: 한국의 세계화교육에 대한 반성적 고찰. 한독교육학연구, 6(1), 1-18.

허영식, 김진희(2013). 간문화능력과 간문화교육에 대한 동향과 함의: 독일의 사례를 중심으로. 한독사회과학논총, 23(3), 31-61.

Baker, B. D., & Green, P. C. (2008). Conceptions of equity and adequacy in school finance. In H. F. Ladd & E. B. Fiske (Eds.), *Handbook of Research in Education Finance and Policy* (pp.203-221). New York: Routledge.

Banks, J. A. (1988). *Multiethnic Education: Theory and Practice*. Boston, MA: Allyn and Bacon, Inc.

Banks, J. A. (1993). Approachs to multicultural curriculum reform. In J. A. Banks & C. A. Banks (Eds.), *Multicultural Education: Issues and Perspectives* (pp. 195-214). Boston, MA: Allyn and Bacon.

Banks, J. A. (1997). *Multicultural Education and Transformative Knowledge*. New York: Teachers College Press.

Banks, J. A. (2001). *Handbook of Research on Multicultural Education*. San Francisco, CA: Jossey-Bass Publishers.

Banks, J. A. (2010). Multicultural education: Characteristics and goals. In J. A. Banks & C. A. Banks (Eds.), *Multicultural Education: Issues and Perspectives* (7th ed., pp. 3-26). Hoboken, NJ: John Wiley & Sons.

Bennett, C. I. (2006). *Comprehensive Multicultural Education: Theory and Practice* (6th ed.). Boston, MA: Allyn & Bacon.

Bennett, C. I. (2011). *Comprehensive Multicultural Education: Theory and Practice* (7th ed.). Boston, MA: Allyn & Bacon.

Berne, R., & Stiefel, L. (1984). *The Measurement of Equity in School Finance: Conceptual, Methodological and Empirical Dimensions*. Baltimore, MD: John Hopkins University Press.

Chang, I. S. (2002). Formation and transformation of teachers' ethnic identifications and attitudes toward language diversity: A recursive path analysis. Doctoral dissertation. University of North Carolina.

Garcia, R. L. (1978). *Fostering a Pluralistic Society Through Multi-ethnic Education*. Bloomington, IN: Phi Delta Kappa.

Gollnick, D. M., & Chinn, P. C. (1986). *Multicultural Education in a Pluralistic society* (2nd ed.). Columbus, OH: Merrill.

Gollnick, D. M., & Chinn, P. C.(2009). *Multicultural Education in a Pluralistic Society* (8th ed.). Upper Saddle River, NJ: Pearson/Merrill Prentice Hall.

Gorski, P. (2002). Dismantling the digital divide: A multicultural education framework. *Multicultural Education, 10*(1), 28-30.

Grant, C. A. (1981). Education that is multicultural and teacher preparation: An examination from the perspectives of pre-service students. *Journal of Educational Research, 75*(2), 95-101.

Grant, L. (1993). Race and schooling of young girls. In J. Wrigley (Ed.), *Education and Gender Equality* (pp. 91-114). London, UK: Falmer Press.

Hanvey, R. G. (1979). *An Attainable Global Perspective*. New York: Center for Global Perspectives in Education.

Johnson, D. W., & Johnson, R. T. (2002). *Multicultural Education and Human Relations: Valuing Diversity*. Boston, MA: Allyn and Bacon.

Jordan, W. J. (2010). Defining equity: Multiple perspectives to analyzing the performance of diverse learners. *Review of Research in Education, 34*(1), 142-178.

Koppelman, K. L., & Goodhart, R. L. (2005). *Understanding Human Difference: Multicultural Education for a Diverse America*. Boston, MA: Allyn and Bacon.

Ladson-Billings, G., & Gillborn, D. (Eds.). (2004). *The RoutledgeFalmer Reader in Multicultural Education*. London & NY: RoutledgeFalmer.

Mayo-Smith, R. (1904). *Emigration & Immogration*. New York: Scribner.

Nieto, S. (1992). *Affirming Diversity: The Sociopolitical Context of Multicultural Education*. New York: Longman.

OECD (2012). *Equity and Quality in Education: Supporting Disadvantaged Students and Schools*. OECD Publishing. Retrieved from http://dx.doi.org/10.1787/9789264130852-en

Ramsey, G. P., Vold, B. E., & Williams, R. L. (1989). *Multicultural Education: A Source Book*. New York: Garland publishing, Inc.

Sleeter, C. E., & Grant, C. A. (2009). *Making Choices for Multicultural Education: Five Approaches to Race, Class and Gender*. 문승호, 김영천, 정정훈 공역. 다문화교육의 탐구: 다섯 가지 방법들. 서울: 아카데미프레스. (원저는 2007년 출판)

Stuhr, P. L., Petrovich-Mwaniki, L., & Wasson, R. (1992). Curriculum guidelines for the multicultural art classroom. *Art Education, 45*(1), 16-24.

Tye, K. A. (2003). Global education as a worldwide movement. *Phi Delta Kappan, 85*(2), 165-168.

Vavrus, F. K. (2017). From gap to debt: Rethinking equity metaphors in education. *The International Education Journal: Comparative Perspectives, 16*(3), 5-16.

제5장
한국의 다문화교육 정책[1]

박철희

---

1) 이 장의 내용은 경인교육대학교 학교교육연구소에서 발간된 『학교교육연구』 6권 1호에 게재된 「한국 다문화 교육정책의 변천, 성과와 과제」를 수정 · 보완한 것이다.

개요

한국 사회에서 다문화 가정이 증가하면서 학교에서는 다문화 학생과 일반 학생들이 함께 성장할 수 있도록 다문화 친화적 환경을 조성하고 있다. 이와 같은 활동이 학교 현장에서 이루어지고 있다고 하더라도 국가 수준에서 계획하고 추진하는 다문화교육 정책은 학교 현장의 다문화교육과 서로 영향을 주고받게 된다는 점에서 불가분의 관계에 있다고 할 수 있다. 따라서 다문화교육 정책에 대한 이해는 학교 현장에서 이루어지고 있는 다문화교육 실천을 좀 더 거시적·심층적으로 이해하는 데 도움이 된다. 이 장에서는 중앙정부 수준의 다문화교육 정책의 등장 배경, 전개과정, 성과와 과제 등을 다룬다. 중앙정부 수준에서 다문화교육 정책을 체계적으로 계획하고 추진한 것은 언제부터이고, 어떤 배경에서 이루어진 것인지 알아보고, 역대 정부의 다문화정책의 비전과 목표, 핵심 과제가 무엇인지 순차적으로 고찰해 본다. 그리고 일련의 다문화교육 정책의 추진으로 인해 이룩한 주요 성과는 무엇인지 살펴보고, 향후 다문화교육의 발전을 위해서 필요한 정책과제가 무엇인지 점검해 본다.

세부목차

1. 한국 다문화교육 정책의 등장 배경
2. 한국 다문화교육 정책의 전개과정
3. 한국 다문화교육 정책의 성과와 과제

학습목표

1. 한국 사회에서 다문화교육 정책이 등장하게 된 배경을 이해한다.
2. 한국의 다문화교육 정책의 흐름을 이해할 수 있다.
3. 각 정부의 주요 다문화교육 정책을 설명할 수 있다.
4. 한국 다문화교육 정책의 주요 성과를 설명할 수 있다.
5. 한국 다문화교육 정책의 핵심 과제를 제시할 수 있다.

 1. 한국 다문화교육 정책의 등장 배경

1) 한국 사회의 다문화사회로 변화

한국 사회에서 다문화교육 정책이 등장하게 된 배경에는 일차적으로 한국 사회의 다문화화 현상이 자리하고 있다. 한국 사회가 다문화사회로 변화함에 있어 주목할 집단은 노동이민자와 결혼이민자이다. 한국 사회가 경제적으로 성장하면서 88올림픽 이후 해외 노동력의 유입이 점차 증가하기 시작하였지만, 유입되는 노동력에 대한 법과 제도가 정비되어 있지 않았다. 1991년 '해외투자기업연수생 제도'를 도입하였지만, 사업자들이 이들의 연수생 신분을 이용하여 권리를 제대로 보장해 주지 않음으로 인해 많은 사회적 문제가 야기되었다. 이에 정부에서는 2003년 「외국인근로자의 고용 등에 관한 법률」을 제정하여 2004년부터 시행에 들어갔는데, 이것이 소위 고용허가제라고 불리는 제도이다. 고용허가제는 사업자가 외국인 인력을 고용하는 것을 허용하고 관리하는 제도로서 일정한 제약은 있지만, 노동자로서 지위와 권리를 보장하는 제도라고 할 수 있다. 이와 같은 제도의 도입으로 장기체류하는 합법적 외국인 노동자들이 증가하기 시작하였다. 2005년에는 외국인 노동자 수가 468,326명에 이르렀다(법무부, 2005).

한국 사회의 다문화화와 관련하여 또 하나 주목할 집단은 결혼이민자들이다. 국제결혼은 이전부터 있어 왔지만 1990년대 중반 이후 국제결혼은 양적·질적으로 이전과는 다른 양상을 띠게 된다. 1990년대 중반 이후 국제결혼 건수가 등락을 보이다가, 2000년 이후 국제결혼 건수가 가파르게 증가하기 시작하는데, 2005년에는 전체 혼인 건수(316,375)에서 국제결혼 건수(43,121)가 차지하는 비율이 13.6%에 이를 정도로 국제결혼 비율이 상당한 비중을 차지하게 된다. 뿐만 아니라 1995년부터 한국 남성과 외국 여성의 결혼 건수가 한국 여성과 외국 남성 결혼 건수를 추월하기 시작하였다. 2005년에는 한국 남성과 외국 여성의 국제결혼이 전체 국제결혼에서 차지하는 비율이 72.3%를 차지할 만큼 높은 비중을 차지하였다(통계청, 2011). 한국 남성과 외국 여성이 결혼한 경우 외국 여성이 결혼이민으로 한국에 정착하여 가정을 꾸리는 사례가 많았기 때문에 이 시기에 한국 남성과 외국 여성의 결혼으로 형성된 다문화 가정의 증가가 한국 사회의 다문화화를 촉진하는 한 축이었다고 할 수 있다.

이와 같이 결혼이민과 노동이민으로 인해 한국에 장기체류하는 외국인들이 늘어나면서 한국 사회의 다문화화가 진행되었지만, 사회통합의 대상으로서 정책적 관심이 된 집단은 결혼이민자들과 그 자녀들이라고 할 수 있다. 고용허가제하에서 노동이민자들은 일정 기간의 계약기간이 만료되면 모국으로 돌아가게 되어 있고, 가족 동반도 허용되지 않아서 손님 또는 이방인과 같은 존재로 취급되었기 때문이다.

2) 다문화 학생이 겪는 학교생활의 곤란

한국 사회에 정착해서 살아가는 다문화 가정이 증가하면서 이들이 살면서 겪는 문제들이 점차 사회문제로 등장하기 시작하였다. 외국에서 이주해 온 결혼이민자들은 체계적인 지원이 없는 상태에서 한국어와 한국문화를 학습하고 한국 사회에 적응하는 데 많은 어려움을 겪었다. 언어적 소통의 곤란과 문화적 차이로 인해 가족관계에서 갈등이 발생하고, 가정폭력과 이혼으로 이어지는 사례들이 종종 발생하였다.

자녀 양육에 있어서도 문화적 차이와 언어적 소통의 곤란으로 인해 어려움을 호소하는 가정이 적지 않았다. 특히 여성결혼이민자는 자녀를 양육하고, 자녀의 학교생활을 지원하는 과정에서 여러 가지 어려움에 직면하였다. 한국어가 익숙하지 못한 여성결혼이민자의 경우 유아기 때 함께 생활한 자녀들의 한국어 발달이 지체되는 경향이 있었다. 학교에 입학한 다문화 가정 자녀들은 일상적인 언어소통에는 문제가 없지만, 학습활동 시 독해·쓰기·읽기 등에서 뒤떨어지는 경향을 보였다(오성배, 2005). 또한 한국어 구사능력이 부족하고, 한국의 교육시스템과 교육문화를 이해하지 못하는 여성결혼이민자들이 자녀의 학교생활을 지원하는 데에 어려움을 겪기도 하였다.

여기에 또래집단의 집단따돌림도 다문화 가정 자녀들의 학교생활을 어렵게 하였다. 한 연구에 의하면 결혼이민자 자녀들이 학교생활에서 또래 아이들로부터 집단따돌림을 경험한 비율이 17.6%에 이르는 것으로 나타났다. 집단따돌림을 당한 이유로는 엄마가 외국인이기 때문(34.1%), 의사소통이 잘 안 되어서(20.7%), 특별한 이유 없이(15.9%), 태도와 행동이 달라서(13.4%), 외모가 달라서(4.9%), 기타(22.0%) 순으로 나타나 엄마가 외국인이라는 이유가 집단따돌림의 가장 큰 이유였다(설동훈 외, 2005). 이와 같은 문제들로 인해 다문화 가정 자녀들은 학교생활에서 부적응을 경험하기도 하였다. 이와 같은 심각한 문제들이 다문화 가정과 학교 현장에서 벌어지고 그것이 사회적 이슈로 부각됨에 따라 교육부에서는 문제해결을 위해 대책을 마련하기 시작하였다.

2. 한국 다문화교육 정책의 전개과정

1) 노무현 정부의 다문화교육 정책

1990년대 이후 한국 사회에서 다문화 가정이 증가하면서 다문화 가정의 자녀 교육 문제가 발생하게 되었는데, 이를 해결하기 위하여 정부 차원에서 체계적인 대책을 마련하여 발표한 것은 2006년 5월이다. 교육인적자원부에서는 '다문화 가정 자녀 교육지원 대책'이라는 이름으로 지원정책을 공표하였는데, 정책의 기본 관점을 다음과 같이 제시하였다.

> 우리 사회의 새로운 교육소외계층으로 대두되고 있는 국제결혼 가정 자녀, 외국인 근로자 자녀, 새터민 청소년의 교육 현황을 파악하고 다문화주의적 관점에서의 종합 지원 대책을 보고하고자 함(교육인적자원부, 2006, p. 1).

앞의 내용이 보여 주는 바와 같이 국제결혼 가정 자녀, 외국인 근로자 자녀, 새터민 청소년의 세 집단을 새로운 교육소외계층으로 보고, 이들을 지원 대상으로 설정하였다. 또한 다문화주의 관점에서 지원 대책을 마련하겠다고 하였는데, 해당 문건에서는 다문화주의를 "민족중심주의의 반대개념으로 한 국가(사회) 내에서 존재하는 서로 다른 문화의 존재를 인정하고 독자성을 인정하자는 입장"이라고 정의하고 있다. 단일민족주의는 일제에 대한 저항의 과정을 거치면서 우리 사회와 민족의 정체성으로 공고히 유지되어 왔는데, 이와 상반되는 다문화주의를 정책 지원의 관점으로 채택한 것은 획기적인 방향 전환이 아닐 수 없다.

국가 정책 수준에서 서로 다른 문화의 독자성을 인정한다는 것은 단순히 사적 영역에서 문화적 다양성을 인정하는 것이 아니라 공적 영역에서 다양한 문화집단의 권리를 인정한다는 것을 의미한다. 이를테면, 국가 정책 수준에서 다문화주의를 채택한다는 것은 이슬람문화를 배경으로 하는 다문화 학생들이 학교에서 돼지고기가 들어가지 않은 급식을 제공받을 수 있는 권리에서부터 자국의 언어로 교육을 받을 권리에 이르기까지 소수집단의 문화적 권리가 공적 영역에서 보장될 수 있음을 의미한다. 그런데 문제는 다문화 가정 자녀의 교육지원 정책을 다문화주의 관점에 기초하여 접근한다고 표방하면서 정책비전과 과제 등에서는 이와 같은 관점이 일관되게 적용되지 못하고 있다는 것이다.

'다문화 가정 자녀 교육지원 대책'에서는 '문화민주적 통합(cultural democratic integration)으로 한국을 문화적 용해의 장(cultural pot)으로 전화'를 정책비전으로 제시하고 있다. 문화적 용해의 장은 미국의 용광로 이론(melting pot theory)을 연상시킨다. 미국에서 실행된 문화적 용광로 정책은 소수자들의 문화가 기존 주류문화에 흡수되는 결과를 초래하였으며, 소수 문화의 독자성을 인정하는 다문화주의와는 다소 거리가 있는 정책이었다는 비판이 제기되고 있다.

정책비전과 함께 정책과제로 '다문화 가정 지원을 위한 부처 간 협력체제 구축' '지역사회의 다문화 가정 지원 협력체제 구축 지원' '학교의 다문화 가정 자녀 지원 기능 강화' '다문화 가정 자녀 교육을 위한 교사 역량 강화' '교육과정과 교과서에 다문화교육 요소 반영' '대학생 멘토링 사업을 다문화 가정 자녀에게 확대' 등 6개 과제를 제시하였는데, '교육과정과 교과서에 다문화교육 요소 반영'을 제외하면 다문화 가정 자녀의 적응 지원정책들이 대부분을 차지하고 있음을 알 수 있다(교육인적자원부, 2006). 정부에서 다문화 가정 자녀 교육지원 대책의 관점으로 다문화주의를 표방하였지만, 실질적으로는 다문화주의보다는 다문화 가정 자녀들의 한국 사회와 한국문화에 대한 적응에 정책의 초점이 맞춰져 있었다고 할 수 있다.

2007년 교육인적자원부에서 발표한 '다문화 가정 자녀 교육지원 계획'에서는 정책방향과 대상에 있어서 다소 변화가 있었다. 정책방향으로 다문화주의라는 말이 더 이상 언급되지 않고, 정책대상을 국제결혼 자녀와 외국인 근로자 자녀로 한정함으로써 새터민 청소년은 제외되었다. 다문화주의를 대체할 수 있는 새로운 정책관점을 제시하지는 않았지만, 제시된 정책과제를 통해 짐작해 볼 수 있다. 정책과제는 크게 '학교 중심의 다문화교육 강화와 협력'과 '전문성을 제고할 수 있는 추진 및 지원 체제의 구축'으로 구분되었다. 이 중에서 핵심 과제인 학교 중심의 다문화교육 강화는 '외국인 근로자 자녀의 취학률 제고' '다문화 가정 자녀를 위한 교육 프로그램 및 자료 개발' '담당교사의 연수 활성화' '다문화이해교육 강화' 등의 세부사업으로 구성되어 있는데, 다문화이해교육 강화를 제외하면 대부분 다문화 가정 자녀의 한국 사회와 학교적응을 목표로 하는 사업들이라고 할 수 있다. 따라서 2007년에도 다문화 가정 자녀의 교육지원은 다문화주의보다는 한국 사회와 학교적응에 초점을 두고 추진되었다고 할 수 있다.

그럼에도 불구하고 노무현 정부가 최초로 중앙정부 차원에서 다문화 가정 자녀 교육지원을 위한 체계적인 정책을 계획하고 추진하였다는 점은 높이 평가할 만하다. 다만, 앞서 살펴보았듯이 정책관점으로 제시된 다문화주의가 정책비전과 과제 등에 일관되게 적용되지 못하고, 선언적 의미에 그쳤다는 점에서 다소 혼란이 있었다고 할 수 있다. 이와 같이 된 것은 당시 교육인적자원부가 표방한 다문화주의가 사회적 합의에 기반한 범정부 차원의 사회통합 정책방향이 아니었기 때문으로 보인다. 또한 정책대상에 있어서도 2006년에는 국제결혼 가정 자녀, 외국인 근로자 자녀, 새터민 청소년 등을 제시하였다가 이듬해 새터민 청소년을 제외하였는데, 정책대상에 대한 명확한 인식이 부족하였던 것으로 보인다. 이와 같은 혼란에도 불구하고 다문화 가정 자녀들의 학교적응 지원, 교사들의 다문화교육 역량 강화, 교육과정에 다문화 요소 반영, 다문화교육 지원체제의 구축 등과 같은 사업을 처음으로 계획하고 추진한 것은 의미 있는 정책적 시도였다고 할 수 있다.

2) 이명박 정부의 다문화교육 정책

2008년은 정권 교체로 이명박 정부가 시작된 해이다. 교육과학기술부는 2008년 6월 '2008년도 다문화 가정 학생 교육지원 계획'을 발표하였다. '다원주의 가치·

개성·창의 존중 인재 육성'이라는 비전과 '다문화 가정 학생의 교육격차 해소 및 사회통합' '일반 학생의 다문화감수성 및 이해 제고' '다문화 가정 학생을 글로벌 인재로 육성' 등의 정책목표가 제시되었다(교육과학기술부, 2008). 노무현 정부에서 제시한 '문화민주적 통합으로 한국을 문화적 용해의 장으로 전환'이라는 비전 대신 새로운 비전이 등장하였다. 그런데 새로운 비전이 이듬해 다시 바뀌는 것으로 보아 새로운 비전 제시가 다소 즉흥적이었다고 할 수 있다. 다만, 다문화 학생을 글로벌 인재로 육성하겠다는 정책목표가 제시되었다는 점은 이전 정부와는 차별화되는 지점이라고 할 수 있다. 이는 이명박 정부의 국정지표인 인재대국의 실현이라는 방향성이 다문화 가정 학생들에게도 적용된 것으로 보인다. 다문화 가정 학생을 취약계층으로 보고 이를 지원하는 정책에서 이들의 강점에 주목하여 글로벌 인재로 육성하는 정책으로의 변화는 이명박 정부가 표방하는 다문화 학생에 대한 새로운 정책적 관점이라고 할 수 있다.

2009년 7월 교육과학기술부는 '다문화 가정 학생 교육을 위한 시·도교육청 맞춤형 사업 지원 계획'을 발표하였다. 여기서 지난해와 달리 '배움과 이해로 함께 살아가는 다문화사회 구현'이라는 새로운 비전을 제시하였다. 또한 '다문화 가정 학생의 교육격차 해소' '다문화 가정 학부모의 사회적 역량 강화' '다문화교육 기반 강화 및 다문화 이해 확산' 등을 새로운 정책목표로 제시하였다. 이때 제시된 정책 비전과 목표가 2012년까지 3년간에 걸쳐 유지되었는데, 이는 정책 일관성이라는 측면에서 한 단계 진전된 의미가 있다고 할 수 있다. 한편, 여기서 눈에 띄는 것은 '다문화 가정 학부모의 사회적 역량 강화'가 3대 목표 중 하나로 제시되었다는 점이다. 이전에도 다문화 가정 학부모에 대한 관심이 없었던 것은 아니지만 이때부터 다문화 가정 학부모에 대한 지원이 좀 더 강화되었다.

이명박 정부가 펼친 다문화교육 정책에서 주목할 만한 점을 몇 가지 제시하면 다음과 같다. 첫째, 다문화 가정 자녀 정책 지원 대상을 세분화하였다. 이전에는 국제결혼 가정 자녀와 외국인 가정 자녀로 구분하였는데, 이명박 정부에 와서 국제결혼 가정 자녀는 국내출생 자녀와 중도입국 자녀로 다시 세분화되었다. 또한 외국인 가정은 외국인 근로자, 유학생, 재외동포, 난민 등 세부적인 유형으로 구분되었다. 이와 같이 정책대상을 세분화한 것은 각 집단의 교육수요에 부응하는 맞춤형 지원을 위한 것이었다.

둘째, 중도입국 자녀와 외국인 가정 자녀가 주요 정책대상으로 등장하였다. 노무현 정부에서는 중도입국 자녀에 대한 언급이 없었고, 외국인 가정 자녀에 대한 언급은 있었지만 사실상 주요 정책대상은 아니었다고 할 수 있다. 이들은 외국에서 출생·성장하여 한국어가 미숙하고, 한국문화에 대한 이해와 경험이 거의 없으며 학습 공백 등으로 학교생활이 어려운 경우가 많다. 이들의 학교적응을 돕기 위하여 취학 전 예비과정, 학교 내 특별학급 운영, 공립 대안학교 설립 등의 사업을 추진하였다. 또한 이들의 취학 편의를 위하여「초·중등교육법 시행령」을 개정하여 법적 근거를 마련하였으며, 이들의 취학 편의를 위하여 원스톱 서비스를 도입하였다. 이는 시·도교육청에서 입학절차의 안내를 담당하고, 전담코디네이터가 학력 인정부터 예비학교 혹은 정규학교의 배치 여부, 사후 관리까지 모든 과정을 지원하는 것이다.

셋째, 다문화 가정 유아교육 지원정책이 시작되었다. 다문화 가정의 취학 전 자녀의 비중이 높음에도 불구하고 이들에 대한 지원이 제대로 이루어지고 있지 못했다는 점을 고려한다면 다문화 가정 유아교육 지원은 의미 있는 정책적 시도라고 할 수 있다. 다문화 가정 유아들을 위해 학비와 정보를 지원함으로써 다문화 가정 유아들의 유치원 교육의 접근성을 제고하고, 다문화 가정 유아를 위한 교육 프로그램을 개발하며, 유아교사의 다문화교육 전문성 제고를 위한 연수를 실시하였다.

넷째, 다문화 가정 학부모 지원사업이 강화되었다. 다문화 가정의 가족 단위 한글·정보화교육 지원, 자녀 교육 상담 지원, 다문화 가정 학부모와 일반 학부모의 1:1 결연 지원, 이중언어교수요원의 활용 등 다양한 지원사업을 추진하였다. 다문화 학생들을 글로벌 인재로 양성하겠다는 정책목표는 다문화 가정 자녀의 국제지도자 육성 사업으로 구체화되었다. 이 사업은 부모 출신국 배우기, 해당국가 학생과의 교류, 유학생 멘토링 등의 프로그램으로 구성되었다. 이 사업은 이듬해 글로벌 브리지 사업으로 계승·발전되었다.

다섯째, 다문화거점학교 지정 및 확대 개편이다. 다문화 학생이 다수 재학하는 초등학교를 거점학교로 지정하여 취학 초(1~2학년) 다문화 학생들의 한국어교육과 교과학습 지원을 효과적으로 할 수 있도록 다문화 학생 전담교사를 지정하고, 학습보조 인턴교사, 대학생 멘토, 퇴직 교원 등을 보조인력으로 배치하도록 하였다. 2012년 기존의 다문화거점학교 지원사업을 글로벌 선도학교로 명칭을 변경

하고, 지원 대상을 초 · 중학교에서 초 · 중 · 고등학교로 확장하고 지원학교의 수도 확대하였다. 또한 거점형과 집중지원형으로 지원유형을 다양화하였다. 2013년 다문화연구학교와 다문화예비학교가 글로벌 선도학교로 편입됨에 따라 글로벌선도학교는 거점형, 집중형, 연구형, 예비형 등으로 더욱 다양화되었다(교육부, 2013).

여섯째, 다문화 학생의 한국어 능력에 맞는 단계별 한국어(KSL)교육을 도입하였다. 중도입국 자녀가 늘어나고 한국어 능력이 부족한 다문화 학생들이 증가함에 따라 체계적인 한국어교육의 필요성이 대두되었다. 이에 따라 정부에서는 다문화 학생이 다수 재학하고 있는 학교의 경우 한국어(KSL)를 정규과목으로 운영할 수 있도록 하고, 한국어 능력을 측정할 수 있는 진단도구를 개발하고, 초급 · 중급 · 고급의 단계별 한국어(KSL) 교재를 개발하여 한국어(KSL)교육이 체계적으로 이루어질 수 있도록 하였다.

일곱째, 진로 · 진학지도를 강화하였다. 진로 · 진학 상담을 강화하고, 글로벌 브리지 사업의 확대를 통해 우수 다문화 학생을 발굴 · 지원하며, 다문화 학생의 직업교육을 위한 직업교육대안학교인 다솜학교를 확대하고, 대학진학단계에서 다문화 학생 진학을 돕기 위해 특별 전형을 실시하도록 하였다.

3) 박근혜 정부의 다문화교육 정책

박근혜 정부의 영향력이 미치기 시작한 2014년 교육부에서는 새로운 다문화교육 활성화계획을 발표하게 된다. 여기서 "함께 어울려 '꿈과 끼'를 키우는 다문화 친화적 학교 조성"이 다문화교육의 목표로 제시되었다(교육부, 2014). 이명박 정부가 제시한 비전은 사라지고 목표도 바뀌었다. 이와 같은 변화가 일어나게 된 이유나 배경에 대한 설명은 없지만, 당시 박근혜 정부가 교육정책에서 주로 사용하던 '꿈과 끼'라는 수식어가 붙은 것으로 보아 새로운 정부의 등장을 의식한 것으로 보인다. 이듬해인 2015년에는 다문화교육의 목표가 '맞춤형 다문화교육을 통한 교육기회평등 실현 및 다문화인재양성'으로 전환되었다. 영유아부터 다문화 학생 특성을 고려한 '선제적–맞춤형 교육' 실시, 문화다양성을 수용하는 '다문화이해교육 확대', 효율적 다문화교육 지원을 위해 '범부처 협업 및 지역 내 연계' 등을 추진 방향으로 제시하였다(교육부, 2015). 이와 같은 목표와 추진방향은 2016년에도 동일하게 적용되었다. 다만, 정권 교체기인 2017년 1월에는 '다름을 인정하는 교육' '다문화시대 인재 육성'으로 다문화교육의 목표가 변경되기도 하였다.

박근혜 정부의 주목할 만한 다문화교육 정책은 다음과 같다. 첫째, 다문화유치원을 도입하였다. '유치원 단계부터 조기 개입하여 언어 및 기초학습 등을 지원함으로써 다문화 아동에게 동등한 출발점을 보장하여 실질적인 교육기회 평등 실현'을 목적으로 다문화유치원 사업이 시작되었다(교육부, 2015). 다문화유치원은 다문화 유아들이 많은 유치원을 대상으로 운영되고, 다문화 유아들을 위한 언어교육과 모든 유아를 대상으로 하는 다문화교육을 중점적으로 수행하는 곳이다. 통합교육이 원칙이지만 필요할 경우 개별적으로 맞춤형 언어교육 프로그램을 운영하였다. 다문화유치원은 2015년 5개 시·도 30개, 2016년 12개 시·도 60개, 2017년 17개 시·도 116개 등으로 확대되었다(교육부, 2016, 2017, 2018).

둘째, 글로벌 선도학교를 다문화교육 중점학교로 개편하였다. 모든 학생에 대한 다문화교육과 다문화 학생에 대한 맞춤형 지원을 병행 실시하기 위해서 이명박 정부에서 운영해 온 '글로벌 선도학교'를 다문화교육 중점학교로 개편하였다(교육부, 2014). 글로벌 선도학교라는 명칭은 취약계층으로서 다문화 학생들을 지원하는 교육보다는 다문화 학생의 적성과 능력을 적극 개발하여 인재로 양성하는 교육을 하는 학교라는 적극적 이미지를 담고 있고 있다. 하지만 다문화교육을 실시하는 학교의 정체성이 제대로 드러나지 않는 문제점이 있었기 때문에 명칭 변경을 통해 학교의 정체성을 좀 더 분명히 한 것으로 볼 수 있다. 예비형, 거점형, 집중형, 연구형으로 구분되어 있던 글로벌 선도학교는 다문화교육 중점학교와 예비학교로 개편되었다.

셋째, 이중언어강사를 다문화언어강사로 변경하였다. 이중언어강사는 시작단계에서부터 목적과 방향성이 명확하지 않았다. 이중언어강사는 학교에서 다문화 학생의 부모 나라 언어 및 문화 지도(34.5%), 학습보조(21.4%), 담임교사와 다문화 학생과의 의사소통 도우미(18.8%), 다문화 학생상담(16.3%) 등 다양한 업무를 담당하였다(류방란 외, 2012). 학교 현장에서 다양한 업무를 수행하면서 정체성의 혼란을 경험하는 이중언어강사들이 많았다(원진숙, 장은영, 2017). 그런데 다문화언어강사로 명칭이 변경되면서 이중언어강사의 정체성은 사실상 더욱 모호하게 되었다고 할 수 있다.

4) 문재인 정부의 다문화교육 정책

문재인 정부로 정권이 교체되면서 '함께 배우며 성장하는 학생, 다양하고 조화로운 학교'가 다문화교육 정책의 새로운 비전으로 제시되었다(교육부, 2018). 이와 함께 '다양한 문화가 공존하는 성숙한 교육환경 구축'과 '다문화 학생 교육기회 보장 및 교육격차 해소'가 정책목표로 제시되었다. 이와 같은 다문화교육 정책의 비전과 목표는 문재인 정부하에서 일관되게 유지되고 있는데, 이는 이전 정부와 차별화되는 지점이라고 할 수 있다.

문재인 정부가 추진한 다문화교육 정책 중 주목할 만한 점은 다음과 같다. 첫째, 다문화교육 정책학교 제도를 도입하였다. 다문화교육 정책학교 도입의 목적은 친다문화 교육환경을 조성하고 다문화교육을 활성화하며, 다문화 학생 맞춤형 지원을 위한 것이다(중앙다문화교육센터, 2020). 기존의 다문화유치원, 다문화중점학교, 예비학교 등을 다문화교육 정책학교로 통합하였는데, 다문화교육 정책학교의 유형과 운영내용은 다음과 같다.

〈표 5-1〉 다문화교육 정책학교의 유형 및 운영내용

유형	운영내용
유치원	다문화 유아의 언어발달을 통합교육 형태로 지원하고, 전체 유아 및 학부모 대상 다문화교육 운영
초·중등	일반 교과수업에 다문화교육 및 세계시민교육 요소를 반영하고, 프로젝트 수업 형태로 지속성 있게 다문화교육 실시
한국어학급	중도입국·외국인 학생이 다수 재학할 경우 한국어학급을 설치하여 맞춤형 한국어교육 제공

출처: 중앙다문화교육센터(2020).

그런데 주목할 만한 점은 다문화교육 정책학교 참여학생들의 다문화 수용성을 측정하여 일반학교 학생들과 비교함으로써 효과성을 입증하도록 하였다는 것이다(교육부, 2019). 정책 효과를 확인할 수 있는 성과지표를 만들고 주기적으로 달성 정도를 확인하는 것은 정책 평가와 개선을 위하여 의미 있는 시도라고 할 수 있다.

둘째, 다문화 학생 밀집지역 특성에 맞는 교육지원이다. 중도입국 및 외국인 학생 수가 증가하면서 이들이 전체 재학생 중에 상당수를 차지하는 학교들이 생겨나기 시작하였다. 이들 학교에서는 교사들이 수업과 학생지도에 어려움을 호소하였으며, 일부 선주민들의 경우 자신의 자녀들을 이들 학교에 보내는 것을 기피하기도 하였다(박철희 외, 2015). 정부에서는 중도입국과 외국인 학생이 다수 재학하는 학교에 대해서 결핍 해소보다 강점 강화라는 관점에서 다문화 학생 밀집학교의 교육력을 제고하고자 하였다. 맞춤형 교육 운영 지원은 물론이고 교육과정의 특성화를 통해 학교의 특성화를 시도하였다. 이주민 밀집지역의 학교를 연구학교로 지정하고, 교육국제화특구(경기도 시흥·안산)와 연계하여 다문화 가정 밀집지역의 교육력을 제고하고, 교육격차 해소를 위해 지자체와 연계사업을 운영하고 있다. 또한 다문화 학생 밀집학교를 다문화교육 정책학교로 지정하고 지역사회와 자원연계를 통해 교육사업을 추진하고 있다.

셋째, 코로나19에 대응한 온라인 지원 기반 조성이다. 코로나19 확산으로 인해 대다수의 학교가 상당 기간 비대면 수업을 운영하였다. 비대면 수업으로 인해 가정의 자녀 교육지원의 부담은 커지게 되는데, 다문화 학생의 경우 가정환경이 열악하고, 언어적 소통의 문제로 인해 학습은 물론이고 기본 생활에 있어서 어려움을 겪는 경우가 많다. 이와 같은 어려움을 완화하기 위하여 한국어교육 원격수업 콘텐츠를 제작하여, 이를 원격수업 플랫폼에 탑재하여 보급하였다. 또한 대학생 다문화 멘토링 방식을 개선하고 교과보조교재의 주요 개념어에 대한 설명을 담은 영상콘텐츠를 제작하여 보급하고 있다(교육부, 2021).

넷째, 학교급 전환기 다문화 학생을 위한 징검다리 과정의 도입이다(교육부, 2019). 초등학교와 중학교 입학예정인 다문화 학생들을 대상으로 학교생활 적응을 도와주는 준비교육으로서 징검다리 프로그램을 운영하고 있다. 초등학교는 생활영역과 학습영역, 중학교는 의사소통과 학교생활 영역을 중심으로 교육 내용이 구성되며, 학습자 특성을 고려하여 프로그램이 운영된다(교육부, 2021).

A㋐ 3. 한국 다문화교육 정책의 성과와 과제

1) 다문화교육 정책의 성과

(1) 다문화 학생의 교육기회 접근성 제고

다문화교육 정책의 성과를 판단하는 데 있어서 교육취약계층인 다문화 학생들이 원하는 교육기회에 어느 정도 접근할 수 있는가는 매우 중요한 지점이다. 이와 관련한 주요 성과는 다음과 같다.

첫째, 취학기회의 확대를 위해 노력하였다. 다문화 가정의 취학전 교육으로서 유아교육기회의 확대를 위하여 다문화 가정을 대상으로 유치원 교육 프로그램과 저소득층 학비지원 등에 관한 정보를 제공하여 유아교육에 대한 접근 기회를 확대하고자 하였다. 공립유치원 입학 시 다문화 가정 유아에게 우선순위를 주도록 권고하고 있다. 또한 다문화 유아들이 유치원 생활에 잘 적응할 수 있도록 맞춤형 교육을 제공하는 다문화유치원을 지속적으로 증설하였다. 그리고 다문화 학생들의 직업교육을 위하여 직업교육 대안학교인 다솜학교를 운영하고 있다. 다문화 학생들의 대학진학 시에는 이들을 사회적 배려 대상자 전형에 포함시키고, 재직자 특별전형에서 다문화 학생을 선발하도록 권장하고 있다(교육과학기술부, 2012).

둘째, 중도입국 자녀와 외국인 자녀의 입학 및 편입학을 도와주는 서비스 시스템을 구축하였다. 중도입국 자녀와 외국인 자녀의 경우 한국 교육시스템에 대한 정보가 부족하여 자신에게 필요한 교육기회를 얻는 데 어려움을 겪기 쉽다. 이와 같은 문제를 해결하기 위하여 교육부에서는 법무부와 협력하여 법무부가 보유한 신규 중도입국 자녀의 개인정보를 연계하여 이들에게 국내 학교 편입학 안내를 제공하고 있다. 특히 초등학교 입학대상자인 만 7세 중도입국 자녀 학부모에게는 해당국가 언어로 문자메시지를 발송하여 입학을 독려하고 있다. 또한 한국교육제도 및 학교 편입학절차를 수록한 '우리아이 학교 보내기'를 10개 언어로 번역하여 유관기관에 배포하였다(교육부, 2018).

[그림 5-1] 중도입국 자녀 개인정보 연계 절차

자료: 교육부(2018), p. 15.

셋째, 중도입국 자녀와 외국인 자녀의 입학 및 편입학을 위한 법적 근거를 마련하였다. 정부에선 「초·중등교육법 시행령」을 개정하여 국내 초·중학교에 입학하거나 편입학하기 전에 국내에 거주하지 않았거나 국내에 학적이 없는 등의 사유로 입학 또는 편입학 절차를 진행하기 어려운 경우 출입국에 관한 사실이나 외국인등록 사실을 증명할 수 있는 서류나 임대차계약서, 거주 사실에 대한 인우보증서 등 거주 사실을 확인할 수 있는 서류 중 하나를 제출함으로써 입학이 가능하도록 개정하였다. 또한 학력심의위원회 설치 및 운영에 관한 조항을 둠으로써 학력증명이 곤란한 다문화 학생들이 별도 심의를 통해 학력 인정을 받을 수 있도록 하였다.

(2) 학교적응을 위한 다문화 학생 지원 강화

다문화교육 정책에서 가장 역점을 두고 진행된 영역이 다문화 학생의 학교생활 적응을 위한 교육지원사업이라고 할 수 있으며, 가장 많은 성과를 보여 주고 있다.

첫째, 편입학 전 준비를 위한 징검다리 과정의 운영이다. 초등학교에서는 편입학 예정 다문화 학생들을 대상으로 학교생활의 조기 적응을 도와주기 위하여 학습자 특성(국내출생, 중도입국, 외국인)에 맞게 생활과 학습 영역의 교육을 제공한다. 중학교는 편입학 예정인 중도입국 자녀와 외국인 가정 자녀들을 대상으로 의사소통과 학교생활의 적응을 도와주는 교육을 제공하고 있다(교육부, 2020).

둘째, 한국어교육 지원이다. 중도입국 자녀와 외국인 가정 자녀 중에는 한국어가 익숙하지 못해서 학교생활이 어려운 학생들이 많다. 이들을 위해 한국어 집중교육 특별학급인 한국어학급을 운영하고 있다. 한국어학급은 2017년 179학급, 2018년 223학급, 2019년 326학급, 2020년 372학급으로 지속적으로 증가하고 있다(교육부, 2021). 여건상 한국어학급 운영이 어려운 학교에 중도입국과 외국인 학생들이 편입학할 때는 인근 학교의 한국어학급 또는 다문화교육지원센터 등에서 한국어 강사가 한국어교육 지원 서비스를 제공하고 있다. 또한 한국어교육과정의 운영을 위하여 필요한 교재들을 지속적으로 개발하여 현재 초·중등교육용으로 17종의 교재를 개발하였다(교육부, 2021).

셋째, 기초학력지원이다. 다문화 학생들은 한국어뿐만 아니라 기초학력도 부족한 경우가 많다. 다문화 학생들의 기초학력 증진을 위하여 공립유치원과 초·중등학교 다문화 학생들을 대상으로 대학생 멘토링 제도를 운영하고 있다. 또한 다문화 학생들이 어려워하는 교과 주요 개념과 어휘 등에 관한 보조교재와 영상 콘텐츠를 제작하여 제공하고 있다(교육부, 2021).

넷째, 진로지도 및 정서지원이다. 이주배경 청소년들의 특성을 고려하여 진로교육 프로그램을 보급하고 있으며, 이들에게 롤모델이 될 수 있는 사람들이 참여하는 원격영상 진로교육 멘토링을 운영하고 있다. 또한 다문화 학부모의 자녀 진로지도를 위해 '드림레터'를 4개 국어로 보급하고 있다. 다문화 학생들의 정서지원을 위해 지역사회의 관련기관들과 협력하여 전문적인 지원을 제공하고 있으며, 다문화 학생들을 위한 심리정서·행동 특성 검사지를 10개 언어의 다국어 버전으로 제공하고 있다. 학교폭력예방프로그램 개발 시에도 다문화 관련 내용을 반영하고 관련 안내 자료는 다국어로 번역하여 보급하고 있다(교육부, 2021).

다섯째, 학업중단율의 감소이다. 다문화 학생들의 학교적응을 위한 노력의 결과, 다문화 학생의 학업중단율은 2017년 1.17%, 2018년 1.03% 2019년 0.95% 등으로 지속적으로 감소하고 있다(교육부, 2021).

(3) 교사의 다문화교육 역량 및 학교구성원의 다문화 수용성 함양

교사들의 다문화교육 역량을 강화하고, 학교구성원들의 다문화 수용성을 함양하는 일은 다문화교육의 핵심이라고 할 수 있다. 이 부분에서 다소 미흡한 부분은 있지만 다음과 같은 성과를 보여 주고 있다.

첫째, 교사의 다문화교육 역량 강화를 위해 교육대상의 확대, 교육 내용의 심화, 교육방식의 다양화를 추진하고 있다. 일반교원 대상으로 하는 다문화교육 역량 강화 연수를 시작으로 진로·진학 상담교사·전문상담교사, 학교관리자 등으

로 연수 대상이 점차 확대되고 있다. 또한 교원양성단계에서 예비교사들의 다문화교육 역량을 함양하기 위하여 다문화교육 강좌의 개설을 지원하고, 교원자격 검정과 교원양성기관 평가에서도 다문화교육 관련 내용을 반영하고 있다(교육부, 2018). 그리고 다문화교육 연수가 해를 거듭함에 따라 내용에 있어서도 기초과정과 심화과정으로 분화되고 있으며, 집합연수뿐만 아니라 원격연수도 함께 진행되고 있다. 이에 따라 다양한 원격연수 콘텐츠가 개발되고 있다. 또한 다문화교육 정책학교의 경험이 풍부한 교사들로 구성된 다문화교육 중앙지원단과 시·도교육청별 다문화교육지원단을 구성하여 연수, 컨설팅, 자료 개발 등을 지원하고 있다. 또한 교사들의 자발적인 다문화교육 연구 활동도 지원하고 있다.

둘째, 다문화 친화적 교육과정 운영을 위해 노력하고 있다. 교과서 개발 시 다문화교육 관련 내용을 반영하고, 다문화 전문가의 감수를 거치게 함으로써 다문화 친화적 교과서 개발을 위해 노력하고 있다. 2015 교육과정 범교과 학습주제로 다문화교육을 제시하고 연간 2시간 이상 교과 및 비교과 활동을 활용하여 실시하도록 권고하고 있다. 또한 교사들의 효과적인 다문화교육 활동을 지원하기 위하여 다양한 콘텐츠를 개발하여 보급하고 있다. 그리고 세계인의 날(5월 20일)과 연계하여, 다양한 문화와 가치관을 경험할 수 있도록 다문화교육 주간을 운영하고 있다.

(4) 다문화교육 지원체제 및 법적 근거 마련

다문화교육의 효과적이고 안정적인 발전을 위해서는 중앙정부와 시·도교육청을 연계하는 지원체제와 함께 관련 법령이 정비되어야 한다. 이와 관련한 성과는 다음과 같다.

첫째, 중앙정부와 시·도교육청 수준의 다문화교육 지원체제를 구축하였다. 정부는 국가평생교육진흥원에 중앙다문화교육센터를 설치하고, 시·도 지역에는 지역다문화교육지원센터를 설치·운영하도록 하고 있다. 중앙다문화교육센터와 지역다문화교육지원센터의 역할은 〈표 5-2〉와 같다.

〈표 5-2〉 중앙다문화교육센터와 지역다문화교육지원센터의 역할

구분	역할
중앙다문화교육센터	• 다문화교육추진체제 구축 • 다문화교육관계자 역량 강화 • 다문화 학생 공교육 진입 및 적응 지원 • 다문화교육 정보제공 • 다문화교육 정책 조사 · 분석 • 다문화교육 자료 개발 · 보급
지역다문화교육지원센터	• 다문화교육 전문 인력 육성 및 활용 • 공교육 진입 지원 및 찾아가는 한국어교육 운영 • 다문화교육 정책학교 운영 지원 • 관계기관 협업체계 구축 및 운영 • 지역 특화 다문화교육 지원사업 운영

출처: 교육부(2019), p. 17과 중앙다문화교육센터 홈페이지의 내용을 참조하여 작성.

둘째, 다문화 학생 교육지원의 법적 근거를 마련하였다. 「초 · 중등교육법 시행령」을 개정하여 다문화 학생 입학 및 편입학의 편의를 위한 근거 조항을 두었다. 교육부장관과 시 · 도교육감의 다문화 가족에 대한 이해를 돕기 위한 교육 시책의 수립 · 시행과 학교 교원에 대한 다문화교육 관련 연수의 실시 의무는 「다문화가족지원법」에 법적 근거를 두었다. 그리고 국가 및 지방자치단체의 결혼이민자녀에 대한 국어교육, 대한민국의 제도 · 문화에 대한 교육, 결혼이민자의 자녀에 대한 보육 및 교육 지원 등에 대한 규정은 「재한외국인 처우 기본법」에 명시하였다. 이에 따라 16개 시 · 도교육청에서는 '다문화교육 진흥 조례'를 제정 · 운영하고 있는데, 시 · 도교육청에 따라 조례 명칭과 내용이 다소 차이가 있지만, 대체로 다문화교육기본계획 수립, 다문화교육 특별학급과 한국어 예비학급의 설치, 다문화교육 정책학교 지정 및 운영, 다문화 학생 밀집지역 학교의 자율학교 지정, 다문화교육지원센터 설치 등에 관한 내용을 담고 있다. 다문화교육과 관련된 법령 및 조례의 현황은 〈표 5-3〉과 같다.

<표 5-3> 다문화교육 관련 법령 및 조례 현황

구분	명칭	소관기관
법령	「교육기본법」「초·중등교육법」「초·중등교육법 시행령」「유아교육법」	교육부
	「다문화가족지원법」「다문화가족지원법 시행령」「청소년복지 지원법」「청소년복지 지원법 시행령」	여성가족부
	「재한외국인 처우 기본법」「출입국관리법」「출입국관리법 시행령」「난민법」	법무부
	「문화다양성의 보호와 증진에 관한 법률」	문화체육관광부
조례	• 서울특별시교육청 다문화교육 진흥 조례 • 부산광역시교육청 다문화교육 진흥 조례 • 대구광역시교육청 다문화교육 진흥 조례 • 대전광역시교육청 다문화교육 진흥 조례 • 울산광역시교육청 다문화교육 진흥 조례 • 세종특별자치시교육청 다문화교육 진흥 조례 • 광주광역시교육청 다문화교육 활성화 및 다문화가족 학생 지원 조례 • 제주특별자치도교육청 다문화교육 활성화 조례 • 경상남도교육청 다문화교육 진흥 조례 • 경상북도교육청 다문화교육 진흥 조례 • 전라남도교육청 다문화교육 진흥 조례 • 전라북도교육청 다문화교육 진흥 조례 • 충청남도교육청 다문화교육 진흥 조례 • 충청북도교육청 다문화교육 진흥 조례 • 강원도교육청 다문화교육 진흥 조례 • 경기도교육청 다문화교육 진흥 조례	각 시·도교육청

출처: 중앙다문화교육센터 홈페이지의 내용을 참조하여 일부 수정.

2) 다문화교육 정책의 과제

(1) 다문화교육 정책의 비전과 중장기 계획 제시

교육부에서 다문화교육과 관련된 다양한 사업을 추진하였고, 일정한 성과를 내고 있지만, 다문화교육 정책의 비전과 중장기 계획 없이 해마다 발표되는 다문화

지원계획에 따라 사업을 추진하는 방식은 재고할 필요가 있다. 물론 정부에서 때로는 다문화 가정 자녀 교육지원 또는 다문화교육 지원의 비전을 제시하기도 하였지만, 별다른 설명도 없이 비전이 사라지거나 변화하는 경우가 반복되었다. 또한 비전이 제시되었지만 정책과제와의 정합성이 부족하여 비전이 수사적 선언에 그치는 경향이 있었다. 한국 사회의 변화에 대한 예측, 사회 구성원들의 사회적 합의, 다문화교육 정책 추진의 경험 등에 기초하여 다문화교육 정책의 비전을 제시하고, 비전을 구현해 낼 수 있는 중장기 계획을 수립하고 체계적으로 다문화교육 사업을 진행할 필요가 있다.

(2) 다문화교육 정책 평가 및 환류 체계 구축

중앙정부와 시·도교육청 차원에서 다양한 다문화교육 정책을 실시해 왔지만, 그 성과에 대한 체계적인 평가가 제대로 이루어지지 못하고 있다. 기존의 다문화교육 정책 평가는 체계적인 평가기준이 없는 상태에서 실적 위주로 이루어짐에 따라 정책홍보의 성격이 강하였다고 할 수 있다. 다문화교육 정책을 추진하는 과정에서 시행착오를 겪을 수 있지만, 문제는 체계적인 평가기준, 평가절차, 환류체계가 없음으로 인해 정확한 평가와 효과적인 정책 개선이 이루어지지 못하고 있다는 점이다. 체계적인 평가를 위해서는 사업 추진으로 인해 만들어지는 실적뿐만 아니라 다문화교육의 성과를 측정할 수 있는 핵심 성과지표들을 개발하고 관리할 필요가 있다. 최근 다문화교육 정책학교의 효과 측정을 위해 참여 학생의 다문화 수용성 정도를 조사하고 비참여 학생들과 비교하는 것은 이런 맥락에서 의미 있는 시도라고 할 수 있다.

(3) 교육과정의 다문화친화성 제고

교육과정의 다문화친화성을 높이기 위한 정책을 지속적으로 추진할 필요가 있다. 교과서 개발 시 다문화 이해 관련 내용을 반영하고 있다고는 하지만, 대체로 문화적 소수자의 문화 요소를 추가하거나, 다문화교육 관련 내용을 덧붙이는 방식으로 이루어지고 있다. 이와 같은 방식의 개정도 의미는 있지만, 소수자 문화가 비주류이고 전근대적이라는 이미지를 벗어나지 못하는 한계가 있다(박철희, 2008). 교과서에 포함된 단일민족주의 요소를 발굴하여 삭제한다고 하지만 사실

단일민족주의 관점이 뿌리 깊게 자리 잡고 있는 교과는 한국사이다(박철희, 2007). 한국사는 우리 민족에 관한 거대 서사로 구성되어 있기 때문에 특정 요소를 삭제하거나 추가하는 것으로는 서사 구조를 바꾸는 데 한계가 있다. 개념, 사건, 주제 등을 다양한 민족과 문화집단의 관점에서 이해할 수 있도록 교육과정을 변혁해 나갈 필요가 있다(Banks, 2008).

(4) 다문화교육 관련 체계적인 법적 근거 마련

2006년 이후 교육부 및 시 · 도교육청에서 다문화교육의 진흥을 위하여 다방면의 노력을 경주하였지만, 다문화교육의 핵심 사업을 안정적으로 운영할 수 있는 체계적인 법적 근거가 부재하다는 것은 해결해야 할 문제이다. 현재 교육부와 시 · 도교육청이 추진해 온 다문화교육의 주요 사업과 지원체계 등은 시 · 도교육청의 조례에 근거를 두고 있다. 그런데 시 · 도교육청의 다문화교육 진흥 조례는 「다문화가족지원법」과 「재한외국인 처우 기본법」에 따라 필요한 사항을 규정하는 것으로 되어 있다. 문제는 「다문화가족지원법」과 「재한외국인 처우 기본법」이 다문화교육의 진흥을 목적으로 만들어진 법이 아니기 때문에 교육부와 지원 대상이 불일치하거나 지원 내용이 구체적 · 체계적이지 않다는 것이다. 이를테면, 「다문화가족지원법」상의 다문화 가족은 부모 중 한국인이 포함된 의미이지만, 교육부에서 사업 대상이 되는 다문화 가족은 그보다 더 넓은 의미이다. 따라서 다문화교육의 목적, 정의, 다문화 학생의 범위, 학교장의 지원 의무, 추진체계, 한국어교육, 밀집학교 교육과정의 자율성 등의 내용을 담은 다문화교육의 법적 근거를 마련할 필요가 있다.

(5) 다문화교육 관련 부처 협력체계의 실질적인 구축

다문화교육 관련 법이 여러 부처의 소관으로 되어 있는 것에서 알 수 있듯이 다문화교육 지원 기능을 효과적으로 수행하기 위해서는 교육부뿐만 아니라 여러 부처의 협력이 필요하다. 교육부에서는 중도입국 · 난민 자녀 취학 현황의 파악을 위한 정보 연계, 체류자격 및 외국인 인권 등은 법무부, 자녀 언어발달 서비스와 레인보우스쿨 등은 여성가족부, 교원 연수 및 교재개발 시 국립국어원 '한국어교수학습센터'의 활용 등은 문화체육관광부와 협력이 필요함을 인정하고 있다(교육부, 2020). 다문화교육의 현장에서도 부처 간 협력이 제대로 이루어지지 않아 사업 중복성과 사각지대가 발생하고 있다는 문제가 제기되고 있다. 다문화교육 관련 부처 간 협력이 실질적·효율적으로 되기 위해서는 협의조직의 목적, 구성, 운영 방법 등에 대한 명확한 규정을 만들어서 부처 간 협력이 체계적으로 이루어질 수 있도록 할 필요가 있다.

(6) 다문화 학생 밀집지역에 대한 중장기 지원 대책 마련

2006년 다문화 가정 자녀 교육지원 대책이 나올 때만 하더라도 사실상 국제결혼 가정의 자녀들에 대한 지원 방안이 핵심이었다고 할 수 있다. 그런데 한국어 구사에 미숙한 중도입국과 외국인 학생이 증가하기 시작하면서 공교육 진입 서비스 시스템을 비롯하여 다양한 지원사업이 새롭게 추진되기 시작하였다. 최근 다문화 학생 밀집지역은 우리 사회의 다문화화가 새로운 단계로 진입하고 있음을 보여 주는 것이라고 할 수 있다. 특정 문화적 소수자의 밀집거주지가 나타나고, 이들의 자녀들이 다수를 차지하는 학교가 등장하게 되면 학교 운영에 있어서 새로운 접근이 필요할 수 있다. 실제로 한국어 구사능력과 한국문화에 대한 이해가 부족한 다문화 학생들이 밀집된 일부 학교의 경우 교사들이 수업과 생활 지도에 심각한 어려움을 겪고 있는 실정이다(박철희 외, 2015). 이에 경기도 시흥과 안산에서는 다문화 학생 밀집학교를 다문화국제혁신학교로 지정하여 특성화된 교육 프로그램을 운영하고 있다. 문화적 소수자의 밀집거주 지역의 다문화 학생 밀집학교는 다양한 교육 쟁점들을 제기할 것으로 예상된다. 이중언어교육만 하더라도 이중언어교육의 목적과 방식에 대한 사회적 합의가 부족한 상황에서 다소 모호하게 사업이 추진되어 왔는데, 다문화 학생 밀집지역 학교의 등장으로 이중언어교육에 대한 논쟁이 본격화될 수 있다. 또한 노동이민자에 대한 가족재결합 정책의 향배에 따라 다문화 학생 밀집학교가 증가할 가능성이 있기 때문에 중장기적 관점에서 이들 학교에 대한 관심과 대책이 필요하다.

생각해 봅시다

1. 한국에서 중앙정부 수준의 다문화교육 정책이 등장한 시점과 배경을 설명하시오.
2. 한국 다문화교육 정책의 주요 흐름을 설명하시오.
3. 노무현 정부 이후 각 정부의 주요 다문화교육 정책을 제시하시오.
4. 한국 다문화교육 정책의 주요 성과를 제시하시오.
5. 한국 다문화교육 정책의 핵심 과제를 제시하시오.

참고문헌

교육과학기술부(2008). 2008년도 다문화가정 학생 교육 지원 계획.

교육과학기술부(2009). 다문화가정학생 교육을 위한 시·도교육청 맞춤형 지원 계획

교육과학기술부(2010). 2010년 다문화가정 학생 교육 지원 계획.

교육과학기술부(2011). 2011년 다문화가정 학생 교육 지원계획(안).

교육과학기술부(2012). 다문화학생 교육 선진화 방안.

교육과학기술부(2013). 2013년도 다문화학생 교육지원계획.

교육부(2014). 함께 어울려 꿈과 끼를 키우는 2014년 다문화교육 활성화 계획.

교육부(2015). 2015년 다문화학생 교육지원 계획.

교육부(2016). 2016년 다문화교육 지원 계획.

교육부(2017). 2017년 다문화교육 지원 계획.

교육부(2018). 2018년 다문화교육 지원 계획.

교육부(2019). 2019년 다문화교육 지원 계획.

교육부(2020). 출발선 평등을 위한 2020년 다문화교육 지원 계획.

교육부(2021). 출발선 평등을 위한 2021년 다문화교육 지원 계획.

교육인적자원부(2006). 다문화가정 자녀 교육지원 대책.

교육인적자원부(2007). 2007년도 다문화가정 자녀 교육지원 계획.

김연실(2020). KSL 문화교육 교육과정 재설계 연구. 한국외국어대학교 대학원 박사학위 논문.

김효선, 홍원표(2016). 다문화교육 중점학교 교육 프로그램 운영 현황 및 발전방안 연구. 교육과정평가연구, 19(1), 73-96.

류방란 외(2012). 중등교육 학령기 다문화 가정 자녀 교육 실태 및 지원방안. 서울: 한국교육개발원.

박철희(2007). 다문화교육의 관점에 기초한 초등 사회·도덕 교과서 내용에 대한 비판적 고찰. 교육사회학연구, 17(1), 109-129.

박철희(2008). 다문화교육과 초등교과서: 음악, 미술, 체육 교과서 내용을 중심으로. 교육논총, 99-118.

박철희 외(2015). 다문화학생 밀집 초등학교 교육력 제고 방안. 서울시교육청.

법무부(2005). 출입국관리통계연보.

설동훈 외(2005). 국제결혼 이주여성 실태조사 및 보건·복지 지원 정책방안. 보건복지부.

오성배(2005). 코시안(Kosian) 아동의 성장과 환경에 관한 사례 연구. 한국교육, 32(3), 61-83.

원진숙, 장은영(2017). 다문화 이중언어 강사의 정체성 연구. 한국초등교육, 28(2), 173-198.

중앙다문화교육센터(2020). 다문화교육 정책학교 운영 가이드라인: 초·중등.

통계청(2011). 인구동태 통계연보.

홍종명(2017). 다문화 이중언어교육의 현황과 과제. 이중언어학, 68, 243-265.

Banks, J. A. (2008). *An Introduction to Multicultural Education* (4th ed.). 모경환 외 공역. 다문화교육 입문. 서울: 아카데미프레스. (원저는 2007년 출판)

제6장
다문화교육과 교사교육

모경환

다문화교육의 효과적인 실천을 위해서 교사의 역할이 중요하다. 교사는 교육과정을 실행하는 주체로서 학생들의 교육 경험을 가장 직접적으로 매개하며 다문화 친화적 학교환경을 조성하는 주체이다. 다문화사회에서 다양한 배경의 학생들을 가르칠 수 있는 교사의 양성과 전문성 계발은 다문화교육의 성공 여부를 결정짓는 핵심적인 요인이다. 이 장에서는 다문화교육을 위한 교사의 역할과 다문화교육을 실행할 수 있는 교사 역량의 의미를 살펴보고, 교사의 다문화 역량을 육성할 수 있는 교사 교육과정과 프로그램에 대하여 살펴보고자 한다.

 세부목차

1. 다문화교육과 교사의 역할
2. 교사 다문화 역량의 개념
3. 다문화교육을 위한 교사교육
4. 다문화 교사교육의 과제

학습목표

1. 다문화교육을 위한 교사의 역할을 이해한다.
2. 교사의 다문화교육 역량을 설명할 수 있다.
3. 다문화교육을 위한 교사교육의 형태를 설명할 수 있다.
4. 다문화 교사교육의 방향을 제시할 수 있다.

🔤 1. 다문화교육과 교사의 역할

한국 사회가 다문화사회로 변화해 감에 따라 다문화교육을 효과적으로 실행할 수 있는 교사를 양성하고 교사의 다문화적 전문성을 신장하는 것이 필요하다. 우리의 학교 현장에 다양한 배경의 학습자가 증가하고 있는데, 이들의 학업성취와 건전한 발달을 위해 교사의 역할이 매우 중요하다.

교사들이 다양한 배경의 학습자를 가르칠 수 있는 역량을 함양하는 것은 세계 각국의 주요 교육 과제이다. 그러나 교사의 다문화교육을 위한 역량에 대한 학문적·정책적 관심은 비교적 최근의 일이다. 우리나라의 경우, 정부가 2006년 다문화정책을 최초로 시행한 이후 교사교육에도 많은 변화가 이루어졌다. 대학에서 다문화 관련 강좌들이 개설되어 예비교사들의 다문화교육 역량이 향상되고 있으며, 여러 대학에 다문화 관련 학위과정이 설치되었다. 2009년부터 초등교사를 양성하는 전국 교육대학을 대상으로, 2011년부터는 중등교사를 양성하는 사범대학을 대상으로 정부에서 다문화 강좌 개설 및 운영을 지원하였다. 이를 통해 대학의 다문화 관련 강좌 개설이 급증하였다. 또한 정부와 시·도교육청 주관하에 현직 교사의 전문성 향상을 위한 연수 프로그램들이 시행되어 왔으며, 연수에 참여하는 교사의 숫자가 해마다 증가하고 있다.

학생의 다양성과 교사 역할의 관계를 탐구하는 많은 연구는 교사와 교직원들이 갖는 학생에 대한 기대(expectations)가 교사의 수업에 대한 의사결정과 학생들의 학업성취에 중요한 영향을 미친다는 것을 밝히고 있다. 교사가 학생들의 학업성취에 대한 높은 기대를 가질 때 이를 실현하기 위해 열심히 가르치며, 반면에 낮은 기대를 가지는 학생들에 대해서는 낮은 성취를 쉽게 수용하는 경향이 있다. 즉, 교사들은 높은 기대를 가지는 집단을 가르칠 때 더 효과적으로, 열정적으로 가르치며 학생들로부터 높은 성적을 기대한다. 그러나 낮은 기대를 갖는 학생들이 높은 성취를 보일 때는 놀라는 경향이 있다(Cochran-Smith et al., 2004).

거셴슨 등(Gershenson et al., 2016)의 연구에서는 2002년도의 미국 10학년 8,400명

의 데이터를 분석한 결과, 흑인 학생들에 대해서 백인 교사들은 흑인 교사들보다 훨씬 낮은 수준의 학업성취를 기대한다. 즉, 백인 교사들은 흑인 학생들이 고등학교를 졸업할 것이라는 예측에 있어서 흑인 교사들보다 40%나 낮으며, 4년제 대학교를 졸업할 것이라는 예측은 30% 낮게 나타났다. 이 연구는 이러한 상반된 기대가 학생들의 학업성취에 장기적인 영향을 미친다고 밝힌다.

이와 같이 교사의 기대(teacher expectation)는 다양한 학습자의 학업성취와 정서 발달에 큰 영향을 미친다. 미국의 경우 대체적으로 교사들은 유색인종 학생들, 특히 흑인과 남미계 학생들에게 낮은 학업성취를 기대하고 문제행동을 일으킬 가능성이 높을 것으로 예상하며, 교사들의 이러한 기대는 소수집단 학생들의 자긍심과 학업성취에 부정적 영향을 미친다. 이에 반해 교사들은 백인 학생들이나 일부 아시아계 학생들에 대해서는 긍정적인 기대감을 갖고 있으며 이러한 긍정적 기대는 학생들의 학업성취 향상에 기여한다(Bennett, 2011).

교사의 긍정적인 기대뿐만 아니라 다문화적 자료와 교수법을 적절히 사용하는 능력은 학생들의 고정관념이나 편견을 완화하고 긍정적인 가치관을 형성하는 데 영향을 미친다. 다문화교육에서 교사 역할의 중요성은 일관되게 검증되어 왔으며, 교사들의 다문화적 인식과 교수 능력의 향상은 효과적인 다문화교육에 필수적인 요소이다.

교사들은 교실에서 직면하는 다양한 형태의 '차이'에 대해서 긍정적인 태도를 지녀야 한다. 이러한 차이들을 '문제'로 바라볼 것이 아니라, 다양한 차이들이 학생들에게 풍부한 경험을 제공한다는 믿음을 가져야 한다. 또한 교사들이 다양한 학생을 가르칠 수 있는 역량을 소유하고 있다는 자신감을 길러야 한다.

우리나라 학교 교육에서 다문화교육 정책이 시행되던 초기만 하더라도 교사들 대부분이 다문화교육을 받은 경험이 거의 없는 것으로 나타났다(모경환, 황혜원, 2007; 최충옥, 모경환, 2007). 그러나 이후 초·중등교사 양성기관에서 다문화 관련 과목의 개설이 급증하였고, 현직교사를 위한 다문화교육 연수 프로그램 또한 증가했다.

교사들이 효과적인 다문화교육의 실행을 위한 역량을 갖추기 위해서는 다문화교육을 위한 예비교사 교육과정이나 현직교사 연수 프로그램이 운영되어야 한다. 다문화교육의 핵심적 주체가 현장교사라는 점을 고려할 때, 예비교사를 위한 교

육과정의 개발과 실행, 그리고 연수 프로그램을 통한 현직교사의 다문화적 역량의 신장이 필요하다.

2. 교사 다문화 역량의 개념

교사가 다문화교육을 효과적으로 시행하기 위해서는 적절한 역량과 전문성을 함양해야 한다. 다문화교육을 위한 교사 역할의 중요성에 대한 인식이 확산됨에 따라 학생들의 다양성에 효과적으로 대응하기 위한 교사의 자질이 무엇이며 이를 어떻게 함양할 수 있는지에 대한 정책적 관심과 연구도 증가하고 있다(Furman, 2008).

효과적인 다문화교육의 실행을 위해 교사에게 요구되는 자질 또는 전문성을 '교사의 다문화 역량(multicultural competency)'이라고 정의할 수 있으며, 이것에는 다문화교육 관련 교사의 지식, 기능, 그리고 가치와 태도가 포함된다(모경환, 2009a). 구체적으로 다문화교육을 위해 교사에게 필요한 자질로는 사회의 문화적 다양성에 대한 지식, 다양한 학습자의 특성에 대한 이해, 다문화교육 자료를 개발하고 활용할 수 있는 능력, 다문화 수업을 실행할 수 있는 교수 능력과 다문화교육에 대한 자신감, 소수자에 대한 관용과 배려, 그리고 다문화적 갈등상황 해결 능력 등이다. 여기에서는 교사의 다문화교육 역량 중에서 교사의 지식과 기능, 가치와 태도, 그리고 효능감에 대해 살펴보고자 한다.

1) 교사의 지식과 기능

다문화교육을 효과적으로 실행하기 위해서 교사들은 다문화교육에 필요한 확실한 지식과 기능의 토대를 갖추어야 한다. 뱅크스는 다문화적 교실과 학교에서 유능한 교사가 되기 위해 교사들이 숙지해야 할 지식들을 다음 네 가지 범주로 나누어 제시하고 있다(Banks, 2016).

(1) 다문화교육의 주요 패러다임

패러다임(paradigm)이란 인간의 행동이나 어떤 현상을 설명하는 아이디어의 총체를 말한다. 다문화교육에 대한 여러 패러다임은 서로 경쟁하면서 다문화교육과 관련된 여러 정책과 교육 실천에 내포되어 작용한다. 다문화교육에 관한 패러다임으로 뱅크스는 소수집단의 낮은 학업성취에 대한 두 가지 관점을 제시한다.

첫째, 소수집단들의 낮은 학업성취도의 원인이 그들의 문화에 있다고 보고 그것을 변화시켜야 한다고 보는 '문화적 박탈의 패러다임(cultural deprivation paradigm)'이다. 즉, 이 패러다임에서는 교육적 실패의 원인이 학생들의 문화에 있다고 판단하며 문화적으로 박탈된 학생들의 문화적 · 인지적 결손을 회복하도록 문화적 경험을 제공해 주는 것이 학교의 목표라고 본다. 둘째, 저소득층과 유색인종 학생들의 교육적 결손은 이들 집단의 문화가 결핍되어 있기 때문이 아니라 사회가 중시하는 주류 문화와 다르기 때문에 발생한다고 본다. 이러한 입장을 '문화적 차이의 패러다임(cultural difference paradigm)'이라고 하는데 소수계의 교육 실패의 원인이 학교 및 학교 밖 사회의 불평등에 있다고 본다. 이 패러다임에서는 학생들의 문화적 차이와 다양성을 존중하고 그에 부합하는 학교 교육을 실행하여야 한다고 주장한다. 교사들이 어떠한 패러다임을 수용하는가에 따라 다문화교육의 실천이 달라지므로 교사들은 이에 대한 지식을 갖추어야 한다.

(2) 다문화교육의 주요 개념

교사들은 다문화교육을 효과적으로 실행하기 위해 다양한 지식을 습득하고 활용할 수 있어야 한다. 다문화교육의 대표적인 주요 개념은 '문화'로, 교사는 문화의 의미와 다양한 특성을 이해하고 있어야 한다. 뱅크스는 교사가 수업에서 문화를 다루는 데 있어 유의해야 할 점을 다음과 같이 제시하고 있다. 첫째, 문화 간의 차이는 물리적으로 실재하는 것이 아니라 가치, 신념, 상징, 관점의 차이라는 점에 유념해야 한다. 문화적 차이는 상대적인 것이며, 절대적인 우열의 기준을 제시할 수 없기 때문에, 특정 문화를 기준으로 학생의 문화를 평가하거나 재단해서는 안 된다. 둘째, 문화의 역동성과 복잡성에 주목해야 한다. 모든 문화적 단위는 풍성한 하위문화들을 포함하고 있다. 특정 집단에 대하여 획일적인 이미지와 성향을 부여하는 것은 곧 편견의 산물이라는 점에 유의해야 한다.

(3) 다양한 민족 집단에 대한 지식

교사는 자신이 가르치는 다양한 민족 집단의 역사와 문화에 대한 지식을 가지고 있어야 한다. 각 소수집단들의 핵심 가치, 중요한 역사적 경험, 현재 처한 상황 등에 대해 충분히 이해한 후에야 이를 고려하여 수업 전략을 세워 나갈 수 있기 때문이다. 민족적 내용을 학교 교육과정에 성공적으로 통합시키기 위해서도 자신이 가르치는 여러 민족 집단의 역사와 문화에 대한 지식을 갖추는 것이 필요하다. 즉, 여러 민족 집단에 대한 사실적 지식들이 있어야 이를 토대로 다문화교육의 실행에서 적절한 내용을 조직하여 가르칠 수 있다.

뱅크스는 교사가 각 민족 집단의 경험을 분석하고 가르치기 위해서 필요한 11개의 주요 개념을 제안했는데, ① 출신 지역과 이주, ② 공유하는 문화, 가치, 상징, ③ 민족 정체성과 민족적 동질감, ④ 관점, 세계관, 판단의 준거, ⑤ 민족 단체와 민족 자결, ⑥ 인구통계학적 현황과 사회 · 정치 · 경제적 지위, ⑦ 편견, 차별 그리고 인종차별주의, ⑧ 민족 내부의 다양성, ⑨ 동화와 문화접변, ⑩ 혁명, ⑪ 지식의 구성 등이다.

(4) 다양한 학생에게 적용할 교수법적 기능

교사는 학생들의 문화적 · 인종적 · 언어적 · 계층적 특징을 고려하여 수업을 조직하고 실행할 수 있는 기능(skills)을 습득해야 한다. 교육과정을 실행하는 전문가로서 교사는 다양한 민족 · 문화적 배경을 지닌 학생들의 요구에 적합한 학습 경험을 제공할 필요가 있다.

다문화교육을 실시하는 교사는 다양한 민족 집단의 학생들에게 '문화적으로 적합한 교수 방법(culturally relevant teaching)'을 적용할 수 있어야 한다. 이러한 교수 방법은 소수 민족 집단 학생들의 수업 참여도를 높이고 이들의 학업성취를 향상시킬 수 있다(Banks, 2016). 예컨대, 미국 공립학교에서 필리핀 · 한국 · 베트남 · 중국계 미국인 학생들은 백인 학생보다 시각학습(visual leaning) 방법을 선호한다는 연구 결과가 있는데, 이런 학생들에게는 3차원 모형, 시각적 조직자, 사진, 개념지도, 차트 등과 같은 시각적 학습 자료를 활용하면 효과적이라는 점을 시사한다(Pang, 2005, p. 338).

2) 교사의 가치와 태도

다문화교육을 위한 교사의 역량 중에서 교사가 다양한 문화와 인종, 민족 등에 대해 갖는 가치와 태도가 매우 중요하다. 교사의 신념과 태도는 교육과정의 조직과 실행을 통해 수업에 직접적 영향을 미치며, 학생들의 정서적 발달에도 중요하다. 교사는 다문화적인 학급 환경을 조성하고 구체적인 다문화 수업활동을 제공하는 데 핵심적인 역할을 수행하는데, 이 과정에서 교사의 다문화교육 및 문화 다양성에 대한 신념, 가치, 태도 등은 결정적인 영향을 미친다(모경환, 임정수, 2011; 조영달 외, 2010; Banks, 2016; Ramsey, 1990).

교사의 신념과 태도가 학습자들의 학업성취와 태도 발달에 미치는 영향이 지대하므로 다문화교육의 주체로서 교사는 자신의 편견이나 고정관념을 반성적으로 점검하는 것이 필요하다. '편견'이란 특정 집단에 소속되어 있다는 이유만으로 해당 집단의 구성원에게 갖는 적대적이거나 부정적인 태도를 말한다. 편견은 대상에 대한 정신적·신체적 공격 행위로 표현되기도 하며, 그래서 편견의 대상이 되는 집단 구성원들의 자존감의 감소를 가져올 수 있다(Aronson, 2002). 수도권 초·중등 사회과 예비교사 150명을 대상으로 타 인종, 타 민족에 대해 가지고 있는 고정관념을 조사한 이정우(2007)의 연구에 따르면, 조사 대상자들이 백인과 일본인에 대해서는 긍정적 고정관념을, 이에 반해 중국인에 대해서는 부정적인 고정관념을 가지고 있는 것으로 나타났다. 학교에서 교사는 학습자에게 중요한 학습 모델이므로 교사의 문화적 편견은 학습자들에게 그대로 전수될 수 있다. 뿐만 아니라 문화적 편견에 사로잡혀 다문화 수업을 실행할 경우, 학생의 소속 집단에 따라 차등적인 교수·학습 활동 경험을 제공할 수 있다.

그러므로 다문화교육에서 교사는 자신이 지니고 있는 다양성에 대한 가치와 문화적 태도를 스스로 성찰하고 문화적으로 상이한 집단과 효과적으로 상호작용할 수 있는 간문화적 능력을 가져야 한다. 또한 학생·학부모·지역사회 등에 대한 관심과 지식을 가져야 하며, 효과적인 교수 전략 실행 능력과 다문화적 학교정책에 대한 열정 등을 가져야 한다(Marshall, 2002). 특히 교사는 자신이 진공상태에서 가르치는 것이 아니라 문화적 가치체계에 입각하여 행동하는 존재임을 인식해야 한다. 이러한 인식이 수반되지 않을 경우 특정 문화는 바람직하고 장려해야 하는

것으로, 다른 문화는 가치 없고 배제되어야 하는 것으로 판단하고, 이에 입각하여 수업을 실시할 수도 있다. 따라서 교사의 태도 개선을 위한 교사교육은, 예비교사 또는 현직교사가 다문화교육을 위하여 스스로의 문화적 고정관념과 편견을 성찰하고 문화적으로 개방적인 태도를 함양하는 것에서 출발해야 한다.

3) 교사의 다문화 효능감

다문화 관련 지식, 다양성에 대한 태도와 함께 다문화교육을 실시하는 교사에게 요구되는 역량으로 다문화적 효능감(multicultural efficacy)이 있다. 교사의 다문화적 효능감이란 다문화적 교육환경에서 효과적으로 가르칠 수 있다는 자신감을 의미하는데, 다문화교육을 실행하는 데 직접적 영향을 미치는 중요한 요인이다(Dembo & Gibson, 1985; Gusky & Passaro, 1994; Guyton & Wesche, 2005). 딜워스(Dilworth, 2004)의 연구에 따르면 효능감이 높은 교사일수록 다문화적 내용을 중요하게 생각하며 학생들의 다양성을 고려하여 수업을 설계하는 경향성이 높게 나타난다.

국내에서도 교사의 다문화적 효능감의 중요성에 주목하고 현황 파악과 교사의 다문화 효능감 신장 방안을 모색하는 연구들이 늘어나고 있다. 가이턴과 웨시(Guyton & Wesche, 2005)의 척도를 활용하여 국내 다문화적 효능감 연구의 선도적 역할을 한 최충옥과 모경환(2007)의 연구는 우리나라 교사들의 다문화교육에 대한 인식과 이해도, 태도 수준은 전반적으로 높은 데 반하여, 다문화적 효능감은 상대적으로 낮은 수준임을 밝히고 있다. 이 연구와 유사하게 김진철과 장봉석(2010)은 사범대학의 예비교사를 대상으로 조사 연구를 실시하였는데, 수업 기능 측면의 효능감이 다른 측면보다 상대적으로 낮게 나타났다.

경제협력개발기구(OECD) 주관의 '교원 및 교직환경 국제비교 조사(Teaching and Learning International Survey: TALIS)' 3주기 2018년도 한국 초등교사 자료를 분석한 신혜숙과 박주형(2020)의 연구에 따르면 다문화 교원양성교육 경험, 다문화교육 관련 교원연수 경험, 다문화 교수법의 적용 등이 다문화 교수효능감에 긍정적 영향을 미친다.

이와 같이 교사의 다문화적 효능감은 효과적인 다문화교육의 실행에 매우 중요한 요소이다. 따라서 예비교사와 현직교사들의 다문화적 효능감의 함양을 위해 예비교사 교육과 현직교사 직무연수를 통해 이러한 다문화적 역량을 육성하는 것이 필요하다. 일반적으로 교사의 다문화적 지식과 기능 그리고 다문화적 태도를 향상시키면 다문화적 효능감도 함께 향상되며, 이를 위하여 적절한 교육 프로그램을 준비하는 것이 필요하다.

🔠 3. 다문화교육을 위한 교사교육

1) 다문화 교사교육의 원칙

이상에서 논의한 바와 같이 교사는 다문화교육이 성공적으로 실천되는 과정에서 핵심적인 역할을 담당한다. 따라서 교사는 학생들의 다양한 배경에 효과적으로 대응할 수 있도록 다문화교육의 개념, 원리, 이론 및 실천 등을 이해하고, 다양한 문화적 배경의 학생들과 소통할 수 있는 태도, 기능 및 지식을 습득할 필요가 있다(Banks, 2016).

다문화교육을 효과적으로 수행하기 위해 필요한 교사의 역량에 대한 관심은 다문화교육을 위한 교사의 자질 또는 전문성이 무엇이며 교사교육을 통해 이를 어떻게 육성할 수 있는지에 대한 논의로 이어진다. 다문화교육을 효과적으로 시행하는 데 필요한 교사의 역량을 육성하기 위한 교사교육 프로그램은 다양한 방식으로 구성할 수 있다. 기존의 교사 양성 과정에 다문화교육 관련 이론이나 실습을 추가하거나, 교사 교육과정 전체에 다문화교육 내용이 스며들도록 재구조하는 방법도 있다(Sleeter, 2001).

다문화교육은 교사교육 프로그램 논의에서 지속적인 관심의 대상이다. 미국의 교원교육인증위원회(National Council for Accreditation of Teacher Education: NCATE)는 1970년대 이래 다문화교육을 실시할 수 있는 교사 양성 프로그램을 교사교육 전체 프로그램 평가기준의 하나로 설정하고 있다(NCATE, 2006). 즉, 각 대학의 교사 양성 프로그램이 예비교사들로 하여금 다문화교육 관련 내용을 배울 수 있는 기회를 제공하도록 기준을 설정하고 있으며, 특히 다문화 학교와 학급에

서 현장 경험을 습득하도록 권장하고 있다.

요컨대, 다문화 교사교육(multicultural teacher education)은 다문화교육의 목표에 헌신하며 이를 실천할 수 있는 자질을 갖춘 교사의 육성을 목표로 하고 있다(Guyton & Wesche, 2005). 즉, 다문화 교사교육은 문화적으로 다양한 학생을 가르칠 수 있도록 교사를 준비시키는 것인데, 이 과정을 통해 교사 자신의 다문화적 태도를 고양시키고, 다문화적 학급을 가르칠 수 있는 역량을 육성해야 한다. 또한 교사교육 프로그램은 소수집단 학생들에 대한 교사의 기대수준을 높이고 이러한 학생들의 문화적 경험을 더 잘 이해할 수 있도록 구성해야 한다. 교사의 다문화적 자질 함양을 위한 교사교육은 어떠한 접근 방식을 통해 이루어질 수 있는지, 그동안 다문화 교사 교육과정의 구성을 논의한 학자들의 관점을 살펴보고자 한다.[1]

(1) 클라크 등(Clark et al., 1996)의 4단계 교사교육

미국 텍사스대학교의 클라크 교수 연구팀(Clark et al., 1996)은 다문화교육을 위한 교사 교육과정의 전형으로서 네 가지 요소를 단계별로 제시하고 있다. 첫째, '인종적·문화적 정체성 발달' 단계로서, 예비교사 또는 현직교사가 자신의 인종적·문화적 정체성을 자각하고 자신의 사회화를 성찰하는 반성 단계이다. 둘째, '문화적 지식 습득' 단계로서 다문화교육의 목표, 이론, 관점에 대한 지식과 다양한 학습자의 인종·민족 배경에 대한 지식을 습득하는 단계이다. 셋째, '다문화적 교수·학습 기능 습득' 단계로서 다양한 학습자의 문화적 배경에 적합한 교수·학습 전략을 적용할 수 있는 기능을 습득하는 단계이다. 넷째, '다문화적 상황에의 적응' 단계로서 자신이 배운 내용을 학습자들에게 적용하는 효과적인 전략을 선택하는 단계이다.

(2) 게이 교수(Gay, 1997)의 교사교육 4원칙

다문화 교사 교육과정의 구성에 대하여 워싱턴대학교 제네바 게이 교수(Gay, 1997)는 다음과 같은 네 가지 원칙을 제안하고 있다. 첫째, 사회 내 인종·문화적

---

1) 이하 내용은 모경환(2012)의 내용을 수정·보완한 것이다.

다양성에 대한 사회과학 또는 인문학 과목을 이수해야 한다. 둘째, 다문화교육 과목을 이수하되 이론적 원리, 문화의 학습에 대한 영향과 이에 근거한 수업 전략, 다문화적 학급 운영 방법 등에 대한 과목을 이수하도록 한다. 셋째, 각 교과 내용에 적합한 다문화적 수업 전략과 방법의 활용 능력을 길러야 한다. 넷째, 다문화적 학교 또는 학급 환경에서 실습을 함으로써 다양한 학생과 상호작용하는 경험을 축적해야 한다.

(3) 장인실(2008)의 6단계 교사교육

장인실(2008)은 다문화 교사 교육과정 모형의 개발을 위해 해외의 다양한 모형을 검토하고, 한국의 다문화 교사교육을 위해 6단계 교사 교육과정 모형을 제안하고 있다. 첫째, 인종·민족·문화·성별에 대한 지식 습득, 둘째, 지구 상황과 세계적 역학 관계 인식, 셋째, 자아와 민족 정체성 확립, 넷째, 차별과 편견 없는 태도 형성, 다섯째, 교육과정 개혁을 위한 다문화적 능력 배양, 여섯째, 사회정의를 향한 행동기능 습득 등이다. 장인실은 또한 이러한 6단계 중 1~2단계는 지식 습득 단계, 3~4단계는 태도 발전 단계, 그리고 5~6단계는 실행 개입 단계로 구분하였다.

(4) 모경환(2009b)의 5요소 교사교육

모경환(2009b)은 NCATE의 기준, 클라크와 게이의 제안, 워싱턴대학교 다문화교육센터의 프로그램들을 종합하여, 다문화 교사에게 요구되는 교사 전문성의 요소를 추출하고, 다문화 교사 교육과정은 다음과 같은 다섯 가지 내용 요소로 구성되는 것이 바람직하다고 제안하고 있다. 첫째, 교사 자신의 문화적 정체성 확립과 다문화적 인식의 향상, 둘째, 사회의 문화적 다양성과 학습자들의 다양한 배경에 대한 지식, 셋째, 다문화적 수업 실행 능력과 학습 자료 개발 능력, 넷째, 소수집단 학생들에 대한 배려와 다문화적 문제 상황 해결 능력, 다섯째, 다문화 학교·학급 환경에서의 현장 실습 경험이다. 이와 같은 다섯 가지 요소는 다문화 교사 교육과정을 구성하는 데 필요한 기준을 제공할 뿐만 아니라, 교사 교육과정을 분석하고 평가하는 데 하나의 준거틀이 될 수 있다.

2) 다문화 교사교육의 실제

(1) 예비교사 양성 과정의 다문화교육

2006년 다문화교육 정책이 시행된 이후, 예비교사의 다문화적 역량을 육성하기 위해 다각적인 연구와 실천들이 이루어져 왔다. 예컨대, 정부의 '교원양성기관 다문화교육강좌 개설지원사업'이 2009년도부터 2013년까지 시행되면서 교원양성기관의 다문화 관련 강좌가 양적으로 크게 확대되었다(전세경, 2017). 정부는 2009년도에 '교원양성기관 다문화교육강좌 개설지원사업'을 실시하였다. 이 사업의 목적은 "다문화 가정 학생들이 급증하고 있는 교육 현장의 변화에 대응하여, (초등) 교사들이 올바른 다문화 관련 인식 및 태도를 가지고 사회통합적인 교육을 실시할 수 있도록" 하는 데 있다(교육과학기술부, 2009, p. 1). 이 사업에 참여하는 교원양성대학은 '다문화사회에 대한 이해' '다문화교육의 현황' '다문화교육의 내용과 교수·학습방법' '다문화 가정 학생의 특성' 등의 내용을 포함한 다문화교육 강좌를 학부 정규과목으로 개설하고 연간 800~1,000만 원의 사업비를 지원받을 수 있었다(교육과학기술부, 2009).

2009년도에는 초등교원 양성대학(교육대학교)만을 대상으로 사업공모를 진행하여 총 10개교가 지원을 받았다. 2010년도에는 총 21개 초등교원 양성대학과 국립대학교 사범대학이 사업에 참여하였다. 교원양성기관 지원 대상은 순차적으로 확대되었는데, 2011년도에는 사립대학교 사범대학도 포함되어 총 30개교가 다문화교육 강좌 개설 지원비를 제공받았다. 2012년도에는 총 31개 교원양성기관이 참여하였고, 총 26개교가 참여한 2013년도를 마지막으로 '교원양성기관 다문화교육강좌 개설지원사업'은 중단되었다(교육과학기술부, 2010, 2011, 2012, 2013).

이와 더불어 예비교원 대상의 다문화교육 관련 수업 및 프로그램의 효과를 탐색하는 연구들도 수행되었는데, 예비교원을 위한 다문화교육 강좌를 수강한 경험은 이들의 다문화교육 역량 함양에 긍정적 효과가 있음을 밝히고 있다. 즉, 초·중등학교 예비교원을 양성하는 교육대학교 및 사범대학 재학생을 대상으로 다문화교육 강좌를 개발하여 시행한 결과, 다문화적 교수 능력의 향상(노경란, 김명랑, 2014), 다문화 관련 지식과 문화적 민감성의 향상(어성연, 정진희, 2011), 이주민과 그 자녀에 대한 인식 및 다문화교육에 대한 인식의 개선(김미혜, 이은주, 박윤

경, 2015), 다문화 관련 인식 개선과 다문화교육에 대한 긍정적 태도 형성(장인실, 2017), 그리고 전반적 다문화 인식 개선(김선화, 현영섭, 2018; 서재복, 2014) 등의 효과를 나타냈다.

구하라와 모경환(2019)의 연구는 경제협력개발기구(OECD) 주관의 '교원 및 교직환경 국제비교 조사(TALIS)' 3주기 2018년도 한국 자료를 활용하여 예비교사 교육단계의 교원양성기관에서 이루어진 다문화교육 경험이 이후 교직에 진출한 현직교사의 다문화 수업준비도와 다문화적 교사효능감에 긍정적 영향을 미치고 있음을 밝히고 있다. 이 외에도 예비교사 단계에서 수강한 다문화 관련 강좌의 효과는 다문화 효능감(최현정, 우민정, 2012), 다문화 인식(황향희, 이유진, 2014), 다문화 역량(권미은, 2014; 박명희, 김경식, 2012; 최지연, 2009), 그리고 다문화교육에 대한 태도와 인식(권이정, 2014) 등에 긍정적 영향을 미치고 있음을 밝히고 있다.

(2) 현직교사 전문성 육성 프로그램

2006년도에 처음 발표한 '다문화 가정 자녀 교육지원 대책'에서는 현직교원의 직무연수 내에 다문화 관련 내용을 일정 시간 포함할 것을 권장하였고(교육인적자원부, 2006), 이후 정부 차원에서 현직교원 및 예비교원의 다문화적 역량 제고를 위해 교원 대상의 다문화교육을 강조하며 정책지원을 지속해 왔다. 교육부의 '2021년 다문화교육 지원계획'에서는 교원의 다문화교육 역량 제고를 위해 원격연수 콘텐츠의 개발 보급을 추진하고 교원들의 이수를 권장하고 있다. 또한 예비 교원의 다문화교육 이해도 제고와 관련 역량의 함양을 위해 교원양성 교육과정에 편성·운영하도록 권장하고 있다(교육부, 2021).

이러한 정부 정책의 기조와 함께 현직교원 대상의 다문화교육 연수가 활성화되고 있다. 2016년에 시행된 다문화교육 교사연수 현황을 분석한 연구에 따르면(모경환, 부향숙, 구하라, 황혜원, 2018), 전국 시·도 교육연수원 및 중앙교육연수원에서 초·중등 현직교원을 위한 다문화교육 직무연수를 시행하고 있고, 대부분 30차시로 집합 혹은 원격 형태, 기초 혹은 심화 과정으로 운영하고 있다. 이러한 연수 프로그램의 내용을 살펴보면 '다문화 교육과정 및 교수·학습' '다문화 학생·가정 이해 및 지원' '다문화교육·지도 사례 공유' 등의 강좌를 제공하고 있다. 이와 같이 다문화교육 교원연수가 전국적으로 활발하게 이루어지면서 교원의 다문화교육 관련 연수 참여율도 증가해 왔다(구하라, 차윤경, 모경환, 2018).

현직교사를 위한 다문화교육 연수 프로그램의 효과를 분석한 모경환(2009a)의 연구는 참여교사들의 다문화 효능감과 인종적 다양성에 대한 태도가 유의미하게 향상된 것으로 나타났다. 모경환의 후속 연구(모경환 외, 2010)에서도 다문화 연수를 이수한 교사들이 전반적으로 다문화 효능감이 높아진 것으로 나타났으며, 특히 '다문화 가정 자녀들의 필요에 부응하는 수업 방법을 적용할 수 있다'는 문항에서 변화가 크게 나타나 연수 프로그램이 교수 역량 강화에 기여했다는 것을 확인할 수 있다. 또한 교사들이 인종적 · 문화적 다양성에 대해 보다 개방적이고 관용적인 태도를 갖게 되는 데도 연수 프로그램이 효과적인 것으로 나타났다. 최근 이재창과 김현수(2021)의 연구에서도 초등학교 교사들의 다문화교육 연수 이수 경험이 다문화 교육과정 실행수준에 긍정적 영향을 미치는 것을 확인하였다.

4. 다문화 교사교육의 과제

이상에서 살펴본 바와 같이 다문화 친화적인 학교환경의 조성과 다문화교육의 성공적인 실행을 위해 교사의 역할이 중요하기 때문에(Banks & Banks, 2013; Gay, 2000; Ladson-Billings, 1999; Sleeter, 2008), 교사의 다문화 및 다문화교육 관련 지식, 기능, 태도 및 인식 등의 전문성 함양에 대한 논의가 활발하게 진행되어 왔으며 (모경환, 임정수, 2011; 조영달 외, 2010; Banks, 2016; Ramsey, 1990), 우리나라 정부도 2006년 이후 다문화 교사교육을 위한 지원을 계속해 오고 있다.

선행연구들은 예비교원 양성교육 단계에서의 다문화 관련 교육이 교사의 다문화 역량을 신장하는 데에 강력한 영향을 미친다는 것을 보여 주었다. 이는 교원양성기관 다문화교육의 긍정적인 효과를 밝힌 것으로서 교사교육정책 차원에서 예비교원을 위한 다문화 관련 교육에 보다 관심을 가지고 적극적으로 지원해야 할 필요성을 시사한다. 다만, 2014년도부터 시행되지 않고 있는 '다문화교육강좌 개설지원사업'이 지속성 있게 이루어지고 초 · 중등 교원양성기관 전체를 대상으로 지원할 필요가 있다. 또한 일부 교직과목 내에 다문화 관련 내용이 포함되도록 권고하는 현재 규정은 지나치게 소극적인 정책이라 판단되며, 학교 현장에 다문화 학생의 비중이 날로 증가하는 추세를 감안하건대 다문화교육 강좌를 예비교사의 필수 이수과목으로 지정할 필요가 있다.

다문화교육의 성공적 실행을 위해서는 교사의 다문화적 역량이 절대적으로 중요하므로 교사의 다문화 역량을 육성하고 향상시키기 위한 교사 교육과정의 개발과 보완이 지속적으로 이루어져야 한다. 이를 위한 정책적 지원, 학계의 관심과 연구가 필요하다. 그간의 다문화 교사 역량 연구를 토대로 다문화교사 양성을 위한 과제를 다음과 같이 요약할 수 있다.

첫째, 예비교사를 위한 직전 교육이든 현직교사의 전문성 향상을 위한 교육이든, 다문화 교사교육 프로그램이 갖추어야 할 요소는 교사 자신의 문화적 정체성과 다문화적 인식, 사회의 다양성 및 학생들의 다양한 배경에 대한 지식, 다문화적 교수 · 학습 능력 및 자료 개발 능력, 소수자 학생들에 대한 배려, 다문화적 문제 상황 해결 능력, 그리고 다문화 학급 환경에서의 실습 경험 등이다. 그런데 대다수 교사교육 프로그램에는 교사의 문화적 정체성과 다문화적 인식, 다문화적 갈등상황에서의 문제해결력, 그리고 다문화 현장 실습 경험 등이 부족하다. 따라서 교사교육 프로그램에 이러한 요소들이 보강되어야 한다.

둘째, 예비교사 양성을 위한 직전 교사교육은 큰 폭의 변화가 필요하다. 먼저, 다문화교육 강좌의 개설 수가 더 증가해야 하고, 교양 강좌뿐만 아니라 전공을 포함한 전체 교사 교육과정에 다문화적 내용이 포함되어야 한다. 즉, 각 전공과목에 다문화적 내용이 반영되어 전체 초 · 중등 예비교사들이 다문화적 수업 상황에 대처할 수 있는 역량을 갖추어야 한다. 이러한 프로그램을 설치하는 과정에서 예비교사들의 태도나 인식의 변화, 즉 소수집단 학생들에 대한 편견을 제거하고 긍정적인 학업성취에 대한 기대를 갖게 되는 데는 최소한 두 학기 이상의 강좌, 실습, 세미나 등을 통하여 가능하다는 연구 결과(Gomez, 1993)를 참고할 필요가 있다.

셋째, 교사교육기관의 다문화 관련 강좌들은 대학의 교과목이나 연수원의 연수 프로그램 모두 다문화 가정 자녀들에 중점을 두고 있다. 따라서 기존의 다수자 자녀들이 다문화사회의 시민으로 살아가는 데 필요한 내용을 가르칠 수 있는 교사의 역량이 필요하다. 즉, 다문화 교사 교육과정은 21세기 전지구적인 다문화사회에 살아가는 시민으로서의 자질 육성을 위하여, 소수자 자녀뿐만 아니라 다수자 자녀들의 다문화 시민성(multicultural citizenship) 함양을 목표로 설정해야 한다.

넷째, 효과적인 다문화 교사교육을 위하여 대학과 초·중등학교 현장의 연계 속에 광범위한 현장 경험이 필요하다. 즉, 현장에서의 관찰과 지도의 충분한 실습 경험을 쌓도록 하여 교사 자신의 태도 변화는 물론 다문화적 교실 상황에서의 수업 및 지도 능력을 신장해야 한다.

 생각해 봅시다

1. 다문화교육을 실행하는 데 있어서 교사의 역할이 무엇인지 설명해 보시오.
2. 다문화교육을 효과적으로 실시하기 위해 필요한 교사의 다문화적 역량은 무엇인지 기술하시오.
3. 교사의 다문화교육 전문성을 향상시키기 위해 어떤 교사교육 프로그램이 필요한지 설명하시오.
4. 우리나라에서 다문화 교사를 양성하기 위해 필요한 과제가 무엇인지 논의해 보시오.

 참고문헌

교육과학기술부(2009). 초등 교원양성대학 다문화교육과정 개설 지원 사업 2009년도 계획(안). 서울: 교육과학기술부.

교육과학기술부(2010). 다문화가정 학생 교육 지원계획. 서울: 교육과학기술부.

교육과학기술부(2011). 다문화학생 교육 지원계획. 서울: 교육과학기술부.

교육과학기술부(2012). 다문화교육 선진화 방안. 서울: 교육과학기술부.

교육과학기술부(2013). 다문화학생 교육지원 계획. 서울: 교육과학기술부.

교육부(2021). 2021년 다문화교육 지원계획. 교육부 교육기회보장과.

교육인적자원부(2006). 다문화가정 자녀 교육지원 대책. 서울: 교육인적자원부.

구하라, 모경환(2019). 교원양성기관 다문화교육의 효과 분석: TALIS 2018 자료를 바탕으로. 다문화교육연구, 12(3), 91-114

구하라, 차윤경, 모경환(2018). 다문화교육을 위한 교사전문성 계발활동 참여요인 분석. 다문화교육연구, 11(2), 105-127.

권미은(2014). 대학 다문화교육 강좌를 통한 예비유아특수교사의 다문화 역량과 다문화 신념 변화. 발달장애연구, 18(2), 1-32.

권이정(2014). 다문화 수업 수강 여부에 따른 예비유아교사들의 다문화교육에 대한 태도,

다문화교육에 대한 인식, 다문화 교수효능감에 대한 연구. 다문화콘텐츠연구, 17, 39-63.

김미혜, 이은주, 박윤경(2015). 다문화 영상 및 도서를 활용한 다문화 교사교육 프로그램의 효과 분석-"이주, 새로운 뿌리를 찾아서" 주제를 중심으로. 문학교육학, 48, 45-80.

김선화, 현영섭(2018). K대학 예비중등교사의 다문화교육경험과 다문화교육역량의 관계에 대한 진로결정수준의 상호작용효과. 중등교육연구, 66(4), 981-1014.

김진철, 장봉석(2010). 초등 예비 교사의 다문화 태도와 다문화 효능감에 대한 연구. 시민교육연구, 42(3), 39-60.

노경란, 김명랑(2014). 예비교사의 다문화교육역량 강화를 위한 문제중심학습 적용 및 효과성 분석. 교육연구, 60, 35-54.

모경환(2009a). 다문화교육 교사연수 프로그램 효과분석. 한국교원교육연구, 26(2), 75-99.

모경환(2009b). 다문화 교사교육의 현황과 과제. 한국교원교육연구, 26(4), 245-270.

모경환(2012). 다문화교육과 교사교육. 장인실 외 공저. 다문화교육의 이해와 실천(pp. 165-188). 서울: 학지사.

모경환, 이혜진, 임정수(2010). 다문화 교사 교육과정의 실태와 개선방안: 2010년 교과과정을 중심으로. 다문화교육, 1(1), 21-35.

모경환, 부향숙, 구하라, 황혜원(2018). 다문화교육을 위한 교사연수 분석과 발전 방안. 다문화교육연구, 11(3), 287-308.

모경환, 임정수(2011). 사회과 다문화교육의 현황과 과제. 교육문화연구, 17(1), 261-290.

모경환, 황혜원(2007). 중등 교사들의 다문화적 인식에 대한 연구-수도권 국어 · 사회과 교사를 중심으로. 시민교육연구, 39(3), 79-100.

박명희, 김경식(2012). 다문화교육 강좌를 통한 예비교사들의 다문화 역량 변화. 다문화교육연구, 5(1), 155-176.

서재복(2014). 사범대학생의 다문화 수업 프로그램 효과 연구. 교육종합연구, 12(4), 191-207.

신혜숙, 박주형(2020). 초등교사의 다문화 교수효능감에 대한 영향요인 탐색. 문화교류와 다문화교육, 9(5), 255-274.

어성연, 정진희(2011). 교육대학 학생들을 위한 다문화가족 관련 교양과목의 개발 및 효과성 연구. 한국교육문제연구, 29(1), 61-82.

이재창, 김현수(2021). 초등교사의 다문화교육 연수 이수 경험이 다문화교육과정 실행수준에 미치는 효과 연구-관심기반 실행모형을 기반으로. 문화교류와 다문화교육, 10(1), 27-58.

이정우(2007). 다양한 인종 · 민족 집단에 대한 예비교사의 고정관념: 사회과 예비교사 교육에의 함의. 시민교육연구, 39(1), 153-178.

장인실(2008). 다문화교육을 위한 교사 교육 교육과정 모형 탐구. 초등교육연구, 21(2), 281-305.

장인실(2017). 창의적 체험활동과 연계한 다문화교육의 효과성 연구: 초등 예비교사를 중심으로. 교육논총, 37(3), 85-108.

전세경(2017). 우리나라 다문화교육 정책의 성과 및 특징과 과제에 대한 고찰. 인구교육 10(1), 83-105.

조영달, 박윤경, 성경희, 이소연, 박하나(2010). 학교 다문화교육의 실태 분석. 시민교육연구, 42(1), 151-184.

최지연(2009). 초등 예비교사의 다문화교육 경험 및 다문화교육에 대한 인식. 실과교육연구, 15(4), 183-202.

최충옥, 모경환(2007). 경기도 초·중등 교사들의 다문화적 효능감에 대한 조사 연구. 시민교육연구, 29(4), 163-182.

최현정, 우민정(2012). 예비유아교사의 다문화 태도 및 다문화 효능감에 관한 연구. 유아교육학논집, 16(5), 315-338.

황향희, 이유진(2014). 중등 예비교사의 다문화경험에 따른 다문화인식 및 다문화태도와의 관계. 언어와 문화, 10(3), 269-286.

Aronson, E. (2002). *The Social Animal*. 구자숙 외 공역. 사회심리학: 사회적 동물. 서울: 탐구당. (원저는 1999년 출판)

Banks, J. A. (2016). *An Introduction to Multicultural Education* (5th ed.). 모경환 외 공역. 다문화교육 입문. 서울: 아카데미프레스. (원저는 2014년 출판)

Banks, J. A., & Banks, C. A. M. (2013). *Multicultural Education: Issues and Perspectives* (8th ed.). Hoboken, NJ: John Wiley and Sons, Inc.

Bennett, C. I. (2011). *Comprehensive Multicultural Education: Theory and Practice* (7th ed.). London, UK: Pearson.

Clark, E. R. et al. (1996). Language and culture: Critical components of multicultural teacher education. *The Urban Review, 28*(2), 185-197.

Cochran-Smith, M., Davis, D., & Fries, M. K. (2004). Multicultural teacher education: Research, practice, and policy. In J. A. Banks & C. M. Banks (Eds.), *Handbook of Research on Multicultural Education*. San Francisco, CA: Jossey-Bass.

Dembo, M. H., & Gibson, S. (1985). Teacher's sense of efficacy: An important factor in school improvement. *The Elementary School Journal, 86*(2), 173-184.

Dilworth, P. (2004). Multicultural citizenship education: Case studies from social studies classrooms. *Theory and Research in Social Education, 32*(2), 153−186.

Furman, J. S. (2008). Tensions in multicultural teacher education research: Demographics and the need to demonstrate effectiveness. *Education and Urban Society, 41*(1), 55−79.

Gay, G. (1997). Multicultural infusion in teacher education: Foundations and applications. *Peabody Journal of Education, 72*(1), 625−643.

Gay, G. (2000). *Culturally Responsive Teaching: Theory, Research and Practice.* New York: Teachers College Press.

Gershenson, S., Holt, S. B., & Papageorge, N. W. (2016). Who believes in me? The effect of student-teacher demographic match on teacher expectations. *Economics of Education Review, 52*, 209−224.

Gomez, M. (1993). Prospective teachers' perspectives on teaching diverse children: A review with implications for teacher education and practice. *Journal of Negro Education, 62*(4), 459−474.

Guskey, T. R., & Passaro, P. D. (1994). Teacher efficacy: A study of construct dimensions. *American Educational Research Journal, 31*(3), 627−643.

Guyton, E. M., & Wesche, M. V. (2005). The multicultural efficacy scale: Development, item selection, and reliability. *Multicultural Perspectives, 7*(4), 21−29.

Ladson-Billings, G. (1999). Preparing teachers for diverse student populations: A critical race theory perspective. *Review of Research in Education, 24*, 211−247.

Marshall, P. L. (2002). *Cultural Diversity in Our Schools.* Belmont, CA: Wadsworth.

National Council for Accreditation of Teacher Education (2006). *Professional Standards for the Accreditation of Schools, Colleges, and Departments of Education* (revised ed.). Washington, DC: Author.

Pang, V. O. (2005). *Multicultural Education: A Caring Centered, Reflective Approach* (2nd ed.). New York: McGraw Hill.

Ramsey, P. G. (1990). Multicultural education in early childhood. In M. A. Jensen & Z. W. Cehvalier (Eds.), *Issues and Advocacy in Early Childhood Education* (pp. 302−305). Boston, MA: Allyn and Bacon.

Sleeter, C. E. (2001). Preparing teachers for culturally diverse schools: Rresearch and the overwhelming presence of whiteness. *Journal of Teacher Education, 52*(2), 94−106.

Sleeter, C. E. (2008). An invitation to support diverse students through teacher education. *Journal of Teacher Education, 59*(3), 212−219.

제7장
비판적 다문화교육

조현희

 개요

이 장에서는 비판적 다문화교육의 의미와 목적 및 실천방안을 소개한다. 이를 위하여 먼저 사회와 지식, 학교 교육을 비판적으로 인식한다는 것은 무엇을 의미하는지 살펴볼 것이다. 다음으로 비판적 다문화교육의 학문적 · 문화적 · 사회정치적 목적을 살펴볼 것이다. 마지막으로, 예비교사를 위한 비판적 다문화교육의 실천방안과 적용사례를 소개하고자 한다. 이 장이 '정의롭고 평등한 교육은 무엇인가'에 관한 자신의 생각을 한 개인이자 교육자의 관점에서 정립해 나가는 기회를 제공할 수 있기를 기대한다.

 세부목차

1. 비판적으로 인식한다는 것
2. 비판적 다문화교육의 의미와 목적
3. 예비교사를 위한 비판적 다문화교육

 학습목표

1. 비판적 사고와 비판의식의 공통점과 차이점을 설명할 수 있다.
2. 사회와 지식, 학교 교육을 비판적으로 인식한다는 것의 의미를 설명할 수 있다.
3. 비판적 다문화교육의 의미와 목적을 설명할 수 있다.
4. 자기성찰을 통해 자신의 위치성과 문화적 사회화 과정을 탐구할 수 있다.
5. 정의롭고 평등한 교육을 실천하기 위한 다차원적 개입 방안을 모색할 수 있다.

옛날 옛날에, 어떤 외국의 학자와 제자들 무리가 아나톨리아의 한 마을을 거쳐 가게 되었다. 학자는 이 마을에서 가장 현명한 사람과 이야기를 나누고 싶다고 했다. 마을 사람들은 지체 없이 현자 나스레딘을 모셔 왔다. 외국 학자는 터키어, 페르시아어, 아라비아어 어떤 것도 몰랐고 나스레딘은 유럽 언어를 하나도 몰랐다. 그래서 두 현자는 손짓으로 대화를 나누었고 마을 사람들과 제자들 모두 경탄하며 그 모습을 지켜보았다.

먼저, 외국인이 막대기로 모래 위에 큰 원을 그렸다. 그러자 나스레딘도 막대기를 하나 집더니 그 원을 반으로 나누었다. 외국인은 나스레딘이 그린 선과 수직이 되게 선을 그어 원을 넷으로 나누었다. 그러고는 막대기로 사등분한 원의 세 조각을 먼저 가리키고, 그다음에 나머지 한 조각을 가리켰다. 나스레딘은 막대기로 네 조각 모두를 아우르는 소용돌이 같은 모양을 그려 응수했다. 그러자 외국인이 손바닥이 위로 가게 두 손을 나란히 붙여 그릇 모양을 만든 다음 손가락을 움찔거렸다. 나스레딘은 손바닥이 아래로 가게 하여 뒤집어진 그릇 모양을 만든 다음 손가락을 움찔거려 대꾸했다.

대화가 끝나자, 외국 학자의 제자들이 무슨 이야기를 나누었는지 스승에게 물었다. "나스레딘 현자는 아주 학식이 높은 사람일세." 외국 학자가 말했다. "내가 지구가 둥글다고 했더니 나스레딘이 지구를 반으로 나누는 적도가 있다고 했지. 그래서 내가 지구의 4분의 3은 물이고 4분의 1은 육지라고 했어. 나스레딘은 해류와 바람에 대해 이야기하더군. 내가 물이 데워지면 증발하여 하늘로 올라간다고 했더니, 나스레딘이 증기가 식으면 비가 되어 내려온다고 답했네."

마을 사람들도 무엇에 대한 대화였는지 궁금했다. 그래서 나스레딘 주위에 몰려들었다. "저 이방인은 아주 미식가일세." 현자가 이야기했다. "커다란 바클라바(페스트리에 견과류와 꿀을 넣은 디저트) 한 접시가 있었으면 좋겠다고 하더라구. 그래서 내가 당신은 절반만 드시오, 했지. 그랬더니 시럽은 설탕 4분의 3과 꿀 4분의 1로 만들어야 한다고 하더군. 내가 맞다, 그리고 잘 섞어야 한다고 했지. 그랬더니 불에다 구워야 제맛이라고 하더군. 나는 그 위에 잘게 부순 견과류를 뿌려야 한다고 했지."

출처: Sensoy & DiAngelo (2014)에서 발췌.

다문화 교육학자이자 교육사회학자 외즐렘 센소이(Ö. Sensoy)와 로빈 디엔젤로 (R. DiAngelo)는 그들의 저서 『정말로 누구나 평등할까?(Is Everyone Really Equal?)』의 서문에서 앞과 같은 수피교 민담 하나를 전한다. 이야기 속에서 나스레딘과 외국 학자는 꽤 만족스러운 대담을 마치고 헤어진 것으로 보이지만, 사실 두 사람은 서로가 의미한 바를 완전히 오해하고 헤어졌다. 이러한 오해가 어디에서부터 비롯되었을까? 조금 깊이 들여다보면, 두 사람의 가치관과 세상을 이해하는 방식이 매우 다르다는 것을 알 수 있다. 외국 학자가 태양계를 구성하는 행성으로서의 지구와 과학에 경도되어 있었다면, 나스레딘은 함께 먹고 생활하는 공간으로서의 지구와 공동체성에 커다란 가치를 두고 있다. 둘은 각각 과학과 공동체성을 토대로 세상을 이해하고 있는 것이다. 우리는 여기에서 인간과 문화에 대한 두 가지 핵심을 엿볼 수 있다. 첫째, 인간은 누구나 자신이 속한 집단에 의거한 가치관과 세계관을 지니고 있다는 것, 둘째, 타인도 자신과 같은 가치관과 세계관을 지녔을 것으로 생각한다는 것이다.

그런데 여기서 나스레딘이나 외국 학자 중 하나가 자신의 세계관을 강요할 수 있는 위치에 있다면 어떤 일이 일어날까? 나스레딘이 어느 날 난민이 되어 외국 학자가 사는 곳으로 이주해 왔다면, 또는 외국 학자가 나스레딘의 마을을 지배하고 다스리도록 파견되었다면 어떤 일이 벌어질 것인가? 외국 학자는 나스레딘에게 자신의 세계관을 따를 것을 강요할 수 있을까? 안타깝게도 인류 역사의 많은 장면은 상대에게 세계관을 강요할 수 있는 권력을 지닌 쪽이 늘 한쪽뿐이었음을 보여 주고 있다. 그 '한쪽'이 세상을 이해하고 작동시켜 온 방식, 조금 더 구체적으로는 그 '한쪽'이 정상성(normalcy)을 획득하고, 규정하고, 유지해 온 방식을 탐구하는 것이 비판적 다문화교육의 출발점이다. 지금부터 비판적 다문화교육에 대한 탐구의 여정을 시작하고자 한다.

[A] 1. 비판적으로 인식한다는 것

'비판적'이라는 단어를 들었을 때 가장 먼저 떠오르는 문구나 이미지는 무엇인가? 어떤 사람의 성격이 '비판적'이라고 이야기하는 경우라면, 아마도 '비난'과 '냉소'라는 단어가 함께 떠오를 것이다. 한편, '비판적'이라는 용어 뒤에 '사고'라는 단어가 따라붙는다면, '21세기에 필요한 사고력'이라는 수식어가 연상될 것이다. 일반적으로 '비판적'이라는 용어는 다양한 관점에서 현상을 이해하고 해석하고, 사실적 혹은 논리적 오류를 발견하며, 합리적으로 추론하고, 판단하며, 평가할 수 있

는 사고 능력 혹은 유형을 설명하는 용어로 사용된다(Burblues & Berk, 1999).

그러나 비판이론 혹은 비판교육학에 사용하는 '비판적'이라는 용어는 조금 다른 의미를 지니고 있다. 비판이론가들이나 비판교육학자들이 '비판적'이라는 용어를 사용할 때에는 "권력의 역사적 · 문화적 · 이데올로기적 계보를 탐구하는 학문적 접근"(Sensoy & DiAngelo, 2016, pp. 25-26)을 가정하고 있는 것이다. 교육철학자 버뷸러스(Burbules)와 버크(Berk)는 사고력 혹은 지적 기술로서 정의되는 비판적 사고와 비판이론에서 정의하는 비판적 사고를 구분하기 위해 후자에 대해서는 '비판의식(critical consciousness)'이라는 용어를 사용하였다. 이들에 의하면, 비판적 사고와 비판의식은 칸트적 보편주의에 근거한 지식의 절대성에 도전한다는 점에서 공통적이다. 그러나 비판적 사고가 자유인본주의적 인식론에 근거하는 반면, 비판의식은 비판이론과 비판교육학에 근거한다. 따라서 비판적 사고는 지식의 중립성을 가정하는 반면, 비판의식은 지식을 사회적 구성물로 간주한다. 비판적 사고와 비판의식의 차이를 문해 교육에서 제시하는 비판적 읽기와 비판적 문식성의 차이로 설명하면 〈표 7-1〉과 같다.

〈표 7-1〉 비판적 읽기과 비판적 문식성의 구분

구분	비판적 읽기(critical reading)	비판적 문식성(critical literacy)
인식론	• 지식은 세상에서 감각적 경험을 통해 또는 합리적인 생각을 통해 얻은 것으로 사실, 추론, 그리고 독자 판단이 분리될 수 있음	• 지식은 자연스럽거나 중립적인 것이 아니고, 특정 사회의 광범위한 규칙 기반이며, 따라서 이데올로기임
텍스트와 독자에 대한 관점	• 텍스트는 작가의 의도에 의해 구성됨 • 독자는 텍스트에 담긴 작가의 의도를 이해하는 대상임	• 텍스트는 특정한 권력, 문화, 이데올로기에 편향되어 구성됨 • 독자 스스로 설득력 있는 이데올로기에 가담함
교육목표	• 이해와 해석을 위한 높은 수준의 기능 개발	• 중요한 의식(정신)의 개발
교육 내용	• 타당성, 적절성, 효과성을 '분석 · 판단'하는 방법 • 작가의 의도를 파악하는 방법 등	• 텍스트를 분석할 수 있는 '관점 · 의식'의 배양 • 사회변혁을 위한 적극적 행동 주체로서의 역할 학습 등

출처: 권이은(2011).

1) 사회를 비판적으로 인식한다는 것: 정상성에 대한 도전

사람은 주변 사람들과의 상호작용을 통해 자신과 세상을 이해해 나가는 사회적 존재이다. 주변 사람들과 조화롭게 살아가는 데 필요한 규범과 관습을 학습하며 가치관, 세계관을 형성해 나가는 과정을 사회화(socialization)라고 한다. 그렇다면 이와 같은 사회화를 비판적으로 인식한다는 것은 어떠한 의미일까? 다음의 예를 통해 들여다보자.

> 2021년 초등교사 임용시험에 합격한 은주는 첫 학교에서의 첫 출근을 2주 앞
> 두고 있다. 아이들과의 첫 만남을 상상하니 어쩐지 멋진 옷을 한 벌 사고 싶다.
> 은주는 모처럼 백화점에 가기로 한다. 화려한 보석과 화장품으로 반짝이는 백화
> 점 1층을 지나 2층으로 올라가니 '여성의류'라는 팻말이 보인다. 30여 개쯤 되는
> 매장을 모두 둘러보고는 마침내 L사 매장에 들어갔다. 이번 시즌 L사에서 선보
> 인 옷들을 둘러보니 대략 30가지쯤 되는 것 같다. 그중 하얀 배색의 둥근 카라가
> 돋보이는 검정 원피스가 은주의 시선을 사로잡는다. 바로 옆에 걸린 보라색 민소
> 매 원피스와 살구색 린넨 셔츠에도 눈길이 갔지만 어쩐지 처음 보았던 검정 원
> 피스가 가장 마음에 든다. 은주는 검정 원피스와 함께 매장을 나서며 생각한다.
> '역시 백화점에 오길 잘했어. 다양한 선택지가 있어서 좋고, 내가 원하는 옷을 고
> 를 수 있어서 더 좋고!'

앞의 일화를 살펴보면, 백화점에 간 은주에게는 30개의 브랜드라는 선택지에 더해 30종의 디자인이라는 선택지가 있다. 그리고 은주는 '원하는' 옷을 '선택'했다고 생각한다. 그러나 정말 은주가 선택한 둥근 카라의 검정 원피스가 오롯이 은주 개인의 자유로 선택했다고 할 수 있을까? 아마도 은주가 그 원피스를 선택하는 과정에는 '대한민국 교직에 종사하는 20대 여성에게 적합한'이라는 사회적 잣대가 작동했을 것이다. 여기서 주목할 점은 의복 선택에 대한 은주 개인의 자유를 제한한 그 사회적 잣대라는 것이 사회화 과정을 통해 습득된다는 것이다. 사회화에 대한 비판적 인식은 사회화 과정을 통해 개인의 자유가 의식적 혹은 무의식적으로 제한된다는 사실에 문제를 제기하면서 시작된다.

　그러나 사회화를 비판적으로 인식하는 것이 생각만큼 쉬운 일은 아니다. 그 이유를 사회화가 지닌 몇 가지 특징으로 설명할 수 있다. 첫째, 사회화는 체계적으로 학습된다. 사회적으로 적합하다고 여겨지는 가치, 규범, 관습 등은 가정에서부터 학교, 대중매체, 종교, 법과 제도 등을 통해 지속적이고 체계적으로 학습된다. 이렇게 '당연한' 것으로 여겨지는 가치, 규범, 관습들은 그것을 깨트리는 어떠한 사건이 있기 전까지는 대개 인식되기 어렵다. 신규교사가 출근 첫날 호피 무늬 셔츠에 찢어진 청바지를 입고 나타나기 전까지는 호피 무늬와 찢어진 청바지가 신규교사의 복장으로 적합하지 않다는 사실조차 인식하기 어렵다. 즉, 호피 무늬 셔츠나 찢어진 청바지와 같이 '당연하지 않은' 것이 등장했을 때 비로소 '당연하게' 생각했던 것이 무엇이었는지 인식하기 시작한다는 것이다. 둘째, 사회화는 그 이유를 설명하기 어렵다. 당연한 것이 왜 당연하며, 당연하지 않은 것이 왜 당연하지 않은지를 설명하기가 어렵다는 것이다. 대한민국 교직에 종사하는 20대 여성이 호피 무늬 셔츠나 찢어진 청바지를 입으면 안 되는 이유를 설명하기가 어렵다. 마지막으로, 사회화된 방식으로 행동하는 개인에게는 사회적·심리적 보상이 주어진다. '정상'으로 취급받게 된다는 것이다. 둥근 카라의 검은 원피스를 입고 출근했을 때 은주는 다른 교사들로부터 (적어도 옷차림에서만큼은) 정상적인 신규교사라는 사회적 인정을 받고, 개인적으로 심리적 안정감을 누리게 된다.

　그렇다면 '대한민국 교직에 종사하는 20대 여성에게 적합한 복장'은 누가(who) 혹은 어떤 집단(group)이 규정하는가? 그러니까 한 사회의 정상성(normalcy)은 누구에 의해 혹은 어떤 집단에 의해 규정되는가? 비판이론과 비판교육학에서는 이와 같은 정상성이 그 사회의 '주류'집단에 의해 정의된다고 설명한다. 그리고 이와 같은 주류중심성은 대개 '주의(-ism)'라는 이데올로기의 형태로 나타난다.

<표 7-2> 다양한 집단 이데올로기에 따른 주류집단과 소수집단

집단 이데올로기	주류집단(agent)	소수집단(target)
인종주의(racism)	백인	유색인(황인, 흑인)
계급주의(classism)	중산층/관리계급	저소득층/노동계급
성차별주의(sexism)	남자	여자

종교적 억압 (religious oppression)	기독교	유대교, 무슬림 등
이성애주의(heterosexism)	이성애자	성적 소수자(LGBTQ)
연령주의(ageism)	만 18~65세	소아청소년, 노인
성인주의(adultism)	성인	미성년자
건강인주의(ableism)	신제척/정신적 비장애인	신체적/정신적 장애인
이민과 난민 지위에 대한 억압 (oppression based on immigrants or refugee status)	미국 시민권자	이민, 난민
단일언어주의(monolingualism)	영어 능통자	영어 비능통자

출처: Sensoy & DiAngelo (2012).

이처럼 주류집단의 가치, 규범, 관습이 정상성을 획득하면서 그 밖의 집단이 공유하는 가치, 규범, 관습이 (비정상적인 혹은 이상한 것으로서) 배제되거나 (중요하지 않은 것으로서) 주변화되는 현상이 발생하게 된다. 사회를 비판적으로 인식하는 것은 이같이 소수집단을 주변화하는 주류중심사회에 문제를 제기하는 것이다.

2) 지식을 비판적으로 인식한다는 것: 상식에 대한 도전

지식을 비판적으로 인식한다는 것은 지식의 절대성과 보편성에 도전하여 지식을 사회적 구성물로 바라보는 것을 의미한다(Banks, 1994). 그렇다면 지식이 사회적으로 구성된다는 것은 어떤 의미일까? 이는 무언가가 지식(knowledge)으로 인정되는 과정에 특정 사회집단의 권력이 작용함을 의미한다. 지식의 생산과 유통 과정에 권력이 작용하는 방식을 보여 주는 대표적인 예가 바로 세계지도이다. 우리가 일상에서 가장 흔히 사용하는 세계지도는 메르카토르(Mercator) 도법에 의해 제작된 지도이다. 그러나 메르카토르 지도([그림 7-1] 참조)는 사실 상당한 오류, 즉 왜곡된 정보를 포함하고 있다. 예를 들면, 구 형태의 지구를 평면으로 옮기는 과정에서 북극과 남극에 가까운 지역의 면적이 확대되는 현상이 발생한다. 그 결과, 메르카토르 지도는 적도 부근의 면적을 비교적 정확하게 보여 주지만 적도에서 멀어질수록 실제 면적보다 확대된 면적으로 나타난다. 가령, 북극에 위치한 그

린란드의 면적은 사실상 아프리카 대륙의 1/14에 지나지 않지만, 메르카토르 지도상에서 두 대륙이 비슷한 면적으로 표현되는 것이다. 그럼에도 불구하고 메르카토르 지도는 무역이 중요했던 16세기 당시 유럽인들이 정확한 항해를 하는 데 도움을 준다는 명목으로 널리 확산되었다. 그리고 오늘날까지 '표준' 세계지도로서 전 세계에서 가장 일상적인 지도로 사용되고 있다. 그렇다면 이와 같이 심각한 왜곡을 지닌 메르카토르 지도가 오랜 기간 표준 세계지도라는 명성을 유지해 올 수 있었던 이유는 어디에 있을까? 메르카토르 지도가 표준 세계지도로서 통용될 때 어떠한 집단이 어떠한 혜택을 누릴 수 있을까? 반대로 모종의 불리함(억압)을 경험하게 되는 집단은 어떤 집단일까? 한 가지 분명한 사실은 메르카토르 지도가 표준 세계지도로서 그 명성을 이어 가는 한, 북미와 유럽 국가들은 '강대국'으로서의 입지를 가시적으로 드러낼 수 있는 반면, 아프리카 대륙의 많은 국가는 '존재하지 않는 국가'로서 지도상에서 사라지게 된다는 것이다.

이러한 왜곡된 사실에 문제를 제기한 학자가 바로 피터스(Peters)이다. 그는 적도에서 멀어질수록 경도가 늘어나는 만큼 위도를 줄이는 방식을 사용하였다. 즉, 좌우상하의 정확한 비율을 포기하는 대신, 대륙의 면적을 정확하게 표현하는 쪽을 선택한 것이다([그림 7-1] 참조). 피터스가 세상을 바라보고 이해한 방식, 지배 담론에 의거한 기존의 지식에 이의를 제기한 방식, 여기에서 나아가 자신의 입장을 선택하고 이를 바탕으로 기존의 지식을 다시 구성해 나간 방식이 바로 비판이론가와 비판교육학자들이 지식과 세상을 이해하는 방식이자 세상을 변화시켜 나가는 방식이라 할 수 있다.

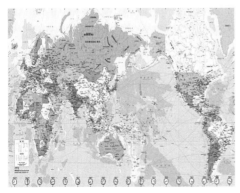

[그림 7-1] 메르카토르 도법(왼쪽)과 피터스 도법(오른쪽)으로 그려진 세계지도

다문화교육의 아버지라 불리는 제임스 뱅크스(J. Banks)는 또한 지식의 절대성에 도전하기 위한 시도로서 '지식 유형론'을 제시하였다([그림 7-2] 참조). 그가 제시한 지식의 첫 번째 유형은 '개인적·문화적 지식'으로 개인이 가정과 지역사회에서 식구들, 이웃 주민들과 상호작용을 하면서 습득하게 되는 지식을 의미한다. 개인적·문화적 지식은 가정과 마을에서 이루어지는 문화적 사회화의 결과물이라고 할 수 있다. 두 번째 유형인 '대중적 지식'은 대중매체를 통해 전달되는 사실, 믿음, 인물과 이야기의 유형 등을 포함한다. 대중적 지식은 특정 집단에 대한 고정관념이나 편견 혹은 특정 집단의 이데올로기를 암묵적이거나 명시적으로 설파하기도 한다. '학문적 지식'은 주로 대학 등의 고등교육기관에서 생산되는 지식으로 사회과학이나 행동과학 분야의 고전, 정전 등에서 다루는 개념, 원리, 이론, 패러다임 등을 포함한다. '학교 지식'은 학문적 지식 중에서도 학교에서 가르쳐지도록 선택된 지식으로 구성되며, 주로 교과서, 교사용지도서 등 명시적·공식적 교육과정에 담긴 사실, 개념, 일반화 등의 형태로 전달된다. '변환적 지식'은 기존의 학문적 지식에 도전하는 지식으로서 지식은 중립적이기보다 권력의 위계관계를 반영하는 사회적 구성물이라는 가정을 기반으로 한다.

개인적·문화적 지식
(personal·cultural knowledge)

변환적 지식
(transormative knowledge)

대중적 지식
(public knowledge)

학교 지식
(school knowledge)

지식

학문적 지식
(academic knowledge)

[그림 7-2] 지식의 다섯 가지 유형

출처: Banks (1994).

이와 같은 뱅크스의 지식 유형론에 따르면, 우리가 이제까지 '지식'이라고 생각했던 것들은 사실상 '학문적 지식' 혹은 '학교 지식'이라는 특정한 형태의 지식일 뿐이다. 세상에는 사회적·역사적으로 (특정 주류집단에 의해) 선택되고 인정받지는 못했지만, 충분히 가치 있고 의미 있는 다양한 형태의 지식이 존재한다. 지식을 비판적으로 이해한다는 것은 지식의 생산, 유통 과정에서 권력이 작용하는 방식을 이해하고, 다양한 형태의 지식 간에 나타나는 권력 역학을 이해하는 것이라 할 수 있다.

3) 학교 교육을 비판적으로 인식한다는 것: 교육과정 표준화에 대한 도전

학교 교육에 대한 비판적 인식은 '제도로서의 학교 교육'을 이해하는 데에서 출발한다. 무언가가 한 사회의 제도가 된다는 것은 그것을 적용받는 대상이 그 사회의 전체 구성원이 됨을 의미한다. 그러나 제도화의 과정을 실질적으로 들여다보면 우리 사회를 구성하는 모든 집단의 대표성이 확보되고 이들 모두의 목소리가 균형적으로 반영되는 경우는 흔치 않다. 학교 교육도 예외가 아니다. 학생들에게 무엇을, 어떻게 가르칠 것인가에 대한 질문에 답하는 과정, 즉 초·중등 교육과정의 교과 내용과 목표, 교수·학습방법 등을 설계하는 과정에는 주류집단의 관점과 이해가 가장 밀도 있게 반영된다.

이와 같은 주류중심의 교육시스템 안에서 교육과정은 주류집단에 속한 학생들에게 더 친숙한 방식으로 설계되고 작동한다. 결과적으로 주류집단의 학생들은 수업과 평가 장면에서 자신의 의도와 상관없이 일종의 혜택을 누리게 된다. 반면, 소수집단 학생들에게는 이와 같은 주류중심 교육과정이 상대적으로 낯설고 이들이 경험하는 일상과 유리되기도 한다. 결과적으로 소수집단 학생들은 수업과 평가 장면에서 불리한 위치에 놓이게 된다.

학교 교육을 비판적으로 인식한다는 것은 학교 교육을 통해 한 사회의 불평등이 재생산되는 과정과 원인을 이해하고 통찰하는 것을 의미한다(Anyon, 2009). 비판교육학자들은 학교 교육에 스며든 특정 집단의 이데올로기와 헤게모니를 탐구하는 데 중요한 역할을 담당해 왔다.

> 비판교육학이란?
>
> 비판교육학은 교육의 불평등과 부정의가 유지되는 과정과 구조를 사회구조적 제반 수준에서 분석하고 대안을 모색하고자 하는 학문이다. 가치중립적이고 객관적이며 보편적인 진리라고 간주되어 온 학교 지식의 이데올로기적 성격을 규명하고 그것이 얼마큼 정권유지의 수단이나 자본가 계급의 이익을 옹호하고 있는가를 비판하는 것이다. 대표적인 비판교육학자로는 파울로 프레이리(P. Freire), 헨리 지루(H. Giroux), 피터 맥라렌(P. McLaren), 진 에니언(J. Anion), 마이클 애플(M. Apple) 등이 있다.

A∤ 2. 비판적 다문화교육의 의미와 목적

1) 비판적 다문화교육의 의미

다문화 교육학자이자 교육과정학자인 제네바 게이(G. Gay)는 비판교육학과 다문화교육의 관계를 '거울 이미지(mirror image)'에 비유한다. 게이에 따르면, 비판교육학은 여성학, 민족학, 문화인류학 등과 더불어 다문화교육의 인식론적 · 방법론적 토대를 제공한 학문이다. 또한 주류중심 학교 교육에 도전하여 보다 평등하고 정의로운 교육을 구현하고자 한다는 점에서 다문화교육과 비판교육학은 정향을 공유한다. 그러나 비판교육학이 집단을 구성하는 여러 기준 중 계급(class)과 사회경제적 지위(Social Economic Status: SES)에 집중하는 반면, 다문화교육은 인종, 민족, 지역, 종교, 성적 지향, 장애 여부 등 다양한 문화집단으로 그 범위를 확장한다. 그 밖에도 비판교육학이 제도적 · 거시적 수준의 재구조화를 주장하는 반면, 다문화교육은 이러한 제도적 · 거시적 수준의 재구조화를 궁극적인 목적으로 삼으면서도 교사와 학생이 만나는 '오늘' '교실에서' 무엇이 필요한지를 고민하는 데 집중한다. 게이는 다문화교육의 이와 같은 '현실적' 고민을 다문화교육이 지닌 '교육과정적' 정향으로 설명한다(Gay, 1995).

비판적 다문화교육이 다문화교육 지형도에서 차지하는 위치에 관해서는 젠크스(Jenks), 리(Lee)와 캔폴(Kanpol)이 제안한 다문화주의의 세 유형을 살펴보는 것이 도움이 된다. 이들은 다문화교육을 크게 보수적(conservative) 다문화주의, 자유주의적(liberal) 다문화주의, 비판적(critcal) 다문화주의에 근거한 세 유형의 다문화교육으로 분류하였다. 먼저, 보수적 다문화주의에 근거한 다문화교육에서는 문화적 동질성을 문화적 다름(차이)보다 우선시한다. 다양한 집단의 문화적·언어적 특징은 주류 사회의 문화와 언어를 효과적으로 습득하기 위한 수단이나 전략으로 활용될 수 있으나, 그 자체가 지닌 본질적인 가치가 인정되지는 않는다. 이러한 연유로 보수적 다문화주의는 다문화주의의 본질에서 벗어난다는 비판을 받기도 한다. 둘째, 자유주의적 다문화주의는 문화적 다원주의를 강조하며, 다름(차이)에 대해 관용(tolerance)의 입장을 취한다. 그럼에도 불구하고 학교 교육의 기저를 이루는 주류중심의 문화와 언어를 재구조화하는 수준까지는 나아가지 않는다는 점에서 자유주의의 울타리를 벗어나지 않는다. 마지막으로, 비판적 다문화주의는 문화적 다름(차이)에 대한 관용을 넘어 인정(recognition)의 입장을 취한다. 사회를 구성하는 다양한 집단의 문화가 해당 사회의 주류문화를 재구성하는 데 기여하는 것이다. 다양한 집단의 문화가 상호교류하는 가운데 공동의 규범이 지속적으로 재구성된다고 볼 수 있다. 비판적 다문화주의는 표준화된 교육과정과 평가로 인한 특정 집단의 주변화(marginalization) 현상에 문제를 제기한다는 점에서 진보적 다문화주의와 구별된다(Jenks, Lee, & Kanpol, 2001). 이어지는 절에서는 비판적 다문화주의에 근거한 다문화교육의 학문적·문화적·사회정치적 목적을 보수적 혹은 진보적 다문화주의에 근거한 다문화교육의 목적과 대비하여 제시하고자 한다.

(1) 비판적 다문화교육의 목적[1]

① 학문적 목적

다문화교육의 주요한 목적 중 하나는 교육과정과 수업을 다양화함으로써 집단 간 학업성취 격차를 줄여 나가는 것이다. 교육과정과 수업, 평가 전반에 걸쳐 다양성 가치를 실현함으로써 모든 학생에게 유의미한 학습 경험을 제공하는 동시에 평등한 교육을 보장하고자 하는 것이다. 이와 관련하여 게이는 인종, 민족, 성별, 지역, 언어, 사회계층, 장애 여부, 성적 지향 등을 이유로 학교 교육의 주변으로 밀려난 학생들의 경험과 문화를 이해하는 것이 다문화교육의 첫걸음이 되어야 한다

---

1) 이 절의 내용은 조현희(2018)에서 제시한 내용의 일부를 본 교재의 목적에 맞게 재구성한 것임을 밝힌다.

고 역설한다(Gay, 2018). 비슷한 맥락에서 패리스(Paris)는 문화적으로 소수화된 집단의 경험과 문화를 교수·학습을 위한 자원으로 재조명함으로써 이들에게 적절하고 유의미한 교육과정과 수업을 구현하고자 하는 교육학적 접근을 통틀어 자원교육학(resource pedagogy)으로 정의하였다(Paris, 2012). 이와 같은 자원교육학은 지식이 일종의 사회적 구성물이며, 기존 교육과정에 포함된 지식이 결코 객관적이고 보편타당한 진리가 될 수 없다는 가정을 기반으로 한다.

학습자의 경험과 문화를 일종의 자원으로 활용하는 교육적 접근은 다양한 수준에서 실행될 수 있다. 자원교육학을 소극적인 수준에서 실행하는 교사들은 기존 교육과정에서 제시하는 성취기준에 학생들이 쉽고 유의미한 방식으로 도달할 수 있도록 수업 자료나 방법을 다양화하는 데 중점을 둔다. 한편, 보다 적극적인 수준에서 자원교육학을 실행하고자 하는 교사는 기존 교육과정에서 제시하는 성취기준을 자신이 가르치는 학생들에게 적합한 형태로 변환하고자 할 것이다(Villegas & Lucas, 2002). 나아가, 비판적인 수준에서 자원교육학을 실행하고자 하는 교사는 국가 혹은 주 수준에서 만들어진 주류중심 교육과정에 근본적인 문제를 제기할 것이다. 비판적 접근에서 지향하는 다문화교육의 학문적 목적은 사회를 구성하는 다양한 집단의 역사, 문화, 내러티브 등을 기반으로 주류중심 교육과정을 끊임없이 재구성하는 가운데 보다 다문화적인 교육과정을 만들어 가는 것이다. 이와 같은 비판적 다문화교육의 학문적 목적은 문화감응교육(Culturally Responsive Teaching: CRT)의 궁극적 지향에 관한 게이의 주장에도 드러난다(Gay, 2021).

따라서 성취가 낮은 다양한 민족 집단 학생들의 수행을 향상시키기 위해서는 전혀 다른 교육 패러다임이 필요하다. 그것은 바로 이들의 개인적·문화적 강점, 이들의 지적 역량, 그리고 이들이 이전까지 이루어 낸 성취들을 향해(to), 그리고 이러한 것들을 통해(through) 가르치는 것이다. 문화감응교수는 일종의 패러다임이다. 이것은 일상적이면서도 동시에 급진적인 제안이다. 전통적인 교수 이데올로기와 교수활동이 이제까지 중산층 유럽계 미국인들을 이끌어 왔던 것과 마찬가지로 미국 원주민, 라틴계 미국인, 아시아계 미국인, 아프리카계 미국인, 그리고 저소득층 학생들에게 이들 자신의 것을 적용한다는 점에서 이는 일상적이다. 즉, 이들의 문화적 참조체계로부터 교육 내용과 교수 전략이 스며들어 나오도록

함으로써 교육 내용을 이들 개인에게 더욱 의미 있고 습득하기 쉽게 만드는 것이다. (동시에) 이제까지 교수·학습에서 암시적인 역할을 담당했던 문화를 표면으로 드러낸다는 점에서, 그리고 교육기관들이 (학생들의) 학습 결과를 향상시키는 데 있어 여러 민족 집단의 문화가 지닌 정당성과 타당성을 수용해야 한다고 주장한다는 점에서, 이는 급진적이다(Gay, 2021, pp. 80-81).

앞의 주장에 나타나듯, 다문화교육의 학문적 목적은 학생들의 문화를 통해(through) 가르치는 것과 더불어, 그들의 문화를 대해(to) 가르치는 것이다. 이는 소수집단 학생들의 경험과 문화, 지식과 기술이 효과적인 교수·학습을 설계하기 위한 자원이 될 뿐 아니라 모든 학생이 함께 배워야 할 교육 내용으로서 가치와 타당성을 지니고 있다는 것을 의미한다.

비슷한 맥락에서 몰(Moll)과 그의 동료들이 제안한 지식자본(funds of knowledge) 기반 교수·학습 또한 비판적인 수준에서 실행될 수 있다. 지식자본은 본래 미국 내 라틴계 이민자 가정의 지식과 경험을 문화인류학적 방법으로 탐구하는 과정에서 도출된 개념으로, "가정과 개인의 안녕한 삶을 위하여 역사적으로 축적되고 개발된 지식과 기술의 집합체"를 의미한다(Gonzalez et al., 1995, pp. 446-447). 이처럼 학생들의 가정과 지역사회에서 전수되는 지식과 경험을 토대로 수업을 설계함으로써 학교 지식(school knowledge)과 학생 지식(student knowledge)이 긴밀히 연결되고, 학생들은 학교 지식을 자신의 삶과 관련지어 보다 유의미한 방식으로 이해하고 활용할 수 있게 된다(McLaren, 1991).

지식자본을 기반으로 한 수업 설계는 비판교육학에 근원을 두고 있다(Rodriguez, 2013). 따라서 지식자본 접근은 학교 지식과 학생 지식, 학교와 지역공동체, 교사와 학생, 주류문화와 소수 문화 사이에 나타나는 권력 역학을 평형화하는 데 그 궁극적인 지향이 있다. 그러나 실제 교실 현장에서 지식자본 접근은 보수적인 수준에서 비판적인 수준에 이르기까지 다양한 수준에서 실행될 수 있다. 기존 교육과정에 제시된 내용을 쉽고 효과적으로 가르치기 위한 목적으로 학생들의 지식자본을 활용하여 수업 내용(사건, 사례, 예시 등)이나 방법을 재구성하는 것이 보수적 수준의 접근이라면, 보다 비판적인 접근에서는 학생들의 삶에 녹아난 지식과 기술을 바탕으로 기존 교육과정의 목표, 내용, 성취기준 등을 재구조화한다(Moll et al., 1992).

뱅크스(1994)가 개념화한 내용통합(content integration) 또한 소극적인 수준과 비판적인 수준에서 실행될 수 있다. 내용통합은 일차적으로 기존 교과나 학문 영역에서 다루는 주요 개념, 원리, 이론 등을 설명하기 위해 다양한 문화집단의 지식과 정보, 사례 등을 활용하는 것을 의미한다. 뱅크스가 이론화한 '다문화 교육과정 개혁을 위한 4단계 접근'은 이와 같은 내용통합이 크게 네 가지 수준에서 실행될 수 있음을 보여 준다. 1단계 '기여적 접근(contributive approach)'은 기존 교육과정에서 다루는 주요 개념, 원리, 일반화, 이론 등을 가르치는 장면에서 소수집단 학생들에게 친숙한 혹은 이들의 삶과 관련된 사례를 활용하는 것을 의미한다. 2단계 '부가적 접근(additive approach)'은 기존 교육과정에서 다루는 개념, 원리, 일반화, 이론 등에 더하여 소수집단 학생들에게 중요하다고 생각되는 지식을 추가하여 가르치는 것을 의미한다. 3단계 '변혁적 접근(transformative approach)'에서는 기존 교육과정에서 가정하고 있는 주류중심 관점에 대한 도전적 혹은 대안적 관점을 제시하는 것을 의미하며, 4단계 '사회행동 접근(social action approach)'은 학생들이 스스로 정의한 사회적 불의 및 불평등 문제를 기반으로 교육과정 내용을 구성해 나가는 방식을 의미한다. 또한 4단계에서 학생들은 사회문제를 해결하기 위한 의사결정과 실천, 성찰의 과정에 참여하는 가운데 정치적 효능감을 함양할 것으로 기대된다. 여기서 기여적 · 부가적 접근이 보수적 수준에서 이루어지는 내용통합이라면, 변혁적 접근과 사회행동 접근은 보다 비판적인 수준의 내용통합으로 볼 수 있다.

② 문화적 목적

다문화교육의 문화적 목적은 타인 또는 타집단에 대한 편견이나 고정관념을 해소하고 공감과 상호존중의 태도를 바탕으로 효과적인 의사소통에 참여할 수 있는 역량을 함양하는 것이다. 이와 관련하여 게이는 민족, 인종, 종교, 문화, 언어 등 다양한 집단 간의 연대를 형성하고, 사회정치적 협력을 도모하는 데 필요한 능력을 함양하는 것까지 다문화교육의 문화적 목적에 포함된다고 보았다(Gay, 2012).

다문화교육의 문화적 목적을 달성하기 첫 번째 단계로서 문화정체성(cultural identity)의 계발을 들 수 있다. 이는 자신이 속한 문화집단에 대한 깊은 이해를 바탕으로 자문화를 존중하는 태도를 형성하는 것을 의미한다. 한편, 보다 비판적인 수준에서의 문화정체성 교육은 개인의 사회적 위치성(positionality)를 인식하도록 하는 데 중점을 둔다. 위치성이란 자신이 사회집단적으로 어떠한 위치에 있는가에 대한 인식으로, 자신의 위치성을 이해한다는 것은 그러한 집단적 소속이 자신의 사고와 행동, 신념, 가치관, 세계관 등을 형성하는 데 어떠한 영향을 주었는지를 이해하는 것을 의미한다. 예를 들면, A라는 한 개인이 여성, 한민족, 비장애인, 성적 소수자 집단의 구성원으로서 각 집단 내의 구성원들과 상호작용하는 가운데 어떠한 방식으로 사회화되어 왔는지, 즉 어떠한 생각과 행동, 신념을 '당연한' 것으로 받아들이게 되었는지를 비판적으로 이해하는 것이다. 따라서 위치성을 탐구하는 과정은 자신과 자신이 속한 집단의 연결고리를 찾아가는 과정이라고도 할 수 있다.

그 밖에도 위치성에 대한 인식은 한 개인이 주류집단에 속한 동시에 소수집단에 속하게 된다는 정체성의 혼종성(hybridity)을 이해하는 기초가 된다. 앞서 제시한 예시와 연결해 보면, A는 (대한민국에 사는) 한민족과 비장애인으로서 주류집단의 사고와 경험을 공유하는 동시에, 여성이자 성적 소수자라는 소수집단의 사고와 경험을 공유하게 되는 것이다. 또한 위치성은 한 개인이 동시에 둘 이상의 소수집단에 속하게 되면서 소수성에 대한 경험이 가중되는 교차성(intersectionality) 개념을 이해하는 기초가 된다. 앞의 예시에서 A가 경험하는 교차성은 여성이자 성적 소수자로서 경험하게 되는 이중 억압이라 할 수 있다. 교차성 개념은 다문화교육의 사회정치적 목적 및 소수집단의 연대 형성과 관련하여 중요한 의의를 지닌다. 예를 들면, 여성에 대한 차별과 억압에 도전하고 양성평등을 주장하는 가운데 유색인 여성이나 장애인 여성, 성적 소수자 여성, 이주민 여성 등에 대한 차별과 억압이 간과될 수 있기 때문이다(Sensoy & DiAngelo, 2012).

타문화를 이해한다는 것은 다양한 집단의 사고와 행동방식을 그들의 문화적 · 역사적 맥락에 비추어 이해하는 것을 의미한다(Bennet, 2006). 여기서 제시하는 '문화'의 범위는 음식, 의복, 축제, 명절, 공휴일 등과 같은 표면문화에 제한되지 않으며, 관습과 규범, 신념, 가치관과 세계관, 의사소통 양식, 인식론적 관점 등과 같은 심층문화를 포괄한다(Weaver, 1986).

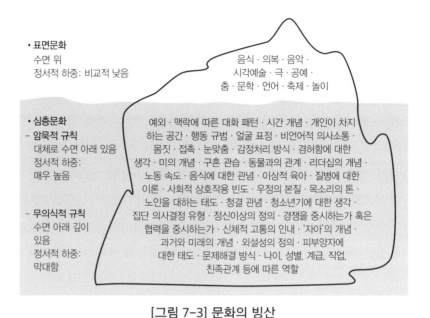

· 표면문화
수면 위
정서적 하중: 비교적 낮음

음식 · 의복 · 음악 ·
시각예술 · 극 · 공예 ·
춤 · 문학 · 언어 · 축제 · 놀이

· 심층문화
- 암묵적 규칙
대체로 수면 아래 있음
정서적 하중:
매우 높음

- 무의식적 규칙
수면 아래 깊이
있음
정서적 하중:
막대함

예외 · 맥락에 따른 대화 패턴 · 시간 개념 · 개인이 차지
하는 공간 · 행동 규범 · 얼굴 표정 · 비언어적 의사소통 ·
몸짓 · 접촉 · 눈맞춤 · 감정처리 방식 · 겸허함에 대한
생각 · 미의 개념 · 구혼 관습 · 동물과의 관계 · 리더십의 개념 ·
노동 속도 · 음식에 대한 관념 · 이상적 육아 · 질병에 대한
이론 · 사회적 상호작용 빈도 · 우정의 본질 · 목소리의 톤 ·
노인을 대하는 태도 · 청결 관념 · 청소년기에 대한 생각 ·
집단 의사결정 유형 · 정신이상의 정의 · 경쟁을 중시하는가 혹은
협력을 중시하는가 · 신체적 고통의 인내 · '자아'의 개념 ·
과거와 미래의 개념 · 외설성의 정의 · 피부양자에
대한 태도 · 문제해결 방식 · 나이, 성별, 계급, 직업,
친족관계 등에 따른 역할

[그림 7-3] 문화의 빙산

출처: Weaver (1986): Sensoy & DiAngelo (2016)에서 재인용.

그러나 학교 및 교실 수업의 현장에서 실행되는 다문화이해교육은 여전히 표면
문화를 학습하는 데 그치는 경우가 많다. 일명 '여행자 교육과정' '백화점식 교육
과정' 혹은 3F(food, flag, and festival)의 한계를 벗어나지 못하는 것이다. 보다 적극
적 수준에서 실행되는 다문화이해교육은 심층문화에 해당되는 영역을 깊이 있게
다룬다. 그러나 여기서 '이해'의 의미를 어떻게 해석하는지에 따라 자유주의 접근
과 비판적 접근이 구별되기도 한다. 전자가 '너는 나와 다르지만 나는 너의 다름을
이해해 줄 수 있다'와 같은 시혜적 태도를 기반으로 한 관용(toleration)의 접근이라
면, 후자는 '네가 나와 어떻게 다른지 잘 알고 있다(혹은 적어도 알고 싶다)'와 같이
상호이해를 기반으로 한 인정의 접근으로 볼 수 있다. 관용의 접근은 주류와 소수
의 구조적 변화를 동반하지 않지만, 인정의 접근에서는 주류와 소수의 역동적 상
호작용을 통해 공동의 규범이 지속적으로 재구성된다(Gutmann, 2007; Honneth, 1996).

상호문화 역량(intercultural competence)은 타집단의 표상적 의사소통 양식(언어,
기호 등)과 무의식적인 신호(신체언어, 표정 등)를 이해하고 해석하며 활용할 수 있
는 능력을 의미한다(Bennett, 2006). 보다 비판적인 수준의 상호문화교육은 미시
억압(microagreesion)에 대한 탐구로 이어진다. 이는 '개인 간 상호작용'이라는 미

시과정이 '집단 간 권력 역학'이라는 구조적 · 거시적 과정에 의거하고 있음을 통찰하는 것을 의미한다(Cambell & Manning, 2014). 예를 들면, 특수아동을 가르치는 교사에게 "장애가 있는 아이들을 가르치다니, 정말 헌신적이군요."라는 말에는 장애아동이 (비장애아동과 비교하여) 역량이 부족하며 더 많은 도움이 필요하다는 고정관념이 내면화되어 있으며, 이와 같은 개인적 수준의 고정관념은 비장애인중심주의(ablism)라는 이데올로기 및 사회구조와 긴밀히 연결되어 있다는 것을 이해하는 것이다. 마찬가지로 "다문화 가정인데 한국어를 참 잘하네요."라는 말은 아무리 좋은 의도에서 발화된 것이라 할지라도 '다문화 가정은 대개 한국어에 유창하지 않다'는 고정관념과 '한국어중심주의'라는 이데올로기가 내재하고 있어, 화자의 의도와 관계없이 청자에게는 일종의 억압이 될 수 있다.

타집단에 대한 편견과 고정관념을 감소시키는 것은 다문화교육에서 가장 강조되어 온 목표 중 하나이다. 소극적 수준의 반편견 교육은 자신이 다른 집단에 대해 가진 고정관념 혹은 편견이 무엇인지 인식하고, 반성하고, 해소해 나가는 일련의 과정으로 구성된다. 한편, 보다 비판적 수준의 다문화교육에서는 문화적 비판의식(cultural critical awareness)의 발달을 최종 목표로 한다(Gay & Kirkland, 2003). 문화적 비판의식을 함양하기 위한 가장 대표적인 방법으로는 자기성찰(self-reflection)이 있다. 타집단에 대한 자신의 편견과 고정관념이 형성되고 지속된 과정을 거시적 수준의 사회적 · 정치적 · 역사적 맥락과 연결 지어 탐구해 보는 것이다. 자기성찰 과정은 특정 집단에 대한 그와 같은 고정관념과 편견이 지속적으로 생산, 유통될 때 어떤 집단이 혜택을 누리고 어떤 집단이 불이익을 경험하게 되는지를 분석하는 과정을 포함한다(Sensoy & DiAngelo, 2012).

③ 사회정치적 목적

다문화교육의 사회정치적 목적은 인종차별주의, 성차별주의, 장애차별주의 등을 비롯한 모든 형태의 억압(oppression)과 특권(privilege)을 제거하고 자원의 (재)분배와 집단 간 관계에서 정의를 실현하는 것이다. 이와 같은 사회정치적 목적은 그 자체로 비판적 다문화주의의 성격과 특징을 반영하고 있다. 게이는 다문화교육의 사회정치적 목적을 달성하기 위한 세부 목표로서, 첫째, 모든 형태의 억압에 도전하기 위한 기술과 전략을 개발하는 것, 둘째, 평등과 정의, 해방의 이념을 토대로 사회의 재구조화를 실현해 나가는 것을 제안하였다(Gay, 2012, p. 3).

억압은 개인적 수준의 차별과는 구별되는 개념으로, 일련의 법, 제도, 정책, 규준, 담론 등을 사용하여 특정 집단의 자원 접근성과 잠재력을 제한하고 부인하는 것을 의미한다(Young, 1990). 고정관념이나 편견을 근거로 한 개인의 행동이 차별을 의미한다면, 그러한 차별에 법적·제도적·사회정치적·문화적·역사적 권력이 더해지면서 억압이 발생하게 되는 것이다. 그리고 이러한 억압은 대개 '주류' 집단의 경험을 '인간' 전체의 기준(norm)으로 정의하는 방식을 통해 형성된다. 예를 들면, 한국 사회에서 한민족, 중산층 혹은 관리층, 남성, 이성애자, 성인, 비장애인, 시민권자, 한국어 능통자 등과 같은 주류집단이 공유하는 가치, 규범, 관습 등이 '당연한 것' '정상적인 것' '상식적인 것'으로서 통용되면서 그러한 기준에 부합하지 않는 것들이 '이상한 것' '비정상적인 것' '상식에서 벗어난 것'으로 여겨지는 것이다. 이러한 관점에서 볼 때 문화적 소수집단(여성, 유색인종, 소수 민족, 저소득층, 장애인 등)이 경험하는 일상의 차별은 많은 경우 제도적·사회구조적 수준의 억압과 긴밀하게 상호작용하고 있는 것으로 볼 수 있다.

평등, 정의, 해방의 이념을 바탕으로 기존의 주류중심 사회를 보다 다문화적인 사회로 재구조화하는 것은 다문화교육의 사회정치적 목적인 동시에 궁극적인 지향이라고 할 수 있다. 이러한 사회정치적 목적은 지난 10여 년간 미국을 비롯한 전 세계 교육학자들이 슬로건으로 삼았던 '사회정의를 위한 교육(teaching for social justice)'과 다문화교육이 가장 긴밀히 교차하는 지점이다.[2] 차별과 억압에 도전하여 보다 평등하고 정의로운 사회를 만들어 가는 데 필요한 지식과 기술을 함양하기 위한 교육과정 설계 모델로서 피코어(B. Picower)의 사회정의교육을 위한 여섯 가지 요인(단계)을 참고할 만하다.

---

2) 다문화교육과 사회정의를 위한 교육의 개념적 관계에 이론적 고찰은 조(Cho, 2017)의 문헌을 참고하길 바란다.

<표 7-3> 사회정의교육의 여섯 가지 요소

단계	목표 및 내용
1. 자기애와 자아지식	• 자신이 누구이며 어디로부터 왔는지 이해하기 • 자아정체성의 다양한 측면과 관련 역사를 이해하기 • 자아정체성에 대한 부정적인 고정관념에서 탈피하기
2. 타인에 대한 존중	• 자신의 문화적 배경을 교사와 학생이 함께 공유하기 • 타인의 경험에 대한 경청과 공감을 통해 다양성이 존중되는 풍토 만들기 • 타인의 정체성에 대한 부정적인 고정관념에서 탈피하기
3. 사회 불의에 관한 문제들	• '다양성 축제'에서 나아가 다양성이 억압의 요인이 되는 과정을 탐구하기 • 인종주의, 성차별주의, 계급차별주의, 종교탄압, 외국인혐오증의 역사를 배우고, 이러한 억압들이 다양한 집단의 삶에 어떠한 영향을 주었는지 이해하기 • 억압의 역사적 근원과 억압이 현시대의 사람들의 삶에 미치는 영향을 연결지어 이해하기
4. 사회운동과 사회변화	• 억압과 불의에 도전했던 사회운동 사례들을 알아보기 • 평범한 사람들이 힘을 모아 변화를 만들어 왔다는 점 이해하기
5. 의식 일깨우기	• 자신이 배운 사회적 이슈들에 대해 다른 사람들에게 가르쳐 주기
6. 사회행동	• 자신과 공동체의 삶에 영향을 주는 사회문제들을 해결하기 위한 사회행동에 참여하기 • 사회문제를 발견, 정의하고 사회변화를 실현하기 위한 전략들 배우기

출처: Picower (2012).

다문화교육의 사회정치적 목적에는 교육을 통해 사회를 변화시킬 수 있다는 신념이 자리하고 있다. 이는 뱅크스가 다문화교육을 "학교 교육의 구조와 과정에서 다양성의 가치를 실현함으로써 보다 정의롭고 평등한 사회를 건설해 나가는 일종의 교육개혁 운동"으로 정의했던 것과도 맥을 같이한다(Banks, 1994). 다문화교육의 사회정치적 목적은 다양성에 대한, 다양성을 통한 교육과정과 수업의 재구조화를 넘어 다양성을 기반으로 한 학교와 전체 사회의 재구조화를 지향한다.

3. 예비교사를 위한 비판적 다문화교육

사실 비판적 다문화교육이라는 용어에는 일종의 어폐가 있다. 다문화교육이 주류중심 학교와 사회에 대한 문제 제기에서 시작되었다는 점에서 본다면 다문화교육은 본질적으로 비판적이기 때문이다(Gay, 2018). 그럼에도 불구하고 '다문화교육' 앞에 굳이 '비판적'이라는 단어를 첨가하는 이유를 설명하자면—다문화교육의 넓은 스펙트럼이 보수적 · 자유주의적 다문화주의에 근거한 다문화교육으로 환원되는 현실에 대항하여—1960년대 시민권 운동에서 비롯된 다문화교육의 정의와 평등 이념을 회복하고자 하는 움직임에서 비롯된 것으로 볼 수 있다(Dolby, 2012).

비판적 다문화교육의 중요한 과제 중 하나는 문화적 비판의식에 근거하여 교육현상을 설명하는 것이다. 학교와 사회의 일상에 나타나는 차별과 억압, 불의와 불평등 문제들이 다름 아닌 주류중심성에 기인한다는 가정을 기반으로 탈표준화, 탈중심화, 탈정전화를 가능하게 하는 크고 작은 움직임들을 만들어 내는 것이다.

교사교육에서의 비판적 다문화교육 또한 (예비)교사들이 이 같은 문화적 비판의식에 의거하여, 즉 비판적 렌즈를 사용하여 학교와 사회를 '다시' 바라보는 기회를 제공하는 것에서 출발한다. 물론 비판적 렌즈 또한 '하나의' 렌즈일 뿐이다. 비판적 다문화교육만이 진정한 다문화교육이라고 단언하는 순간, 비판적 다문화교육은 정전화(canonization)의 굴레에 빠져드는 동시에, 다문화교육의 본질이 되는 다양성의 가치를 훼손하게 될 것이다. 그러므로 (예비)교사를 대상으로 한 비판적 다문화교육은 그동안 경험해 보지 않았던(혹은 못했던) 비판적 렌즈를 경험해 보는 기회를 제공하는 데 초점을 두어야 할 것이다.

필자는 예비교사들의 문화적 비판의식을 함양하기 위한 교수 · 학습방안으로 예비교사들을 자기성찰 과정에 초대한다. 예비교사로서 그리고 한 개인으로서 자기성찰이 지니는 의미는 다음과 같다.

> 사회학자들은 집단이 개인의 행동에 강력한 영향을 미친다고 믿는다. 즉, 집단 규범에 의해 행동이 형성되며, 집단은 개인이 물리적 · 사회적 · 형이상학적 환경에 적응하는 데 필요한 행동 유형을 갖추도록 만든다. 사회학자들은 또한 집단이 그 자체의 독자적인 특성을 가지고 있다고 가정한다. 즉, 집단은 단순한 개인의

집합체 이상의 것이다. 집단은 개인의 한정된 일생을 초월하는 지속성을 지니고 있다. 사회학자들은 또한 한 개인이 소속되어 있는 집단에 대한 지식은 그 개인의 행동양식에 대한 중요한 단서와 설명은 제공한다고 가정한다. 굿맨과 마르크스(Goodman & Marx, 1982, p. 7)는 공유된 종교, 국적, 나이, 성별, 혼인상태, 교육 등은 사람이 무엇을 믿고, 느끼고, 행동하느냐를 결정하는 중요한 요소라고 쓰고 있다. 성별이나 인종, 민족, 사회계층, 또는 종교적 집단에 소속되어 있다는 사실이 개인의 행동에 대한 중요한 단서를 제공하고 있고 하더라도, 그것이 결코 특정 개인의 행동을 예측할 수 있도록 해 주는 것은 아니다."(Banks, 2009, p. 17)

앞과 같은 자기성찰의 의미를 예비교사들과 공유한 후, 예비교사들은 총 5개 장으로 이루어진 자기성찰 보고서를 작성한다. 예비교사들의 자기성찰 과정을 촉진하기 위해 고안된 디딤돌 질문은 다음과 같다.

---

1. 나와 내가 속한 집단의 연결고리
   - 나는 어떠한 가정에서 성장하였고, 어떠한 학교에서 학창 시절을 보냈으며, 어떠한 지역사회와 어떠한 국가에서 자라 왔는가?(인종/민족/국가, 성별, 지역, 종교, SES, 성적 지향 혹은 장애 여부를 기준으로 어떤 집단에 속해 왔는가?)
   - 내가 속한 집단에서 지배적이었던(즉, '당연하게' 여겨졌던) 것들이 나의 사고방식, 신념, 성향, 행동양식 등에 어떠한 영향을 주었는가?
   - 타집단에 대해 내가 가지고 있는 기본적인 가정, 신념, 태도, 행동양식 등은 무엇이며, 이러한 가정, 신념, 태도, 행동양식 등에는 이제까지 내가 속했던 집단의 문화(가정, 신념, 태도, 행동양식 등)가 어떻게 반영되어 있는가?

2. 내가 가진 편견, 고정관념, 그리고 차별
   - 나는 특정 집단(인종/민족/국가, 지역, 성별, 종교, 성적 지향, 장애 여부 등)에 대해 어떠한 편견, 선입견 또는 고정관념을 가지고 있는가? 그것은 어디로부터 온 것인가? 자신의 직접적인 경험 및 가정, 학교, 지역사회, 미디어 등을 통한 학습 등을 비롯하여 다양한 범위를 폭넓게 고찰해 보자.

3. 억압의 발견: 주류이자 소수자로서의 나의 삶
   - 차별(discrimination)과 억압(oppression)은 어떻게 다른가?

- 한국 사회에 존재하는 억압적 구조에는 무엇이 있는가? 나는 그러한 구조 안에서 억압의 주체(agent)인가 아니면 대상(target)인가? 그렇게 판단한 이유는 무엇인가?
- 한국에서 한국인으로 살아가면서 나의 의도와 상관없이 누릴 수 있는 특권(privilege)은 무엇인가? 한국에 살면서 그 특권을 누리지 못하는 집단은 어떤 집단일까? 그들은 왜, 그리고 어떻게 그 특권에서 배제되었는가?
- 내가 한국을 벗어났을 때 더 이상 누릴 수 없는 특권은 무엇인가? 나는 왜, 그리고 어떻게 그러한 특권에서 배제되는가?

4. 자기성찰 과정에 대한 성찰
- 자기성찰 과정에 참여하면서 인지적으로나 감정적으로 불편함을 느꼈던 적이 있는가? 어떠한 불편함을 느꼈는가? 그 불편함을 극복했다고 생각하는가? (극복했다고 생각한다면) 어떠한 방식으로 극복했는가?

5. 계속되는 이야기
- 내가 속한 교육 현장에서 내가 발견하게 될 차별과 억압에는 각각 어떠한 것들이 있을까? 이를 어떻게 극복할 것인가?

이와 같은 질문에 대한 답을 구성하는 과정에서 예비교사들은 다음과 같은 경험과 학습에 참여하게 된다. 첫째, 자신의 사회적 위치성을 탐구한다. 둘째, 타집단에 대한 고정관념과 편견의 근원을 개인적 · 사회구조적 수준에서 분석한다. 셋째, 주류중심 사회에서 자신이 소수자로서 경험한 '억압'과 주류로서 경험한 '특권'을 발견한다. 예비교사들은 억압과 특권을 발견하는 과정에서 정체성의 혼종성과 교차성 개념을 이해하게 된다. 넷째, 자기성찰의 과정을 반성적으로 성찰한다. 마지막으로, 예비교사들은 자신이 앞으로 직면하게 될 차별과 억압에 대응하기 위한 실질적인 행동기술 및 전략을 모색해 본다. 이때 예비교사들은 자신과 자신을 둘러싼 문화와 사회를 이해하는 데 커다란 영향을 준 타인에게 편지를 전하는 형식으로 자기성찰에 참여하기도 한다. 이러한 전략은 자신과 자신의 문화를 '낯설게' 볼 수 있는 맥락을 제공한다는 점에서 유용하다(예비교사의 자기성찰 사례는 부록 참조).

예비교사의 자기성찰 과정에서 교수자가 제공하는 비계(scaffolding)는 성찰의 깊이와 범위를 확장하는 데 중요한 역할을 한다. 가령, 예비교사 B가 특정 집단에 대한 자신의 고정관념과 편견이 해당 집단에 대한 왜곡된 묘사를 제공한 미디어에서 비롯된 것으로 설명했다고 가정해 보자. 이러한 상황에서 교수자는 '그러한 미디어를 생산하고 유통한 주체가 누구(어떤 집단)인지' 생각해 보게 하는 질문을 제공함으로써 그 집단에 대한 B의 고정관념과 편견이 보다 거시적인 수준의 권력 역학과 연결되어 있음을 인식하도록 도울 수 있다. 또 다른 예로 '특권'과 관련한 자기성찰을 들 수 있다. 만약 예비교사 B가 한국에서 한민족으로 살아가면서 경험했던 특권으로서 '한국어 표지판을 쉽게 읽을 수 있었던 것' '한국어로 된 공문서를 쉽게 이해할 수 있었던 것' '한국인을 대상으로 제공되는 건강보험을 이용하는 데 어려움이 없었던 것'으로 설명한 경우, 교수자는 B가 특권의 내적 측면들을 좀 더 깊이 생각해 보도록 촉진하는 질문을 제시할 수 있다. 초 · 중 · 고등학교 교육과정이 한국인의 역사와 문화를 기반으로 설계되어 교과 내용을 이해하는 데 상대적으로 어려움이 적었던 경험에서부터 한국인으로서의 '평범한' 외모에서 얻을 수 있는 심리적 안정감까지, 특권의 내적 차원을 보다 깊은 수준에서 생각해 보도록 촉진하는 것이다. 이처럼 예비교사의 자기성찰은 유기적 · 순환적 · 형성적 방식으로 진행되며, 이러한 과정에서 교수자는 지속적인 질문과 피드백을 제공함으로써 자기성찰 과정과 글쓰기의 상호작용성을 강화할 수 있다.

교육철학가 맥신 그린(M. Greene)은 '사회적 상상력(social imagination)'이라는 개념을 제안하였다. 그린에 따르면 사회적 상상력은 "결함이 있는 우리 사회에서, 우리가 살고 있는 이 거리에서, 그리고 우리의 학교에서 반드시 있어야 하는 것(what should be)과 있을 법한 것(what might be)을 상상할 수 있는 능력"을 의미한다(Greene, 1995, p. 5). 비슷한 맥락에서 게이는 다문화교육을 존재하는 것(what it is)을 가능한 것(what it can be)으로 전환하는 과정으로 정의하였다. 우리가 지금 살아가는 사회, 우리 아이들이 오늘 경험하고 있는 학교의 모습은 원래 그러한 것, 당연한 것이 아니다. 그럼에도 불구하고 우리는 지금의 사회와 학교를 지배하는 문화와 제도, 교육과정과 교수실천 등을 너무나 당연한 것으로 받아들이면서 그것에 내재한 배제의 메커니즘을 인식하지 못한 채 살아가고 있다(조현희 외, 2021). 중요한 것은 그러한 배제의 메커니즘 속에서 누군가는 오늘도 소외와 차별을 경험하고 있다는 것이며, 그 누군가는 과거와 현재의 우리 아이들이라는 것이다. (예비)교사들의 문화적 비판의식이 사회적 상상력으로 연결되어 '한 아이도 소외되지 않는' 포용적인 공간이 학교와 교실에서부터 끊임없이 창출되기를 기대해 본다.

 생각해 봅시다

1. 비판적 사고와 비판의식의 공통점과 차이점을 설명하시오.
2. 사회와 지식, 학교 교육을 비판적으로 인식한다는 것의 의미를 설명하시오.
3. 비판적 다문화교육을 실천하기 위한 방안을 교육정책 및 실행의 측면에서 토의하시오.
4. (예비)교사이자 한 개인으로서 자신의 위치성과 문화적 사회화 과정을 탐구하기 위한 성찰적 글을 작성하시오.
5. 정의롭고 평등한 교육을 실천하기 위한 다양한 방안을 토의하시오.

 참고문헌

권이은(2011). '비판적 읽기'의 범주 설정 및 내용 체계화 연구. 독서연구, 26, 355-382.

성열관(2015). 메리토크라시에서 데모크라시로: 마이클 영(Michael Young)의 논의를 중심으로. 교육학연구, 53(2), 55-79.

조현희(2018). 정의지향적 다문화교사교육과정의 내용체계 탐구. 다문화교육연구, 11(1), 29-59.

조현희, 조현영, 엄수정, 고유정, 유지승, 남궁인, 교육부 미래교육위원회, 고려대학교 HRD정책연구(2021). 오늘 만나는 미래학교: 2030 대한민국 미래교육 보고서. 서울: 박영스토리.

Anyon, J. (2009). Critical pedagogy is not enough: Social justice education, political participation, and the politicization of students. In M. W. Apple, W. Au, & L. A. Gardin (Eds.), *The Routledge International Handbook of Critical Education* (pp. 399-405). New York: Routledge.

Banks, J. A. (1994). *An Introduction to Multicultural Education*. Needham Heights, MA: Allyn and Bacon.

Banks, J. A. (2009). Multicultural education: Characteristics and goals. In J. A. Banks & C. A. M. Banks (Eds.), *Multicultural Education: Issues and Perspectives* (7th ed.),

Danvers, MA: John Wiley & Sons.

Bennett, C. I. (2006). *Comprehensive Multicultural Education: Theory and Practice* (6th ed.). Boston, MA: Allyn and Bacon.

Burbules, N. C., & Berk, R. (1999). Critical thinking and critical pedagogy. In T. S. Popkewitz & L. Fendler (Eds.), *Critical Theories in Education* (pp. 45−65). New York: Routledge.

Campbell, B., & Manning, J. (2014). Microaggression and moral cultures. *Comparative Sociology, 13*(6), 692−726.

Cho, H. (2017). Navigating the meanings of social justice, teaching for social justice, and multicultural education. *International Journal of Multicultural Education, 19*(2), 1−19.

Dolby, N. (2012). *Rethinking Multicultural Education for the Next Generation: The New Empathy and Social Justice*. New York: Routledge.

Gay, G. (1995). Mirror images on common issues: Parallels between multicultural education and critical pedagogy. In C. Sleeter & P. McLaren (Eds.), *Multicultural Education, Critical Pedagogy, and the Politics of Difference* (pp. 155−190). Albany, NY: State of University of New York Press.

Gay, G. (2012). Multicultural education, purposes, and goals. In J. A. Banks (Ed.), *Encyclopedia of Diversity in Education* (pp. 1548−1553). Thousand Oaks, CA: Sage.

Gay, G. (2018). *Culturally Responsive Teaching: Theory, Research, and Practice* (3rd ed.). New York, NY: Teachers College.

Gay, G. (2021). *Culturally responsive teaching: Theory, research, and practice* (3rd ed.). 명화연, 박선운, 조현희, 천나은 공역. 문화감응교수: 이론, 연구 그리고 실천(제3판). 서울: 교육과학사. (원저는 2018년에 출판)

Gay, G., & Kirkland, K. (2003). Developing cultural critical consciousness and self-reflection in preservice teacher education. *Theory into Practice, 42*(3), 181−187.

Gonzalez, N., Moll, L. C., Tenery, M. F., Rivera, A., Rendon, P., Gonzales, R., & Amanti, C. (1995). Funds of knowledge for teaching in Latino households. *Urban Education, 29*(4), 443−470.

Goodman, N., & Marx, G. T. (1982). *Society Today* (4th ed.). New York: Random House.

Greene, M. (1995). *Releasing the Imagination: Essays on Education, the Arts, and Social Change*. San Francisco, CA: Jossey-Bass.

Gutmann, A. (2007). Unity and diversity in democratic multicultural education. In J. A. Banks (Ed.), *Diversity and Citizenship Education: Global Perspectives* (pp. 71−96).

Indianapolis. IN: Wiley.

Honneth, A. (1996). *The Struggle for Recognition: The Moral Grammar of Social Conflicts*. Cambridge, MA: Mit Press.

Jenks, C., Lee, J. O., & Kanpol, B. (2001). Approaches to multicultural education in preservice teacher education: Philosophical frameworks and models for teaching. *The Urban Review, 33*(2), 87−105.

McLaren, P. (1991). Critical pedagogy: Constructing an arch of social dreaming and a doorway to hope. *Journal of Education, 173*(1), 9−34.

Moll, L. C., Amanti, C., Neff, D., & Gonzalez, N. (1992). Funds of knowledge for teaching: Using a qualitative approach to connect homes and classrooms. *Theory into Practice, 31*(2), 132−141.

Paris, D. (2012). Culturally sustaining pedagogy: A needed change in stance, terminology, and practice. *Educational Researcher, 41*(3), 93−97.

Picower, B. (2012). Using their words: Six elements of social justice curriculum design for the elementary classroom. *International Journal of Multicultural Education, 14*(1), 1−17.

Rodriguez, G. M. (2013). Power and agency in education: Exploring the pedagogical dimensions of funds of knowledge. *Review of Research in Education, 37*(1), 87−120.

Sensoy, Ö., & DiAngelo, R. (2012). *Is Everyone Really Equal?: An Introduction to Key Concepts in Social Justice Education*. New York: Teachers College Press.

Sensoy, Ö., & DiAngelo, R. (2016). *Is everyone really equal?: An introduction to key concepts in social justice education*. 홍한별 역. 정말로 누구나 평등할까. 서울: 착한책가게. (원저는 2012년에 출판)

Gay, G. (2021). *Culturally responsive teaching: Theory, research, and practice* (3rd ed.). 명화연, 박선운, 조현희, 천나은 공역. 문화감응교수: 이론, 연구 그리고 실천(제3판). 서울: 교육과학사. (원저는 2018년에 출판)

Villegas, A. M., & Lucas, T. (2002). Preparing culturally responsive teachers: Rethinking the curriculum. *Journal of Teacher Education, 53*(1), 20−32.

Weaver, G. R. (1986). Understanding and coping with cross-cultural adjustment stress. In R. M. Paige (Ed.), *Cross-cultural Orientation: New Conceptualization and Application*. Lanham, MD: University Press of America.

Young, I. M. (1990). *Justice and the Politics of Difference*. Princeton, NJ: Princeton University Press.

부록
예비교사의 자기성찰 사례

〈C에게〉

안녕. 잘 지내지? 몇 주 전에도 봐 놓고 갑자기 무슨 편지냐, 왜 이렇게 무게를 잡느냐, 할 거 같은데 사실 이러는 이유가 있어. 오늘은 부탁을 좀 하려고 하거든. '성찰적 글쓰기'라는 형식으로 내가 전하는 이야기의 독자가 되어 달라는 부탁이야. 소개하자면 이 글은 내가 가진 고정관념과 편견, 특권, 그리고 내가 행하고 받았던 차별과 억압에 대한 내용이 될 거야. 이걸 파헤치기 위해 내가 속한 집단의 위치성과 우리 사회에 존재하는 억압의 구조들에 대한 분석을 포함할 작정이고. 글을 쓰는 목적은 사회화의 결과로 의식 이전에 작동하던 것들을 의식의 대상으로 발견하고 그로부터 자유로워지는 연습을 하기 위함이야.

이 글을 너에게 부치는 이유는 그랬을 때 가장 솔직하고 깊게 성찰할 수 있을 것 같아서야. 우리는 서로의 위선적인 면들에 대해 잘 알잖아. 함께했던 학창시절 6년의 마지막 해가 되어서야 우리는 우리가 여러 차원에서 지배집단(그때는 주류집단이라는 용어를 썼네)에 속한다는 것을 인정하게 됐지. 그제야 공동체나 정의 같은 주제에 대해 겸손하게 입을 다물고 우리가 가진 특권과 고정관념, 그동안 했던 차별들에 대해 돌아보게 되었어. 다른 집단에 속한 사람을 엄밀히 말해 같은 '사람'으로 보지 않았던 것에 대해 이야기했고, 한 사람을 지위나 집단으로 환원하지 않고 오롯이 '그 사람'으로 대하는 것이 쉬운 일이 아님에 공감했지. 그맘때 네가 물었던 기억이 나. 우리 사회의 편견과 차별, 억압에 얼마나 공감하고 분노하는지, 단순히 올바른 말과 행동을 보여 주는 데 머리로만 익숙해진 것은 아닌지 말이야. 그동안 저만치 미뤄 두었던 질문인데 이번 기회에 다시 곱씹어 보려고 해. 그간 시간이 많이 지났는데 네 생각은 어떨지도 궁금하다. 인사말은 이 정도로 하고 이 뒤로 이어지는 내용은 편의상 조금 딱딱하게 적어 볼게.

나의 위치성과 사회화: 남성성과 시혜적 존재

나는 경기도에서 누나를 둔 둘째로 태어났다. 아빠와 할머니, 엄마가 그토록 바라셨던 아들로 태어났기에 넘치는 사랑과 관심, 기대를 받으며 유년시절을 보냈다. 당시 우리 가족은 분명 서민층에 속했지만 부모님께서는 자식들에 대한 투자를 아끼지 않으셨기에 부족함을 모르고 자랄 수 있었다. 부모님은 피아노, 수영, 농구 등 내가 배우고 싶은 것은 뭐든 해 볼 수 있게 해 주셨고, 일찌감치 영어학원에 등록해 주셨으며, 거실에는 늘 좋은 책들이 꽂혀 있었다. 이런 지원 속에 나는 곧 학교 공부에 두각을 나타냈고 일가친척과 선생님들의 칭찬을 들으며 낙관적인 포부를 형성하게 되었다. 언젠가 명문대에 입학해 과학자나 교수가 되어야지 하는 식의 포부 말이다.

중·고등학교 시절에 대해 이야기하기 전에 가족과 또래집단에 의해 이루어진 문화적 사회화에 대해 짚고 넘어가야겠다. 나를 구성하는 여러 정체성 중 내가 가장 먼저 인식한 것은 '남성'이라는 정체성이었다. 어린 시절 명절이면 남자와 여자가 따로 앉아 밥을 먹었던 기억이 난다. 그런가 하면 식사를 준비해서 차리고, 정리하고, 다과를 내놓은 것까지 모두 여자의 몫이었다. 나는 아무것도 안 하고 있기가 멋쩍었지만 '원래 그런 것'이라는 아버지의 말에 금방 순응했다. 그렇게 가만히 앉아서 밥만 받아먹는 '특권'은 남성이기에 '당연한 것'이 되었고, 어쩌다 같이 준비하는 날이면 남성이 여성을 '도와주는 것'으로 여겨졌다. 한편, 남성이라는 정체성에는 '씩씩하고, 튼튼하고, 주도적이고, 대범한' '남성성'의 이미지도 포함되어 있었다. 이는 일차적으로 가족, 선생님, 특히 또래집단과의 상호작용에 의해 형성되었다. 당시 애들 사이에서 '찌질이'는 가장 모욕적인 말에 속했는데, 이것이 '여자 같다'와 같은 의미로 통용되었던 기억이 난다. TV 매체에 나오는 남성들 역시 대부분 이런 남성성에 부합했기에 대안적 남성성을 상상하기 어려웠다. 나는 겁도 많고 눈물도 많고 이래저래 소심한 성격이었기에 늘 나에게 무슨 문제가 있는 것은 아닌지 고민했고, 이런 고민은 적극적인 순응으로 이어졌다. 무서워도 놀이기구를 꾹 참고 탔고, 일부러 과격한 장난을 쳤으며, 나이가 들어선 이성과의 연애에서 주도적이고 대범한 모습을 어색하게 연출하기도 했다.

두 번째로 이야기하고 싶은 것은 우리 가족의 가훈이다. 그것은 '남을 위해 살자'였는데, 가훈을 정한 아버지는 늘 '어려운 이웃'을 '돕는' 삶을 강조하셨다. 어느 날은 당신이 후원하고 계신 아프리카의 가난한 아이에 대해 이야기하며 "이렇게 힘들게 사는 사람들도 있는데 우리가 가진 것에 감사하고 행복하게 살아야 하지 않겠느냐."라고 말씀하셨다. 지금 생각해 보면 타인의 불행을 식민화해서 자신의 존재기반을 마련하는 전형적인 지배집단(억압의 주체)의 논리지만 당시에는 조금 이상하다는 생각만 했을 뿐 그것을 말로 설명할 수 없었다. 이런 경험들 속에 내가 내면화한 것은 내가 '주체'라는 생각, 즉 대상화된 타인들에게 도움을 주는 시혜적 존재라는 생각이었다.

초등학교를 졸업하고 중·고등학교에 진학했다. 그 학교는 당시 일반 공립학교들과는 조금 달랐다. 경쟁보다는 공동체적 문화와 협동에 의한 학습을 강조했고, 좋은 대학을 가고 주류집단으로 발돋움하는 것보다 소수화집단과 연대하고 사회적 차별과 억압에 맞설 줄 아는 사람이 되는 것이 중요하다고 가르쳤다. 나는 수업은 물론 교내 인권 동아리나 총학생회 등 자치활동에도 열심히 참여하며 이런 가치관과 신념을 내면화했다.

그렇게 스스로를 '정의롭고 비판적인 사람' 정도로 여기며 거침없이 살던 내게 당시 학우들 사이에서 화제가 되었던 페미니즘은 큰 충격이었다. 정희진이 쓴 『페미니즘의 도전』(2013)을 읽으며 처음엔 남성(성)을 억압의 주체로, 가부장제를 억압의 구조로 폭로하는 내용에 반박하고 싶기도 했지만 결국 대부분 수긍할 수밖에 없었다. 여성주의라는 낯선 관점을 따라가며 성차별을 위시한 여러 편견과 차별을 스스로 '인식할 수 있다'고 여겼던 내 생각이 얼마나 단순했는지 알 수 있었다. 그러면서 남성, 비장애인, 이성애자, 수도권 거주자, 한국인으로 살아온 내가 그동안 소수화된 경험 없이 지배집단으로, 억압의 주체로 살아왔음을 깨닫게 되었다.

이런 깨달음이 있은 뒤 내가 얼마나 진심으로 내가 가졌던 편견과 특권을 부끄러워하고 차별과 억압에 분노했는지는 모르겠다. 상투적이지만 내 성찰이 머리를 지나 가슴에까지 미치진 못했다는 생각이 든다. 정희진은 "안다는 것은 상처받는 일이어야 한다고 생각한다."라고 썼지만 나는 내가 많은 측면에서 주류집단에 속한다는 사실을 발견했을 때 (고백하건데) 충격과 모종의 안도감을 함께 느꼈다. 그러니까 소수화집단이 받는 고통이 엄밀히 말해 '내 일'로 느껴지지 않은 것이다. 나는 소수화집단과 나를 분리하면서 나를 그들을 이해하고 배려하는 시혜적 존재에 위치시켰다. 시혜적 존재라는 생각. 이것이 6년간의 학교 교육에도 주류집단의 위치성을 가진 내가 취하게 된 위선의 핵심이었다.

고정관념과 편견, 그리고 차별: 동남아시아인, 성소수자, 기독교인, 장애인에 대하여

여기까지 생각이 미친 뒤, 내가 스스로 자유롭다고 여겼던 고정관념과 편견, 차별에 대해 다시 돌아보았다. 고정관념이 특정 집단에 부여된 전형적인 이미지라면, 편견은 거기에 감정과 태도, 가치 판단이 결합된 것을 말한다. 편견은 사회화의 결과로 '사실' 혹은 '정상'으로 여겨지기 때문에 벗어나기가 무척 어렵다. 편견을 편견으로 낯설게 바라보려면 인종/민족/국가, 종교, 성별, 성적 지향, 장애 여부 등의 범주들을 중심으로 내가 특정 집단에 대해 어떤 생각을 가지고 있는지 검토하고, 그런 생각들이 어디서 비롯된 것인지 계보학적으로 추적해야 한다. 차별은 편견에 기초한 행동이므로 편견으로부터 자유로울 때 차별하지 않을 수 있다.

먼저, 나는 동남아시아인에 대한 편견을 가지고 있다. 동남아시아인은 게으르고, 교육수준이 낮고, 위생관념이 부족하고, 외국어에 서툴 것이라는 편견이다. 그 결과, 사회경제적으로 높은 지위에 있는 직업을 가진 동남아시아인을 상상하는 것이 어색하다. 이런 편견이 형성된 데는 우선 학교에서 동남아 국가들 중 상당수가 후진국이라고 배웠던 것이 영향을 미쳤고, 역시 매체의 영향이 크다고 생각한다. 나는 지금도 동남아시아인 하면 어렸을 때 봤던 〈블랑카〉라는 개그 프로그램이 떠오르는데, 이처럼 예능이든 다큐멘터리든 매체 속 동남아시아인은 궂은일을 하는 외국인 노동자거나 국제결혼 여성이었다. 상업영화에서도 희화화된 조연으로는 자주 등장할지언정, 욕망을 주체적으로 실현하는 주인으로 나오는 경우는 극히 드물다. 비슷한 맥락에서 조선족에 대해서도 교육수준이 낮고 거친 일을 할 것 같다는 편견이 있다.

두 번째는 성적 지향에 따른 편견이다. 나는 성소수자들이 자신의 섹슈얼리티를 지나치게 부각하고 전시하려 한다는 편견이 있었다. 이 편견은 어렸을 때 가정과 학교의 어른들로부터 들었던 말에서 근원을 찾을 수 있을 것 같다. '성소수자들은 성적으로 문란하다'와 같은 담론이었다. 이후 학교에서 교육을 받으며 이런 인식이 악랄한 편견이라는 것을 깨닫고 '문란하다'는 생각은 사라졌지만, '섹슈얼리티를 지나치게 부각시킨다'는 식으로 포장되어 내 의식에 여전히 남아 있었다. 여기엔 퀴어 퍼레이드와 같이 성소수자들이 자신의 정체성을 드러내는 행사를 '풍기문란' 프레임으로 몰아가는 주류 언론들의 시선이 영향을 미쳤을 것이다. 그런데 이런 인식이 편견인 것이, 물총축제나 워터파크, 클럽 등에서 열리는 행사들을 보면 비슷하거나 더 높은 수위로 이성애자들이 자신의 섹슈얼리티를 드러내는 사례는 차고 넘친다. 단지 성소수자들의 성적 지향이 '표준(이성애)'과 다르기 때문에 부각되어 보이는 것뿐이다. 마찬가지로 나 역시 이성애자 커플이 길거리에서 포옹을 하든, 키스를 하든 전혀 신경 쓰지 않지만 성소수자 커플이 손만 잡고 있어도 강렬하게 기억에 남았기에 이런 편견을 가졌던 것 같다.

세 번째는 기독교인들은 비합리적이고 이기적이라는 편견이다. 이 편견은 대부분 나의 직접적 경험—아버지와의 관계에서 비롯되었다. 어느 날 아버지가 성경을 들고 와 어머니에게 "아내는 남편에게 복종해야 한다." 따위의 말을 했을 때, 내가 아파서 누워 있는데 원하지도 않은 기도를 나를 위한다며 해 주었을 때, 하나님의 부름을 받았다는 말과 함께 직장을 그만두고 집을 나갔을 때, 나는 아버지의 모습만 가지고 기독교인 전체를 넘겨짚게 되었다. 이 일이 있은 후 성경을 맹목적으로 믿는 비합리적 기독교인의 이미지를 만들고 그 이미지를 지독하게 미워했다. 물론 내 주위에도 독실한 기독교인인 친구들이 있지만 나는 편견을 수정하지 않았고 그들이 내 앞에서 기독교인으로서의 면모를 드러내지 않길 바랄 뿐이다.

마지막은 장애인에 대한 편견이다. 나는 장애인들은 대체로 불행하고 도움이 필요하다는 편견이 있다. 이 글을 쓰기 위해 개요를 정리하면서 무의식적으로 장애인, 다문화 가정, 편부모 가정을 하나의 카테고리로 분류했다는 걸 발견했다. 이들 모두 나의 배려와 이해가 필요한 집단이라는 편견이 있었던 것이다. 이런 편견은 학교 교육에서 주로 비롯되었다. 교과서 속 장애인은 보통 장애를 '극복'한 인간 승리의 사례로 다뤄지는 경우가 많았다. 또 선생님들은 장애인 학우나 다문화 배경을 가진 학우가 있으면 우리가 그 학생을 도와줘야 한다고 가르쳤다. 한 일화가 생각나는데, 예전에 지적장애가 있는 학우와 급식실에서 줄을 섰을 때의 일이다. 그 친구가 내게 "비켜! 내가 앞으로 갈 거야."라고 했고 나는 "그래." 하며 내 앞자리를 내주었다. 그때 옆에 있던 다른 학우가 내게 착한 척하지 말라고 했던 기억이 난다. 돌이켜 보면 만약 지적장애가 있는 학우가 아닌 다른 학우였다면 나는 새치기를 용납하지 않았을 것이다.

지적장애가 있는 학우를 같은 '사람'이 아닌 '도움이 필요한 사람'으로 생각했기에 그런 행동이 나왔던 것 같다. 이것은 명백히 편견에 기초한 차별이다.

우리 사회의 억압과 나의 집단: 성차별주의, 이성애중심주의, 능력주의

편견에 따른 차별에 권력이 결합하면 억압이 된다. 억압의 개념은 사회가 계층화되어 있다는 인식을 포함한다. 역사적·제도적·문화적 권력을 가진 집단의 편견은 '사실'이나 '정상'으로 받아들여지기에 사회적으로 정당화되어 억압으로 나타난다. 지배집단과 소수화집단 사이에 존재하는 불평등한 위계, 즉 억압의 구조는 주로 '주의'라는 용어로 표현된다. 여기서는 한국 사회에 존재하는 주요한 억압의 구조로 성차별주의, 이성애중심주의, 능력주의에 대해 주로 알아보려 한다.

'성차별주의'는 어쩌면 다른 모든 것에 앞서는 가장 근본적인 억압임에도 자주 부정된다. 그러나 간단한 통계만 봐도 남성과 여성 사이의 불평등한 위계는 분명히 존재한다. 세계경제포럼이 지난 달 30일 발간한 '2021 성 격차 보고서'를 보면 한국의 성평등 순위는 156개국 중 102위에 머물렀다. 코로나로 인한 고용충격도 여성에게서 더 컸다. 2020년 통계청의 '11월 고용동향'을 보면 여성 실업자는 1년 전보다 28.8% 증가한 반면, 남성 실업자는 1% 증가했다. 성차별주의를 가장 근본적인 억압으로 지목한 이유는 내 삶에서 그것을 너무나 적나라하게 확인했기 때문이다. 군대에 있을 당시 군무원 Y가 새롭게 고용되었다. Y는 28세 여성으로, 컴퓨터 공학 석사학위를 가지고 있었고 삼성에서 인턴을 한 경력도 있었다. 어느 날 다른 군무원들(모두 중년 남성들이었다)이 네트워크 문제를 해결하지 못하고 있던 중, Y가 해결책을 제시했다. 그런데 그들은 떨떠름한 표정을 짓더니 갑자기 내 의견을 묻는 것이었다. Y는 나보다 나이도 많고 이 분야 전문가이며, 더 높은 수준의 학력을 가졌고 경력도 갖추었음에도 오직 여성이라는 이유로 무시당했다. 이후 나는 사람들이 내 말을 경청해 주는 것이 내 성별에 따른 특권일 수 있음을 알았다. 단편적인 일화지만 특권을 자연스러운 것으로 여겼던 점, 무엇보다 남성이라는 점에서 나는 성차별주의에 따른 억압의 주체이다.

'이성애중심주의'는 비록 과거에 비해 성소수자 담론이 부상했다 하더라도 한국 사회에서 여전히 견고하다. 일단 제도적으로 우리나라는 동성결혼을 인정하지 않는다. 김조광수 감독의 결혼식 당시 한 50대 남성이 인분을 투척한 사건은 유명하다. 요즘도 대학 익명 커뮤니티에는 "동성애자들 보면 기분 나쁜 건 본능 아니야?"와 같은 혐오발언이 버젓이 올라오고, 동성애자인 유치원 교사를 '고발한다'는 글이 온라인에서 화제가 된 적도 있다. 성적 지향이 이성애와 다르다는 이유만으로 존재 자체가 불쾌하다는 생각, 고용을 제한해야 한다는 생각이 정당화되는 것이다. 반면에 나는 개방된 장소에서 애인과 스킨십하는 것에 거리낌이 없고, 매체에서 주로 다뤄지는 사랑의 형태에 공감할 수 있으며, 가족이나 지인에게 나의 성적 지향을 밝히는 데 문제가 없는데 이는 모두 나의 성적 지향이 사회의 표준으로 규정되어 있기에 얻는 특권이다. 더군다나 나는 이성애와 관련된 이벤트(예: 발렌타인데이)에 참여하기도 하고 〈연애의 참견〉과 같이 이성애에 대해 다룬 프로그램을 소비하기도 한다. 이런 점들을 봤을 때 나는 이성애중심주의에 따른 억압의 주체이다.

'능력주의'는 한국에서 사회의 핵심 원리로 여겨지고, 많은 경우 이것을 하나의 이데올로기로 상대화하여 이해하지도 않는다. 그러나 능력주의는 크게 두 가지 측면에서 억압적이다. 능력주의는 "능력의 차이에 따라 사회적 지위를 분배하는 보상과 인정 시스템"을 말하는데(성열관, 2015, p. 58), 이를 실현하기 위해서는 '능력'을 평가할 수 있는 공정한 시험이 필수적이다. 문제는 이 시험과, 시험을 준비하기 위한 교육과정이 지배집단의 경험과 관점을 반영하고 있기에 공정할 수가 없다는 점이다. 예를 들어, 국가수준 교육과정은 평균적인 학생을 가정하여 만들어지는데, 이는 소수화집단 학생들에 대한 배제로 나타난다. 또한 능력주의에 의한 경쟁 과정에서 투입할 수 있는 자원도 집단별로 불균등하게 분포한다. 부모의 사회경제적 지위와 자식의 성적 사이에는 뚜렷한 상관관계가 있고, 『하류지향(下流志向)』의 저자 우치다 다쓰루(うちだたつる)에 따르면 (동아시아 교육모델에서) 학습 동기에 영향을 미치는 '포부'의 수준이 집단에 따라 다르게 나타난다. 다른 한 측면은 자본주의와 결합된 능력주의하에서 '능력(merit)'이란 철저히 시장에서의 생산성과 결부되는데, 능력주의는 마치 이것이 그 사람의 가치 전반에 대한 평가인 것처럼 생각하게 만든다는 점이다. 이처럼 경쟁의 성패에는 사회구조적 요인이 크게 개입함에도 객관성과 공정성을 표방하는 능력주의는 모든 것을 개인의 역량 탓으로 돌리고 그 결과를 개인의 존재 전반에 대한 편견(예: 게으르다, 진취성이 부족하다)으로 확장함으로써 소수화집단을 위축시키고 지배집단이 자신의 특권을 '획득한 것'으로 정당화하는 데 기여한다. 나는 능력주의의 구조 속에서 억압의 주체에 가깝다고 생각한다. 경쟁의 과정에서 경제적으로 유복한 가정의 친구들이 부럽기는 했지만 그 밖에 나의 정체성이 걸림돌이 되는 경우는 없었고, 내 성취를 나의 노력에 귀인하며, 학업성취가 낮은 학생을 볼 때 환경적 요인뿐만 아니라 개인적 노력의 부족을 의심하기 때문이다.

이 밖에도 인종주의, 민족주의, 건강인중심주의 등 많은 억압의 구조가 있을 것이다. 지배집단에게는 억압의 구조와 자신이 누리고 있는 특권이 잘 보이지 않는다. 억압의 구조와 특권에 대해 성찰할 때는 자신이 소수화되었던 경험을 생각해 보는 것이 도움이 된다. 나는 군대에서의 경험을 통해 내가 한국에서 한국인으로 살아가면서 누린 특권이 무엇인지 성찰할 수 있었다. 당시 나는 미군부대에 배치되었는데, 업무상 전화를 받을 때면 영어를 조금만 더 듬거리거나 심지어 소리가 작아서 다시 말해 달라고 한 경우에도 짜증 섞인 반응과 함께 미군 바꾸라는 말을 들었다. 또 한 번은 상관과 전역 후 내 진로에 대해 이야기하던 중 미국으

로 건너가 장교에 지원해 보라고 하더니 "너는 아시안이기 때문에 소령(Major)은 어려워도 대위(Captain)까지는 진급할 수 있을 거야."라고 말했다. 당시엔 웃고 넘겼지만 명백한 인종차별이었다. 이처럼 한국 사회에서 아무도 내 언어 능력을 가지고 나의 업무 자질을 의심하지 않고 내 인종으로 나의 한계를 규정하지 않는다는 것 자체가 특권임을 알게 되었다.

나가며: 계속되는 이야기

여기까지가 내가 성찰한 내용이야. 어떻게 읽었는지 모르겠네. 나는 5쪽 남짓한 분량인데도 쓰는 동안 왜 이렇게 힘들었는지 모르겠어. 마치 안 쓰던 근육을 쓰는 것처럼 이 작업이 너무 생소하게 느껴졌다고 할까? 그만큼 내가 평소에 나의 고정관념과 편견, 차별과 우리 사회의 억압에 대해 성찰하는 데 게을렀다는 의미이고, 내 관점과 경험이 지배집단의 그것과 일치한다는 뜻이겠지.

이 글을 쓰면서 나는 나 스스로 위선적이라고 느꼈던 부분을 조금 더 파고들었고, 나 스스로를 '시혜적 존재'로 규정한 것이 핵심임을 발견할 수 있었어. 그러면서 나 스스로 이젠 자유롭다고 생각했던 고정관념과 편견, 차별에 대해 자세를 고쳐 앉고 다시 검토해 보았는데 문득문득 내가 가진 편견들이 너무 적나라하게 드러나서 자괴감이 들었던 것 같아. 특히 성적 지향에 대한 편견과 장애인에 대한 편견을 검토하면서 친구 S와 M에 대해 떠올렸고, 내가 이런 생각을 가졌다는 것이 너무 한심하고 창피해서 잠시 글쓰기를 멈출 수밖에 없었어. 나는 여전히 이 글에서 내 편협한 관점들이 드러날까 봐 두려운 마음이 있어. 이런 마음을 계속 가져가는 것이 좋겠어. 다만, 내가 억압의 주체라는 사실을 직시하는 게 불편하고 거북하더라도 더 많이 듣고, 읽고, 파헤쳐야겠지. 나를 사랑하는 것을 좀 그만두고 말이야. 오늘 분석한 위치성이 늘 좋은 참고가 될 거라고 생각해.

너도 알다시피 이번 5월에 오랜만에 학교로 돌아가, 교생으로. 운이 좋다면 나중에 진짜 교사로 교육 현장에 설 수도 있겠지. 가장 정의롭고 평등해 보이는 곳에도 편견과 차별, 억압이 존재한다는 걸 우리는 잘 알지. 학교는 어쩌면 편견으로부터 가장 자유로워야 하는 곳인데 오히려 사회의 편견과 차별, 억압을 충실히 주입하는 곳일지도 모르겠다. 학생들은 반복되는 시험 속에서 능력주의를, 계단과 문턱이 가득한 건물과 체육대회 같은 행사 속에서 건강인중심주의를, 교육과정의 공백 속에 성차별주의와 성소수자 혐오를 내면화하게 되진 않을까? 혹은 좀 더 직접적으로 공부를 못하는 학생에 대한 편견과 차별, 교사의 성별에 대한 편견, 학벌에 따른 차별, 학생다움에 대한 편견을 마주칠 수도 있겠지. 중요한 것은 아이들에게 생각할 기회를 주는 것이고, 대상화하고 있는 집단들 역시 '나'와 같은 사람임을 이해하게끔 하는 것이겠지. 그러기 위해선 나부터 부지런히 성찰해야 하고, 학생들과 교사 대 학생이 아닌 사람 대

사람으로 만나 이야기하는 법을 알아야겠다. 교사와 학생 관계에 얽힌 편견, 이게 이 글이 끝난 뒤 내가 가장 먼저 탐구해야 할 지점인 것 같아.

C, 대화라기보다는 긴 독백이었는데 읽어 줘서 고마워. '단순히 올바른 말과 행동을 보여 주는 데 머리로만 익숙해진 것은 아닌지'에 대한 질문 말인데, 솔직히 아직도 잘 모르겠어. 지금 단계에서는 언젠가 편견과 차별을 보았을 때, 내 특권을 포기해야 하는 순간이 됐을 때 올바른 쪽에 서야겠다고 다짐할 뿐이야. 또 보자. 잘 지내.

Ⅱ

다문화교육의 실제

제8장
다문화교육과 교육과정

장인실

개요

모두가 평등한 다문화사회가 실현되기 위해 중요한 것은 각자의 다름을 존중하는 가운데 차별하고 편견을 가지지 않은 사람들의 인식 변화가 중요하다. 이러한 사람들의 인식이 변화되기 위해서는 무엇보다 중요한 것은 교육이다. 교육 중에서도 무엇을 어떻게 배웠는가가 사람의 인식을 변화시키며 이와 관련이 있는 것이 교육과정이다. 이 장에서는 다문화교육에 있어서 교육과정의 의미에 대해 살펴보고, 다문화교육 실천에 가장 핵심적인 영역인 교육과정 개혁을 위한 국내외 교육과정 개발 모형을 고찰해 볼 것이다. 또한 이러한 이론적 바탕을 중심으로 실제적인 다문화 교육과정 수업지도안을 제시하여, 교사가 다문화 교육과정 개발을 직접적으로 수행할 수 있는 방안을 제시한다.

세부목차

학습목표

1. 다문화교육을 수행하는 데 있어 교육과정의 의미를 설명할 수 있다.
2. 뱅크스의 다문화 교육과정 개혁 접근법을 설명할 수 있다.
3. 베넷의 다문화 교육과정 개발을 위한 종합적 모형을 설명할 수 있다.
4. 포드와 해리스의 모형에 근거하여 수업지도안을 설계할 수 있다.
5. 교육과정 재구성을 통한 다문화교육 수업지도안을 설계할 수 있다.

1. 다문화교육에서 교육과정의 의미

진정한 의미의 다문화교육이 실현되기 위해서는 다문화 가정의 한국 사회 적응뿐만 아니라 타인의 다름을 인정하고 존중하는 주류집단의 인식 전환이 매우 중요하다. 즉, 한국의 주류집단이 단일민족이나 순혈주의가 우수하다는 환상에서 벗어나서 모두가 함께 평등하게 살아가는 사회로 가야 한다는 인식을 가지는 것이 필요하다. 이러한 인식의 변화를 위해서는 무엇(어떤 내용)을 어떻게(어떤 방법) 가르쳐야 하는지와 관련이 있는 교육과정이 중요한 부분이다. 그러므로 다문화교육을 실천하기 위해서 학생 교육을 맡고 있는 교사나 관리자들이 다문화적 인식을 가지고 학교 교육과정을 변화시키는 것이 매우 중요하다.

이 장에서는 다문화교육에서 교육과정의 중요성에 대해 알아보고, 다문화교육 교육과정을 개발하기 위한 모형들에 관하여 살펴보도록 한다. 또한 이러한 모형을 활용하여 다문화교육을 실시할 수 있는 수업지도안을 예시로 제시한다. 최근에 일부 학교에서 다문화교육을 교과와 연계하여 교육과정을 개발하려는 시도가 나타나고는 있으나, 대부분의 학교에서는 창의적 체험활동 등을 활용한 별도의 시간을 마련하여 외국문화를 소개하는 것에 더 중점을 두고 있다. 다문화교육에서 서로의 문화를 이해하기 위한 외국문화 소개는 가장 기본적인 단계로, 이 장에서는 이 단계를 넘어서는 다문화 교육과정을 어떻게 개발할 수 있는지를 다문화 교육과정 모형들을 중심으로 살펴보도록 하겠다.

한국에서의 다문화교육은 다문화 가정이라는 개념과 혼용되어 교육의 의미가 약화되어 사용되는 경향이 있다. 그로 인하여 한국에서의 다문화교육은 주요 대상자가 다문화 가정으로, 이들을 위한 한국 사회의 정착과 동화에 강조점이 주어지고, 주류집단의 인식 개혁을 위한 교육은 소홀히 되고 있는 것이 현실이다. 외국에서의 다문화교육 기원을 살펴보면, 인종과 민족 등의 다양성으로 유발되는 사회적 갈등을 교육과 학교를 통해 해결하려는 노력의 일환으로 발생된 것이다. 그러므로 외국에서는 다문화교육의 중점이 주류집단과 소수집단 모두가 서로의 다름을 인정하고 존중할 수 있는 인식 전환 교육에 중점을 두고 있다. 반면에 한국의 주류집단은 오랜 기간의 단일민족이나 순혈주의에 대한 교육으로 인해 나와 다름에 대해 받아들이는 것에 어려움을 느낀다. 진정한 의미의 평등한 다문화사회가 되기 위해 필요한 것은 주류집단의 왜곡된 인식을 바꾸는 것으로 사람의 인식을 바꾸기 위해 필요한 것은 교육이며, 특히 어떤 내용을 어떻게 가르칠 것인지를 결정하는 교육과정의 개혁이 무엇보다 중요한 부분이다. 그러므로 다문화교육에 있어 교육과정 개혁은 다문화교육을 실천하기 위한 가장 핵심적이며 실천적인 요소라 할 수 있다.

다문화교육 학자들의 주장에 의하면, 다문화교육은 교육철학이자 교육개혁 운동으로 교육기관의 구조를 바꾸는 것이 중요한 목표(Banks, 1993)라고 주장한다. 이러한 주장에서 교육기관의 구조를 바꾼다는 것은 물리적인 건물의 구조를 의미하는 것이 아니라, 눈에 보이지 않는 사람들의 인식과 생각, 제도 등을 의미하는 것으로, 이를 위해서는 교육과정이 바뀌어야만 사람들의 인식과 생각이 바뀔 수 있음을 의미한다. 그랜트(Grant, 1993)도 다문화교육은 학교와 다른 교육기관에서 발생하는 과정으로 모든 교과 및 교육과정과 관련이 있다고 주장하면서 다문화교육에 있어 교육과 교육과정의 중요성을 강조하고 있다. 다문화교육은 모든 학생을 위한 기본 교육과 종합적인 학교개혁 과정(Nieto, 1992)으로 모든 학생을 대상으로 행해져야 하며, 교육과정 개혁을 통한 학교개혁 과정으로 진행되어야 한다고 주장한다.

교육과정이란 학자들에 따라 정의가 다르지만, 교육기관에서 학생들이 갖게 되는 공식적 혹은 비공식적 경험의 총체로 정의할 수 있다. 베넷(Bennett, 2007)에 의하면, 다문화 교육과정은 잠재적 교육과정에 해당된다. 예를 들면, 다문화 교육과정은 교사의 가치관과 기대, 학생의 또래집단 형성, 학교의 규칙 등과 밀접한 관계가 있으며, 학생들이 가지고 있는 다양한 가치관, 문화적 스타일, 지식, 견해 등과도 밀접하게 관련되어 있기 때문이다. 그러나 이러한 그녀의 견해는 다문화 교육과정의 한 가지 측면만을 강조한 것으로, 다문화교육은 교과 및 창의적 체험활동과 연계하여 공식적 교육과정으로도 이루어지고, 베넷의 주장대로 잠재적 교육과정에도 포함되어 학생들의 다문화 인식에 영향을 미친다. 예를 들면, 교과서에서 각 나라에 대한 문화를 소개할 때, 각 나라별 소개 내용과 함께 나라별로 어떤 비중으로 다루고 있는지 혹은 각 나라에 대해 어떤 내용을 다루고 있는지에 따라 학생들의 인식에 영향을 미칠 수 있다. 또한 교과서에 나오는 등장인물이나 이름이 모두 한국 사람으로만 이루어져 있는지, 국어 교과서의 경우 읽기 내용이 모두 한국문화만으로 구성되어 있는지 등에 영향을 받기도 한다. 대부분의 교사는 다문화교육은 창의적 체험활동 등에서 별도의 시간을 마련하여 교육하거나, 사회나 도덕 교과처럼 특정 교과만이 다문화교육과 연계되어 있다고 생각한다. 그러나 다문화교육은 모든 교과에 나타난 내용뿐만 아니라 일상생활 속에서 잠재적 교육과정을 통해서 학생들에게 교육되고 있다.

이러한 관점에서 볼 때, 다문화교육에서 교육과정의 의미는 교육과정이 다문화교육을 실현하기 위한 핵심적인 요소이며 불가분의 관계라고 할 수 있다. 다문화교육은 앞에서 언급하였듯이 특정 과목이나 시간에 구애되어 진행되는 것이 아니라, 공식적인 모든 교과뿐만 아니라 잠재적 교육과정과도 연계되어 다문화 학생과 일반 학생들 모두에게 영향을 미친다. 그러므로 진정한 의미의 다문화교육이 실행되기 위해서는 교육과정의 개혁이 무엇보다도 중요하며 모두를 고려하는 교육과정 개혁 없이는 다문화교육의 실현이 불가능하다.

그러나 교육과정이 아무리 잘 되어 있더라도 이를 전달하는 교사가 다문화 인식을 갖고 있지 못하다면 다문화교육은 제대로 진행하기 어렵다. 김영우(2001)도 교육의 수준은 교사의 질적 수준을 능가하지 못한다고 하였듯이 교사의 다문화 인식은 매우 중요하다. 또한 교사가 다문화 인식을 가지고 있더라도 학교의 관리자가 협조적이지 않다면 교육과정의 개혁은 어렵다. 그러므로 실제적인 다문화교육이 실현되기 위해서는 학생들을 위한 다문화교육 프로그램 개발뿐만 아니라, 교사와 관리자들을 위한 다문화 교사교육이 선행되어야만 할 것이다.

2. 다문화교육 교육과정 개발 모형

이 장에서의 다문화교육 교육과정 개발 모형은 다문화 가정을 변화시키기 위한 것보다는 주류집단의 인식을 바꾸기 위한 교육과정 개혁에 중점을 둔 다문화교육 교육과정 개발 모형을 기술한다. 다문화교육 교육과정 개발을 위한 모형으로는 다

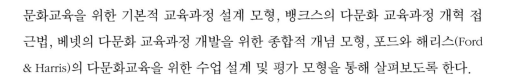

문화교육을 위한 기본적 교육과정 설계 모형, 뱅크스의 다문화 교육과정 개혁 접근법, 베넷의 다문화 교육과정 개발을 위한 종합적 개념 모형, 포드와 해리스(Ford & Harris)의 다문화교육을 위한 수업 설계 및 평가 모형을 통해 살펴보도록 한다.

1) 다문화교육을 위한 기본적 교육과정 설계 모형

베이커(Baker, 1983)는 습득(acquisition), 발전(development), 개입(involvement)이 포함되도록 고안된 다문화교육을 위한 교사 훈련 모형을 제안한다. 베이커 모형은 다문화교육을 위한 교사 훈련 교육과정 개발에 중점을 두고 있으나, 교사에게만 적용되는 것이 아니라 다문화교육 교육과정 개발에 있어 기본적인 모형으로 모든 다문화교육 교육과정 개발 모형에 적용할 수 있다. 첫 번째 단계인 습득 단계는 지식의 습득을 의미하는 단계로 대학에서 대부분의 인문 사회 강좌를 통해 충족된다. 두 번째 단계인 발전 단계는 개인의 철학이 발전하는 단계로 다문화적 관점을 학생들이 가질 수 있도록 심리학적 기초 강좌를 제공하는 것에 비유할 수 있다. 세 번째 개입 단계는 교사 훈련 기관에서 제공되는 방법론적 강좌에 비유되며, 교육사회학 강좌에 적용하여 보면 저서, 컴퓨터, 여러 종류의 수업 보조 기구, 학습 경험이 어떻게 수업에 적용되는가와 관련된다. 교사교육 프로그램에서 방법론적 강좌나 실제적인 경험은 주로 마지막 단계에 필요하듯이, 학생들이 다문화교육이 중요하다는 인식과 지식을 가지고 있어야만 개입을 위한 계획을 하게 된다. 그러므로 베이커의 교육과정 설계 모형은 다문화교육에만 적용되기보다는 모든 교육과정에 적용할 수 있는 기본적인 설계 모형이다.

장인실(2008)은 기본적인 교육과정 설계 모형인 베이커(1983)의 습득, 발전, 개입 단계와 게이(Gay, 1977)의 지식, 태도, 실행의 단계를 통합하여 다문화교육을 위한 세 단계의 교육과정 설계 모형을 구안하였다. 세 단계는 지식습득단계, 태도발전단계, 실행개입단계로 나누어진다. 첫 번째 단계인 지식습득단계는 다음 두 단계의 기본이 되는 지식을 가르치는 단계이다. 문화, 인종, 민족, 종교, 성별의 차이에 대한 지식은 다문화교육을 지지하는 철학이나 근거를 제공하는 근본적인 요소이다. 태도나 행동은 정확하고 객관적인 정보에 의하여 영향을 받기 때문에 이 단계에서의 지식 습득은 세 가지 목적이 있다. 첫째, 지식 습득은 타문화뿐만 아

니라 각자의 문화에 대해 배우기 시작하는 단계이다. 개인이 자신의 문화적 정체성을 확인하고, 문화의 어떤 측면이 자신의 가치와 삶에 영향을 미쳤는지를 이해하게 된다. 둘째, 자신의 문화뿐만 아니라 다른 문화에 대해 배움으로써 사람들 간에 존재하는 차이를 이해하는 데 필요한 정보를 제공한다. 셋째, 다문화교육에 대한 기본 지식을 확립하는 것은 개인으로 하여금 세 단계에 유용한 내용을 개발하는 데 필수적이다. 그러나 다양한 문화에 대한 폭넓은 지식이 없다고 다문화교육에 대한 긍정적인 원리를 획득하지 못한다는 것을 의미하지는 않는다. 하지만 다른 문화에 대한 이해가 있다면 다문화교육을 수행할 수 있는 철학을 확립하기가 좀 더 쉬워진다는 것을 의미한다.

두 번째 단계는 태도발전단계이다. 첫 번째 단계에서 다문화교육에 대한 지식이 습득되었다고 하여 지식이 그 사람의 태도나 행동으로 반드시 이어지는 것은 아니다. 그러므로 다문화교육에서 중요한 연결 고리는 교사이다. 특히 수업에 책임을 지고 있는 교사가 다문화교육의 가치에 대하여 어느 정도 믿고 있는가 하는 부분은 학생들에게 많은 영향을 미치게 된다. 교사가 다양성을 인정하면서 학생들을 가르쳐야 한다는 것의 중요성을 인식하지 못하고, 현대사회는 문화적으로 다원화된 사회로 함께 살아가는 것의 중요성을 학생들에게 이해시키지 못한다면, 지식 자체는 아무런 소용이 없는 것이다. 이에 그랜트(1977)는 교사를 문화의 중재자로 표현하였다. 다문화교육을 중요하게 생각하는 교사는 사회적·민족적·문화적·종교적 배경에 의해 개인이 차별을 받아서는 안 된다는 사실에 근거하여 학생의 다양성과 문화를 존중하게 된다. 이렇듯 교사가 다문화교육에 대해 어떤 인식을 가지고 있는가는 소수집단의 학생들을 대하는 태도와 주류집단 학생들을 가르칠 때 공식적 교육과정에 적용될 뿐만 아니라 잠재적 교육과정을 통해서도 학생들에게 전달되게 된다.

세 번째 단계인 실행개입단계는 실제적인 다문화 기술과 관련이 있는 단계이다. 교사교육에 있어서는 수업 기술과 관련이 있는 단계이다. 다문화 교육과정을 실제적으로 가르치기 위해서는 다양한 문화에 대한 충분한 지식, 문화적 차이를 가르치려는 마음, 적절한 수업 기법·전략·자료를 개발할 수 있는 능력을 가지고 있어야 한다. 다문화 교육과정을 실행하기 위한 교수 기법이 개발되어 각각의 내용을 학습하는 데 효과적으로 활용되어야 하며, 이러한 교수 기법은 문화적 다양성에 대한 교사의 태도와 일관성을 가지고 있어야 한다. 다문화교육에 대한 성공은 다문화적인 지식을 측정하기보다는 학생들의 행동에 의해서 평가되는데, 효과적으로 실행되었다면 교실과 학교에서 학생들 간의 상호작용이 차이를 존중할 줄 아는 형태로 나타나게 된다. 다문화교육은 학생들의 학교 초기 경험으로부터 시작하므로 교육환경의 모든 측면에 다문화적 요소가 통합되어 나타나야 한다. 이러한 이론에 근거하여 모형을 작성해 보면 [그림 8-1]과 같다.

[그림 8-1] 다문화교육을 위한 기본적 교육과정 설계 모형

다문화교육을 위한 기본적 교육과정 설계 모형은 3단계의 순차적인 모형으로 제시하고 있지만, 상호 연관되어 있는 관계로 지식습득단계가 태도발전단계로만 영향을 미친다고 보기보다는 실제 상황에서는 상호적으로 영향을 미친다고 할 수 있다. 이러한 단계는 실제적으로 다문화교육 교육과정을 설계할 경우, 단계의 구분이 교육과정 설계에 도움이 됨을 의미하는 것으로 반드시 지식습득단계를 거친 후에 태도발전단계 순서로 이동되어야 한다는 것을 의미하는 것은 아니다.

이 모형은 예비교사와 현직교사 교사교육을 위한 다문화교육 교육과정 설계뿐만 아니라 일반 학생들을 대상으로 하는 다문화교육 프로그램을 개발할 경우에도 적용할 수 있다. 예를 들면, 다문화교육을 위한 현직교사 연수 프로그램이 3일로 잡혀 있다면, 이 모형의 세 단계에 맞추어서 프로그램을 구성할 수 있다. 첫째 날은 구체적인 민족 집단이나 문화에 근거한 지식을 강의, 필름 등의 교수 방법을 사용하여 제공할 수 있다. 둘째 날은 집단 토의, 역할극 등을 통해 첫날에 얻은 경험을 강화할 수 있는 활동들로 구성할 수 있다. 마지막 셋째 날은 수업 전략·기법, 수업 자료 선택과 개발 등의 활동으로 이루어질 수 있다. 이러한 접근 방식은 3시간, 6주, 1년간에 걸친 교육 프로그램에도 같은 방식으로 적용할 수 있으며, 한 학

기, 1년에 걸친 예비교사를 위한 다문화교육 강좌 개발에도 적용할 수 있다.

2) 뱅크스의 다문화 교육과정 개혁 접근법

뱅크스(1993)는 초등학교와 중등학교 교육과정에 다문화교육을 통합하여 학생들에게 다문화교육을 가르치기 위한 다문화 교육과정 개혁 접근법을 제시하였다. 이 모형은 다문화교육 교육과정 개발에 있어 가장 널리 알려진 모형으로 실제 학교와 교수 · 학습에서의 다문화교육 교육과정을 어떻게 접근하여야 하는가에 대한 개념적인 수준의 교육과정 개발 방법을 제시하고 있다. 네 단계는 기여적 접근법, 부가적 접근법, 변혁적 접근법, 사회행동 접근법이다.

[그림 8-2] 다문화 교육과정 개혁 접근법

첫 단계인 기여적 접근법은 영웅, 명절, 문화적 요소 등에 초점을 맞추어 접근하는 방법이다. 예를 들어, 한국에 없는 명절 중에 하나인 미국의 할로윈 데이에 대하여 학생들이 공부하고, 이를 축하하는 것이다. 이 접근 방법은 다문화교육을 교육과정에 통합하기 가장 쉬운 방법이다. 기여적 접근법의 장점은 빠르고 위협적이지 않은 방식으로 교사들이 교육과정에 다문화적 요소를 부가할 수 있으며, 다양한 집단에 대한 지식이 없어도 교육과정을 실행할 수 있다는 것이다. 그리하여 대부분 학교에서 가장 많이 사용되고 있는 접근법이다. 단점으로는 민족문화에 대해 피상적으로 이해할 수 있다는 위험이 있으며, 교육과정과 융합할 때 주류 사회의 기준이 다른 나라의 영웅이나 문화 축제를 선택하는 기준이 될 수 있다는 것이다. 그래서 주류 문화에서 받아들여지는 위협적이지 않은 영웅들을 선택함으로 써 소수집단 학생들에 대한 고정관념을 더욱 정형화할 수 있다.

두 번째 단계인 부가적 접근법은 교육과정의 기본 구조는 변화하지 않고 민족 적 · 문화적 주제, 내용, 관점이 교육과정에 첨가되는 단계이다. 예를 들면, 교사가 소수집단의 주제와 관련된 교재, 단원, 강좌를 교육과정 속에 첨부하는 방식이다. 부가적 접근법의 장점은 현존하는 교육과정 속으로 자연스럽게 통합되어서 가르 칠 수 있다는 것이다. 그러나 단점으로는 학생들이 다양한 관점에서 소수집단의 문 제를 파악하지 못하고 주류 문화와 소수 문화가 어떠한 역학관계를 가지고 연관되 었는지 이해하지 못한다는 점이다. 또한 소수집단의 문화가 주류 문화와 융합하지 못한다는 생각을 고착화하는 경향이 있다. 그러므로 기여적 접근법과 부가적 접근 법은 교육과정의 틀이 주류집단의 관점에 고정되어 있어 주류집단의 입장에서 소 수집단의 문화를 판단하는 단계들로 다문화에 대한 고정관념을 형성할 수 있다.

세 번째 변혁적 접근법은 교육과정의 구조를 바꾸어서 학생들이 다양한 민족 적 · 문화적 집단의 관점에서 개념, 문제, 사건, 주제를 볼 수 있게 하는 방법이다. 이 접근을 통해 나의 관점만이 아닌 다양한 문화집단의 관점에서 사건을 볼 수 있 는 비판적 시각을 갖도록 한다. 예를 들어, 일제강점기에 대하여 공부할 때 한국 의 입장에서 일본을 비판만 하기보다는 교육과정의 구조가 일본의 관점, 중국의 관점, 미국의 관점에서 일제강점기를 어떻게 볼 수 있는지에 대해 생각해 볼 수 있 도록 교육과정이 변화되는 것을 의미한다. 변혁적 접근법의 장점은 학생들이 주 류 문화와 소수집단 문화를 균형적인 관점에서 볼 수 있다는 것과 소수집단이 그 들의 문화, 신화, 관점을 학교 교육과정에서 경험하여 권한 부여를 할 수 있도록 돕는다는 점이다. 그러나 단점은 다양한 집단의 관점에서 쓰인 교재 개발, 실제적 인 교육과정 개혁, 현직교사 훈련 프로그램 개발 등을 필요로 한다는 점이다. 그 러므로 학교에서 이 접근법을 실행하기 위해서는 교사에게 단순하게 다문화 인식 교육만을 하는 것이 아니라 다문화 교육과정을 개발할 수 있는 역량을 가질 수 있 는 교육과 연수가 이루어져야 한다.

네 번째 사회행동 접근법은 학생이 중요한 사회적 문제나 개념들에 의사결정 을 하고 그것을 해결하기 위해 행동을 취하는 것을 의미한다. 다문화교육이 지식 적인 측면뿐만 아니라 실천적인 측면에서의 중요성을 부각하는 단계이다. 그러므

로 교사는 학생들이 중요한 사회문제를 해결하기 위한 행동을 취하도록 의사결정을 도와주어야 하며, 학생들은 사회를 변화시키는 데 자발적으로 참여할 수 있도록 지식, 가치, 기술을 습득해야 한다. 가치 분석, 의사결정, 문제해결, 사회적 활동기술을 통한 자기 진단이 이 접근법의 중심적인 가치이다. 예를 들면, 편견이나 차별과 관련된 문제를 파악하였다면, 학생은 인종 간의 관계를 향상시킬 수 있는 전략과 계획을 수립하고 이를 실천에 옮겨야 한다. 이 접근법의 장점은 학생들이 사고, 가치 분석, 의사결정 기술, 자료 수집과 분석 기능, 사회적 활동기술을 향상시켜, 다양한 집단의 사람들과 함께 일할 수 있는 능력과 정치적 효능감을 향상시킬 수 있다는 것이다. 단점은 교육과정 설계와 자료 개발에 많은 시간과 열정이 소비되며, 실제로 제시된 문제가 논란을 일으킬 수도 있다는 점이다. 또한 학생들이 어떤 사회문제를 해결하는 데 의미 있는 행동을 취하기 어려울 수가 있기 때문에 교육학자들이 가장 적게 선택하는 접근법이다.

　뱅크스의 접근법은 수준에 따라 단계로 나누어진다. 기여적 접근법과 부가적 접근법은 1, 2단계에 속하는 것으로 다른 문화를 가진 사람들의 행동을 설명하는 데 주류 문화의 규정과 가치를 고수하는 입장을 취한다. 3단계와 4단계인 변혁적 접근법과 사회행동 접근법은 교육과정 개혁에 있어 주류 문화의 규정과 가치를 벗어나서 각자의 문화를 존중하는 수준이다. 현재 한국에서 다문화교육으로 행하고 있는 문화이해교육, 즉 다른 나라의 문화를 소개하는 수준은 다문화교육에서 단계가 가장 낮은 수준인 기여적 접근법의 실행이다. 일부 다문화교육에 대한 이해가 부족한 학자나 교사들은 다문화교육의 기여적 접근법만을 다문화교육의 전부로 오해하고, 다문화교육을 비판하기도 한다. 그러므로 진정한 의미의 다문화교육이 되기 위해서는 학생들이 단순히 다른 나라 문화를 이해하는 것에서 나아가 다양한 관점에서 비판적으로 생각하며 판단하여 지식이 사회적 실행으로까지 나아갈 수 있도록 변혁적 접근법과 사회행동 접근법으로 교육과정이 개혁되어야 할 것이다.

3) 베넷의 다문화 교육과정 개발을 위한 종합적 개념 모형

　다문화교육을 위한 기본적 개발 모형과 뱅크스의 다문화 교육과정 개혁 접근법은 교육과정 개발에 있어 기본적이며 단순한 모형으로 전체적인 다문화 교육과정의 큰 범주만을 제시해 줄 뿐, 다문화교육 교육과정 설계를 위한 다문화교육의 구체적인 내용에 대해서는 제시하지 못하고 있다. 이에 반하여 베넷의 다문화 교육과정 개발을 위한 종합적 개념 모형은 단계별로 다문화적 능력을 향상시킬 수 있는 내용을 구체적으로 제시하여 주고 있다. 베넷의 모형은 다문화교육의 핵심 가치를 인간존엄과 권리에 대한 존중, 문화적 다양성에 대한 인정과 존중, 세계 사회에 대한 책임감, 지구 보존의 네 가지로 제시하고 있다. 다문화 교육과정 개발을 위한 종합적 개념 모형은 다문화교육의 목적과 관련하여 학생들의 이해, 행동, 가치관, 태도 등을 개발하기 위해 의도적으로 계획된 학교 경험에 중점을 두고 설계되었다. 이 모형은 6개의 목표로 이루어지는데, 다문화적 역사관점 개발, 문화적 인식 강화, 문화 간 이해 능력 강화, 인종·성별 등의 편견과 차별에 대항, 지구 상황과 세계적 역학 관계 인식, 사회적 행동기술 향상의 6단계 목표를 제시하고 있다(Bennett, 2007).

첫째, 다문화적 역사관점 개발에서의 중요한 목적은 주류 사회가 가지고 있는 편견을 바로잡아 줄 수 있는 다양한 역사 관점을 갖는 것이다. 대부분의 사람들은 제3세계나 소수 민족 집단을 떠올릴 때 먼저 역사적 접근을 하는 경향이 있다. 다른 영역보다 역사적 접근이 가장 본인이 속한 사회의 관점에서 다른 집단을 보게 한다. 그러므로 역사적 접근이 주류 사회의 입장에서만 행해진다면, 소수집단에 대한 이해는 왜곡된다. 과거와 현재의 사건들을 주류집단이나 소수집단의 한쪽 관점에서만 이해하기보다는 다양한 민족과 국가적 관점으로 이해할 수 있는 능력을 기르는 것이 중요하다.

둘째, 문화적 인식 강화는 세계 사회에서 나타나는 다양한 생각이나 현실을 자각하고 자신의 생각이나 사고가 다른 국가나 민족 집단에서는 어떻게 다르게 인식되는가를 이해하는 것이다. 자신이 가지고 있는 문화적 인식은 보편적으로 공유되는 관점이 아니라는 것을 인식하고, 다른 국가나 민족 집단이 가지고 있는 것과는 다르다는 것을 이해하는 것이 중요하다. 예를 들어, 〈신데렐라〉 동화는 세계 각국에 유사한 동화가 존재하는데, 한국의 경우는 〈콩쥐 팥쥐〉 동화가 유사하다. 문화적 인식 강화 단계에서는 〈신데렐라〉와 〈콩쥐 팥쥐〉 동화의 유사점과 차이점을 학습하면서 개인의 문화적 인식을 강화할 수 있다.

셋째, 문화 간 이해 능력 강화는 의도적인 의사소통인 언어, 신호, 무의식적 암시인 몸짓, 그리고 자신과는 다른 문화 형식을 해석할 수 있는 능력을 강화하는 것이다. 이 목표에서 중요한 것은 공감과 의사소통이다. 문화적 배경이 다른 사람들은 다른 행동과 사고를 한다는 가정에 대해 스스로 인식할 수 있는 단계이다.

넷째, 인종 · 성별 등의 편견과 차별에 대항하는 것은 자기와 다른 인종이나 문화가 열등하다는 편견이나 오해에 근거한 부정적인 태도와 행동을 줄이는 것을 의미한다. 성별, 인종, 민족과 관련된 미신이나 고정관념을 없애고 기본적인 인간의 유사성에 강조점을 둔다. 목표는 개인, 기관, 문화적 인종차별과 성차별에 대한 역사적 · 동시대적 증거 인식을 바탕으로 반인종차별주의자나 반성별차별주의자로 전환하는 것이다.

[그림 8-3] 다문화 교육과정 개발을 위한 종합적 개념 모형

다섯째, 지구 상황과 세계적 역학 관계 인식은 세계의 상황, 경향, 발전에 대한 지식을 이해하는 것이다. 새로운 기술의 소개나 건강과 영양 섭취, 실천방법 등과 같이 효과적이지만 단순한 사건에서부터 생태계와 같은 거대한 주제까지 세계에 대한 지식을 포함한다.

여섯째, 사회적 행동기술 향상은 인간 복지와 미래, 지구를 위협하는 중요한 문제를 해결하는 데 필요한 지식, 태도, 행동을 향상시키는 것이다. 사고는 세계적으로 하지만 행동은 지역적으로 하는 것을 강조하며, 목표는 개인이 정치적인 효능감과 세계적인 책임감을 느끼는 것이다(장인실, 2008 참조).

이러한 6개의 목표는 서로 중첩되어 있다. 각각의 목표들은 개별적으로 다문화교육을 위해 필요하지만, 목표 하나만으로는 충분하지 않다. 예를 들면, 타문화에 대한 이해, 기능, 태도의 발전 없이 문화적 의식을 높이는 것은 더 큰 민족 중심주의나 분열을 이끌 수 있다. 개인에 대한 정체감이나 안정감 없이 공감과 같은 타문화에 대한 이해 능력을 키우기는 사실상 불가능하다. 그러나 교육과정 모형의 6개 목표를 동등하게 강조하여 가르칠 필요는 없다. 각각의 목표는 단위학교 체제, 학년, 교과 내용 영역에 따라 가장 적합한 목표들을 강조하여 사용하면 된다. 예를 들어, 어떤 학교에서는 역사적 관점과 문화적 인식이 문학과 미술 과목에서 강조될 수 있고, 다른 학교에서는 문화 간 이해 능력을 위한 외국어와 의사소통 영역을 강조하여 가르칠 수 있다.

4) 포드와 해리스의 다문화교육을 위한 수업 설계 및 평가 모형

포드와 해리스(1999)는 뱅크스(1993)의 모형과 블룸(Bloom, 1956)의 분류법에 기초하여 실제적으로 교실에서 교사들이 교육과정을 개발하고 평가할 때 사용 가능한 구체화된 기본 틀을 제시하였다. 블룸의 분류법은 사고의 6단계로 이루어져 우리나라의 초·중등학교에서도 널리 이용되었던 개념이다. 6단계는 다시 하위 수준인 지식, 이해, 적용의 단계와 상위 수준인 분석, 종합, 평가의 두 단계로 나뉜다. 하위 수준은 단순 암기나 학습의 제한된 전이만이 일어나고, 사실을 가르치거나 기억하며 제한된 방식으로 배운 것을 적용하는 단계이다. 이러한 단계에서는 학생들이 학습을 주도적으로 이끌어 가거나 상상력을 신장할 기회가 거의 없는 수렴적 사고의 수준이다. 상위 수준에서는 자신이 배운 것을 탐구하고 관찰하며, 비판하여 종합하는 것을 배우게 되는데, 이러한 방법은 학생 중심적인 접근법으로 학생들로 하여금 문제에 대하여 예견하고, 가정하고, 창조적으로 생각하도록 하는 확산적 사고를 신장시킨다. 그러므로 다문화적 감각을 가진 교사나 소수자 학생에 대하여 높은 기대를 가진 교사는 상위 수준 방식으로 이들 학생들을 가르치려 노력한다. 뱅크스(1993)의 기여적 · 부가적 · 변혁적 · 사회행동 접근법의 네 단계는 다문화 내용을 교육과정으로 융합하기 위한 모형으로 앞에서 자세하게 살펴보았다(장인실, 2008 참조).

포드와 해리스(1999)는 블룸와 뱅크스의 모형을 근거로 하여 각 단계의 영역별로 학생들이 이루어야 할 교육목표를 제시하고 있다. 이 준거 틀은 학급 교육과정 개발에 있어서 구체적인 내용에 근거하여 교육과정을 개발할 수 있고, 다문화교육과 관련하여 학생들을 평가할 수 있는 실제적인 평가의 준거 틀로 사용할 수 있다. 포드와 해리스(1999)의 준거 틀은 〈표 8-1〉에 제시되었다.

〈표 8-1〉 포드-해리스의 다문화교육을 위한 수업 설계 및 평가 준거 틀

구분	지식	이해	적용	분석	종합	평가
기여적 접근	학생들은 문화적 유물, 사건, 집단, 다른 문화적 요소 등에 대하여안다.	학생들은 문화적 유물, 집단 등에 대한 정보를 이해할 수 있다.	학생들은 문화적 유물, 사건 등에서 배운 정보를 적용할 수 있다.	학생들은 문화적 유물, 집단 등의 정보를 비교할 수 있다.	학생들은 문화적 유물, 집단 등의 정보로부터 새로운 사실을 창조할 수 있다.	학생들은 문화적 유물, 집단 등에 근거한 지식과 사실을 평가할 수 있다.
부가적 접근	학생들은 문화적 집단에 대한 개념과 논지를 안다.	학생들은 문화적 개념과 논지를 이해할 수 있다.	학생들은 문화적 개념과 논지에 대해 배운 정보를 적용할 수 있다.	학생들은 중요한 문화적 개념과 논지를 분석할 수 있다.	학생들은 문화적 개념과 논지에 대한 중요한 정보를 종합할 수 있다.	학생들은 문화적 개념과 논지를 비판할 수 있다.
변혁적 접근	학생들은 중요한 문화적 요소, 집단 등의 정보가 주어지고, 다른 관점에서 정보를 이해할 수 있다.	학생들은 중요한 문화적 개념, 논지 등의 이해를 다른 관점에서 보여줄 수 있다.	학생들은 중요한 문화적 개념, 논지 등의 이해를 다른 관점에서 적용할 수 있다.	학생들은 중요한 문화적 개념, 논지 등을 한 가지 관점 이상에서 점검할 수 있다.	학생들은 새로운 관점이나 다른 집단에 대한 관점에 근거하여 결과물을 창조할 수 있다.	학생들은 중요한 문화적 개념, 논지를 다른 관점에서 평가하고 판단할 수 있다.
사회행동 접근	학생들은 문화적 유물 등의 정보에 근거하여 사회적 행동을 위한 제언을 할 수 있다.	학생들은 중요한 개념, 논지의 이해에 근거하여 사회적 행동에 대한 제언을 할 수 있다.	학생들은 중요한 사회적 · 문화적 문제의 이해를 적용할 수 있다. 이러한 문제에 대한 행동을 취하도록 제언을 할 수 있다.	학생들은 사회적 · 문화적 문제를 다른 관점에서 분석할 수 있다. 이러한 문제를 행동에 옮길 수 있다.	학생들은 사회적 · 문화적 문제를 해결할 행동계획을 할 수 있다. 학생들은 중요한 사회적 변화를 추구한다.	학생들은 중요한 사회적 · 문화적 문제를 비판하고 국가적 · 세계적 변화를 추구한다.

포드와 해리스(1999)는 다문화교육 내용을 학급 교육과정 속으로 융합할 수 있는 구체적인 준거 틀을 제시한다. 이 준거 틀은 교사가 교실에서 교육과정을 설계할 때 각 수준에 대한 기술과 정의를 포함하여 목표와 평가 준거를 구체적으로 제시하여 준다. 예를 들면, 다문화적 음악 주제에 관하여 학습할 때, 지식-기여적 수준에서는 노예 집단에서 유행했던 노래를 3개 이상 말하는 것이 목표이고, 분석-부가적 수준에서는 노래에 나타난 주요 생각과 내용을 설명하는 것이 목표이다. 분석-변환적 수준에서는 학생들 자신이 노예가 된다는 것을 상상하여 그때의 감정을 음악으로 표현할 수 있어야 하고, 종합-사회적 활동 수준에서는 이러한 다문화 노래를 바탕으로 느꼈던 감정을 연극으로 전환할 수 있는 것이 교육목표이다.

다문화교육은 서로 화합하고 전 세계 사람들과 조화를 이루면서 살아가는 사람을 미래상으로 설정하고 있다. 타인뿐만 아니라 자신이 갖고 있는 가치관을 신중하게 검토하고 비판적으로 생각하며 대안적인 관점들에 대해서도 고려할 수 있는 시민으로 양성하는 것을 목표로 하고 있다(Bennett, 2007). 앞에서 제시한 네 가지의 다문화교육을 위한 교육과정 개발 모형은 이러한 다문화교육의 목표를 달성하기 위하여 교육과정을 어떻게 개발하느냐에 대한 방법을 제시하고 있다. 이들 모형 중에는 교사를 위한 교육과정 개발에 중점을 둔 것도 있고, 학생이 중심이 되는 교육과정 개발 모형도 있으나, 전체적으로 하나의 대상만을 위한 교육과정 개발 모형이라기보다는 다문화교육을 위해 모든 교육과정 개발에 적용할 수 있는 모형들이다.

3. 다문화교육 교육과정 개발 실제[1]

다문화교육에 대한 필요성과 중요성에 대한 인식이 생겨남에 따라 학교 현장에 대한 연구도 많이 이루어지고 있다. 박재의와 강현석(2009)은 다문화교육 연구 학교를 대상으로 다문화 교육과정이 어떤 영역에서 이루어지고 있는가를 조사하였

---

1) 이 절에 제시된 수업지도안은 장인실 등(2020)의 연구보고서인 '다문화 주제중심 프로젝트 학습 자료 개발'에서 인용한 것이다.

고, 조영달 등(2011)은 연구 학교 및 일반학교를 대상으로 다문화교육의 현장 실태 파악 및 운영의 어려움을 분석하였다. 대부분의 다문화교육 연구는 전반적인 운영 방안 및 실태 분석에 중점을 두고 있으며, 교과 영역에서의 실천방안에 대해서는 특별히 주목하지 않고 있다.

우리나라의 다문화교육은 다문화 학생 대상의 한국어교육 및 한국문화 이해와 세계 여러 나라의 문화 이해에 초점을 두고 이루어져 왔다. 다문화교육을 다문화 학생을 위한 한국 사회 적응 지원과 모든 학생의 문화 다양성 이해 교육으로 보았기 때문이다. 다문화교육 내용을 보면, 문화 교육(한국문화 적응 교육, 외국문화 이해 교육), 언어교육(한국어교육, 이중언어교육), 다문화이해 능력 함양교육(문화상대주의적 가치와 태도 교육), 공동체 의식 함양, 자아정체감 확립, 학교생활 적응(학습결손) 및 일상생활 적응의 내용이 일반적이다(조영달 외, 2010). 다문화교육은 다문화 학생의 개인적 적응 지원이나 모든 학생 대상 문화이해교육으로 주로 진행되고 있으며, 사회구조적 문제 및 차별 등을 다루거나, 이를 개선하기 위한 사회행동적 실천 교육은 부족한 실정이다. 이러한 교과 교육과정과 분리된 다문화교육은 문화적 다양성 체험에 국한되어 일시적 행사 프로그램으로 운영될 가능성이 높으며, 지속적으로 운영하는 데 한계가 있다. 다문화교육이 제대로 이루어지려면 인간이 갖는 편견을 줄이고 사회적 약자를 보호하는 교육과 사회적 다양성을 수용하는 교육과정이 필요하며, 이러한 다문화 교육과정이 생명력을 가지려면 교수·학습 과정에서 편견 없는 비판적 사고가 반영되어야 한다(현길자, 염미경, 2014). 또한 자신이 속한 문화에 대한 긍정적인 정체성 확립을 기초로 서로 다른 집단들의 문화가 동등하게 가치 있는 것으로 인식하는 지식, 태도, 가치 교육이 교육과정 내에서 이루어져야 한다(장인실, 2006).

따라서 이 절에서는 다문화 교수·학습 과정안을 성취기준을 중심으로 재구성하여 기존 교육과정 체제하에서 비판적 사고 능력과 사회행동기술을 학습할 수 있도록 교육과정을 재구성하였다. 또한 교육과정을 재구성하는 과정에서 수행과제를 제시하여 학습 활동이 통합적으로 이루어지도록 하였다. 교사가 제시한 수행과제를 해결하기 위한 단계가 각 차시 수업과 연계가 되고, 학생들은 각 차시 수업을 통해 수행과제 최종 결과물을 위한 미션을 하나씩 수행하게 된다. 교육과정, 수업, 평가의 일체화가 가능한 설계로 학교 현장에서는 수행과제를 개발하고 이를 바탕으로 수업을 설계, 평가한다.

예시는 2015 개정 교육과정 중 6학년을 대상으로 수업지도안을 기술하였으나, 이 예시는 교과와의 연계를 보여 주기 위하여 6학년을 대상으로 한 것으로 초등학교 다른 학년이나 중·고등학교에서도 적용이 가능하다. 최근 한국의 단일화 인식을 설문 조사한 연구에서 외국인 출신지역별 이민에 대한 인식을 물어본 결과, 아프리카 사람들보다 중동 사람들에게 더 부정적인 이미지를 가지고 있는 것으로 나타났다. 이 수업지도안은 이러한 학생들의 인식을 변화시키기 위한 12차시의 프로젝트 수업으로 제시되어 있다. 12차시 수업지도안 중에서 7~8차시에 해당하는 '히잡, 입어라! 벗어라! 신호등 토론하기' 수업을 예시로 제시하였다.

반편견 사회행동

모두 다! 문화예요.

🌐 우리 학급 이야기

뉴스나 인터넷 기사로만 접한, 내가 아는 '시리아'는 단순히 무서운 곳이다. 오랫동안 이어져 온 내전으로 인해 많은 사람은 고향을 떠났고, 남아 있는 사람들은 외줄 타기를 하듯 하루하루를 아슬아슬하게 보내고 있다. 언제 끝날지 모르는 전쟁을 피해서 탈출한 사람들은 소중한 목숨을 잃기도 한다. 결국 운 좋게 살아남은 이들은 머나먼 낯선 땅으로 올 수 있지만, 낯선 땅의 사람들은 그들을 반겨 주지 않는다. 생김새가 달라서만은 아니다. 언어와 종교를 포함한 특정 문화에 대한 배타적인 시선은 그들에게 많은 상처가 되고 있을 것이다.

또래에 비해 유난히도 작은 체구, 히잡을 쓴 모습이 전혀 불편하거나 어색하지 않은 아이. 동그랗게 뜬 눈이 깜박거릴 때마다 말로는 전하지 못하는 많은 것을 말해 주고 있는 듯하다. 학교 현장에서 내가 이 아이들을 만나게 될 줄은 상상도 못하였다. 시리아에서 왔다는 이 아이들은 내가 알고 있는 '시리아'에 대한 이미지를 완전히 버릴 수 있게 해 주었다. 의사소통에 많은 어려움이 있었지만, 아이들만의 때 묻지 않은 순수함이 있었다. 해맑은 표정으로 체육 시간에 운동장을 누비는 모습은 우리나라의 여느 아이들과 다를 게 없었으며, 음악 시간에 진지하게 음악 감상을 하는 모습 또한 인상적이었다.

하지만 종교와 문화가 다른 데서 오는 차이는 분명 있었다. 일단 '히잡'이라 불리는 베일을 항상 두르고 있었는데 그들에게는 자신의 종교를 드러내는 너무도 당연한 복식문화겠지만, 우리 아이들 눈에는 조금 특별해 보이는 문화였다. 어른인 나 역시 이슬람문화를 있는 그대로 받아들여야 한다고 머리로 충분히 이해하지만, 여름에는 더워 보이는 데다가 아이가 쓰고 다니기에 불편해 보이는 것은 느낌 탓일까! 더 큰 문제는 급식에 있었다. 무슬림은 '하람'과 '할랄'로 구분되는 금기 음식과 허용 음식이 있어서 아무 음식이나 먹을 수 없다. 학교에서 제공되는 음식이 '할랄'이 아니므로 이 아이들은 급식을 먹지 않았다.

"선생님, 저 친구들은 왜 급식 안 먹어요?"라며 궁금해하던 친구들도 나중에는 익숙해졌는지 더 이상 묻지 않고 급식실에서 그 친구들을 볼 수 없다는 사실을 당연하게 받아들였다. 그들의 종교와 문화를 존중하지만, 한창 성장기에 있는 어린이가 고른 영양소를 섭취하지 못하는 것은 어른으로서 지켜보기에 무척 마음 아픈 일이었다. 또 이 아이들은 경제적으로도 넉넉한 형편이 아니었기 때문에 따로 급식을 준비해 오는 것은 더욱 힘든 일이었다.

이 밖에도 이슬람문화와 우리 문화의 차이는 상당할 것이다. 하지만 우리 사회가 알게 모르게 가지고 있는 '이슬람포비아'가 아이들에게 전달되고, 편견이나 고정관념으로 그들을 대하게 된다면 앞으로 급변할 다문화사회로의 적응에 커다란 장벽이 될 것이다. 그러므로 이번 프로젝트 학습을 통하여 이슬람문화에 대한 편견을 버리고, 서로 다른 문화를 있는 그대로 이해하고 받아들이는 기회를 제공하고자 한다. 나아가 이런 생각의 변화를 사회로 전달하는 작은 씨앗이 되길 바라본다.

🌐 **수행과제**

다양한 문화, 서로 다른 생각

함께 살아가는 지구에 서로 다른 문화가 존재하는 것은
어쩌면 너무도 당연합니다.

하지만 우리는 그동안
우리와 다르다는 이유만으로
그들에게 편견을 가지고 있지는 않았는지요?

이번 프로젝트 학습을 통하여
이슬람문화에 대하여 알아보고,
토론을 통한 나의 생각 변화를 정리하여
동영상으로 타인에게 전달하여 봅시다.

이슬람문화에 대해 알아보고,
토론을 통한 내 생각의 변화를
타인에게 전달하는 모습 틱톡 동영상 찍기

🌐 **교육과정 들여다보기**

6학년 2학기 사회 1단원 '세계 여러 나라의 자연과 문화'는 크게 세 부분으로 구성되어 있다. 먼저 첫 번째 소단원에서는 '지구, 대륙 그리고 국가들'이라는 주제로 지구를 구성하고 있는 대륙과 대양을 알아보고 기후에 따른 국가들의 연관성과 특징 등을 알아본다. 두 번째 소단원에서는 '세계의 다양한 삶의 모습'이라는 주제로 의식주 문화를 바탕으로 한 다양한 삶의 모습을 비교하고 문화와 생활 모습의 관계를 알아보는 데 주안점을 둔다. 마지막 세 번째 소단원에서는 '우리나라와 가까운 나라들'이라는 주제로 중국, 일본 등 우리나라와 가까운 나라의 의식주 문화, 삶의 모습 등을 자세히 탐구한다. 이 중 두 번째 소단원의 '세계의 다양한 삶의 모습' 부분을 학급의 실정에 맞게 이슬람문화에 초점을 두고 프로젝트 기반학습으로 재구성하여 보았다. 또 3단원 '인권 존중과 정의로운 사회'와 연결시켜 오늘날의 인권 보장이 필요한 일상생활을 탐구하여 인권의 중요성을 인식하고 인권 보호를 실천하는 태도를 기르고자 한다.

여기에 더하여 프로젝트 기반학습의 주제를 해결하기 위해서는 다 함께 토론하고, 여러 가지 방법 중 가장 합리적인 방법을 찾기 위해 토의하는 활동이 필요하다. 그리하여 국어과의 관련 성취기준을 접목하여 교과 융합형 프로젝트 기반학습을 계획하였다. 이렇게 추출한 성취기준을 바탕으로 교육과정을 재구성하였으며, 학생들은 이를 통해 여러 가지 핵심역량 중 특히 창의적 사고 역량, 의사소통 역량, 공동체 역량 등을 함양할 수 있도록 계획하였다.

<표 8-2> 교과별 관련 성취기준

교과	단원명	성취기준
사회 6-2	3. 인권 존중과 정의로운 사회	[6사02-02] 생활 속에서 인권 보장이 필요한 사례를 탐구하여 인권의 중요성을 인식하고, 인권 보호를 실천하는 태도를 기른다.
	1. 세계 여러 나라의 자연과 문화	[6사07-04] 생활 의식주 생활에 특색이 있는 나라나 지역의 사례를 조사하고, 이를 바탕으로 하여 인간 생활에 영향을 미치는 여러 자연적·인문적 요인을 탐구한다.
국어 6-1	3. 짜임새 있게 구성해요	[6국01-02] 의견을 제시하고 함께 조정하며 토의한다. [6국01-03] 절차와 규칙을 지키고 근거를 제시하며 토론한다.
	4. 주장과 근거를 판단해요	[6국03-04] 적절한 근거와 알맞은 표현을 사용하여 주장하는 글을 쓴다.
핵심 역량: 창의적 사고 역량, 의사소통 역량, 공동체 역량		

🌐 교육과정 설계하기

6학년 사회 교과에 등장하는 '세계 여러 나라의 자연과 문화'에 관련된 부분에서 학급에서 꼭 필요한 부분을 강조하여 지도할 필요가 있겠다고 생각하였다. 이슬람문화에 대해서는 우리와 다르다는 이유로 잘 이해하지 못하는 부분이 있고, 편견이나 오해를 가지고 있기도 하다. 하지만 문화에는 좋고 나쁨이 없으며 우월하거나 열등함을 서열화할 수 없다. 또 독특한 문화와 고유한 생활양식이 생길 수밖에 없는 기후, 환경 등이 존재하기 마련이다. 학급에 이슬람문화를 가진 친구가 있는 만큼 이 부분에 대한 재구성을 통하여 이슬람문화에 대한 올바른 이해를 돕고 서로 다른 문화를 대할 때의 태도에 대한 교육이 필요하다고 보았다. 또 국어과와 연계하여 이슬람문화와 관련된 주제(히잡, 벗어라, 입어라 등)로 다양하게 토론하고 나의 생각이 어떻게 변화하였는지를 살펴본 후 타인에게 나의 생각이 어떻게 변화하였는지를 전달해 보는 활동을 하고자 한다. 이에 다음과 같이 교육과정을 재구성하여 프로젝트 수업을 계획해 보았다.

첫 시간에는 이슬람문화를 대하는 우리의 현실을 마주하기 위한 활동을 한다. 우선, '한발 앞으로'라는 활동을 통하여 지구촌의 다양한 사람들이 자신의 의지와 상관없이 어려운 상황에 놓일 수 있다는 점을 인지한다. 우리가 지금 누리고 있는 당연한 것들이 어쩌면 다른 사람들에게는 간절한 것일 수 있음을 알고 이를 감사하게 여기며, 어려운 상황에 놓인 그들을 위해서 우리가 할 수 있는 일들을 찾아 실천하는 것이 소중한 일임을 이해한다. 그 후 이슬람문화에 대해 내가 가지고 있는 이미지를 생각 그물로 표현한다. 이미지를 나타내는 단어를 사용하거나 그림으로 표현하여도 좋을 것이다. 긍정적이든 부정적이든 어떤 것이든 좋으므로 떠오르는 것을 자유롭게 표현하여 보도록 한다. 이 내용은 프로젝트 학습의 마무리에 다시 한 번 확인하여 내 생각이 얼마나 바뀌었는지 확인하는 데 활용한다. 또한 몇 가지 사례를 통하여 이슬람문화에 대한 우리의 인식 상황과 실태를 살펴보고, 프로젝트 학습을 통해 문화에 대한 편견을 줄이고 토론을 통한 내 생각의 변화를 타인에게 전달하는 연습을 해 보는 기회를 가질 수 있음을 안내한다.

두 번째 시간에는 이슬람문화에 대하여 본격적으로 알아보는 시간을 갖는다. 이슬람문화의 종교 생활, 의생활, 식생활 등에 대하여 조사하고 발표하는 시간을

갖는다. 그리고 그런 문화가 생길 수밖에 없었던 지리적 위치나 자연환경 등과도 연결 지어 생각해 보도록 한다. 조사한 내용을 바탕으로 '무슬림의 하루'를 상상하여 일기로 표현해 본다. 이 활동을 통해 이슬람문화에 대해 알게 된 내용을 적용하여 볼 수 있으며 그들의 생활을 공감해 보는 효과도 있을 것이다.

세 번째 시간에는 이슬람문화에 대해 우리가 가지고 있던 편견을 확인해 보는 활동을 한다. 먼저, 영화 〈내 이름은 칸〉의 내용을 통해 무슬림들에게 가지고 있는 편견을 마주한다. 무슬림이라는 이유로 힘들어하는 주인공들의 삶을 보며 우리가 가지고 있는 편견이 누군가에게는 고통을 줄 수 있다는 사실을 인지한 후, 우리가 가지고 있는 무슬림에 대한 편견을 생각해 보고 사실 여부를 판단할 수 있는 자료를 수집해 본다. 마지막으로, 수집한 자료를 바탕으로 우리가 가지고 있던 편견에 대한 사실 여부를 정리하고 이를 공유하는 시간을 갖는다.

네 번째 시간에는 '프랑스의 학교 내 히잡 착용에 관한 논란'을 주제로 토론 활동을 한다. 프랑스 학교 내에서 히잡을 벗어야 한다고 주장하는 측과 히잡을 입어야 한다고 주장하는 측의 관점을 비교해 보고 나의 생각을 정리한 후 학급 단위로 토론을 펼쳐 본다. 이때 토론의 답은 정해져 있는 것이 아니므로 양쪽의 관점을 모두 존중하는 태도로 토론에 참여하며, 이번 토론은 나와 다른 생각과 관점을 넓은 마음으로 받아들이는 연습의 기회로 삼는다.

다섯 번째 시간에는 지금까지 이루어진 학습을 바탕으로 내 생각이 어떻게 변화하였는지를 정리해 보는 시간을 갖는다. 이슬람문화도 시대에 맞게 변화하고 있다. 여성의 사회 진출도 활발해지고 있으며 엄격했던 규율들이 상황에 맞게 융통성 있게 적용되기도 한다. 이런 사례들을 찾아보며 변화하는 이슬람문화에 대해 알아보고, 우리나라에서 무슬림들을 위하여 할랄 음식을 제공하는 사례 등을 소개하며 변화가 필요함을 인지한다. 다음으로 첫 시간에 이슬람문화에 대한 이미지를 생각 그물로 만들었던 자료를 활용하여 지금의 생각과 비교해 보고 나의 생각이 어떻게 변하였는지를 정리한다. 이슬람문화에 대해 부정적이거나 관심이 없었던 것에 비해 이들에 대한 긍정적인 이미지를 갖게 되었다거나 관심을 갖고 이해하며 존중해야겠다는 생각으로의 변화가 대부분일 것이다. 이렇게 정리한 내용을 바탕으로 이슬람문화에 대한 편견을 줄이자는 내용의 홍보자료를 제작한다.

여섯 번째 시간에는 지난 시간에 정리한 나의 의견과 자료를 바탕으로, 타인에

게 내 생각을 전달하고 이 모습을 동영상으로 촬영하여 '틱톡' 애플리케이션을 활
용하여 업로드한다. 이때 스마트폰이 없거나 활용이 어려운 친구들이 있을 수 있
으므로 친구끼리 짝을 지어 과제를 수행하거나 부모님 스마트폰을 활용하는 등
꼭 틱톡 애플리케이션이 아닌 다양한 방법으로 활동을 수행해도 좋다고 미리 안
내한다. 또 이슬람문화에 대한 편견을 줄이자는 내용을 홍보하는 것에 활동의 목
적이 있으므로 군이 동영상 촬영이 아니더라도 학급 친구들이 함께 캠페인 활동
에 참여하는 것 등으로 대체할 수도 있다.

<표 8-3> 주제 통합 교육과정 재구성에 따른 차시별 수업 내용

교과	활동명(차시)	수업 내용
사회	이슬람문화를 대하는 우리의 현실 마주하기 (1-2/12)	• 도입 및 학습자에게 문제 제시 - '한발 앞으로' 활동하기 - '이슬람문화' 하면 떠오르는 이미지로 생각 그물 만들기 - 기사를 통해 실제 사례 살펴보기
사회	이슬람문화 완전 정복! (3-4/12)	• 문제 파악 및 정보수집계획 수립 - 배경지식 확인하기 - 이슬람문화의 종교, 의복, 식생활 조사하고 내용 공유하기 - 이슬람문화 이해하기 ◦ '무슬림의 하루 일기' 쓰기
사회	이슬람문화에 대한 편견, 팩트 체크! (5-6/12)	• 문제해결 - 영화 〈내 이름은 칸〉의 내용을 통해 편견 상황 살펴보기 - 이슬람문화에 대해 가지고 있는 편견 확인하기 ◦ 테러, 여성 인권, 음식 등과 관련된 편견 - 편견 해소를 위하여 객관적인 자료 조사하기 - 조사 결과 및 나의 생각 공유하기
국어	히잡, 벗어라! 입어라! 신호등 토론하기 (7-8/12)	• 문제해결 - 토론 상황 제시하기 ◦ 프랑스 학교 내 히잡 착용 금지법에 대한 논란 - 찬성/반대 각각의 주장과 근거 살펴보기 - 내 의견 정리하고 신호등 토론하기

| 국어 | 생각의 변화 정리하고 표현하기 (9-10/12) | • 문제해결
– 변화하는 이슬람문화 살펴보기
– 이슬람문화를 존중하는 우리나라의 변화 살펴보기
– 이슬람문화에 대한 내 생각의 변화 정리하기
– 편견 극복을 위한 홍보자료 제작하기 |
| 국어 | 타인에게 전달하고 틱톡! 동영상 찍기 (11-12/12) | • 문제해결
– 내 생각 전달하기 위한 연습하기
– 타인에게 전달하고 동영상 찍어 틱톡에 업로드하기
– 프로젝트 활동 마무리하고 소감 나누기 |

🌐 배움중심 교수 · 학습 과정안

활동명	히잡, 입어라! 벗어라! 신호등 토론하기		
관련 교과	국어(3. 짜임새 있게 구성해요, 4. 주장과 근거를 판단해요)		
성취기준	[6국01-03] 절차와 규칙을 지키고 근거를 제시하며 토론한다. [6국03-04] 적절한 근거와 알맞은 표현을 사용하여 주장하는 글을 쓴다.		
다문화교육 지도 요소	반편견, 사회적 행동기술	차시	7-8/12
학습목표	이슬람문화에 대한 찬반 토론을 주제로 정하여 학급의 친구들과 신호등 토론을 하여 봅시다.		
학습지도 내용	이해와 공감하기 Ⅰ (20′)	• 활동 1. 토론 주제 제시하기: 프랑스 학교에서의 히잡 논란 – 관련 뉴스 살펴보기 '입어라 vs 벗어라 논쟁 가열'(https://www.youtube.com/watch?v=jYORalF2rBI) – 히잡 착용에 대한 양쪽의 글 읽고 각각의 관점 이해하기 　◦ 벗어라: 여성의 인권과 자유가 우선이다. 그들은 스스로 종교를 선택한 것이 아니므로 자유를 주고 스스로 선택할 수 있도록 해야 한다. 　◦ 입어라: 그들의 종교를 존중해 주어야 한다. 무슬림 여성들은 히잡을 벗는 것을 오히려 수치스럽게 생각한다.		

이해와 공감하기 Ⅱ (40′)	• 활동 2. 신호등 토론하기 – 학교에서 히잡 착용 찬성과 반대에 대한 나의 입장 정리하기 – 찬성 초록색, 반대 빨간색, 중립 노란색으로 표현하기 – 같은 색끼리 모여 자신의 입장을 정리하기 – 추가 질문 제시하기: 내가 만약 무슬림이라면, 나는 벗을 것인가? 입을 것인가? – 같은 방법으로 다시 한 번 진행하기 **TIP** 신호등 토론하기 찬성, 반대의 숫자를 잘 보이도록 칠판에 기록하여 의견 분포를 확인할 수 있도록 합니다. 같은 의견을 가진 친구들이 모여 앉아 주장을 더욱 정교하게 정리합니다. 교사의 추가 질문을 통해 학생들은 자신의 의견을 더욱 명확히 정리할 수 있으며, 학생들은 언제든지 자신의 주장을 바꿀 수 있습니다.	
함께 실천하기 (20′)	• 활동 3. 토론 후 내 생각 정리하기 – 적절한 근거를 들어 나의 주장을 최종적으로 정리해 보기 – 내 주장을 글로 표현하고 다른 친구들과 공유하기	
평가 계획	• 절차와 규칙을 지키며 토론 활동에 참여하는가?(토론 활동 관찰 평가) • 적절한 근거와 알맞은 표현으로 자신의 주장을 글로 쓸 수 있는가?(토론 활동 관찰 평가)	

활동지

히잡 착용, 벗어라! VS 입어라!

이름:

다음 글을 읽고 물음에 대답해 봅시다.

히잡, 벗어라!	'프랑스 학교 안에서 히잡을 벗으라고 한 것에 찬성한다.' 일반적으로 여성들에게 헤어스타일은 커다란 관심사이다. 이런 표현의 자유를 히잡으로 억압하는 것은 매우 안타깝다. 무슬림 여성이 히잡을 착용하는 것은 처음부터 그들이 선택한 것이 아니므로 벗을 수 있는 권리 역시 보장해 주어야 한다. 심지어 이란에서는 거리를 지나가는 여성들이 히잡을 쓰지 않았거나 약간 헐겁기만 해도 경찰이 현장에서 체포해 간다고 한다. 여성이 히잡을 선택할 권리가 없는 이란을 볼 때, 여성들이 히잡을 벗을 수 있는 권리 또한 법으로 보장해 주어야 한다. 따라서 프랑스에서 히잡 착용을 금지하는 법은 매우 필요한 일이었다. 그런데 오히려 히잡을 착용하며 평생 살아왔던 무슬림 여성들이 이 법을 오히려 반대하고 있다. 그러나 이들의 삶을 들여다보면 이들은 평생 종교에 의지하고 순응하며 살아왔고, 가족 중심의 문화 때문에 자신이 율법을 지키지 않으면 가문의 명예를 더럽힌다는 생각 때문에 쉽게 받아들이지 못하는 것이다. 서서히 문화가 바뀌기만을 기다릴 수는 없다. 여성의 권리를 법으로써 보장하고 강제화하는 것은 좀 더 발전된 문화를 만드는 힘이 될 것이다. 나는 이러한 법을 통해 자유로운 프랑스 사회에서 무슬림 여성들이 능력을 발휘하고 인권을 보장받을 수 있을 것이라 생각한다.

★ 글쓴이의 주장과 근거를 정리하여 봅시다.

주장	
근거	

활동지

히잡 착용, 벗어라! VS 입어라!

이름:

다음 글을 읽고 물음에 대답해 봅시다.

히잡, 입어라!	'프랑스 학교 안에서 히잡 착용을 금지한 것에 대해 반대한다.' 히잡 착용을 여성 억압의 상징처럼 여기는 것은 잘못된 생각이다. 무슬림 여성들이 모두 압력 때문에 히잡을 착용하는 것은 아니기 때문이다. 일부 여성들은 그럴지 몰라도, 많은 무슬림 여성은 자신의 정체성을 지키기 위해서나 인간관계, 정치적인 이유 등으로 히잡을 착용한다. 　프랑스 등 유럽에서 무슬림은 이주민으로서 가장 가난하고 무시받는 집단이다. 따라서 프랑스에서 하겠다는 히잡 착용 금지는 '여성 해방'이 아니라 인종차별을 내세우는 법일 뿐이라고 판단된다. 　히잡을 벗으라는 의견에 지지하는 사람들은 여성 억압을 이슬람문화의 특수한 현상으로 여긴다. 그러나 여성이 차별받고, 억압받는 것은 이슬람권에서만의 문제는 아니다. 종교가 여성 차별을 부추긴 것은 기독교나 유대교에서도 많다. 중세의 마녀사냥 등이 그 예이다. 　이슬람 사회에서도 여성의 지위는 나라마다 다르다. 사우디아라비아와 이란은 둘 다 여성의 히잡 착용을 의무화하지만, 사우디아라비아에서 여성은 남편이나 남자 형제가 동행하지 않으면 마음 놓고 이동할 수 없고, 여성은 투표권도 없다. 하지만 이란에서는 1950년대 혁명이 일어났던 경험이 있고, 여성은 이미 1950년대부터 투표를 할 수 있고 여성들의 사회진출이 증가하고 있다. 그러므로 히잡이 여성을 억압한다는 주장에 동의할 수 없다.

★ 글쓴이의 주장과 근거를 정리하여 봅시다.

주장	
근거	

활동지

히잡 착용, 신호등 토론하기

이름:

'프랑스 학교 안 히잡 착용 금지법'에 대한 글쓴이의 주장과 근거를 비교하여 봅시다.

	히잡, 벗어라!	히잡, 입어라!
주장		
근거		

★ 학교 안에서의 히잡 착용에 대한 여러분의 생각은 어떤가요?

히잡, 입어라!(찬성)	히잡, 벗어라!(반대)	잘 모르겠다.
● 초록 신호등	● 빨간 신호등	● 노란 신호등

★ 자신의 생각을 정리하여 봅시다.

저는 학교 안에서 히잡을 착용하는 것에 대하여

......

......

......

생각해 봅시다

1. 다문화교육과 교육과정의 관계에 대하여 본인의 생각을 정리하여 설명해 보시오.
2. 뱅크스의 모형에 근거하여 각 단계를 설명하고 단계별 수업 사례를 구체적으로 기술하시오.
3. 베넷의 모형에 근거하여 각 단계에 해당하는 수업 사례를 구체적으로 기술하시오.
4. 포드와 해리스의 모형에 근거하여 한 단계를 선택하여 다문화교육을 위한 목표를 설정하고 이에 근거하여 수업지도안을 작성하시오.
5. 교육과정 재구성을 통하여 다문화 교육과정을 실행할 수 있는 수업을 설계하시오.

참고문헌

김영우(2001). 교사의 자질과 교사교육의 개혁방향. 서울: 하우.

박재의, 강현석(2009). 다문화 교육과정 개발 방향 탐색: 연구학교 사례분석을 중심으로. 사회과교육, 48(1), 27-43.

장인실(2006). 미국 다문화교육과 교육과정. 교육과정연구, 24(4), 27-53.

장인실(2008). 다문화 교육을 위한 교사 교육 교육과정 모형 탐구. 초등교육연구, 21(2), 281-305.

장인실, 박영진, 전경자, 조운정, 박경희, 김주현, 최정은(2020). 다문화 주제중심 프로젝트학습 자료 개발. 경기: 한국다문화교육연구원.

조영달, 김재근, 박윤경, 박선운(2011). 다문화가정 학생에 대한 학교급별 교육지원 방안 연구. 교육연구와 실천, 77, 33-65.

조영달, 박윤경, 성경희, 이소연, 박하나(2010). 학교 다문화교육의 실태 분석. 시민교육연구, 42(1), 151-184.

현길자, 염미경(2014). 다문화교육에 대한 교사의 인식: 제주시지역 다문화교육 중심학교 사례를 중심으로. 교사교육연구, 53(3), 304-320.

Baker, G. C. (1983). *Planning and Organizing for Multicultural Instruction*. Boston MA: Addison-Wesley Publishing Company.

Banks, J. A. (1993). Approachs to multicultural curriculum reform. In J. A. Banks & C. A. Banks (Eds.), *Multicultural Education: Issues and Perspectives* (pp. 195-214). Boston, MA: Allyn and Bacon.

Bennett, C. I. (2007). *Comprehensive Multicultural Education: Theory and Practice* (6th ed.). New York: Allyn and Bacon.

Bloom, B. S. (1956). *Taxonomy of Educational Objectives. Handbook I: Cognitive Domain*. New York: David Mckay Co. Inc.

Ford, D. Y., & Harris, J. J. III. (1999). *Multicultural Gifted Education*. New York: Teachers College Press.

Gay, G. (1977). Curriculum for multicultural teacher education. In F. H. Klassen & D. M. Gollnick (Eds.), *Pluralism and the American Teacher: Issues and Case Studies*. Washington, D.C.: American Association for Colleges of Teacher Education.

Grant, C. A. (1977). *Multicultural Education: Commitments, Issues, and Applications*. Washington, D.C.: Association for Supervision and Curriculum Development.

Grant, C. A. (1993). Race and schooling of toung girls. In J. Wrigley (Ed.), *Education and Gender Equality* (pp. 91–114). London, UK: Falmer Press.

Nieto, S. (1992). *Affirming Diversity: The Sociopolitical Context of Multicultural Education*. New York: Longman.

제9장
문화감응교수의 이론과 실제

조현희

 **개요**

인간은 문화적 존재이며, 문화는 학습에 깊이 관여한다. 이러한 점에서 교수 · 학습 과정은 학생과 교사 간의 문화적 상호작용 과정이라 할 수 있다. 이 장에서는 학습자들이 속한 다양한 집단의 경험과 문화를 교수 · 학습 자원으로서 이해하고 활용하는 문화감응교수(culturally responsive teaching)에 대해 살펴본다. 먼저, 문화감응교수의 등장 배경과 필요성을 살펴본 후, 문화감응교수를 구성하는 핵심개념인 문화(culture)와 다양성(diversity), 감응(responsivess), 교수(teaching)의 의미를 구체적으로 탐구해 보고자 한다. 이어서 문화감응교육의 목표와 실천원리, 실천사례를 순서대로 살펴볼 것이다.

세부목차

1. 문화감응교수의 등장 및 확산
2. 문화감응교수의 핵심개념
3. 문화감응교수의 목표
4. 문화감응교수의 실천원리
5. 문화감응교수의 실천사례

 학습목표

1. 문화감응교수의 등장 배경 및 필요성, 목표를 설명할 수 있다.
2. 문화감응교수를 구성하는 핵심개념(문화와 다양성, 감응, 교수)의 의미를 설명할 수 있다.
3. 문화감응교수를 기반으로 한 교육과정 및 수업 설계의 원리와 방법, 전략을 탐구할 수 있다.
4. 학생들의 다양한 문화를 이해하고 활용한 수업을 설계, 적용할 수 있다.

다이앤 선생님의 교실

"은지야, 너는 정말 사랑스러운 아이야. 그런데 마틴 루터 킹 목사에 대한 모둠별 토의를 할 때 좀 더 이야기를 많이 했으면 좋겠구나."

다이앤 선생님께서 이와 같은 조언을 했을 때, 양쪽 볼의 작은 보조개를 가진 열두 살 은지는 수줍은 미소만 지을 뿐 아무 대답도 할 수 없었다. 어렸을 적 엄마, 아빠와 함께 미국으로 이민을 온 은지는 사실 이번 수업에서 마틴 루터 킹 목사에 대해 배우는 것이 매우 흥미로웠다. 비록 모둠별 토의에서 말을 많이 하지는 않았지만 자신이 적극적으로 참여하고 있다고 생각했다. 그럼에도 불구하고, 은지는 이러한 생각을 다이앤 선생님께 말할 수 없었다. 입이 떨어지지 않았다. 어렸을 적부터 "선생님께 말대꾸를 하면 안 된다."라는 엄마의 말씀을 항상 들어 왔기 때문이다.

집에 돌아온 은지는 눈물이 차올랐다. 은지는 다이앤 선생님께 늘 완벽한 학생이고 싶었다. 고민 끝에 은지는 선생님께 하고 싶었던 이야기들은 편지로 쓰기로 했다. 은지는 평소 다이앤 선생님이 가장 좋아하는 연보라색 종이를 골라 편지를 써 내려갔다.

> "다이앤 선생님께.
>
> 선생님, 저는 마틴 루터 킹 목사님에 대해 아는 것이 별로 없었어요. 하지만 목사님에 대해 배우는 것이 매우 흥미로웠어요. 전 목사님에 대해, 그리고 목사님이 어떻게 미국의 수많은 사람에게 큰 영향을 주었는지 더 알고 싶었어요. 전 친구들이 목사님에 대해 이야기하는 것을 매우 재미있게 들었어요. 하지만 토의에서 제 의견을 좀처럼 이야기할 수 없었죠. 친구들의 여러 가지 의견을 비교하고 제 생각을 정리하는 데 좀 더 시간이 필요했기 때문이에요. 아빠는 항상 "깊이 생각하고 말을 해라. 정확하게 생각이 정리되면 그때 말을 해."라고 가르치곤 하셨거든요. 할머니도 항상 "여자는 자고로 조용해야 한단다. 말이 너무 많으면 사랑받지 못해."라고 말씀하셨어요. 하지만 선생님, 전 정말로 마틴 루터 킹 목사님에 대해 배우는 게 좋았고, 수업시간에 열심히 듣고, 생각하고 있었어요……."

마틴 루터 킹에 관한 수업이 이어진 다음 날, 은지의 편지는 여전히 은지의 책상 서랍 속에 있었다. 이날 다이앤 선생님은 학생들에게 마틴 루터 킹의 삶에 관한 짧은 에세이를 써 보자고 했다. 은지는 마틴 루터 킹이라는 인물과 그가 살아온 역사적·사회적 배경에 친숙하지 않았기 때문에 에세이를 쓰는 것이 어렵게 느껴졌다. 그의 삶을 좀 더 깊이 있게 생각하고 느껴 보기 위해 은지는 그의 삶 속에 자신을 투영해 보기로 했다. 은지는 마틴 루터 킹 목사의 어린 시절로 돌아가, 그의 집 뒤뜰에 심겨 있는 나무가 되어 보기로 했다. 이 나무는 마틴 루터 킹이 태어난 해에 심은 나무였다. 그래서 나무는 마틴 루터 킹의 행복했던 어린 시절, 마틴 루터 킹이 차별을 당했던 날의 슬픔, 그의 결혼과 사랑스런 아이들, 그를 응원했던 또는 비난했던 친구들, 그리고 그의 죽음까지 기억하고 있었다. 그가 죽은 후에 새로 이사 온 사람들은 마틴 루터 킹 목사가 마을 사람들, 나아가 미국인들의 삶을 어떻게 바꾸어 놓았는지 이야기하였고, 나무는 그 이야기들을 들었다.

　다이앤 선생님은 은지의 이야기를 듣고 크게 감명을 받았다. 그리고 이 이야기를 반 아이들과 함께 나누어 줄 수 있는지 은지에게 물었다. 은지의 이야기는 아이들의 관심을 사로잡았고, 마틴 루터 킹의 삶에 관심이 없었던 다른 아시아계 미국인 학생들과 라틴계 미국인 학생들까지 그의 삶과 인종차별 역사에 대해 관심을 갖게 되었다. 아프리카계 미국 여자아이 스카일라는 은지가 읽어 준 나무 이야기를 토대로 재즈풍의 노래를 만들었고, 나바호족 출신의 게이브는 나무 이야기를 8컷의 만화로 만들어 반 아이들이 함께 돌려 읽었다. 다이앤 선생님은 학생들이 각자 자신에게 의미 있는 다양한 방식으로 마틴 루터 킹의 삶과 인종문제 등을 이해해 나가는 모습을 보며, (학생들의 다름에 상관없이) 누구에게나, 어디에서나 최고로 통하는 하나의 수업 방식이 있다고 믿었던 이제까지의 신념에 무언가 변화가 필요하다고 느꼈다.

　앞의 일화는 다양한 민족의 학생들로 구성된 미국의 한 교실에서 일어난 일을 한국계 미국인 학생 은지를 중심으로 묘사하고 있다. 은지는 학교의 문턱을 넘기 전 (혹은 그 문턱을 넘은 이후에도) 가정에서 어떠한 방식으로 사회화되었는가? 은지가 가정에서 '당연한 것'으로 배우고 자란 성역할과 사고방식, 의사소통 방식, 삶의 태도와 행동방식 등은 무엇인가? 은지가 습득한 이와 같은 문화적 양식들은 한민족(한국인)의 문화와 어떻게 닮아 있는가? 은지에게 나타난 한민족(한국인)의 문화는 게이브가 속한 나바호족 혹은 스카일라가 속한 아프리카계 미국인의 문화와 어떻게 다른가? 특히 다이앤 선생님에게 친숙하고 '당연한 것'으로 생각되는 유럽계 미국인의 문화와 어떻게 다른가? 은지의 일화는 교실에서 함께 일상을 살아가는 교사와 학생들이 서로 다른 민족적 배경과 경험에서 비롯된 독특한 문화적 양식을 지니고 있음을 보여 준다.

　그런데 '어느 날', 이처럼 민족적·문화적 다양성으로 가득 찬 교실에서 특정한 민족 집단의 문화가 '표준' 혹은 '공통'의 문화로 규정된다면 어떤 일이 벌어지게 될 것인가? 다이앤 선생님이 속한 유럽계 미국인의 문화가 보편적이며 정상적인 문화로 정의된다면, 나바호족, 아프리카계 미국인, 한국계 미국인의 역사와 문화는 어떻게 정의될 것이며, 게이브와 스카일라, 은지가 경험하는 교실의 풍경은 어떻게 달라질 것인가? 특정한 민족 집단의 문화가 학교와 교실을 지배하는 표준, 공통, 보편, 정상의 문화로 정의되는 순간, 다양한 민족 집단의 문화는 주변으로 밀려나고, 소외되며, 심지어 비정상적인 것으로 오인되기도 한다. 더욱이, 우리 사회를 구성하는 집단은 민족뿐 아니라 성별, 지역, 종교, 연령, 성적 지향, 장애 여부 등을 기준으로 한 다양한 집단을 포괄한다는 점에서 볼 때 얼마나 많은 집단의 문화가 학교라는 울타리에서 소외되고, 배제되며, 부정되는지는 가늠하기조차 힘들다.

　문화감응교수는 이와 같은 '어느 날'이 '오늘'의 현실임을 인정하는 데에서 출발한다. 그러나 문화감응교수는 '오늘'에 대한 구조적인 전환이 필요하다고 주장하면서도, 지금 여기에서 우리가 할 수 있는 것이 무엇인지에 집중한다. 공통 교육과정이라는 용어를 사용할 때 '공통'은 실제 무엇을 의미하는가? 공통 교육과정, 표준화된 교육과정, 혹은 주류중심 교육과정의 당위성을 주장할 때 우리가 얻는 것은 무엇이고, 잃는 것은 무엇인가? 반대로, 공통 교육과정을 다문화적 교육과정으로 재구성할 때 혹은 공통 교육과정이 다문화적 교육과정으로 대체될 때 우리는 무엇을 얻고, 무엇을 희생하게 되는가? 교육과정과 수업에서 공통 담론과 다양성 담론을 교호하기 위한 방안은 없는가? 있다면, 그 구체적인 전략과 방법은 무엇인가? 이와 같은 이론적·실천적 질문들에 대한 문화감응교수의 해법을 살펴보자.

🔤 1. 문화감응교수의 등장 및 확산

문화감응교수(Culturally Responsive Teaching: CRT)[1]는 교육의 기회와 결과에 나

---

1) 문화감응교수에서 '감응적(responsive)'이라는 용어와 비슷한 사상과 원리를 공유하는 용어로 적합한(relevant), 민감한(sensitive), 일치하는(congruent), 중점화된(centered), 매개화

타나는 민족 간, 인종 간 불평등에 대항하며 등장한 미국 다문화교육 운동과 기본적인 가정 및 신념을 공유한다(Gay, 2018). 1970년대 초 미국은 주류중심의 교육과정 체제와 수업 관행에서 소수집단 학생들이 겪게 되는 불평등에 주목하기 시작하였고, 이를 극복하기 위한 방안으로서 소수집단의 언어와 문화가 지닌 지식적ㆍ기술적 가치에 주목한 다양한 교수법이 제안되었다. 패리스(Paris, 2012)는 소수집단 언어와 문화를 일종의 교수자원으로 이해하고 활용했던 당시의 이론과 실천을 통틀어 '자원교수법(resource pedagogies)'으로 정의한다. 자원교수법은 소수집단이 언어적ㆍ문화적 빈곤과 파산 상태에 있다고 보았던 종래의 결핍 지향적 관점을 차이 지향적 관점으로 전환하는 데 커다란 기여를 했다. 소수집단 학생들의 낮은 학업성취도가 학생과 학생이 속한 집단의 언어와 문화에서 비롯되는 것이라기보다 주류집단을 중심으로 구성된 교육과정과 수업에서 기인한다는 점을 밝힘으로써 교육기회와 결과에 나타나는 불평등에 대한 패러다임의 전환을 촉구한 것이다. 문화감응교수는 이러한 자원교수법의 하나로 1970년대부터 1990년대까지 이론적 태동과 성장을 거쳐, 지난 30년간 미국을 비롯한 여러 국가에서 교육과정 및 교수ㆍ학습의 다양화를 추동해 왔다.

2. 문화감응교수의 핵심개념

1) 문화와 다양성

문화감응교수의 핵심은 학생들이 속한 집단의 문화에 적합한 방식으로 교수ㆍ

된(mediated), 맥락화된(contextualized), 반영적인(reflective) 등 다양한 용어가 존재한다. 이들 용어는 다양한 민족 출신 학생들의 문화적 특성을 반영하여 이들 문화에 적합한 방식으로 수업을 설계하는 것이 왜 중요하며, 이를 어떻게 실천할 수 있는지에 관한 기본적인 생각을 공유한다(Gay, 2018). 이 장은 '문화감응교수(culturally responsive teaching)'를 개념화한 제네바 게이(Geneva Gay)와 '문화적으로 적합한 교육(culturally relevant pedagogy)'을 개념화한 글로리아 래슨-빌링스(Gloria Ladson-Billings)가 제안한 내용들을 중심으로 구성되었다.

학습 내용과 방법을 다양화하는 데 있다. 일차적으로는 수업에서 다루는 내용과 방법, 자료, 매체 등을 선정하고 조직하는 데 있어, 보다 넓은 관점에서는 교실과 학교의 학습환경을 설계하는 데 있어 학습자가 속한 집단의 문화를 유용한 자원으로서 참조하고 활용하는 것이다. 여기에서 집단(group)은 성별, 민족, 인종, 지역, 종교, 성적 지향, 장애 여부 등을 토대로 형성되는 다양한 사회적 · 문화적 하위집단을 포함하며, 문화(culture)는 관습, 가치, 규범, 언어, 인지양식, 의사소통 양식 등 집단의 성향 혹은 경향성을 특징짓는 다양한 요인을 포함한다. 문화감응교수를 활용하는 교사는 자신이 가르치는 학생들의 문화에 감응하는 방식으로 수업을 설계함으로써 학생들이 학습에 보다 쉽고, 효과적이며, 의미 있는 방식으로 참여할 수 있도록 돕는다(Gay, 2010).

문화감응교수는 문화와 다양성(diversity)이 모든 교육정책과 프로그램, 교육과정과 수업 실천의 핵심이 되어야 한다고 주장한다(Gay, 2018). 이러한 주장은 인간이 본질적으로 문화적인 존재이며, 사회에는 다양한 문화가 존재한다는 기본적인 가정을 토대로 하며, 다음의 신념을 동반한다. 첫째, 문화는 인간이 어떻게 학습하고, 어떻게 살아가는지에 강력한 영향을 미치기 때문에 가르침과 배움의 과정에서 문화적 요인들이 민감하게 고려되어야 한다는 것이다. 둘째, 인간은 자신이 속한 다양한 집단에서 다양한 과정의 사회화를 경험하며, 그러한 과정에서 다양한 문화적 정체성을 형성하게 된다는 것이다. 즉, 개인은 인종, 민족, 젠더, 연령, 사회경제적 지위 등에 따라 다양한 집단에 소속되고, 자신이 속한 다양한 집단의 문화를 반영한 혼종적(hybrid) 레퍼토리를 만들어 간다. 이러한 과정에서 형성된 개인의 문화적 정체성은 가르침과 배움의 과정에 깊이 관여한다. 이러한 점에서 볼 때, 문화와 다양성에 대한 신념을 교육정책과 학교 현장에 구현하고자 하는 노력은 교수적으로 필요한 것일 뿐 아니라 윤리적 · 도덕적 의무를 동반하는 인류 차원의 노력이 된다(Gay, 2021).

그러나 학교의 문화가 다양한 집단의 문화와 항상 일치하지는 않으며, 학교에서 중요하게 다루는 지식과 문화에 학생들이 속한 다양한 집단의 지식과 문화를 포용하는 일은 결코 쉬운 일이 아니다. 더욱이 국가 혹은 주 수준의 공통 교육과정이 존재하는 교육과정 체제하에서 '학생들에게 무엇을(what) 가르칠 것인가'라는 의사결정에 대한 단위학교의 자율성을 확대하고자 할 때에는 교육과정 거버넌스

와 관련한 여러 도전과 과제에 직면하게 된다. 게이(2018)는 주류중심의 학교 문화와 다양한 소수(민족)집단 학생들의 문화 사이에 나타나는 불연속성이 학생들의 학습에 어떠한 영향을 미치는지, 교사는 이러한 불연속성에 어떻게 대처해야 하는지에 관해 다음과 같이 설명한다.

> 학교의 문화와 다양한 민족 집단의 문화 역시 항상 완전히 일치하는 것은 아니다. 이러한 불연속성은 학생들의 학업성취에 방해가 될 수 있는데, 부분적으로 이는 민족적·문화적으로 다양한 개인이 습관적으로 지적인 과정에 참여하고, 타인 앞에 자기 자신을 드러내며, 과업을 수행하는 방식이 학교에서 사용되는 방식과 다르기 때문이다. 지식과 기술을 발휘하는 것 역시 구조적·절차적 불일치로 인해 상당 부분 제한될 수 있으며(Au, 1980; Cazden, John, & Hymes, 1985; Holiday, 1985; Spindler, 1987; Spring, 1995), 이는 지적인 능력 부족이 초래하는 결과만큼 학생들의 학업 수행에 중대한 영향을 미칠 수 있다. 따라서 교사는 다양한 문화가 서로 만나는 곳과 양립 불가능한 지점을 이해하고, 갈등을 최소화하며, 서로 다른 문화 체계의 격차가 야기하는 문제들을 해결할 필요가 있다. 교육과정이 조직되고 실현되는 방식을 다양한 학생의 문화적인 참조틀과 조화시킬 때 비로소 유색인종 학생들의 학교 성취도가 향상될 것이다(Gay, 2021, pp. 53-54).

수업뿐 아니라 평가 장면에서도 문화는 지대한 영향을 미친다. 평가를 둘러싼 일련의 과정이 결코 문화중립적(culture free)일 수 없다는 것이다. 이와 관련하여 전미평가협회(American Evaluation Association: AEA)에서는 문화적으로 감응적인 평가를 규범적이고 윤리적인 것으로 명시하였다. 선언문의 일부는 다음과 같다(Gay, 2021, p. 97).

> 평가는 문화중립적일 수 없다. 평가에 관여하는 사람들은 그들의 가치와 세계관, 그리고 그들의 문화를 반영하는 관점을 가지고 평가를 수행한다. 문화는 평가문항이 인식되는 방식을 형성함으로써 어떤 데이터를 수집할 것인지, 어떻게 데이터를 수집하고, 분석하며, 해석할 것인지에 대한 결정에 영향을 미친다(AEA, 2011).

문화가 평가 장면에 관여한다는 사실을 입증하는 흥미로운 사례가 일찍이 메한 (Mehan, 1973)의 연구를 통해 보고된 바 있다. 그의 연구에 따르면, 당시 초등학교 학령기 학생들을 대상으로 실시된 지능검사(IQ test)에서 '다음 중 하늘을 날 수 있는 동물은 무엇인가?'라는 질문과 함께 4개의 보기(선택지)가 제시되었다. 해당 문항에 대한 학생들의 응답에서 '새' 다음으로 많은 학생이 선택한 보기는 다름 아닌 '코끼리'였다. 이러한 응답은 당시 미국의 초등학생들이 경험한 대중문화와 깊은 관련이 있었다. 미국 디즈니사에서 제작한 에니메이션 〈하늘을 나는 아기코끼리 덤보〉가 답변을 선택하는 과정에 강력한 영향을 미친 것이다. 이 에니메이션을 시청한 학생들은 자연스럽게, 심지어는 무의식적으로 '하늘을 나는 동물'과 '덤보(코끼리)'를 연결하였다. 이러한 평가 장면에서 '코끼리'라는 오답을 선택한 것은 학생들의 지적 능력 부족에서 비롯된 것이라기보다 문화적 요인에서 비롯된 것으로 볼 수 있다. 이와 같은 사례는 이제까지 주류집단의 문화와 언어를 중심으로 설계된 수많은 평가 장면에서 '문화적으로 다른' 소수집단 학생들이 '지적으로 열등한' 혹은 '지적 수준이 낮은' 학생들로 평가된 사실을 재고케 한다.

2) 감응

문화감응교수는 소수집단 학생들이 주류중심의 교육과정, 수업, 교사에 감응하는 방식으로 자신의 문화와 언어, 학습과 의사소통의 방식을 변화시켜야 했던 전통적인 교실의 완전한 전환을 요구한다. 학생들의 요구와 문화에 감응하는 방식으로 주류중심의 교육과정, 수업, 교사가 변화되어야 한다는 것이다. 달리 말해, 학습의 환경을 학습자의 문화적 경험에 맞추어 조율함으로써 학습 과제에 대한 학습자의 참여도와 성공적인 수행을 높이는 것을 의미한다(Allen & Butler, 1996).

사실 이와 같은 감응의 원리는 교육 현장 이외의 많은 영역에서 이미 방대하게 활용되고 있다. 특히 초국적 기업의 효과적인 마케팅 전략으로 빈번히 활용된다. 미국의 최대 커피 체인점인 스타벅스가 세계 각국의 국경을 넘으며, 해당 국가의 문화를 반영한 메뉴, 굿즈, 서비스 등을 창안하고 있는 것을 대표적인 예로 들 수 있다. 그 밖에도 초국적 패션 및 코스메틱 기업들이 한국인 소비자들을 대상으로 한국문화와 한국인의 정서가 반영된(reflected) 디자인의 상품을 제작하고, 한국 여성들의 피부에 적합한(relevant) 화장품을 개발하는 것도 감응의 원리를 활용한 예가 된다([그림 9-1] 참조).

[그림 9-1] 한글날을 기념한 머그컵과 텀블러(스타벅스)

이처럼 한국문화에 맥락화된(contextualized) 상품과 서비스가 한국인들의 관심을 끌고, 친밀감을 촉진하며, 구매율과 활용도를 동시에 높이는 일련의 과정은 문화감응교수가 작동하는 일련의 과정과 크게 다르지 않다. 학생들의 문화에 맥락화된 수업 내용과 방법, 자료와 매체, 교실 환경 등이 학습에 대한 학생들의 관심을 끌고, 동기와 참여도를 높이고, 학습 내용에 대한 이해와 활용을 촉진하는 일련의 기회를 창출하는 것이다.

3) 교수

문화감응교수는 주류중심의 교육체제에 대한 도전에서 출발한 비판적이고 급진적인 교육개혁 운동이다. 이처럼 문화감응교수는 포용적이고 다문화적인 교육체제를 구현하는 데 궁극적인 지향이 있으나, 일차적으로는 교수적 접근을 변화시키는 데 중점을 두고 있다. 즉, 문화감응교수는 가르침(teaching)에 관한 것이다(Gay, 2021). 문화감응교수는 교육과정과 교수·학습 장면을 넘어서는 다양한 교육 과업들(기금 지원, 교사 채용, 행정 등)을 광범위하게 다루지 않는다. 이러한 과업들이 총체적인 교육개혁의 측면에서 매우 중요하다는 사실은 의심할 여지가 없지

만, 문화감응교수에서 다루는 주요한 매개변수는 아니다(Gay, 2018). 또한 문화감응교수는 다양한 소수집단 학생의 학업성취도를 높이는 데 효과적일지라도 이들의 문화적인 맥락을 기반으로 하지 않는 '일반적'이고 '보편적'인 이론이나 기법은 다루지 않는다. 문화감응교수가 문화적으로 맥락화된 교수에 방점을 두는 이유에 관한 게이의 진술을 살펴보자.

> 더욱이, 학교가 사회의 문제를 해결할 수 없다는 점은 이미 기정사실로 받아들여지고 있기에 여기에서는 더 이상 논의하지 않는다. 사실, 사회가 먼저 변하면 학교는 훨씬 더 빠른 개혁을 이룰 수 있다. 예를 들어, 만약 사회가 인종차별을 진정으로 멈춘다면, 학교를 포함한 모든 기관도 그렇게 하겠다고 주장할 것이다(그리고 그러한 기대를 시행할 것이다). 그렇게 되면 이러한 책에 대한 관심이나 필요성조차 사라질 것이다. 그러나 이토록 많은 유색인종 학생을 위한 (현재의) 교육이 너무나도 위태로운 상황에 있기에, 우리는 이러한 원대한 희망이 일어나기를 그저 기다리고 있을 수만은 없다. 우리는 바로 지금 행동해야 하며, 점진적인 변화일지라도 아예 없는 것보다는 낫다. 문화감응교수는 교육의 힘을 인정한다. 동시에 학교 교육과 사회의 모든 측면의 변화가 동반되지 않은 최고의 교육만으로는 다양한 인종집단 학생이 진정한 교육 형평성을 담보하고 수월성을 달성하기 위한 체계적인 제도적 개혁을 이룰 수 없다는 점을 충분히 인식하고 있다(Gay, 2021, pp. 27-28).

🔤 3. 문화감응교수의 목표

문화감응교수는 학습자 개인과 학습자가 속한 집단의 문화를 이해하고, 이러한 문화를 교수·학습의 참조체계로 활용하여 학습자에게 보다 효과적이고 의미 있는 학습이 일어날 수 있도록 조력하는 데 일차적인 목표가 있다(Gay, 2018). 전통적인 교실에서는 학업성취도를 향상시키기 위해 '학생'이 교사의 문화를 습득하고 교사의 문화에 자신의 문화를 맞추어 가도록 요구되었다. 반면, 문화감응교수를 기반으로 한 교실에서는 '교사'가 학생들의 문화를 먼저 이해하고 이러한 문화를 교수·학습 설계에 활용하도록 요구된다. 이는 교수·학습에 관한 패러다임의 완전한 전환을 의미한다.

　문화감응교수의 목표는 학생들의 학문적 성취를 향상시키는 것에 제한되지 않으며, 학생들의 문화에 감응하는 교수·학습을 통해 학생들의 문화적 역량과 비판의식을 함양하는 데 궁극적인 지향이 있다. 이와 관련하여 래슨-빌링스는 문화적으로 적합한 교육(culturally relevant pedagogy)이 소수집단 학생들의 학문적 성취(academic success)를 도모하는 데 국한되지 않으며, 이들의 문화적 역량(cultural competence) 및 정치적 효능감(political efficacy)을 강화하기 위한 총체적인 지원을 포함한다고 역설하였다(Ladson-Billings, 1995). 래슨-빌링스는 문화감응교육의 이와 같은 다차원적 목표를 〈표 9-1〉과 같이 구체화하였다. 첫째, 학문적 성취는 학생들을 둘러싼 사회문화적 배경에서 발생되는 불평등한 사회 상황과 교실 환경에도 불구하고, 학생들이 수업을 통해 최대한의 지적 성장을 경험하는 것을 의미한다. 둘째, 문화적 역량은 다른 집단의 문화와 함께 자신이 속한 집단의 고유한 문화를 향유할 수 있는 능력을 의미한다. 마지막으로, 정치적 효능감은 기존 사회의 불의와 불평등을 비판적으로 인식하고 이에 도전하는 사회행동에 참여할 수 있는 역량을 의미한다.

〈표 9-1〉 문화적으로 적합한 교수의 세 가지 목표

목표	의미
학문적 성취	학생들이 처한 사회문화적 배경으로 인해 발생할 수 있는 불평등한 사회 상황과 교실 환경에도 불구하고, 교수·학습 활동을 통해 학생들이 지적 성장을 경험하도록 돕는 것
문화적 역량	다른 집단의 문화를 배우고 경험하는 과정에서 자신이 속한 집단의 고유한 문화를 향유할 수 있는 능력을 개발하는 것
비판적 의식	기존 사회의 불평등과 불의를 비판적으로 인식하고 이를 해결하기 위한 사회행동에 참여할 수 있는 역량을 함양하는 것

출처: Ladson-Billings (1995).

　비슷한 맥락에서 게이는 문화감응교수의 목적이 다양한 민족문화에 대한 지식을 기반으로 교육과정과 교수·학습을 재구성하는 것에 제한되지 않으며, 주류와

소수집단의 학생들이 고정관념과 편견, 차별, 억압에 도전하는 가운데 다양성과 평등 그리고 사회정의를 실현해 나가는 변혁적 주체로 성장하도록 지원해야 함을 주장한다(Gay, 2018). 특히 게이는 문화감응교수의 이와 같은 학문적·문화적·사회정치적 목표가 결코 분절된 것이 아니며, 세 목표가 상호 연관을 맺고 있다는 점을 다음과 같이 강조한다.

> 읽기, 쓰기, 셈하기, 추론하기와 같은 중요한 기술을 가르치는 데 민족적 자원들이 사용되어야 한다. 학생들은 『딕과 제인(Dick and Jane)』을 읽으면서 읽기 기술을 배울 수도 있지만, 흑인, 멕시코계 미국인, 이탈리아계 미국인, 유대계 미국인들에 의해, 그리고 이들에 관해 쓰인 자료들을 읽으면서 읽기 기술을 배울 수도 있다. 앵글로색슨족 미국인에 의해 쓰인 문학뿐 아니라 …… 민족적 문학은 …… 이야기의 구성, 절정, 은유, 문법구조, 상징화 등을 가르치는 데에도 사용될 수 있다. 민족에 관한 문해, 반성적 자기분석, 의사결정, 그리고 사회적 행동주의는 …… 읽는 방법을 아는 것과 계산 기술을 습득하는 것만큼이나 문화적·민족적으로 다원적인 사회에서 살아가는 데 반드시 필요한 것들이다. …… 민족적 내용은 이질적이며 추상적인 영역에서 비롯된 학문적 과제들을 민족적으로 다양한 청소년의 경험적 참조체계와 연결하도록 돕는다(Gay, 2021, p. 85).

요컨대, 문화감응교수에서 의미하는 성취란 학문적 성취의 차원을 넘어 민족 정체성을 개발하고, 문화적 다양성에 관한 지식과 문화 간 상호작용을 위한 기술을 습득하며, 다원적이고 민주적인 사회를 가꿔 가기 위한 시민성을 함양하는 총체적 차원의 성취를 의미한다고 볼 수 있다(Gay, 2018). 이러한 점에서 볼 때 문화적 다양성에 관한 내용은 수업에서 본질적이면서도 도구적인 가치를 지니게 된다. 다시 말해, 문화적 다양성에 대해(about) 배우는 것이 인간의 삶과 역사를 이해해 나가는 그 자체로서의 본질적 가치를 지니는 가운데, 문화적 다양성을 통한(through) 학습, 즉 문화적 다양성을 일종의 도구로 활용함으로써 학습에 대한 학생들의 관심과 동기, 유의미성을 향상시키고, 학교와 가정, 지역사회를 연결하는 보다 광범위한 차원의 통합을 도모할 수 있다는 것이다. 문화감응교수는 문화적 다양성에 대해(about), 그리고 그것을 통해(through) 배우는 것과 더불어 문화적 다양성을 향해(to) 기존의 주류중심 교육과정을 지속적으로 재구성해 나갈 것을 촉구한다 (Gay, 2018). 문화적 주류집단의 역사와 가치, 규범과 관습, 지식과 기술을 중심으로 구성된 국가 혹은 주 수준의 공통 교육과정을 보다 다문화적이고 포용적인 교육과정으로 구현하기 위해 소수집단의 역사와 내러티브를 기반으로 한 지속적인 교육과정 재구성이 시도되어야 한다는 것이다.

🄰🄷 4. 문화감응교수의 실천원리

제7장에서는 문화의 범주를 크게 표면문화와 심층문화로 나누어 살펴보았다. 상술한 바와 같이 표면문화는 눈으로 쉽게 관찰 가능한 문화로서 음식, 의복, 축제, 명절, 공휴일 등을 포함하며, 심층문화는 대개 비가시적인 형태로 존재하는 문화로서 관습, 규범, 신념, 의사소통 양식, 태도, 가치관, 세계관 등을 포함한다([그림 7-3] 참조). 여기에서 주목할 점은 심층문화가 교수·학습 과정에 미치는 영향력이다. 심층문화는 문화의 빙산 모형에서 수면 아래 위치한 문화로서 쉽게 관찰하기 어렵지만, 수면 위의 표면문화를 형성하는 요인이자 교수·학습을 매개하는 강력한 변수로 작용한다(Gay, 2018).

그렇다면 문화감응교수에서는 학습자 혹은 학습자가 속한 집단의 문화를 교수적 자원으로 이해하고 활용하는 데 있어 어떠한 문화적 범주를 강조하는가? 게이와 래슨-빌링스를 비롯한 많은 다문화교육 학자들은 표면문화가 타집단에 대한 호기심과 흥미를 끌기 위한 좋은 출발점이 될 수 있으나, 이와 같은 표면문화와의 만남이 해당 집단의 심층문화에 대한 탐구로 이어질 때 해당 집단을 진정한 수준에서 이해할 수 있게 된다고 역설한다. 이처럼 문화감응교수는 표면문화의 교수적 효과성과 유용성을 인정하면서도 심층문화가 지닌 교수적 가치에 더욱 커다란 비중을 둔다. 특히 심층문화를 구성하는 다양한 문화적 요인 중에서도 학습에 강력한 영향을 미치는 집단의 가치, 규범, 관습, 인지양식, 의사소통 양식, 역량 및 지식자본에 주목한다.

1) 가치, 규범, 관습의 이해와 활용

문화감응교수에서는 학생들이 문화적 사회화를 통해 습득한 가치, 규범, 관습 등을 교수적 자원으로 이해하고 활용하는 데 중점을 둔다. 사회화는 기존 사회에서 통용되는 가치와 규범, 관습 등을 습득해 나가는 체계적인 학습의 과정이자 한 사회의 구성원으로 성장해 가는 과정으로, 학교는 오랜 기간 사회화의 주된 역할을 담당하는 기관으로 인식되어 왔다. 그러나 사실상 학생들은 문화적 진공 상태로 학교와 교실에 들어오는 것이 아니다. 초등학교에 입학하기 전부터 학생들은 가정과 지역사회에서 혹은 미디어를 통해 자신이 속한 집단(성, 민족, 인종, 지역, 종교, 성적 지향, 장애 여부 등)을 기반으로 한 문화적 사회화를 경험하게 된다. 초등학교 입학 초기 적응 활동들이 가정과 학교의 지적·문화적 연속성을 강화하는 데 중점을 두는 것도 이와 같은 이유에서이다.

반면, 학생들이 문화적 사회화를 통해 습득한 가치, 규범, 관습 등이 학교에서 중요하게 여기는 가치, 규범, 관습 등과 다르거나 대치될 때, 즉 학생들의 문화적 사회화가 학교 사회화와 자연스럽게 연결되지 않을 때 학생들은 학습과 학교생활에 큰 어려움을 겪게 된다. 우리나라의 경우 다문화 가정 학생들이 학교에서 경험하는 문화적 불연속성이 일반가정 학생들에 비해 크게 나타나고, 이로 인해 학습과 일상생활에서 더욱 커다란 어려움을 겪게 되는 것을 예로 들 수 있다. 이러한 상황에서 교사는 학생들의 문화적 사회화 과정을 이해하고 이를 수업 설계에 적극 반영함으로써 가정과 학교 간의 문화적 불연속성이 큰 학생들이 학업과 학교생활에서 겪는 어려움을 최소화할 수 있다. 교실 내 학생들이 속한 다양한 집단의 가치와 규범, 관습 등을 탐구하는 것은 학생들의 문화적 사회화 과정을 고려한 수업을 설계하는 출발점이 된다.

2) 인지양식의 이해와 활용

인간의 인지과정에는 공통된 특징이 존재하지만, 또 한편 인간은 서로 다른 인지양식을 바탕으로 세상을 경험하고 이해한다. 인지심리학의 연구 성과에 따르면, 인간은 장의존적 혹은 장독립적, 지능적 혹은 직관적, 분석적 혹은 총체적, 우뇌지배적 혹은 좌뇌지배적 등 개인마다 서로 다른 인지양식을 지니고 있다. 여기서 주목할 점은 이와 같은 인지양식에 집단 경향성이 나타난다는 점이다. 집단에서 진행되는 문화적 사회화의 메커니즘에 따라 집단 구성원들이 비슷한 인지양식을 공유하게 되는 것을 의미한다. 인지양식에 나타나는 이와 같은 집단 경향성은 민족에 따라 학습양식이 상이하게 나타나는 현상을 포착한 리드(Reid, 1987)의 연구에서 확인할 수 있다. 또한 유교권, 반(半)유교권, 비유교권 문화집단에서 지배적으로 나타나는 인지양식이 다르다는 점을 보고한 스코벨(Scovel, 1978)의 연구에서도 확인된다. 인지양식에 나타나는 성별 집단 간의 차이 또한 이제까지 여러 선행연구를 통해 입증되어 왔다.

문화감응교수에서는 인지양식에 나타나는 집단 간 차이에 주목하여 학생들의 서로 다른 인지양식에 적합한(relevant) 교수 · 학습 내용과 방법, 자료와 매체를 활용할 것을 권고한다. 교사들로 하여금 자신이 가르치는 학생들의 다양한 인지양식을 이해하고, 이들의 인지양식에 적합한 교수 · 학습방법과 매체를 활용할 것을 촉구하는 것이다. 예를 들면, 지역사를 가르치는 경우 학생들의 다양한 인지양식을 고려하여 스토리텔링, 연표, 역할극 등 다양한 방법과 자료를 토대로 교수 · 학습을 설계할 수 있다. 문화감응교수는 개별 학생들의 인지양식을 이해하는 데 있어 학생들이 속한 집단에서 지배적으로 나타나는 인지양식을 이해하는 것이 유용한 참조체계가 될 수 있음을 강조한다.

3) 의사소통 양식의 이해와 활용

인간은 개인마다 서로 다른 의사소통 양식을 지니고 있으나, 이와 동시에 개인의 의사소통 양식은 그가 속한 집단에서 지배적으로 나타나는 의사소통 양식에 커다란 영향을 받는다. 이는 앞서 설명한 문화적 사회화 과정에 기인한 것으로 볼 수 있다. 대표적인 예로, 유럽계 미국인들은 구술 표현에 있어 정서적으로 절제된 특징을 보이는 반면, 아프리카계 미국인들은 청중의 관심을 끌기 위한 정서적 표현들을 빈번하게 그리고 풍부하게 사용하는 특징을 보인다(Gay, 2018). 담화의 내용을 구성하는 방식에 있어서도 집단 간 차이가 나타난다. 가령, 유럽계 미국인들은 한 번에 한 문제에 초점을 두고 자신의 생각과 사실, 정보 등을 선형적 순서로

제시하는 주제중심형(topic-centered) 담화 방식을 선호하는 반면, 라틴계 미국인, 아프리카계 미국인, 미국 원주민들은 삽화나 일화 형태의 이야기에서 서로 관련된 설명들이 교차하는 가운데 어떠한 주제가 서서히 수면 위로 드러나는 주제연쇄형(topic-associative) 혹은 주제연결형(topic-chaining) 담화 방식을 선호한다. 문화감응교수는 교사가 교실 내 학생들에게서 나타나는 의사소통 양식을 파악하고 이를 기반으로 교수ㆍ학습을 설계할 것을 제안한다. 교실 내 학생들이 속한 다양한 집단의 의사소통 양식에 관한 지식은 학생들의 의사소통 양식을 파악하는 데 유용한 참조가 될 수 있다.

4) 지능(역량)의 이해와 활용

문화감응교수는 지능 유형에 나타나는 집단 경향성에 주목한다. 현대 발달심리학의 대표적인 학자인 가드너(Gardner)는 일찍이 다중지능(multiple intelligence)을 이론화함으로써 일반지능론에 대한 패러다임의 전환을 시도하였다. 다중지능 이론에 따르면 인간의 지능은 언어지능, 논리수학지능, 공간지능, 음악지능, 신체지능, 개인이해지능, 대인관계지능, 자연친화지능, 영적지능 등 다양한 지능으로 구성되어 있다. 가드너는 개인마다 서로 다른 강점 지능과 서로 다른 유형의 지능 조합을 지니고 있으며, 이에 따라 서로 다른 방식으로 학습하고 행동한다는 점에 주목하였다. 이와 더불어 다중지능에 관한 후속 연구들은 특정 유형의 지능이 특정 집단에서 두드러지게 나타나는 현상을 보고하고 있다. 예를 들어, 영국과 이란 학생들의 다중지능을 비교, 분석한 한 연구에 따르면 논리수학지능에 대해서는 영국 학생들이 더 높은 점수를 보이는 반면, 음악지능, 공간지능, 대인관계지능에 있어서는 이란 학생들이 더 높은 점수를 보인다(Furnham, Shahidi, & Baluch, 2002).

문화감응교수는 학습자의 강점 지능을 이해하고 활용하여 교수ㆍ학습을 설계할 것을 권고한다. 앞서 인지양식의 이해 및 활용과 관련하여 제시한 지역사 교수ㆍ학습의 맥락에서 생각해 보면, 교사는 학생들이 자신의 강점 지능을 활용해 지역사를 효과적으로 학습하도록 글쓰기(언어 지능), 노래 짓기(음악 지능), 그림 그리기(공간 지능) 등 다양한 활동을 구안할 수 있다. 이는 이 장의 서두에서 제시한 다이앤 선생님의 교실에서 은지, 게이브, 스카일라가 각각 서사적 글쓰기(언어

지능 및 대인관계지능)와 만화 그리기(공간지능), 노래 만들기(음악지능 및 언어지능)
를 통해 마틴 루터 킹의 삶과 이를 둘러싼 역사적 · 사회적 배경을 학습해 나간 일
화에서도 관찰된다. 문화감응교수는 이러한 학습 경험을 일선의 교사들이 설계할
수 있기를 기대하는 것이다. 세 학생의 강점 지능이 각각 한민족(한국인)과 나바호
족 그리고 아프리카계 미국인의 강점 지능을 상당 부분 반영하고 있듯, 교사는 학
생 개인의 강점 지능을 이해하는 데 있어 학생이 속한 집단에서 지배적으로 나타
나는 강점 지능을 참고할 수 있다.

5) 문화적 지식자본의 이해와 활용

지식자본(funds of knowledge)은 미국 내 라틴계 이민자 가정이 공유하는 인식
과 경험을 문화인류학적 방식으로 탐구하는 과정에서 형성된 개념으로 "가정과
개인의 안녕한 삶을 위하여 역사적으로 축적되고 개발된 지식과 기술의 집합체"
(Gonzalez et al., 1995, pp. 446-447)를 의미한다. 문화감응교수와 함께 자원교수법
의 대표적인 예로 자주 등장하는 지식자본 이론은 오랜 기간 학교 교육에서 주변
으로 밀려나 있었던 라틴계 미국인 학생들의 경험과 지식을 재조명하였으며, 이
러한 경험과 지식을 교수 · 학습의 장면으로 끌어들였다. 이들이 가정에서 습득한
역사적 · 사회적 · 경제적 지식을 학교에서 배우는 학문적 지식 및 기술과 연결함
으로써 보다 효과적이고 유의미한 방식으로 학습에 참여하도록 이끈 것이다. 이
후 지식자본 이론은 아프리카계 미국인, 토착 미국인, 아시아계 미국인 등을 포함
한 미국 내 다양한 민족 집단의 지식자본을 탐구하는 연구로 확산되었다(Vélez-
Ibáñez, 1988).

학생들과 이들이 속한 집단의 지식자본을 이해하기 위한 대표적인 방법으로 문
화인류학적 관점에서 학부모 상담을 진행하는 것을 들 수 있다. 전통적으로 학부
모 상담은 자녀의 학교생활에 대한 정보를 학부모에게 제공하거나 학부모를 교육
하기 위한 방편으로 활용되었다. 그러나 지식자본에 중점을 둔 학부모 상담은 학
부모를 통해 학생이 속한 가정, 민족, 지역사회의 경험과 문화를 탐구하는 데 상담
의 초점이 있다. 이러한 탐구를 통해 교사가 습득한 집단의 역사적 · 문화적 배경
과 경험, 지식, 기술 등은 자신이 가르치는 학생들에게 효과적이고 유의미한 배움

을 설계하도록 돕는 훌륭한 지적 자원이 된다. 지식자본을 이론화한 곤잘레즈 등 (Gonzalez et al., 1995)이 정리한 라틴계 이민가정의 주요한 지식자본은 〈표 9-2〉와 같다.

〈표 9-2〉 라틴계 이민가정의 지식자본

지식 분야	가족 지식자본
농업과 광업	• 대목장과 농업: 승마술 • 축산업: 토양과 관개, 농작물 심기, 사냥, 트래킹, 가족 손질 • 광업: 건축, 목재, 광물, 폭파, 장비의 작동과 유지
경제	• 사업: 시장가치, 감정평가, 대여와 판매 • 대부금: 노동법, 약호화 • 고객에 관한 지식 • 회계 및 판매
가족경영	• 예산, 육아, 요리, 전기제품 보수
물질과 과학적 지식	• 건축: 목공, 지붕 잇기, 도장 • 디자인과 건축: 양식 • 수리: 비행기, 자동차, 트랙터, 주택보수
의학	• 현대의학: 약, 마약, 응급처치, 해부, 산과 • 민간의학: 약초의학, 민간요법, 민간 수의학적 치료
종교	• 교리문답, 세례, 성경공부, 도덕지식과 윤리

출처: Gonzalez et al. (1995).

5. 문화감응교수의 실천사례

학생들의 지식자본을 활용한 문화감응교수는 지난 30년간 다양한 교과와 학교급의 학생들을 대상으로 한 무수한 실천사례로 이어졌다. 예를 들면, 나바호족의 담요 만들기, 퀼트 짜기, 바구니 짜기 등과 같은 기술을 활용하여 패턴(pattern)에 관한 수학적 지식과 기술을 가르친 사례를 들 수 있다. 지식자본을 활용한 문화감응교수의 보다 구체적인 예로서 알래스카 원주민을 대상으로 수행된 '문화적 맥락에서의 수학(Math in a Cultural Context)' 프로젝트(Lipka, 1994; Lipka et al., 2009)를 소개하면 다음과 같다(장인실 외, 2020, 재인용).

'문화적 맥락에서의 수학' 프로젝트

    이 프로젝트는 수학자와 수학교육자들을 비롯하여 유픽(Yup'ik)이라는 알래스카 원주민 공동체의 원로들, 교사들, 그리고 이들 지역의 각 학군 공무원들이 참여하였다. 이 프로젝트의 목표는 공통 교육과정으로 제시된 수학 교과 내용에 알래스카 원주민의 문화적 지식을 통합하여 학생들의 학업성취도를 증진시키는 데 목적이 있었다. 이러한 과정에서 활용된 문화적 지식자본으로는 유픽 원주민들의 의사소통 방식, 관계 맺기 양상을 비롯해 이들 가정과 공동체에 전해 내려온 가치, 규범, 관습 등이 있었다. 이러한 문화적 지식자본을 기반으로 구안된 수학 교육과정은 유픽 원주민들의 일상과 문화를 반영한 7개의 모듈(① 생선 말리기, ② 산딸기 줍기, ③ 연어 건조하기, ④ 별 찾기, ⑤ 파카 옷 디자인하기, ⑥ 달걀섬(Egg Island) 탐구하기, ⑦ 훈제장 건설하기)로 구성되었다. 각 모듈에서 사용되는 문화적 지식과 정보는 교사와 교사교육자들로 구성된 대학-학교 연계 프로젝트팀에 의해서 수집되었다. 이들 교사와 교사교육자들은 각각의 모듈과 관련한 유픽 원로들의 설명을 듣고 시연을 관찰하였다. 별을 탐색하는 과정, 생선 건조대를 만드는 과정, 훈제장 모델을 만드는 과정에 참여하였으며, 유픽 원주민들의 전통적인 설화, 게임 등을 수집하였다. 이러한 일련의 과정을 통해 프로젝트팀과 원주민 공동체 간의 신뢰가 쌓이고, 동등한 관계에서의 참여가 지속됨에 따라 프로젝트팀은 유픽 원로들의 역사적·문화적 배경과 지식을 더 깊이 이해하게 되었다. 유픽 원로들 또한 '외부인들'에게 그동안 '숨겨 왔던' 지식과 기술을 더 많이 전해 주었다. 이러한 과정에서 측정하기, 수 세기, 추정하기, 설계하기, 패턴 만들기, 위치 정하기, 위치 탐색하기 등 유픽 원주민들의 일상에 숨겨진 수학적 내용들이 보다 선명하게 드러났다. 이후 스토리텔링, 상징하기 등과 같은 효과적인 의사소통 방식을 비롯하여 전문가-견습생 모델, 공동제작 활동, 인지적 도제 등과 같은 다양하고 효과적인 교수·학습방법들이 드러났다. 시간이 지남에 따라 이러한 의사소통 및 교수·학습의 방법과 전략들은 '문화적 맥락에서의 수학' 프로젝트에 보다 긴밀하게 연계·통합되었다.

    이 프로젝트에 나타나듯 유픽 원주민들의 문화적 지식자본을 활용한 교수·학습에서는 주류중심의 교육과정과 교과서 또는 전통적인 교수·학습방식에 유픽 학생들을 끼워 맞추지 않았다. 반대로, 유픽 원주민의 일상에 나타나는 수학적 지식과 배움의 방식을 서구 중심의 전통적인 수학 교육과정 내용과 교수·학습방식에 결합하였다. 즉, 공통 교육과정에서 제시하는 지식과 기술을 유픽 원주민 학생

들의 삶과 문화에 맥락화함으로써 학생들이 보다 흥미롭게 학습에 참여하고, 효과적이고 유의미한 방식으로 배우며, 자신이 속한 민족 집단에 대한 결속력과 문화정체성, 긍정적인 자아개념 등을 형성하도록 이끈 것이다.

문화감응교수의 실천원리와 사례는 다양한 학생에게 적합한 방식으로 교수·학습을 설계하는 데 유용한 지식과 정보를 제공하지만 이와 함께 몇 가지 유의해야 할 사항이 있다. 첫째, 특정 집단에서 지배적으로 나타나는 문화적 특성은 어디까지나 경향성일 뿐 해당 집단에 소속된 모든 개인의 특성을 설명하지 못한다는 점이다. 문화감응교수를 활용하는 교사는 집단 간 문화적 차이뿐 아니라 집단 내의 문화적 다양성을 충분히 인식할 필요가 있으며, 실제 자신이 가르치는 학생들과의 소통을 통해 학생 개개인에게 나타나는 문화적 특성을 보다 명확하게 이해해야 한다. 둘째, 문화감응교수에서 정의하는 집단은 비단 민족 집단만을 의미하지 않으며, 성별, 지역, 종교, 사회경제적 지위, 장애 여부, 성적 지향 등과 같은 다양한 사회적·문화적 집단을 포괄한다는 것이다. 이러한 점에서 보면 문화감응교수를 적용할 수 있는 대상은 민족적 소수집단 학생들에 제한되지 않으며, 교실 내 모든 학생들이 문화감응 교수·학습에 초대될 수 있다.

문화감응교수는 교사에게 교육과정 및 교수·학습 설계를 위한 '더 많은' 시간과 노력을 요구한다. 학생과 교사 간의 문화적 거리가 늘어날수록, 즉 학생이 가정과 학교에서 경험하는 문화적 불연속성이 증가할수록 이러한 거리와 불연속성을 극복하기 위한 시간과 노력이 필요한 것은 당연하다. 이러한 시간과 노력을 학생에게 짐 지우는 것이 과연 타당한지 재고해 보자. 안타깝게도 전통적인 교실에서 우리는 이러한 문화적 거리와 불연속성을 극복하는 데 필요한 시간과 노력을 학생들에게 요구해 왔으며, 이를 극복하지 못한 혹은 극복하기를 포기한 학생들을 대상으로 '희생자 탓하기'를 반복해 왔다. 문화감응교수는 교사들이 이러한 시간과 노력을 기꺼이 사명으로서 감당하기를, 그리고 그 안에서 진정한 가르침의 레퍼토리를 구성해 나가기를 기대한다.

생각해 봅시다

1. 교수 · 학습 과정에 문화적 요인이 영향을 미친 경험이나 사례를 제시하시오.

2. 문화감응교수의 다양한 목표는 무엇이며, 이들 목표가 서로 어떻게 연결되는지 설명하시오.

3. 국내 다문화 가정 학생들이 속한 민족 집단의 문화(가치, 규범, 관습, 인지양식, 학습양식, 의사소통 양식, 지식자본)를 탐구하고, 이를 교수 · 학습에 활용하기 위한 방안을 토의해 보시오. 그 밖에 교실에서 만날 수 있는 다양한 학생 집단의 문화를 탐구하고, 이를 교수 · 학습에 활용하기 위한 방안을 토의하시오.

4. 문화감응교수를 실천하고자 할 때 유의해야 할 점을 토의하시오.

 참고문헌

장인실, 이현주, 조현희, 강수정, 이은혜, 우라미(2020). 레인보우스쿨 특화교육 프로그램 개발. 서울: 무지개청소년센터 이주배경청소년지원재단.

조현희(2020). 내가 경험한 문화감응교육: 자서전적 내러티브 탐구. 다문화교육연구, 13(2), 81-109.

Allen, B. A., & Butler, L. (1996). The effects of music and movement opportunity on the analogical reasoning performance of African American and White school children: A preliminary study. *Journal of Black Psychology, 22*(3), 316-328.

American Evaluation Association (2011). American Evaluation Association statement on cultural competence in evaluation. Retrieved from eval.org/ccstatement

Au, K. H. P. (1980). Participation structures in a reading lesson with Hawaiian children: Analysis of a culturally appropriate instructional event 1. *Anthropology and Education Quarterly, 11*(2), 91-115.

Cazden, C. B., John, V. P., & Hymes, D. (1985). *Functions of Language in the Classroom*. Prospect Heights, IL: Waveland.

Furnham, A., Shahidi, S., & Baluch, B. (2002). Sex and culture differences in perceptions of estimated multiple intelligence for self and family: A British-Iranian comparison. *Journal of Cross-Cultural Psychology, 33*(3), 270-285.

Gardner, H. (2011). *Frames of Mind: The Theory of Multiple Intelligences*. New York:

Basic books.

Gay, G. (1975). Organizing and designing culturally pluralistic curriculum. *Educational Leadership, 33*(3), 176–183.

Gay, G. (2010). *Culturally Responsive Teaching: Theory, Research, and Practice* (2nd ed.). New York: Teachers College.

Gay, G. (2018). *Culturally Responsive Teaching: Theory, Research, and Practice* (3rd ed.). New York: Teachers College.

Gay, G. (2021). *Culturally Responsive Teaching: Theory, Research, and Practice* (3rd ed.). 명화연, 박선운, 조현희, 천나은 공역. 문화감응교수: 이론, 연구 그리고 실천(제3판). 서울: 교육과학사. (원저는 2018년에 출판)

Gonzalez, N., Moll, L. C., Tenery, M. F., Rivera, A., Rendon, P., Gonzales, R., & Amanti, C. (1995). Funds of knowledge for teaching in Latino households. *Urban Education, 29*(4), 443–470.

Ladson-Billings, G. (1995). But that's just good teaching! The case for culturally relevant pedagogy. *Theory into Practice, 34*(3), 159–165.

Lipka, J. (1994). Culturally negotiated schooling: Toward a Yup'ik mathematics. *Journal of American Indian Education, 33*(3), 14–30.

Lipka, J., Yanez, E., & Andrew-Ihrke, D. (2006, February). A two way process for developing culturally based math: Examples from math in a cultural context. Presented at the Third International Conference on Ethnomathematics. New Zealand.

Lipka, J., Yanez, E., Andrew-Ihrke, D., & Adam, S. (2009). A two-way process for developing effective culturally based math: Examples from math in a cultural context. In B. Greer, S. Mukhhopadhyay, A. B. Powell, & S. Nelson-Barber (Eds.), *Culturally Responsive Mathematics Education* (pp. 257–280). New York, NY: Routledge.

Mehan, H. (1973). Assessing children's school performance. In H. P. Dreitzel (Ed.), *Childhood and Socialization: Recent Sociology* (No. 5). London, UK: Collier Macmillan.

Paris, D. (2012). Culturally sustaining pedagogy: A needed change in stance, terminology, and practice. *Educational Researcher, 41*(3), 93–97.

Reid, J. (1987). The learning style preferences of ESL students. *TESOL Quarterly, 21*(1), 87–111.

Scovel, T. (1978). The effect of affect on foreign language learning. *Language Learning, 28*, 129-42.

Spindler, G. D. (Ed.). (1987). *Education and Cultural Process: Anthropological Approaches* (2nd ed.). Prospect Heights, IL: Waveland.

Spring, J. (1995). *The Intersection of Cultures: Multicultural Education in the United States and the Global Economy.* New York: McGrow-Hill.

Vélez-lbáñez, C. G. (1988). Networks of exchange among Mexicans in the US and Mexico: Local level mediating responses to national and international transformations. *Urban Anthropology and Studies of Cultural Systems and World Economic Development, 17*(1), 27-51.

제 10장
다문화 친화적 학교 구축[1]

함승환

---

1) 이 장의 일부 내용은 저자의 다른 글(송효준, 김지현, 함승환, 2019; 송효준, 함승환, 2020; 이은지, 함
승환, 2018; 함승환, 2014, 2018, 2019)을 토대로 수정 · 보완한 것이다.

 개요

다문화교육의 효과적 구현을 위해서는 제반 여건이 적절히 구비되어야 한다. 특히 학교환경 전반에 걸쳐 다문화 친화성이 확보될 때 다문화교육이 지속가능한 방식으로 실천될 수 있다. 이 장에서는 다문화 친화적 학교의 특징을 종합적으로 이해하는 것을 목표로 한다. 이를 위해 먼저 학교를 사회체제 관점에서 살펴보고, 학교 울타리 안팎의 여러 요소를 학교의 다문화 친화성 측면에서 검토한다. 또한 다문화교육을 위해 요구되는 자생적 학교개혁을 교사의 직무 특성과의 관련성 속에서 조명한다. 나아가 문화감응적 리더십의 개념과 중요성에 대해 살펴보고, 다문화교육을 위한 더 나은 여건 조성의 가능성에 대해 논의한다.

세부목차

1. 다문화 친화적 학교의 특징
2. 다문화교육과 자생적 학교개혁
3. 문화감응적 리더십

학습목표

1. 다문화 친화적 학교의 특징을 종합적으로 설명할 수 있다.
2. 학교의 다문화 친화성 수준을 측정하기 위한 준거를 제시할 수 있다.
3. 다문화교육을 위한 자생적 학교개혁의 중요성을 이해한다.
4. 다문화교육을 위한 문화감응적 리더십의 중요성을 이해한다.
5. 학교의 다문화 친화성 제고 방안을 제시할 수 있다.

🇦🇯 1. 다문화 친화적 학교의 특징

학교를 보다 더 다문화 친화적으로 만든다는 것은 "모든 집단에서 온 학생들이 평등한 성공의 기회를 가질 수 있도록 학교를 변화의 단위로 개념화하고 학교환경을 구조적으로 변화시키는 것"(Banks, 2016, p. 73)을 뜻한다. 이러한 의미에서 뱅크스는 "학생들의 역량을 강화하는 학교 문화"(Banks, 2016, p. 66)가 다문화교육의 주요 차원 가운데 하나라고 강조한다. 학교를 다문화 친화적인 형태로 개선하는 것은 결코 쉬운 과정이 아니다. 학교는 전형적인 '관료제' 조직과는 달리, 교사의 전문성 발현이 중요한 '전문적' 조직이자 다양한 형태의 유연성이 발휘되는 '이완결합' 조직이라는 점에서 특수성을 지닌다(Hargreaves & Fullan, 2012; Weick, 1982). 이는 학교조직의 다문화적 역동을 효과적으로 관리하기 위해서는 상명하달식 통제보다는 대안적 접근이 필요함을 시사한다. 특히 학교의 자생적 변화를 점진적으로 유도할 수 있는 방안이 모색되어야 한다.

학교를 하나의 '사회체제'로 이해한다면, 학교가 다문화 친화적 조직이 되도록 만든다는 것은 "학교환경 전체를 개혁할 수 있는 변화 전략"(Banks, 2011, p. 29)을 만들어 내야 한다는 것을 의미한다. 사회체제로서의 학교가 포함하는 다양한 측면과 구성 요소들이 동시에 변화해야 하는 것이다. 따라서 "교육과정이나 교육과정 자료 등을 개혁하는 것도 필요하지만 …… 학교에서의 권력의 역학 관계, 교사와 학생 사이의 언어적 상호작용, 학교의 문화, …… 학교의 제도적 규범"(Banks, 2011, pp. 30-31) 등이 함께 변화해야 한다. 또한 학교 교육은 사회제도의 하나로서 한 사회의 구조적 속성을 반영하고 있다는 점을 고려하면, 학교의 다문화 친화적 재구조화는 거시적이며 "포괄적인 학교개혁으로의 노력"(Nieto & Bode, 2011, p. 482)을 요구하는 것이기도 하다.

이러한 포괄적 학교개혁을 위한 기본 방향성 측면에서, 니에토와 보드(Nieto & Bode, 2011)는 다문화교육을 위한 학교개혁 노력이 다음과 같은 몇 가지 조건을 만족해야 한다고 보았다. 첫째, 학교개혁은 반인종차별적이고 반편견적이어야 한다. 둘째, 학교개혁은 모든 학생들이 나름대로 다양한 재능과 강점을 가지고 있다는 관점에 기초하여 이루어져야 한다. 셋째, 학교개혁은 학생들로 하여금 비판적 사고 능력을 개발할 수 있도록 하는 교육을 지향해야 한다. 넷째, 교수 · 학습에 밀접하게 관련된 당사자인 교사, 학생, 학부모가 학교개혁의 논의와 실행 과정에 의미 있게 참여할 수 있어야 한다. 다섯째, 학교개혁은 모든 학습자들에 대한 높은 수준의 기대를 바탕으로 해야 한다.

이와 더불어, 베넷(Bennett, 2009)은 다문화 친화적 학교를 통합적 다원주의에 기초한 학교로 이해한다. 그는 학교 공동체의 지속가능한 발전이 모든 집단의 참여와 기여를 통해 가능하다는 관점을 취한다. 이러한 관점에서 볼 때, 학교 내에 존재하는 다양한 관점, 가치지향, 행동양식 등에 모든 학생을 노출시키는 등 학생들 사이의 상호작용을 촉진하기 위한 노력이 중요하다는 것이다. 베넷은 학생들이 서로를 더욱 잘 이해하고 집단 간의 긍정적인 관계가 진척되는 방향으로 "통합적 다원주의가 실현되기 위해서는 교사의 긍정적인 기대, 긍정적인 집단 간 접촉을 촉진하는 학습환경, 다문화적 교육과정의 세 가지 조건이 필수적으로 요청된다"(Bennett, 2009, p. 49)고 보았다.

보다 구체적으로, 뱅크스(Banks, 2016, pp. 74-78)는 다문화 친화적 학교의 특징을 여덟 가지로 제시한 바 있다. 첫째, 교직원은 모든 학생에게 높은 기대수준을 가지고 그들을 사려 깊게 대한다. 둘째, 공식적 교육과정은 다양한 인종, 민족, 언어, 성, 사회계층 집단의 경험, 문화, 관점을 반영한다. 셋째, 교사의 수업은 학생들의 학습 스타일, 문화적 특징, 관심사 등에 부합하는 방식으로 이루어진다. 넷째, 교직원은 학생들이 사용하는 다양한 언어와 방언을 존중한다. 다섯째, 학교에서 사용하는 수업 교재는 다양한 문화적 관점에서 사건, 상황, 개념을 조명한다. 여섯째, 학교에서 사용되는 평가 기법과 절차가 학생들의 문화적 다양성을 적절히 반영하여 학생들이 문화적으로 공정한 평가를 받도록 한다. 일곱째, 학교의 문화와 잠재적 교육과정이 문화적 다양성을 반영한다. 여덟째, 학교 상담교사들은 다양한 인종 · 민족 · 언어 집단에서 온 모든 학생이 도전적인 진로 목표를 설정하고 그것을 달성할 수 있도록 돕는다.

이상의 논의들이 대체로 학교 울타리 내부의 변수에 초점을 둔 것이라면, 학교가 진정으로 다문화 친화성을 갖추기 위해서는 학교 울타리 밖의 가정 및 지역사회와도 긴밀한 파트너십을 구축하는 데 힘써야 한다는 관점도 있다. 학교장 등 학교 리더가 학교 안팎을 연결하는 가교 역할을 함으로써 포괄적인 변화의 동인을 만들어 낼 수 있어야 한다는 것이다(Ham et al., 2020; Khalifa, 2018). 이러한 주장은 학교를 '개방체제'로 바라보는 관점과 맞닿아 있다. 개방체제 관점에서 조직은 외부 환경과 상호작용하면서 자신의 생존 가능성을 높이는 역동적인 적응적 조직으로 이해된다(Scott & Davis, 2014). 학교에 대한 개방체제 관점은 학교 울타리 내에서 관찰되는 다양한 현상이 서로 독립적인 현상이 아니라 학교 울타리 안팎의 다양한 요인과 복잡하게 연결되어 있는 현상이라는 점을 상기하도록 한다. 학교에서 마주하게 되는 여러 문제에 대해 보다 효과적인 해결책이나 대안을 모색하기 위해서는 학교 안팎의 요인들을 모두 고려할 필요가 있다는 것이다. 학교를 둘러싼 지역사회의 사회인구학적 특징이나 언어 · 문화적 특징을 고려하여, 학교가 가정 및 지역사회로부터 구할 수 있는 인적 · 물적 자원과 상징적 자원이 무엇인지 다각도로 파악하고, 이를 교육적으로 적절히 활용할 수 있는 방안을 모색하는 것이 중요하다.

<표 10-1> 다문화 친화적 학교의 주요 특징

측면	특징
교육과정: 다양하고 균형 잡힌 관점	• 공식 교육과정이 다양한 문화집단의 관점을 반영하는 방식으로 구성됨 • 반인종차별적 · 반편견적 교육을 통해 비판적 사고 능력 개발을 지향함
교수 · 학습: 다양한 문화적 자산 존중	• 교사는 학생들의 다양한 경험, 언어, 학습양식을 포용하고 이를 수업에 활용함 • 교사는 개별 학생이 지닌 재능과 강점을 이해하고 이를 수업에 활용함
평가: 문화적으로 공정한 평가	• 평가 도구가 그 내용과 형식면에서 문화적으로 치우침이 없도록 개 발됨 • 평가가 문화적으로 공정한 기법과 절차에 따라 적절히 진행되는지 점 검함
교직원: 모든 학생에 대한 높은 기대	• 교사 등 전체 교직원이 모든 학생에 대해 높은 기대와 관심을 지님 • 진로지도 · 상담 교사는 모든 학생이 도전적인 진로 목표를 추구할 수 있도록 학생을 지원함

학교풍토: 문화적 다양성을 포용	• 학교의 제반 환경이 문화적 포용성을 지향하고 학생 간 긍정적 접촉을 촉진함 • 잠재적 교육과정으로서의 학교환경 전반과 교내 일상이 문화적 다양성을 반영함
참여구조: 개방적 소통과 협력	• 교내 각종 사안에 대해 교사 간 소통이 원활하게 이루어지고 전문성이 공유됨 • 학부모와 지역사회의 다양한 의견이 청취되고 이것이 학교개선에 반영됨

출처: 함승환(2018), p. 408을 기초로 수정 · 보완함.

    이상 개괄한 다문화 친화적 학교의 주요 특징을 종합하여 요약하면 〈표 10-1〉과 같이 정리될 수 있다. 이 표는 교육과정, 교수 · 학습, 평가, 교직원, 학교풍토, 참여구조 측면에서 다문화 친화적 학교가 어떤 특징을 지니는지 보여 준다. 이어서 〈표 10-2〉는 이들 각 측면에서 개별 학교의 다문화 친화성을 점검하는 데 활용할 수 있는 세부 검토 목록의 예시이다.

〈표 10-2〉 학교의 다문화 친화성 점검을 위한 검토 목록

측면	항목	전혀 그렇지 않다 ↔ 매우 그렇다				
		1	2	3	4	5
교육과정	학교의 교육과정이 다양한 문화적 관점에서 사건 · 상황 · 개념을 바라보도록 한다.					
	교사들은 교수 · 학습 자료에 문화적 편향이나 편견이 있는지 점검한다.					
	학교의 교육방침이 모든 학생의 민주적 참여와 소통 역량을 강조한다.					
교수 · 학습	교사들은 학생들의 다양성을 고려하여 다양한 교수 방법을 사용한다.					
	동기부여 전략이 학생들의 문화적 다양성을 반영한다.					
	교사들은 학생들이 지닌 다양한 언어적 · 문화적 자원을 교과 내외의 활동에 활용한다.					

평가	평가의 내용과 방식이 문화적으로 공정하다.					
	교사들은 평가 도구에 문화적 편향이 있는지 점검한다.					
	교사들은 언어적 · 문화적 소수자 학생들의 성취도에 관심을 기울인다.					
교직원	교사들은 언어적 · 문화적 소수자 학생들을 포함한 모든 학생에게 높은 기대를 갖는다.					
	교사들은 다문화 관련 전문성 개발 활동에 꾸준히 참여한다.					
	교사들은 학생 상담을 할 때 문화적으로 유연한 태도를 지닌다.					
학교풍토	학교의 전반적인 분위기가 언어적 · 문화적 차이에 대해 포용적이다.					
	학교의 게시판, 소식지, 점심 식단 등이 문화적 다양성을 반영한다.					
	학교의 기념일이나 행사 등이 문화적 다양성을 반영한다.					
참여구조	학교의 각종 활동과 행사에 다양한 문화적 배경의 학부모들이 참여한다.					
	학교의 각종 의사결정과 계획수립에 지역사회 의견이 두루 반영된다.					
	교사들은 학교의 각종 사안에 대해 서로 의견을 공유하고 조율한다.					

출처: 함승환(2018), pp. 410-411을 기초로 수정 · 보완함.

2. 다문화교육과 자생적 학교개혁

다문화사회로의 진전 속에서 학교개혁의 필요성도 더욱 커지고 있다. 그간 학교개혁이라는 말은 위로부터의 압력에 획일적으로 동조하는 과정으로 흔히 인식되어 온 것이 사실이다. 하지만 학교 현장에서 열정을 가지고 근무하는 많은 교사는 위로부터의 학교개혁이 오히려 교사의 전문성 발현을 가로막고 불필요한 혼란을 가져오곤 한다는 점을 지적한다. 타이악과 큐반(Tyack & Cuban, 2011, p. 145)은 "교육개혁을 합리적으로 계획한 개혁가들은 때때로 자신들이 정책을 제대로 만들기만 하면 학교를 개선시킬 수 있을 것이라 기대(했으나) …… 이러한 기술적이고도 상명하달식 접근 방식(을 통해 시도된) …… 개혁이 기존에 있던 무엇인가를 대체한 경우는 거의 없었으며 대부분 복잡함만을 더했을 뿐"이라고 비판적으로 지적했다.

위로부터의 압력은 학교개혁을 위한 필수 요소인가? 성공적 학교개혁은 결국 위로부터의 압력에 대한 일사불란한 동조를 의미하는가? 여러 교사와 연구자는 반드시 그렇지는 않다고 답한다. 진정한 학교개혁의 씨앗은 많은 경우 선의의 열정을 가진 평범한 교사들의 일상 속에서 곳곳에 뿌려지고 자유롭게 발아한다는 것이다(Elmore, 2004; Hargreaves, 2013). 교사들이 능동적으로 참여하지 않는 개혁은 일시적으로 성과가 있어 보일 수는 있으나 지속가능한 실질적 변화로 이어지기는 힘들다. 반면, 구성원들의 자발적 도전에서 비롯된 자생적인 학교개혁 노력들은 비록 더디더라도 의미 있는 중요한 변화를 만들어 내곤 한다. 자생적인 학교개혁 노력이 다양하고 지속가능한 방식으로 이루어질 때 비로소 진정한 다문화 친화적 학교 구축도 가능하다.

또한 전문가로서의 교사들은 위로부터의 압력에 획일적으로 동조하기보다는 전문적 지식과 신념에 근거하여 위로부터의 요구를 새롭게 그리고 비판적으로 재해석하는 능동적 행위자이다(Shulman, 2004; Spillane et al., 2002). 이러한 면에서 학교개혁이 학교 현장에 토대를 두고 아래로부터 출발할 수 있다는 점을 간과해서는 안 된다. 실질적 학교개선 노력이 효과적으로 촉발·유지되기 위해서는 다양한 형태의 자생적 학교개혁 시도들이 지속가능한 방식으로 지지되고 확장될 수 있도록 장기적 노력과 지원이 뒷받침되어야 한다. 결국 "좋은 학교란 잘 자란 식물과 같아서 좋은 토양과 오랜 기간 동안의 보살핌"(Tyack & Cuban, 2011, p. 195)을 필요로 하는 것이다.

학교개혁의 자생성을 간과하지 말아야 한다는 점은 교사의 교수활동에 요구되는 고도의 전문성과도 밀접하게 관련된다. 교사의 교수활동은 언뜻 보기에 단조롭고 쉬운 활동으로 오해되기도 하지만 사실은 높은 수준의 '교수학적 불확실성

(pedagogical uncertainty)'을 띠는 복잡한 활동이다(Ham et al., 2019). 교수활동이 매 순간 전문적 판단을 끊임없이 요구하는 어렵고 복잡한 활동이라는 점을 인정할 때, 이러한 활동에는 그 과정이나 결과의 평가에 있어 획일적인 기준이 적용되기 어려운 측면이 크다. 교수활동은 구체적인 학교 및 교실 상황 속에서 전개되는 맥락 특수적 활동인 것이다. 정치인을 포함한 여러 교육정책가가 주로 제한된 범위 내에서 추상적 개혁 아이디어들에 관심을 두는 반면, 교사들은 학교 현장에서 광범위하고 복잡한 구체적인 문제들과 끊임없이 직면하게 되는 것도 바로 이 때문이다(Kennedy, 2005).

다문화교육의 효과적 실천을 위해서는 교사가 더 높은 수준의 교수학적 불확실성을 마주하게 된다. 다문화교육 관점에서 교사의 직무는 더욱 높은 수준의 섬세함을 요구하는 복잡한 활동으로 이해된다. 사회문화적으로 이질적 배경을 지닌 다양한 학생을 대상으로 이들의 학습참여를 고루 이끌어 내고 학습을 효과적으로 촉진하기 위해 교사는 고도의 문화감응성(cultural responsiveness)을 갖추어야 한다. 또한 교실 내 이주배경 학생의 증가는 교사에게 있어서 자신의 교수활동을 둘러싼 교실 맥락의 변화를 의미하는 것이며, 이는 결과적으로 교수학적 불확실성을 증대시킬 개연성이 크다. 예컨대, 교사와 학생 간의 언어·문화적 차이로 인해 교사는 학생의 학습 과정과 성과를 정확히 진단하는 데 어려움을 겪을 수 있다. 또한 학교 내 학생 구성의 인구학적 다양성 증대는 교사가 자신이 그간 사용해 온 익숙한 교수 방법에 변화를 요구할 수 있으며, 이는 교사에게 중대한 도전이 될 수 있다.[2]

이러한 불확실성 증대는 그 자체로 반드시 부정적인 것은 아니다. 교수활동 자체가 본질적으로 다양한 불확실성을 내포하고 있을 뿐만 아니라, 불확실성의 증대는 그것이 어떻게 해석되고 관리되느냐에 따라 교수활동의 역동에 긍정적으로 작용할 수도 있고 부정적으로 작용할 수도 있다(Helsing, 2007). 예컨대, 학교 내 이

---

[2] 특히 국가 교육과정 성취기준 달성이라는 책무성은 다수의 이주배경 학생을 지도하는 교사에게는 큰 도전이다. 성취기준을 성공적으로 달성하는 것은 교사에게 공식적으로 주어진 핵심적 과업이지만, 이주민 밀집지역 학교에서는 이러한 외적인 성취기준과 학교 내적인 요구나 여건 사이에 뚜렷한 간극이 존재하는 경우가 많다(이은지 외, 2018).

주배경 학생의 증가 역시 학교에 새로운 변화를 가져올 수 있는 기회로 인식될 수도 있고 학교에 도전을 안겨 주는 어려운 문제로 인식될 수도 있다. 이러한 증대된 불확실성에 노출될 때 일부 교사는 전통적 교수 방식으로 돌아감으로써 이를 간단히 '회피'하는 선택을 하곤 한다. 하지만 많은 교사는 동료 교사들과의 협력적 상호작용을 통해 자신이 직면한 불확실성을 효과적으로 '관리'하는 선택을 취한다(Ham et al., 2019). 이러한 선택의 갈림길에서 중요하게 작용하는 것은 교수활동상의 이러한 불확실성이 전문적 실천으로서의 교수활동을 더욱 풍부하게 하는 생산적인 힘의 원천으로 작용할 수 있다는 점을 분명히 인식하는 것이다(Floden & Buchmann, 1993; Munthe, 2007). 이는 다문화교육이 제대로 구현되기 위해서는 높은 수준의 교사 전문성이 요구된다는 것을 의미함과 동시에 그러한 전문성이 충분히 발현될 수 있는 여건의 조성이 중요하다는 것을 의미한다.

이처럼 다문화교육이 높은 수준의 교수학적 불확실성 속에서 전개되는 고도의 전문적 실천임을 고려할 때, 다문화교육의 효과적 구현은 결국 전문적 협력의 문화 속에서 촉진될 가능성이 높다. 동료 교사들과의 협력적 상호작용을 통해 자신이 직면한 불확실성을 정면으로 직시하고 이를 효과적으로 관리할 수 있는 것이다. 실제로, 교수활동이 높은 불확실성을 띠는 전문적 실천으로 이해되는 학교일수록 보다 유기적인 교사 간 협력관계가 발견될 가능성이 높다(Cha & Ham, 2012; Rowan et al., 1993). 교수활동이 창의적 활기로 채워지기 위해서는 교사의 전문적 자율성이 충분히 보호되는 것이 중요하다. 하지만 교사의 전문적 자율성이 교사 개인의 교실수업 자율성으로 축소될 수 없다는 것을 인식하는 것 역시 중요하다. 모든 학습자의 유의미한 학습 경험을 촉진하기 위해 교사가 상호 신뢰를 바탕으로 집단적 책임 의식을 가지는 것이 건강한 협력적 학교 공동체의 핵심적 특징이다(Bryk & Schneider, 2002; Paine & Ma, 1993).

다문화교육의 효과적 구현을 위한 교사의 섬세한 교수활동을 전문적인 '반성적 실천'(Schön, 1983)으로 이해할 때, 여기에는 '행위과정 중의 반성'과 '행위에 대한 반성'이 동시에 수반되어야 한다. 먼저, '행위과정 중의 반성'은 교사가 어떤 상황의 중심에서 그 상황에 대한 정확한 이해를 바탕으로 효과적으로 행동하면서, 필요한 경우 신속하고 적절한 행동변화를 통해 상황에 효과적으로 대처하는 역량을 뜻한다. 이와 함께 '행위에 대한 반성'은 이미 지나간 일이나 수행이 완료된 일에 대해 비판적 관점에서 평가하는 것을 의미한다. 이 두 가지는 '전문적 실천'으로서의 교수활동을 보다 풍부하게 하며, 이는 특히 교사 간 신뢰를 바탕으로 하는 다양한 형태의 협력적 상호작용을 활발하게 하는 학교 공동체가 형성되어 있을 때 더욱 촉진된다.

학교가 협력적인 문화를 특징으로 하는 전문적 학습공동체(professional learning community)로 발전할 때 이것이 다양한 형태의 긍정적 효과를 낳는다는 점은 여러 연구에 의해 보고되고 있다. 특히 이러한 학교환경이 교사의 교수실천의 질을 개선하고 학습자의 학습에 대한 책무성을 확보하는 데 긍정적으로 기여한다는 광범위한 연구 결과는 학교 현장에서 다문화교육을 효과적으로 실현하기 위해 어떠한 노력이 필요한지에 대한 중요한 통찰을 제공한다(Bryk & Schneider, 2002; Hargreaves & Fullan, 2012). 구체적으로 〈표 10-3〉은 교사의 전문적 학습공동체가 관심을 기울일 필요가 있는 주요 다문화적 질문들의 예시를 보여 준다. 다문화 맥락의 학교에서 여러 유능한 학교장은 교사들이 전문적 학습공동체를 통해 동료 교사들과 빈번하게 협력적으로 어울릴 수 있도록 지원한다. 이를 통해 교사들은 자신의 교수실천에 대한 성찰과 개선의 기회를 지속적으로 가질 수 있다.

〈표 10-3〉 교사의 전문적 학습공동체가 관심을 갖는 다문화적 질문들

대질문	하위 질문
모든 학생들에게 무엇을 가르칠 것인가?	• 학생들에게 가르치고자 하는 것에 소수자 지역사회의 지식도 포함시켰는가? 학생들이 무엇을 배워야 하는지 지역사회 의견을 청취했는가? • 그 지식이 소수자 학생들의 경험 및 그들의 지역사회 맥락과 연결되어 있는가? • 그 지식이 소수자 지역사회에 유익한 지식인가?
학생들이 그것을 제대로 그리고 언제 학습했는지 어떻게 확인할 수 있는가?	• 평가의 기준과 세부 준거가 문화감응적인가? 평가 문항이 문화적으로 편향되어 있지는 않은가? • 소수자 학생들의 지식을 제대로 측정하기 위한 대안적 방법들은 무엇인가? • 평가 방식에 대한 지역사회의 견해들을 어떻게 청취하고 반영할 것인가? • 소수자 학생들이 자신의 지식을 제대로 보여 줄 수 있도록 하는 최선의 방법은 무엇인가?

그것을 어떻게 가르칠 것인가?	• 교수 방법이 문화감응적이고 포용적인가? • 수업이 학생의 지역사회 생활과 잘 연결되도록 하려면 학부모와 지역사회 관계자에게 어떤 도움을 구해야 하는가?
제대로 학습하지 않는 학생이 있다면 어떻게 할 것인가?	• 일부 소수자 학생들이 언제 그리고 왜 수업시간에 반응하지 않는지 이해하기 위해 비판적 자기성찰 기회를 어떻게 가질 것인가? • 소수자 학생들이 제대로 학습하지 못할 경우 교사 개별적으로나 집단적으로 어떻게 책임 있게 대응할 것인가?

출처: Khalifa (2018), p. 144.

결국 교사들이 자율적이고 협력적으로 전문성을 발휘할 수 있도록 적절한 여건을 조성하는 것이 중요하다. 하지만 이를 위해 서두르는 것은 바람직하지 못하다. 교사 간 협력을 촉진하기 위한 학교장의 노력이나 행정적 지침 등은 종종 교사들로 하여금 관료주의적인 외적 강제로 해석되어 '인위적 동료관계(contrived collegiality)'를 만들 뿐, 전문적 자율성을 바탕으로 하는 '협력의 문화' 조성에는 실패하곤 한다(Hargreaves, 2013). 학교장 등 학교 리더는 교수활동이 내포하는 다양한 형태의 불확실성에 대한 예민한 인식을 가져야 하며, 자생적 학교개혁의 성패는 결국 이러한 불확실성 속에서 매순간 적절한 판단을 내릴 수 있는 교사의 전문성 신장과 공유에 달려 있음을 기억해야 한다.

3. 문화감응적 리더십

다문화 친화적 학교 구축을 위해서는 학교장 등 학교 리더의 역할이 매우 중요하다. 리엘(Riehl, 2000)은 그 이유와 관련하여 통찰력 있는 이론적 해석을 제공한다. 그에 따르면, 리더로서 학교장의 핵심 역할 가운데 하나는 학교의 비전과 관련된 것이다. 리더의 '행정적' 실천의 상당 부분은 본질적으로 '담화적' 실천의 성격을 띤다(Riehl, 2000). 실제로 여러 조직이론들은 조직을 사회인지적 구성체로 보고, 의미의 구성과 공유를 조직 역동의 주요 동인으로 이해한다. 의미 구성은 조직 내 특정인에 의해 독점되기보다 사회적으로 협상되고 조정되는데, 학교장 등 학교의 중심적 리더는 상황을 정의하고 의미를 생산하는 데 있어서 학내 다른

구성원보다 더 큰 권한을 가지는 것이 사실이다. 학교 내에서 다문화 친화적이고 포용적인 실천 양식들이 생겨나고 그것이 지속가능성을 갖기 위해서는 학교 리더가 이와 관련한 새로운 의미 구성 노력에 적극 참여해야 한다.

학교의 다문화 친화성이 제고되기 위해서는 반드시 이와 관련한 "비전을 지닌 변혁 지향적인 교육 지도자들이 필요"(Banks, 2016, p. 188)하며, 단위학교의 최고 리더인 학교장은 높은 수준의 문화감응성을 지녀야 한다. 미국의 '교육리더십 전문성 표준(Professional Standards for Educational Leaders)'도 학교장 등 학교 리더가 높은 수준의 문화감응성을 갖추어야 함을 명시적으로 강조한다(National Policy Board for Educational Administration, 2015). 〈표 10-4〉는 이 전문성 표준 가운데 문화감응성을 설명하는 내용이다. 이어서 〈표 10-5〉는 학교장 등 학교 리더가 자신의 문화감응성을 스스로 점검하는 데 활용될 수 있는 세부 검토 목록의 예시를 보여 준다.

〈표 10-4〉 미국의 교육리더십 전문성 표준에 명시된 문화감응성

표준		형평성과 문화감응성
개요		효과적인 교육 리더는 각 학생의 학업적 성공과 안녕을 도모하기 위해 교육기회의 형평성과 문화감응적 실천을 지향한다.
구체적 설명		효과적인 리더는:
	a)	각 학생의 문화와 환경 맥락에 대한 이해를 바탕으로 모두가 공정하고 정중하게 대우받을 수 있도록 보장한다.
	b)	각 학생의 강점·다양성·문화를 교수·학습의 자산으로 인식·존중·활용한다.
	c)	각 학생이 유능한 교사, 학습기회, 학업적·사회적 지지, 기타 성공에 필요한 자원에 공평하게 접근할 수 있도록 보장한다.
	d)	학생지도 지침을 마련하고 학생의 잘못된 행동에 대해 열린 자세에서 공정하며 편견 없는 방식으로 처리한다.
	e)	인종, 계층, 문화·언어, 성정체성·성지향성, 장애·특수학생 지위에 따른 제도적 편향(학생 주변화, 결핍모형 기반 학교 교육, 낮은 기대 등)에 맞서고 이를 바로잡는다.
	f)	학생들이 세계사회의 다양한 문화적 맥락에서 생산적으로 활동하고 공헌할 수 있도록 이들을 준비시키는 것을 지원한다.

g)	리더로서의 상호작용, 의사결정, 실천에 있어서 문화적 역량과 문화감응성을 갖추고 행동한다.	
h)	리더십의 모든 측면에서 형평성과 문화감응성의 문제를 살핀다.	

출처: National Policy Board for Educational Administration (2015), p. 11.

〈표 10-5〉 학교 리더의 문화감응성 자기 점검을 위한 검토 목록

항목 학교 리더(나)는 ……	전혀 그렇지 않다 ↔ 매우 그렇다				
	1	2	3	4	5
자신이 물려받은 문화적 유산 및 그와 관련된 관념과 가치에 대해 감지하고 있다.					
문화적 차이를 수용하고 존중한다.					
교직원과 학생의 다양한 사회문화적 정체성을 긍정한다.					
자신의 문화적 유산을 기준으로 자칫 다른 문화를 편향되게 오해하지 않도록 조심한다.					
자신과 타인 간에 존재할 수 있는 인종적 차이를 편안하게 여긴다.					
여성, 인종적 소수자, 이민자, 성적 소수자 등을 향한 제도적 편향에 대해 인지하고 있다.					
교내 인종적·민족적 집단에 대해 구체적인 지식을 지니고 있다.					
인종적·민족적 소수자의 세대 간 교육적 상승이동을 방해하는 구조적 장벽에 대해 인지하고 있다.					

출처: COSEBOC's Self-Assessment Tool: Hesbol (2013), pp. 611-612에서 재인용.

문화감응적 리더는 다양한 배경의 학생들에게 공평하고 유의미한 학습 참여의 기회를 제공함으로써 모두가 성공적인 학습 경험을 할 수 있는 학교환경을 조성하는 데 힘쓴다(Lopez, 2016; Minkos et al., 2017). 구체적으로, 문화감응적 학교장은 다양한 배경의 모든 학생으로 하여금 유의미한 학습 경험을 할 수 있도록 교육목표나 개선방향에 학생의 문화적 배경을 반영하기 위해 노력하고, 교사의 교수활동이 문화감응적인 방식으로 실천될 수 있도록 수업개선 및 전문성 개발 활동

을 지원한다. 또한 문화감응적 학교장은 학생 구성의 다양성이 야기할 수 있는 교사의 추가적 어려움에 유용한 도움을 제공하고, 가정 및 지역사회와 협력하여 모든 학생의 교육적 성공을 도모한다(Ham et al., 2020; Khalifa, 2018). 〈표 10-6〉은 학교장이 문화감응적 리더십을 어느 정도로 발휘하는지에 대한 교사들의 인식을 살펴보는 데 활용될 수 있는 구체적 설문 항목의 예시를 보여 준다.

〈표 10-6〉학교장의 문화감응적 리더십 설문 도구(교사용)

항목	전혀 그렇지 않다 ↔ 매우 그렇다				
	1	2	3	4	5
학교장은 학교의 교육목표나 개선방향에 문화적 다양성을 반영하기 위해 교사들과 논의한다.					
학교장은 학생의 문화적 다양성을 고려하기 위한 교사의 수업개선 노력을 지원한다.					
교사가 학생의 문화적 다양성으로 인해 어려움을 겪을 경우 학교장은 기꺼이 도움을 제공한다.					
학교장은 다문화 관련 전문성 개발 기회에 대해 교사들이 잘 알 수 있도록 만전을 기한다.					
학교장은 학교 안팎의 자원과 기회를 연계하여 모든 학생의 교육적 성공을 돕는다.					
학교장은 학부모와 지역사회의 다양한 의견을 청취하여 학교개선 노력에 반영한다.					

출처: Ham et al. (2020), pp. 265-266을 기초로 수정·보완함.

교사의 다문화교육 실천은 전문적 판단을 수시로 요하는 복잡하고 어려운 활동이다. 특히, 다문화적 맥락의 학교에 근무하는 많은 교사는 문화감응적이며 혁신적인 교수활동을 위한 다양한 노력을 기울인다. 이는 교사들로 하여금 더욱 증대된 수준의 교수학적 불확실성에 노출되도록 한다. 효과적인 문화감응적 리더십은 다문화교육에 동반되는 교수학적 불확실성의 효과적 관리를 돕는 리더십으로 개념화될 수 있다(Ham et al., 2020). 교사의 입장에서 이러한 불확실성을 직면하고 관리하는 것은 학교장 등 학교 리더가 리더십을 효과적으로 발휘할 때 더욱 용이

하다. 효과적인 학교장은 개혁이 학교 내부에서 자생적으로 일어날 수 있도록 돕고 교사가 협력적으로 상호작용하며 성장할 수 있는 여건을 마련한다. 특히 이주배경 학생 비율이 높은 학교에서 학교장의 리더십이 문화감응적 방식으로 발휘될 경우, 이는 학교 전반의 다문화 친화성 제고에 기여함으로써, 결과적으로 교사가 느끼는 여러 어려움이 경감될 수 있으며, 교사의 다문화적 효능감과 다문화교육 실행이 개선될 수 있다(구하라, 김지현, 2021; 송효준 외, 2019; 이은지, 함승환, 2018).

문화감응적 교수실천이 모든 교실 상황에 보편적으로 적용될 수 있는 표준화된 실천방법을 의미하는 것은 아니듯이(Gay, 2002), 학교장의 문화감응적 리더십 역시 일련의 정형화된 행동 규칙으로 간주하기는 어렵다. 유능한 학교장은 교수·학습 활동이 학교조직으로부터 따로 떼어 낼 수 있는 독립된 활동이 아니라 각 학교의 다양하고 특수한 조건들 속에서 전개되는 맥락화된 활동이라는 점을 이해하고 있다. 학교장은 교수·학습 활동과 학교 내외의 여러 조건이 상호 유기적으로 조응할 수 있도록 보다 종합적인 관점에서 교수·학습 과정을 조망하고, 나아가 사회체제로서의 학교가 새롭게 재설계될 수 있도록 유연하고 개방적인 태도를 지닐 필요가 있다. 다문화 친화적 학교환경 조성 노력으로서 학교장의 리더십을 확장적으로 바라볼 필요가 있는 것이다(송효준 외, 2019; 함승환, 2018). 다문화교육이 단순히 교수학적 전략으로 축소되어 이해되기보다는 지속가능한 학교개선 노력의 종합적 맥락 속에서 이해될 때 비로소 실질적인 교육적 의미와 실천 가능성을 학교 현장 내부로부터 확보해 낼 수 있게 된다.

또한 문화감응적 리더로서 학교장은 가정 및 지역사회와 소통·협력하는 데 각별한 관심을 기울인다. 학교 안팎을 아우르는 시각을 통해 교육활동을 종합적으로 개선하는 접근을 취하는 것이다(Ham et al., 2020; Sanders & Harvey, 2002). 정부 기관, 비영리기관, 사업체 등 지역사회 기관의 정보, 자원, 서비스를 적극적으로 활용하고, 사회복지사 등을 통해 이를 개별 학생 및 가정에 연계함으로써 교육활동의 개선을 지원할 수 있다(양경은 외, 2020; 함승환 외, 2017). 또한 학교 내 심리상담 지원이 필요한 학생에 대해서는 지역사회 청소년통합지원체계, 청소년 상담복지센터, 정신건강복지센터 등과 연계한 전문 지원을 제공하는 등의 노력을 기울일 수 있다. 이 밖에 학교 내 통·번역가 배치, 학교생활 및 진로교육과 관련한 학부모 설명회 개최, 이주배경 학생 학부모 협의체 운영 지원 등의 사례는 학부모가 학교 교육에 더욱 적극적으로 참여하도록 유도함으로써 학교 교육 개선을 도모하려는 노력으로 볼 수 있다.

최근에는 리더십을 학교장에 의해 단독으로 수행되는 역할이나 과업이 아닌, 학교장과 교사 사이의 상호작용을 통해 수행되는 일종의 '사회적 과정'으로 보아야한다는 논의도 주목받고 있다. 효과적 리더십이란 학교장의 일방적인 영향력으로만 가능한 것이 아니라 학교장과 구성원 간의 긴밀한 상호작용 과정 속에서 가능하다는 것이다. 예컨대, 분산적 리더십(distributed leadership) 관점은 리더십이 '분산되어' 있다고 보는데, 이는 리더십을 지도자 개인의 특성과 행동에 따른 개인적인 현상이 아니라 조직 내·외부의 상황과 맥락 속에서 이루어지는 사회적 상호작용으로 이해해야 한다는 것을 의미한다(Diamond, 2013; Spillane et al., 2001).

분산적 리더십 관점에서는 리더십의 분석과 관련하여 두 가지 중요한 측면이 강조된다. 첫 번째는 지도자의 범위 확대 측면이다. 리더십은 조직 내 구성원들에 넓게 확장되어 나타나는 현상이라는 것이다. 리더십은 단순히 학교장을 위시한 특정 지도자에 의해서만 발휘되는 것이 아니라 학교장, 교사, 학부모 등 다양한 이해관계자들 간의 상호작용 속에서 발현된다. 이러한 맥락에서 분산적 리더십은 '민주적' '협동적' '위임적' 리더십 등 다양한 용어와 동의어처럼 사용되어 왔다. 두 번째 중요한 측면은 리더십의 실행이다. 리더십 실행이란 특정한 과업을 수행하는 과정에서 나타나는 리더, 구성원, 상황 간의 상호작용의 총체를 의미한다. 리더와 구성원이 상호작용하고 있는 상황과 그 상호작용을 만들어 내는 조직 구조, 그리고 그 상황과 조직 구조가 뿌리내리고 있는 문화적 맥락 등이 모두 리더십 실행의 중요한 구성요소라는 것이다. 따라서 분산적 리더십 관점에서 리더십 현상을 바라본다는 것은 리더십 실행이 어떠한 방식으로 학교 및 지역사회 맥락 속에서 상호작용을 통해 이루어지는지를 이해하는 것을 의미한다.

분산적 리더십 관점에서 볼 때, 문화감응적 리더십이란 다문화교육의 효과적 구현을 지원하는 방식으로 학교사회체제 역동을 분산적으로 관리하는 리더십이라고 할 수 있다. 분산적 리더십 관점은 리더십 실행이 리더 개인의 영향력만으로 설명되기보다는 리더, 구성원, 상황 간의 관계 속에서 더욱 정확히 이해된다는 점을 강조한다. 리더십이 발휘된다는 것은 리더, 구성원, 상황 간에 이루어지는 '상호작용'의 총체를 의미한다는 것이다. 구성원이 공감하지 못하는 개혁안이 성공하기 어렵고, 구성원이 공감하더라도 적절한 여건이 마련되지 않으면 성공의 지속성이 제약받는 것은 바로 이러한 관점에서 설명될 수 있다. 또한 이러한 모든 상호작용과 리더십 실행이 개별 조직 구조를 넘어서는 폭넓은 사회구조 속에서 일어난다는 점도 간과되어서는 안 된다. 이는 다문화교육의 효과적 구현을 위해서는 학교별로 폭넓은 관점에서의 고민과 실험이 요구됨을 시사한다. 다문화교육의 실천을 둘러싼 종합적인 학교사회체제를 면밀히 검토하고, 보다 효과적인 다문화교육 실천을 지원하는 학교사회체제의 특징과 역동을 면밀히 파악하는 것이 중요한 것이다.

 생각해 봅시다

1. 다문화 친화적인 학교의 구체적 사례를 찾아보시오.
2. 학교의 다문화 친화성을 측정하기 위한 구체적 방법을 제시하시오.
3. 학교의 다문화 친화성을 강화하기 위한 다양한 방안을 제시하시오.

 참고문헌

구하라, 김지현(2021). 다문화적 교사효능감과 다문화교육 실행의 관계에서 학교장 리더십의 조절효과 탐색. 교육학연구, 59(5), 247-275.

송효준, 김지현, 함승환(2019). 학교장의 문화감응적 교수리더십과 교사의 다문화적 교수효능감: 전문적 협력문화의 매개효과. 교육행정학연구, 37(3), 167-192.

송효준, 함승환(2020). 이주민 밀집지역 내 학교-가정-지역사회 연계 정도는 어떤 학교에서 높을까? 학교장의 문화감응적 리더십의 중요성. 문화교류와 다문화교육, 10(3), 135-153.

양경은, 박송이, 고윤정(2020). 이주민 밀집지역 아동의 발달권 증진을 위한 지역사회 기반 연계 모델에 관한 연구. 서울: 초록우산 어린이재단.

이은지, 김세현, 함승환, 이현주(2018). 이주민 밀집지역 학교 교사가 경험하는 어려움의 성격: 개방체제 학교조직과 교사의 정치적 딜레마. 교육문화연구, 24(4), 171-193.

이은지, 함승환(2018). 이주배경 학생 밀집에 따른 교사의 어려움: 학교장의 문화감응적 교수리더십의 조절효과. 한국교원교육연구, 35(3), 127-152.

함승환(2014). 융복합교육의 환경과 여건. 차윤경 외 공저. 융복합교육의 이론과 실제

(pp. 401-416). 서울: 학지사.

함승환(2018). 한국 학교조직의 재구조화. 오만석 외 공저. 글로벌 시대의 다문화교육(pp. 404-424). 경기: 한국학중앙연구원출판부.

함승환(2019). 학교 리더십과 자생적 학교개혁. 차윤경 외 공저. 교사를 위한 융복합교육론: 학교개혁을 이끄는 교사 되기(pp. 297-314). 서울: 학지사.

함승환, 차윤경, 양경은, 김부경, 송효준, 이은지(2017). 다문화학생 밀집지역의 교육력 제고를 위한 정책 연구. 세종: 교육부.

Banks, J. A. (2011). *Multicultural Education: Issues and Perspectives* (7th ed.). J. A. Banks & C. A. M. Banks (Eds.). 차윤경, 부향숙, 윤용경 공역. 다문화교육: 현안과 전망(제7판). 다문화교육: 특성과 목표(pp. 3-37). 서울: 박학사. (원저는 2010년 출판)

Banks, J. A. (2016). *Introduction to Multicultural Education* (5th ed.). 모경환, 최충옥, 김명정, 임정수 공역. 다문화교육 입문(제5판). 서울: 아카데미프레스. (원저는 2013년 출판)

Bennett, C. I. (2009). *Comprehensive Multicultural Education: Theory and Practice*. 김옥순 외 공역. 다문화교육: 이론과 실제. 서울: 학지사. (원저는 2006년 출판)

Bryk, A., & Schneider, B. (2002). *Trust in Schools: A Core Resource for Improvement*. New York: Russel Sage Foundation.

Cha, Y.-K., & Ham, S.-H. (2012). Constructivist teaching and intra-school collaboration among teachers in South Korea: An uncertainty management perspective. *Asia Pacific Education Review, 13*(4), 635-647.

Diamond, J. B. (2013). Distributed leadership: Examining issues of race, power, and inequality. In L. C. Tillman & J. J. Scheurich (Eds.), *Handbook of Research on Educational Leadership for Equity and Diversity* (pp. 83-104). New York: Routledge.

Elmore, R. F. (2004). *School Reform from the Inside Out: Policy, Practice, and Performance*. Cambridge, MA: Harvard Education Press.

Floden, R. E., & Buchmann, M. (1993). Between routines and anarchy: Preparing teachers for uncertainty. *Oxford Review of Education, 19*(3), 373-382.

Gay, G. (2002). Preparing for culturally responsive teaching. *Journal of Teacher Education, 53*(2), 106-116.

Ham, S.-H., Kim B. C., & Kim, W. J. (2019). Leadership for instructional uncertainty management: Revisiting school leadership in South Korea's context of educational reform. In S. Hairon & J. W. P. Goh (Eds.), *Perspectives on School Leadership in Asia Pacific Contexts* (pp. 133–148). Singapore: Springer.

Ham, S.-H., Kim, J., & Lee, S. (2020). Which schools are in greater need of culturally responsive leaders? A pedagogical uncertainty management perspective. *Multicultural Education Review, 12*(4), 250–266.

Hargreaves, A. (2013). Push, pull, and nudge: The future of teaching and educational change. In X. Zhu & K. Zeichner (Eds.), *Preparing Teachers for the 21st Century* (pp. 217–236). New York: Springer.

Hargreaves, A., & Fullan, M. (2012). *Professional Capital: Transforming Teaching in Every School.* London, UK: Routledge.

Helsing, D. (2007). Regarding uncertainty in teachers and teaching. *Teaching and Teacher Education, 23*(8), 1317–1333.

Hesbol, K. A. (2013). Preparing leaders to reculture schools as inclusive communities of practice. In L. C. Tillman & J. J. Scheurich (Eds.), *Handbook of Research on Educational Leadership for Equity and Diversity* (pp. 603–624). New York: Routledge.

Kennedy, M. M. (2005). *Inside Teaching: How Classroom Life Undermines Reform.* Cambridge, MA: Harvard University Press.

Khalifa, M. A. (2018). *Culturally Responsive School Leadership.* Cambridge, MA: Harvard Education Press.

Lopez, A. E. (2016). *Culturally Responsive and Socially Just Leadership in Diverse Contexts: From Theory to Action.* New York: Palgrave Macmillan.

Minkos, M. L., Sassu, K. A., Gregory, J. L., Patwa, S. S., Theodore, L. A., & Femc-Bagwell, M. (2017). Culturally responsive practice and the role of school administrators. *Psychology in the Schools, 54*(10), 1260–1266.

Munthe, E. (2007). Recognizing uncertainty and risk in the development of teachers' learning communities. In M. Zellermayer & E. Munthe (Eds.), *Teachers Learning in Communities* (pp. 15–26). Rotterdam, Netherlands: Sense.

National Policy Board for Educational Administration (2015). *Professional Standards for Educational Leaders.* Reston, VA: National Policy Board for Educational Administration.

Nieto, S., & Bode, P. (2011). *Multicultural Education: Issues and Perspectives* (7th ed.). J. A. Banks & C. A. M. Banks (Eds.). 차윤경, 부향숙, 윤용경 공역. 다문화교육: 현안

과 전망(제7판). 학교 개혁과 학생의 학습: 다문화적 전망(pp. 479−503). 서울: 박학사. (원저는 2010년 출판)

Paine, L., & Ma, L. (1993). Teachers working together: A dialogue on organizational and cultural perspectives of Chinese teachers. *International Journal of Educational Research, 19*(8), 675−697.

Riehl, C. J. (2000). The principal's role in creating inclusive schools for diverse students: A review of normative, empirical, and critical literature on the practice of educational administration. *Review of Educational Research, 70*, 55−81.

Rowan, B., Raudenbush, S. W., & Cheong, Y. F. (1993). Teaching as a nonroutine task: Implications for the management of schools. *Educational Administration Quarterly, 29*(4), 479−500.

Sanders, M. G., & Harvey, A. (2002). Beyond the school walls: A case study of principal leadership for school-community collaboration. *Teachers College Record, 104*(7), 1345−1368.

Schön, D. A. (1983). *The Reflective Practitioner, How Professionals Think in Action*. New York: Basic Books.

Scott, W. R., & Davis, G. F. (2014). *Organizations and Organizing: Rational, Natural, and Open Systems Perspectives* (New international ed.). Harlow, UK: Pearson Education.

Shulman, L. S. (2004). Autonomy and obligation: The remote control of teaching. In S. M. Wilson (Ed.), *The Wisdom of Practice: Essays on Teaching, Learning, and Learning to Teach* (pp. 133−162). San Francisco, CA: Jossey-Bass.

Spillane, J. P., Halverson, R., & Diamond, J. B. (2001). Investigating school leadership practice: A distributed perspective. *Educational Researcher, 30*(3), 23−28.

Spillane, J. P., Reiser, B. J., & Reimer, T. (2002). Policy implementation and cognition: Reframing and refocusing implementation research. *Review of Educational Research, 72*(3), 387−431.

Tyack, D., & Cuban, L. (2011). *Tinkering Toward Utopia*. 권창욱, 박대권 공역. 학교 없는 교육개혁. 서울: 럭스미디어. (원저는 1995년 출판)

Weick, K. E. (1982). Administering education in loosely coupled schools. *The Phi Delta Kappan, 63*(10), 673−676.

제11장
다문화 학생을 위한 상담

임은미

이 장에서는 교사가 다문화 상담을 진행할 때 참고할 사항들을 정리하였다. 이를 위해 다문화 상담의 개념, 다문화 상담을 위한 교사의 준비, 다문화 상담의 과정과 방법, 그리고 다문화 상담 사례를 제시하였다. 다문화 상담은 교사가 자신의 문화적 특성과 학생의 문화적 특성을 이해하고 상담에 통합하는 것이다. 이는 다문화 상담이 특정 대상만을 위한 상담이 아니라 문화적으로 다양한 학생 모두를 위한 상담임을 의미한다.

다문화 상담을 위한 교사의 준비로는 전통상담 이론 및 기법 습득, 다문화 상담역량 강화, 체계 속의 학생 이해, 문화적 위치성과 교차성이 학생에게 미치는 영향 이해, 학생의 긍정적인 변화 가능성 신뢰, 교사 자신의 사고방식 성찰 등을 제시하였다. 다문화 상담의 과정과 기법은 상담의 여러 가지 형태 중 개인상담에 기반하여, 상담 관계 형성, 문제의 이해, 상담목표 설정, 상담 개입, 상담 평가 및 마무리의 상담 단계에 따라 각 단계의 의미와 상담방법을 정리하였다. 다문화 상담의 사례에서는 익명의 사례를 예시로 들어, 교사가 다문화 상담을 실제로 진행하는 방법을 제시하였다. 이 장을 통해 독자들은 전통상담과 다문화 상담의 공통점과 차이점, 다문화 상담 사례를 운영하는 방법을 학습할 수 있을 것이다.

학습목표

1. 다문화 상담의 개념과 대상을 설명할 수 있다.
2. 다문화 상담을 위해 교사는 어떤 준비를 해야 하는지 알고 실천할 수 있다.
3. 문화적 관계 형성 방법이 무엇인지 설명할 수 있다.
4. 학생을 체계 속에서 이해한다는 것의 의미를 설명할 수 있다.
5. 다문화 상담의 개념과 기법을 실제 사례에 어떻게 적용할지 계획할 수 있다.

🔠 1. 다문화 상담의 개념

학교에서의 상담은 교사가 학생과의 대면·비대면 만남을 통해 학생의 문제를 예방하고 해결하며 성장을 돕는 전문적인 조력 활동이다. 상담은 교과 지도와 구별되는 생활 지도의 일부로 행해지기도 하며, 상담과 생활 지도 및 교과 지도는 별개의 활동이 아니다. 상담에서 교과를 직접 지도하지는 않지만 상담을 통해 학생의 교과학습에 도움이 되는 준비 자세를 갖추도록 촉진할 수 있다.

다문화 상담은 교사가 자신의 문화적 특성과 학생의 문화적 특성을 이해하고 그것을 상담과정에 통합하는 것이다. 우리나라 학교에서 다문화 상담은 주로 한국에서 출생한 국제결혼 가정 자녀, 부모 중 1명이 한국 배우자와 결혼하게 되어 한국으로 오게 된 중도입국 자녀, 외국인 근로자 자녀, 북한이탈주민의 자녀를 위한 것이라고 간주되어 왔다. 이 학생들의 경우 본인이나 부모 또는 양육자의 성장 배경이 국가·사회적으로 다른 학생들과 다르다. 우리나라를 성장 배경으로 하는 교사나 학생들과 다른 사고방식, 행동 및 생활양식을 지녔을 가능성이 있다. 교사는 이 학생들에게 적절한 상담을 하기 위해 학생의 문화를 이해하고 그것을 고려하여 상담을 진행해야 한다.

그러나 학교에서는 이러한 출생이나 성장환경에서의 국가 사회적 차이로 인한 다문화 학생뿐 아니라 다양한 측면의 다문화 학생들이 함께 생활하고 있다. 학생들의 사고방식, 행동 및 생활양식을 다르게 하는 문화적 요소에는 인종·민족적 요소뿐 아니라 종교, 부모의 사회경제적 지위, 성, 장애, 연령, 가족 배경, 언어, 거주지 등도 있기 때문이다. 교사와 학생이 동일한 국가 사회에서 출생하고 성장하고 있다 해도 연령, 성, 종교, 가족 배경 등 문화적 요소에서 차이가 날 수 있다. 그래서 교사가 학생과 함께 상담을 진행할 때 학생의 문화를 이해하여 상담에 반영하려고 노력하는 것은 자연스러운 일이다.

다문화 상담의 독특성은 상담에서 문화적 특징을 고려할 때, 학생이 문화 차이로 인해 받을 수 있는 억압과 차별에 관심을 둔다는 점에 있다. 억압은 자기의 뜻대로 자유로이 표현하거나 행동하지 못하도록 억누르는 것을 의미한다. 차별은 성장 배경의 차이를 이유로 불리한 방향으로 다르게 대하는 것을 의미한다. 학생이 경험하는 고통이나 문제에 내재한 억압과 차별을 학생과 함께 이해하고 풀어가는 것이 다문화 상담의 중요한 과정이다. 피부색이 달라서 놀림을 받다가 충돌하거나, 집이 가난해서 급우들의 놀이문화에 쉽게 참여하지 못하고 소외되거나, 부모님이 이혼하셨다는 것이 소문날까 봐 친구들과 자유롭게 대화 나누는 것을 억누르는 등 학생들이 경험하는 억압과 차별은 다양하다. 다문화 상담은 학생이 경험하는 정서적 고통과 행동 문제의 원인이 학생의 잘못 때문이 아니라 학생에게 주어진 불리한 문화적 환경에서 비롯되었는지 헤아리는 것에서 출발한다.

교사가 상담에서 문화적 요소를 고려하면 학생을 대하는 태도와 해결방안도 달라진다. 교사는 학생을 학교와 사회에 적응하지 못하는 '문제아'로 보기보다는 문화적으로 불리한 여건에서도 살아남은 '생존자'로 인식하게 된다. 학생의 정서적 고통이나 행동 문제의 책임을 학생 자신에게만 돌리지 않고, 그 학생을 바라보는 주류 문화의 시선과 대응이 학생에게 미친 영향을 생각한다. 학생을 위한다는 명분을 앞세워, 괴로워하는 학생의 잘못을 나열하며 학생에게만 변화를 요구하는 희생자 비난하기를 멈추고 학생의 노력과 강점을 찾아보게 된다. 모든 학생이 똑같이 배웠으니 누구도 예외 없이 해내야 한다는 당위적 요구를 중지하고 학생을 학습하기 어렵게 만든 문화적 차이들을 먼저 헤아리고 이해한다. 다문화 상담을 하는 교사와 함께 학생은 자신에게 고통을 유발하는 환경적 장벽들을 이해한다. 억압이나 차별의 원인을 자기에게 돌리지 않고, 그러한 장벽들에도 불구하고 성장하고 있는 자신을 인정하며 자존감을 회복하고, 스스로 자신의 삶을 고양할 수 있는 용기를 얻는다.

다문화 상담을 하는 교사는 학생의 삶의 터전인 환경의 변화에도 관심을 보인다. 문화적으로 다양한 학생들이 저마다 학교가 자신을 위한 삶의 터전이라고 느낄 수 있도록 학교의 물리적 환경과 분위기 개선을 위해 노력한다. 학교의 시설이 장애 학생의 불편을 최소화하고 있는지, 성차별적 요소가 없는지, 인종이나 국가 차별적 요소가 제거되었는지 등을 살핀다. 교사 자신의 언어적·비언어적 메시지가 문화적으로 불리한 학생들에 대한 억압이나 차별을 유발하지는 않는지 점검하고 개선한다. 교사, 관리자, 행정직원, 일반 학생들이 다양한 문화에 대한 편견을

감소시키고 개개인의 가치를 이해하고 존중할 수 있는 문화적 수준을 높이기 위한 교육이나 연수 기회를 마련하기 위해 노력한다.

학생의 문제에 포함된 문화의 영향을 바라보고 다루는 방법에 따라 상담의 접근을 전통상담, 다문화 상담, 사회정의 옹호 상담으로 구분한다. 제1세력인 정신역동적 접근, 제2세력인 인지행동적 접근, 제3세력인 인간중심 접근은 전통상담에 속한다. 다문화 상담 접근은 제4세력, 사회정의 옹호 상담 접근은 제5세력으로 구분된다(Essandoh, 1996; Neukrug, 2017).

상담의 다섯 가지 세력은 모두 학생에 대한 깊은 이해를 바탕으로 내담자의 문제를 해결하고 내담자가 성장을 이뤄 나가도록 돕는 것을 목표로 한다. 전통상담과 마찬가지로 다문화 상담 역시 학생의 고통에 대한 깊은 공감을 바탕으로 한다(임은미, 구자경, 2019). 다문화 상담은 학생을 공감할 때, 개인의 감정뿐 아니라 환경이 체계적으로 가하는 억압과 차별도 함께 고려하기 때문에 더 깊은 공감의 여지를 열어 준다. 교사가 전통상담 중 어떤 접근을 선호하든지 교사와 학생의 문화적 맥락을 통합하여 상담을 진행하면 다문화 상담이 된다. 전통상담과 비교할 때, 다문화 상담은 사회 환경과 내담자 출신 집단에 관심을 돌렸다는 점에서 뚜렷한 차이가 있다. 다문화 상담을 하다 보면, 학생의 문제를 유발하는 적대적 환경을 변화시켜 학생에게 문제가 생기기 이전에 환경을 변화시킬 필요를 느끼게 된다. 이때 교사가 교실이나 상담실 밖의 환경을 개선하기 위한 변화에 참여하는 것을 사회정의 옹호 상담이라고 한다. 사회정의 옹호 상담은 학생의 문제를 유발하는 환경적 문제에 관심을 둔다는 점에서 다문화 상담과 공통적이며, 교사가 사회변화에 행동으로 참여하는 것을 강조한다는 점에서 다문화 상담과 구분된다.

2. 다문화 상담을 위한 교사의 준비

1) 전통상담 이론 및 기법 습득

다문화 상담 능력은 전통상담 능력을 바탕으로 한다. 다문화 상담은 전통상담을 대체하는 것이 아니라 전통상담 과정에 문화적 요소를 통합하는 상담이기 때문이다. 다문화 상담을 통해 학생을 돕고 싶은 교사는 전통상담 이론과 기법 또한 습득해야 한다.

따라서 유능한 다문화 상담자가 되려는 교사는 정신역동 상담의 이론과 기법, 인지행동 상담의 이론과 기법, 인간중심 상담의 이론과 기법을 학습해야 한다. 그 것을 바탕으로 사례를 개념화하고 상담을 실시한다. 사례 개념화란 학생의 문제, 문제의 발생 및 지속 요인, 해결을 위한 방안과 전략, 문제의 해결에 영향을 미치 는 학생의 강점과 장애 요인 등을 종합적으로 이해하며 변화 목표와 전략을 수립 하는 것이다(이윤주 2017; Sperry & Sperry, 2014).

2) 다문화 상담역량 강화

교사가 다문화 상담을 하기 위해서는 다문화 상담역량을 갖춰야 한다. 다문화 상담역량은 다음과 같이 구성된다(Arredondo et al., 1996).

(1) 교사 자신의 문화에 대한 태도, 지식, 기술

교사 문화에 대한 태도는 교사가 자신이 문화적 존재임을 인식하고, 자신의 문 화를 편안하게 개방적으로 수용하는 것이다. 교사가 학생과 인종/민족, 종교, 사 회계층, 성, 신체 특징 등에서 차이를 경험할 때 민감성을 유지하면서도 편안하게 받아들일 수 있다면 교사 문화에 대한 수용이 높다고 볼 수 있다.

교사 자신의 문화에 대한 지식은 교사 자신의 문화가 가진 특징을 이해하고 그 것이 상담과정에 미치는 영향을 아는 것이다. 사회경제적 배경, 성, 인종/민족, 신 체 특징, 성적 정향 등에 대한 교사의 고정관념이 상담을 진행하는 데 어떤 영향을 미치는지 안다면 교사 문화에 대한 지식이 높다고 볼 수 있다.

교사 문화에 대한 기술은 교사의 문화가 상담과정에 미치는 영향을 바람직하게 통제하고자 노력하는 것이다. 문화적 배경이 다른 학생과 효과적으로 상담하기 위해 적극적으로 교육과 훈련에 참여하는 것이 중요하다.

(2) 학생 문화에 대한 태도, 지식, 기술

학생 문화에 대한 태도는 학생이 문화적 존재임을 인식하고 학생의 문화가 교

사의 문화와 다르더라도 학생을 존중하는 것이다. 다문화 상담에 준비된 교사는 학생의 출신 배경, 성, 인종/민족, 신체 특징, 국적이 어떠하든지 변함없이 존중한다.

학생 문화에 대한 지식은 학생의 문화적 성장 배경을 이해하고 그것이 학생의 삶에 어떤 영향을 미치는 것인지를 아는 것이다. 교사는 학생의 문화적 특징과 더불어 그것이 학생의 삶, 심리적 장애의 발현, 도움 요청 행동, 자존감과 자아개념, 대인관계 등에 미치는 영향을 알아야 한다.

학생 문화에 대한 다문화적 기술은 학생을 이해하기 위해 학생 문화에 대한 지식을 활용하는 것을 의미한다. 다양한 종교, 사회적 배경, 성역할, 인종/민족적 이슈들 및 문화가 정신건강과 심리상태에 미치는 영향에 대한 최근 연구들을 내담자 이해와 상담에 활용하는 것이다.

(3) 다문화적 기법에 대한 태도, 지식, 기술

다문화적 기법에 대한 태도는 학생의 문화적 배경에서 인정하는 치료방법의 가치를 인정하는 것이다. 전통상담에서 보장하고 있는 이론과 기법이 아닌 다문화 상담기법을 개방적으로 인정하는 것도 포함한다. 따라서 교사가 학생과 함께 상담한 내용이 학생 가정에서의 양육방침과 다를 때, 가정의 양육방침에 대하여 긍정적인 호기심을 가지고 알아보며 그 가치를 인정하고 반영한다.

다문화적 기법에 대한 지식은 다문화 학생이 상담서비스를 이용하거나 심리검사를 받을 때 경험할 수 있는 차별과 억압을 알고 있느냐에 관한 것이다. 교사는 심리검사도구나 상담기법에 포함된 미묘한 차별적 표현들을 발견하고, 문화적으로 불리한 여건의 학생이 교사에게 상담을 요청하고 받을 때 경험하는 어려움과 요구를 잘 알아야 한다.

다문화적 상담기법은 다양한 문화 출신의 학생에게 적절한 상담기술을 사용하는 것에 대한 교사의 자신감을 의미한다. 다문화 상담을 하고자 하는 교사는 자신이 학생의 사회경제적 배경, 성, 인종/민족 정체성, 연령, 신체 특징을 고려하면서 상담하고 있는지를 꾸준히 점검해야 한다.

3) 체계 속의 학생 이해

체계 속의 학생 이해는 학생을 이해하기 위해 학생 개인의 특성뿐 아니라 환경 요인을 함께 살펴보는 것이다. 학생의 정서, 사고, 행동은 환경과의 상호작용을 통해 형성되기 때문이다.

개인과 환경을 함께 볼 수 있는 체계 모형을 상담에 활용하면 도움이 된다. 여러 가지 체계 모형 중 다음에 제시한 4절의 '다문화 상담의 사례'에서 소개하는 맥마흔 등(McMahon, Patton, & Watson, 2015)의 체계도는 개인과 환경을 함께 볼 수 있게 해 주면서도 형태가 단순해서 편리하게 사용할 수 있다. 개인체계는 학생 자신을 의미하며, 학생의 정서, 행동, 사고 등 내적인 특징을 포함한다. 상호작용 체계는 학생이 직접 접촉하면서 영향을 주고받는 체계로서, 부모, 형제, 친척, 학교, 교사, 친구 등이 포함된다. 환경 사회체계는 학생과 직접적인 상호작용을 하지 않지만, 학생의 상호작용 체계를 통해서 학생과 간접적으로 영향을 주고받는 환경을 의미한다. 지역 사회 기관과 정책, 사회복지 서비스 기관, 부모의 직장, 입시제도, 그리고 다양한 매체가 이에 속한다. 이 외에도 학생과 영향을 주고받는 체계에는 학생에게 예상치 않게 닥쳐 온 우연과 기회체계가 있고, 과거, 현재, 미래를 의미하는 시간체계가 있다.

학생의 현재 모습은 체계와의 상호작용의 결과이기도 하고 체계에 영향을 미치는 원동력이 되기도 한다.

4) 문화적 위치성과 교차성의 영향 이해

문화적 위치성은 학생이 종교, 성, 사회경제적 지위, 인종/민족, 장애, 연령, 가족 등의 문화적 요소들에서 유리한 위치에 있는지 불리한 위치에 있는지를 의미한다(D'Andrea & Daniels, 2001; Mthethwa-Sommers, 2019). 각 문화적 요소에서 학생이 다수이면서 힘이 있는 집단에 속해 있다면 해당 문화적 요소에서 학생은 주류민의 위치와 가깝고 그렇지 않을수록 소수민의 위치와 가깝다. 소수민은 일상생활에서 자신의 문화적 위치성을 자연스럽게 밝히기 어렵고, 주류민들의 수용력이 낮을수록 차별과 억압을 경험한다. 소수 종교, 여성, 가난한 가정 출신, 동남아 출신 부모를 둔 학생, 장애 학생, 청소년이나 노인, 이혼한 부모/조손/재구성 가정의

학생, 성소수자 등이 소수민에 속한다고 볼 수 있다.

　문화적 교차성은 한 학생에게 여러 문화적 요소의 위치성이 복합적으로 존재하는 현상을 말한다(D'Andrea & Daniels, 2001; Mthethwa-Sommers, 2019). 인종/민족적 소수민인 중도입국 학생이 가난, 이혼, 장애까지 지니는 교차적 상태에 있다면 학생의 어려움은 가중된다. 반대로, 중도입국 학생이지만 가정이 부유하고 부모님과 화목하게 지내고 있는 비장애 학생이라면 소수 문화적 교차성은 낮고 학생의 어려움은 그만큼 덜할 것이다.

　따라서 교사는 학생을 상담할 때 학생의 문화적 특징을 살피고 교차성 정도를 점검하면서 어려운 여건에서 건강하게 자라기 위해 학생이 들이고 있는 노력과 고통, 그리고 그것을 감당해 내는 강점을 깊이 탐색하고 공감해야 한다.

5) 긍정적 변화 가능성에 대한 믿음

　다문화 상담을 하는 교사에게 꼭 필요한 준비는 학생의 긍정적 변화 가능성을 믿는 것이다. 학생이 이미 긍정적 변화를 위한 잠재력을 지니고 있다고 믿고 적극적으로 발견하며 표현한다. 교사가 학생에게 보내는 긍정적인 기대는 학생에게 발전하고자 하는 용기, 가능성에 대한 믿음을 준다. 다문화 학생이 경험하는 어려움은 환경적 제약에 의한 것일 때가 많다. 불리한 배경에서 성장하는 학생의 바람직한 행동은 풍요로운 환경에서 보여 주는 행동보다 더 높은 변화 가능성을 암시한다고 볼 수 있다.

6) 사고방식의 성찰

　차별을 부르는 사고방식으로 이분법적·선형적·위계적 사고가 있으며, 교사는 이들을 극복하고 통합적 사고를 지니도록 노력해야 한다(Jun, 2009). 이분법적 사고는 '우리'와 '그들'을 나누는 사고방식이다. 학생을 이해할 때, 작은 특징을 바탕으로 학생 전체를 평가하여 나눈 것이 그 예이다. '다문화' 학생을 '일반' 학생과 이분법적으로 구분 지어 논할 때 특히 유의해야 한다. 다문화 학생은 원래 특별한 집단이고, 문제가 많으며, 다문화 학생에게 생기는 문제는 교사가 노력해도 해

결하기 어렵다는 고정관념으로 이어질 수 있기 때문이다. 고정관념은 다문화집단 내에서도 다양한 차이가 있다는 것을 간과하게 한다. 이로 인해 학생 각자가 개성에 맞게 교육받고 상담받을 기회를 놓칠 우려가 있다.

선형적 사고는 사람이 변화하지 않는다는 가정에 근거한다. 과거의 특성과 행동을 바탕으로 학생의 현재와 미래를 평가하면서 드러난다. 가정에 문제가 있는 학생이 학교에서 문제를 일으키고, 이전 학년에서 문제행동을 일으켰던 학생이 진급해서도 계속 문제를 일으킬 것이며, 사회에 나가서도 문제행동을 할 것이라는 생각이 그 예이다. 이러한 사고방식은 학교적응이 어려웠던 경험이 있는 학생에게 억압으로 작용하여 학생 스스로 자신의 긍정적 변화를 포기하게 할 위험이 있다. 위계적 사고는 모든 것에 서열이 있다고 믿는 믿음에서 나온다. 교사가 위계적 사고를 지니고 있으면, 특별한 의도가 없다 할지라도 성적, 성격, 외모, 가정환경 등의 기준을 적용하여 우월한 학생부터 열등한 학생까지 서열화한다. 교사의 기준에 의해 낮은 서열에 놓인 학생은 교사의 영향을 받아 열등감을 내면화하고, 높은 서열에 놓인 학생은 우월감과 불안을 내면화한다.

교사에게 권하는 사고방식은 통합적 사고이다. 통합적 사고는 학생 개개인을 개성을 지닌 인격체로 대하며, 학생의 다양한 고유성을 수용하고 존중하는 평등주의적 사고를 바탕으로 한다. 교사가 통합적 사고를 지니면 학생은 자신이 있는 그대로 수용받으며 개성을 존중받는다고 지각하고, 통합적 사고를 학습하여 자신과 타인을 통합적으로 바라보게 된다.

🔠 3. 다문화 상담의 과정과 방법

다문화 상담은 상담 문제와 여건에 따라 여러 형태로 진행될 수 있다. 학생을 대상으로 개인상담을 실시할 수 있으며, 소수의 학생들을 모아 집단상담 형태로 실시할 수 있다. 학생의 문제를 일으키는 환경에 대한 개입을 위해 학급이나 학년 또는 재학생 전체를 대상으로 하는 교육의 형태로 실시할 수 있다. 가족, 교사 연수, 지역사회 기관이나 단체들을 대상으로도 가능하다. 여기에서는 개인상담 사례를 중심으로 다문화 상담의 실제를 이해하고자 한다.

1) 상담 관계 형성

(1) 문화적 관계 형성

다문화 상담에서도 전통상담에서 사용하는 관계 형성 방법이 그대로 적용된다. 그러나 그러한 방법을 적용할 때 학생의 문화를 고려하여 이해하고, 학생과 교사의 차이를 문화의 관점에서 고려하는 문화적 관계 형성이 필요하다. 우리 사회에서 주류 문화는 사회가 부여하는 혜택을 누리지만 소수 문화는 그렇지 못하다. 문화적 관계 형성은 교사가 다문화 학생이 자신과 다른 문화에서 성장하면서 자연스럽게 지니게 된 특징을 문제행동으로 평가하고 차별하는 실수를 범하지 않도록 돕는다.

RESPECTFUL 모형의 각 글자는 문화적 요소를 나타내는 머리글자이며, 각각이 지닌 의미와 주류민의 특징은 〈표 11-1〉에 소개되어 있다(D'Andrea & Daniels, 2001). RESPECTFUL 모형은 다문화 상담을 할 때 고려해야 할 문화적 요소들을 열 가지로 소개한다. 각 요소에서 사회적으로 인정받는 집단을 주류민, 그렇지 않은 집단을 소수민이라 볼 수 있다. 주류민은 자기도 모르는 사이에 사회가 부여하는 특권을 누리며, 소수민은 그 반대의 입장에 처하여 여러 가지 불리한 처우를 받을 수 있다.

〈표 11-1〉 문화적 요소에 대한 RESPECTFUL 모형

문화적 요소	주류집단의 특징	학생	교사
R(종교)	신도의 수도 많고 정통으로 인정받는 종교		
E(사회경제적 지위)	중산층 이상에 해당하는 교육적 · 직업적 · 경제적 여건		
S(성/성적 지향)	남성/이성애		
P(심리적 성숙도)	정서와 생각을 언어로 표현, 충동적 행동 조절 가능		
E(민족/인종)	대다수 구성원과 일치되는 국적, 피부색, 민족		
C(연령)	청장년		
T(트라우마)	각종 재해, 사고에 대한 직간접적 피해 경험 없음		

F(가족 다양성)	친부모와 함께 성장		
U(신체적 독특성/장애 포함)	비장애인		
L(거주지/언어)	대다수 구성원과 일치되는 언어, 비 빈곤 일반인 거주지		

문화적 관계 형성은 교사와 학생의 문화적 특징을 이해하며 유사점과 차이점을 확인하고, 문화적 차이로 인해 교사가 학생을 이해하는 데 한계가 있음을 인식하고, 그러한 이해의 한계를 학생과 공유하며 알지 못함의 자세를 취하는 과정으로 진행한다. 학생과 교사의 문화적 특징을 이해하기 위해 교사가 평소에 문화적 요소별로 자신의 문화적 특징을 이해하는 작업을 꾸준히 진행할 필요가 있다. 각 요소별로 자신의 특징을 생각한 후 그러한 자신의 특징이 해당 문화적 요소에서 주류민에 해당하는지 소수민에 해당하는지를 기록한다. 학생을 관찰하고 대화를 진행하면서 문화적 요소별로 학생의 문화적 특징도 이해한다.

필요한 경우에는 문화적 특징의 유사점과 차이점을 상담시간에 언급한다. 문화적 차이점이 발견되는 항목에 대하여는 교사가 문화적 차이로 인해 교사가 학생을 이해하는 데 한계가 있으므로, 학생을 이해하기 위해서는 노력이 필요함을 인지해야 한다. 그리고 문화 차이로 인해 교사가 학생을 이해하는 데 한계가 있을 수 있음을 학생에게 알린다. 선생님이 학생을 이해하는 데 한계를 보일 경우, 학생이 선생님에게 자신의 내면세계를 알려 달라고 부탁한다. 자신의 내면세계, 문제, 잠재력, 장벽 등에 대하여는 학생이 전문가가 되어 교사에게 알려 줘야 교사도 학생을 바르게 이해할 수 있기 때문이다.

(2) 학생이 원하는 상담 관계에 대한 이해

문화적으로 적절한 상담 관계를 형성하기 위해서는 학생이 교사와 어떤 관계를 맺기 원하는가를 탐색할 필요도 있다. 상담에서 학생이 교사에게 '존경하는 어른'으로서의 역할을 하기를 원하는지, '교사' 역할을 하기를 원하는지, 수평적인 관계를 원하는지에 대하여 탐색하면서 관계 형성 방식을 조절한다.

다문화 학생의 구성도 다양하기 때문에 교사의 상담 개입에는 융통성이 필요하다. 피더슨과 아이비(Pedersen & Ivey, 1993)는 네 가지의 문화적 스타일을 정리하였는데, 교사가 학생과 관계를 맺는 방식을 결정할 때 참고할 만하다. 알파 유형의 학생은 사회에서 권력 있는 사람에게 의존하고 권위에 큰 가치를 부여한다. 이들에게 교사는 지식을 전수하는 사람이고, 학교의 중심이며, 존경해야 하는 대상이다. 베타 유형 학생은 불확실성을 회피하고 안전한 구조를 선호하며, 상담자를 통해 구체적인 정보와 명확한 답을 얻고자 한다. 이들에게 교사는 전문가이며 숙련가이고, 필요한 해답을 얻을 수 있는 대상이며 지지적인 인물이다. 감마 유형의 학생은 개인의 독립성과 사생활을 중요한 가치로 여기고, 개인의 자유와 이익을 우선시한다. 교사가 학생의 개성을 존중하며, 민주적이고 평등한 자세로 의논하듯 상담할 때 편안함을 느낀다. 교사가 권위를 가지고 있거나 호의를 베푸는 어른으로서 학생을 대하기보다는 학생과 동등한 위치에 있음을 표현해 주는 것이 효과적이다. 델타 유형의 학생은 물질적 성공과 진보를 중요하게 여기고, 강한 것에 대한 동경이 있으며 논쟁과 비판을 하는 경향이 있다. 자신의 단점을 잘 받아들이지 않는다.

(3) 경청

경청은 잘 듣는 것을 말한다. 상담에서 '잘 듣는 것'만큼 중요한 반응은 없다고 해도 과언이 아니다. 다문화 상담에서는 상대방이 하는 말의 의미조차 모를 때가 있기 때문에 경청이 쉽지 않다. 이 외에도 억양의 차이, 감정표현 방법의 차이, 상황묘사 방법의 차이 등으로 인해 오랫동안 집중하여 내담자의 말을 듣는 것이 쉽지 않다. 경청이 아무리 어려워도 잘 들으면서 잘 듣고 있음을 전달해야 한다. 경청하고 있음을 전달하는 방법에는 수용적인 표정 짓기, 이해되지 않는 부분에 대하여는 부드럽고 구체적으로 질문하기, 관심의 초점을 내담자에게 두기 등이 있다.

(4) 재진술

재진술은 학생이 말한 내용을 교사가 자신의 언어로 말하는 것이다. 재진술을 통해 교사는 학생의 말을 정확하게 들었는지 확인할 수 있고, 학생은 자신이 한 말을 객관적인 입장으로 들어 볼 수 있는 기회를 갖게 된다. 또 학생이 적절하게 표현하기 어려웠던 내용을 교사가 명확히 표현해 줌으로써 학생 스스로 자신의 의견을 명료화할 수 있는 기회가 된다. 재진술을 할 때는 학생이 말한 핵심적인 내용에 초점을 맞추어 간결하게 표현하고, 재진술 내용이 학생이 말한 내용의 의미를 정확하게 표현하고 있는지에 대하여 학생의 피드백을 구한다.

(5) 공감적 이해

공감적 이해는 교사가 학생의 입장이 되어 학생의 감정 세계를 이해하고 이해한 바를 학생에게 전달하는 것을 의미한다. 학생이 사용한 감정 관련 단어를 민감하게 포착하고, 그 감정을 유발한 상황을 명확하게 언급한다. 필요한 경우 학생이 표현하지 않은 내면적인 성장 동기 내지는 선한 의지를 함께 언급한다. 교사가 공감적 이해의 태도와 행동을 보여 주면 학생은 이해받는다는 느낌을 받고, 교사를 보다 신뢰하게 되어, 자신을 더 깊이 탐색하고 드러내는 용기를 갖게 된다.

(6) 무조건적 존중

무조건적 존중은 학생을 고유한 가치를 지닌 한 인간으로 존중하는 것이다. 학생의 가치를 평가하거나 판단하지 않고 있는 그대로 받아들이는 것을 말한다. 학생이 어떤 모습이나 문제를 지니고 있건 어떤 잘못이나 과오를 범하였건 상관없이, 소중한 인격체로 인정하며 존중하는 태도와 행동을 말한다. 학생의 행동에 대하여는 교칙 등을 기준으로 평가할 수 있지만, 그래도 학생의 존재 가치에 대한 무조건적 존중은 유지해야 한다. 교사가 무조건적 존중을 해 주면 학생은 상담 상황을 안전하게 지각하고 자기를 표현할 수 있게 된다.

2) 문제의 이해

다문화 상담에서 학생의 문제에 대한 진단은 매우 신중하게 이뤄져야 한다. 학생의 문화적 맥락을 고려하여 이해한 후 진단해야 한다. 다문화 상담에서 학생의 문제를 이해하고자 할 때, 알지 못함의 자세(not-knowing posture)가 더욱 필요하다. 알지 못함의 자세는 교사가 학생의 내면을 잘 알 수 없다는 것을 인정하는 것이다. 같은 용어를 사용하더라도 교사와 학생이 부여하는 의미에는 차이가 있을 수 있다. 알지 못함의 자세는 문화 차이로 인한 주류 문화에 부자연스럽게 보이는

학생의 행동을 개인적인 문제행동이라고 규정하여 편견을 갖거나 차별하는 것으로부터 교사를 보호해 준다.

(1) 학생을 체계 속에서 바라보기

학생을 체계 속에서 바라보는 것은 학생을 이해할 때, 개인 내적 특성과 함께 학생을 둘러싼 환경을 이해한다는 것을 의미한다. 교사가 학생을 상담하면서 학생 개인의 행동과 문제에만 시선을 집중하기보다 학생의 특성과 환경을 과거, 현재, 미래의 시간적 맥락에서 바라보는 것이다. 환경적으로 어려운 여건에서 성장한 다문화 학생의 경우, 개인적인 잘못이 아니라 환경의 열악함으로 인해 문제에 직면하게 되었을 가능성이 있다. 따라서 다문화 학생을 이해할 때는 특히 학생과 함께 학생을 둘러싼 환경적 및 시간에 따른 변화의 관점에서 이해해야 한다.

학생의 행동과 문제는 환경과의 상호작용 속에서 발생하며, 시간에 따라 학생과 환경은 변화하면서 서로 영향을 미친다. 학생이 현재 어떤 어려움을 겪고 있으며, 그러한 어려움은 과거와 현재 속에서 어떻게 발생하고 변화했는지, 미래에는 어떻게 변화되기를 바라는지 학생과 함께 의논한다. 그리고 나서 학생이 그러한 환경들과 어려움을 견뎌 내기 위해 기울인 노력이 무엇이었고, 그 과정에서 도움이 된 개인의 특성이나 환경은 무엇이었는지 탐색한다.

(2) 질문

질문은 학생과 환경을 탐색하며 변화방안을 찾아가기 위한 주요 기법이다. 상담에서 교사의 질문이 지나치게 많아지면 학생이 상담에서 취조받는다는 느낌을 받게 된다. 반대로, 질문이 부족하면 학생이 스스로를 탐색할 수 있도록 돕기 어렵고, 학생을 충분히 이해할 단서를 찾기 어렵다. 적절한 질문을 시기적절하게 하는 방법을 사용하는 것이 중요하다.

질문의 방법에는 크게 개방적 질문방법과 폐쇄적 질문방법이 있다. 같은 내용을 묻는 질문이라 하더라도 개방적 질문으로 하느냐 폐쇄적 질문으로 하느냐에 따라 학생의 대답과 자기탐색에 미치는 영향이 달라진다. 개방적 질문은 학생의 내면세계를 탐색하는 데 유용하다. 폐쇄적 질문은 정확한 정보나 분명한 의사결정이 필요한 순간에 유용하다.

(3) 표준화 심리검사의 사용

표준화 검사는 많은 학생을 전체적으로 이해할 때 큰 도움이 된다. 학생 개인을 객관적으로 이해하는 데도 도움이 된다. 표준화 심리검사를 통해 얻은 점수는 학생이 다른 학생들과 비교하여 어떤 특징을 지니고 있는지를 알려 주기 때문이다. 전국단위 표준화 검사의 경우 학생이 어느 지역에 살고 있든지 우리나라 전체 학생과의 비교가 가능하기 때문에, 같은 연령대 학생과 비교하여 이해하는 데 큰 도움이 된다. 실시하기가 간편하고 해석방법도 제시되어 있어서 학교에서는 다양한 표준화 검사들을 활용하고 있다.

그러나 다문화 학생의 문제를 진단하기 위해 표준화 심리검사 결과를 사용하는 데는 신중을 기해야 한다. 검사 결과를 가지고 학생을 판단하기 전에 검사를 실시하고 해석하는 과정에서 주의해야 할 사항들이 있다. 우선, 검사 지시문이 학생에게 바르게 전달되었는지 확인해야 한다. 검사 실시에 시간이 좀 더 들더라도 지시문이나 응답방법을 충분히 이해하지 못한 경우 편안하게 질문할 수 있는 분위기를 마련해 주어야 한다. 검사를 시작하고 나서, 교사는 학생들이 검사 문항들의 의도에 맞게 응답하고 있는지를 전체적으로 검토한다. 결과를 해석해 줄 때, 교사는 학생이 충분히 이해할 수 있도록 설명하고 있는지에 대한 학생의 피드백을 구해야 한다. 검사 결과에 대하여도 단정적인 자료로 받아들이기보다 결과에 대한 학생의 생각이나 느낌을 탐색하면서 어떻게 활용할지를 결정해야 한다.

(4) 어려움의 내용 탐색

학생이 현재 겪고 있는 어려움이 무엇인지를 구체적으로 이해한다. 학생들의 어려움은 학습·진로문제, 정서문제, 사회성 문제, 학교적응 문제 등 다양하다.

① 학습·진로문제

학업이나 진로를 위한 충분한 지원을 받기 어려운 여건에 있는 다문화 학생의 경우, 읽기, 쓰기, 산수 등의 기본적인 학습 발달 과정에서 다른 학생들에 비해 뒤처질 수 있다. 일상적인 언어 또는 직접적이고 구체적인 용어나 서술을 이해하는 데 어려움이 없어 보이는 학생이라 할지라도 각 과목에서 사용되는 추상적 개념, 은유적인 표현, 미묘한 정서 표현, 은어나 속어 등을 이해하거나 자연스럽게 사용하기 어려운 경우가 많다.

문화적 교차성이 강해질수록 자신의 진로 특성을 탐색하고, 다양한 진로정보를 얻기 위한 학습 경험의 기회가 제한되며, 롤모델을 찾거나 접하기도 어렵게 된다. 제한된 진로탐색 경험은 진로선택의 제한 요인으로 작용한다. 학습 경험이 제한되면 흥미나 적성을 발견하거나 진로정보를 탐색하는 데서 어려움을 겪게 된다.

② 정서문제

다문화 학생은 자신에게 어려움이 발생했을 때 마음을 터놓고 해결방법을 의논할 곳이 적을 수 있다. 문화적 교차성이 복합적이어서 여러 가지 문화적 요소에서 소수민 위치에 처한 학생들일수록 더욱 그러하다. 어려움이 있을 때 그것을 나누거나 해결하는 데 도움을 받을 수 있는 가까운 어른이 부재한 상황에서는 분노, 수치심, 적대감, 슬픔, 소외감, 외로움 등 부정적인 감정들이 지속되고 강해지며 막막함과 무기력감, 그리고 우울함으로 진행될 수 있다.

③ 정체성 문제

다문화 학생의 정체성 혼란은 일차적으로 다른 학생에 비해 언어와 문화, 가치관, 외모 등의 차이에 대한 해석에서 기인한다. 이러한 차이로 인하여 놀림, 차별, 따돌림을 경험하면 안정된 정체성 형성이 어려워진다. 부모들의 서로 다른 가치관과 생활양식의 차이로 인한 혼란, 외국 출신 부모와 소통할 때의 어려움 등은 정체감 혼란을 강화한다. 외모로 구별되지 않는 다문화 학생들도 한국의 학교생활에 적응해 가면서 자신을 숨기며 살아가야 하는 심리적 불안과 스트레스를 겪는다. 다문화 가정 자녀의 정체성 혼란의 문제는 겉으로 잘 드러나지 않으며, 비록 표현된다 하더라도 쉽게 변화되지 않는다.

④ 학교적응 문제

학년이 낮을수록 학교생활에 적응할 때까지 부모의 적극적인 관여가 필요하지만, 부모가 그것을 도와주기 어려운 경우에는 학생들이 스스로 학교생활에 적응하기 어려울 수 있다. 학년이 올라가면 한국의 입시제도를 이해하고 그에 맞추어 대응해야 하지만 복잡한 입시제도를 다문화 가정 학생이나 학부모들이 특별한 도움 없이 이해하고 준비하기는 쉽지 않다. 학교 규칙에의 부적응은 또래 관계에 있어서 집단따돌림 등의 피해와 놀림과도 연결된다. 식사나 복장, 기타 문화적 차이, 종교와 교육관 차이 등으로 나타나는 문화적 부조화 문제가 적응을 방해하는 요인이 되기도 한다.

3) 상담목표 수립

다문화 상담의 궁극적인 목표는 모든 다양한 학생들이 잠재력을 충분히 개발할 수 있도록 돕는 것이다. 모든 학생이 자신의 잠재력을 개발하는 데 평등하게 접근하도록 돕는 것을 목적으로 다양한 목표를 수립할 수 있다. 상담 실무에서 상담의 목표는 상담을 통해 상담에 참여하는 학생에게 나타나기를 원하는 변화를 기준으로 학생과 함께 합의하여 수립한다. 수립된 목표의 타당성은 목표 달성 여부를 평가할 수 있을 만큼 구체적인 목표, 학생에게 변화 방법을 구체적으로 알려 줄 수 있는 행동적인 목표, 학생이 달성할 수 있는 성취 가능한 목표, 학생 자신의 통제 범위 안에 있는 목표 등인지를 점검하면서 평가할 수 있다. 상담목표의 내용은 학생의 문제와 상황에 따라 매우 다양하며, 대표적인 예를 들면 다음과 같다.

(1) 자존감과 자기표현 능력 증진

자존감은 스스로 자신의 가치를 존중하고 인정하는 것이다. 자존감은 정서적 안정을 바탕으로 현재에 적응하며, 미래를 계획하기 위한 필수적인 요인이다. 여러 가지 문화적 요소에서의 차이, 문화적 교차성, 다양한 문화를 수용하거나 환영하지 않는 환경에서 지내는 다문화 학생일수록 높은 긍정적 자존감을 형성하기 어렵다.

자기표현은 자신의 정서, 사고, 의지를 표현하는 것으로서, 사회와의 교류를 위한 출발점이다. 자기표현 능력은 다문화 수용적인 환경일수록 강화될 수 있다. '다르다'는 이유로 억압을 하거나 당하지 않고 오히려 다양성을 표현함으로써 서로의 창의적인 삶에 도움을 주기 위한 목표이다.

(2) 대인관계 능력 증진

다문화 학생은 가족, 동료, 교사, 지역사회와 다양한 관계를 맺으며 지낸다. 주류 문화와 다른 예절, 생활습관, 표현방식으로 인해 대인관계에 어려움이 생긴다면 각자의 문화를 존중하고 알리면서 풀어 가는 능력을 획득하는 것이 상담목표가 될 수 있다. 원만한 대인관계는 학교적응, 학업발달, 진로발달에도 큰 도움을 주기 때문에 다문화 상담의 목표로서 고려될 필요가 있다.

(3) 학습 효능감 증진

학생 상담에서 학습에 대한 효능감을 높이는 것은 매우 중요한 목표이다. 자신이 성공적인 행동을 해낼 수 있다는 신념 혹은 기대를 의미하는 자기 효능감은 높은 동기로 이어진다. 다문화 학생이 해낼 수 있는 것을 중심으로 성공 경험을 제공하면서 학습 효능감을 높이고 성공적인 행동을 확대해 가는 것을 목표로 한다.

(4) 진로발달 증진

다문화 학생의 성공적인 진로발달은 학생 개인의 삶뿐 아니라 우리 사회 전체의 화합과 발전을 위해서도 필요하다. 2015 개정 교육과정, 2022 개정 교육과정, 고교 학점제, 자유학년제 등 새로운 교육제도들은 학생들에게 남보다 잘하는 우등생이 아닌 자신의 삶과 진로를 중심으로 창조적으로 살아가는 삶을 살아갈 것을 요청한다. 다문화 학생들이 자신의 진로 특성을 발견하고, 진로발달을 도울 수 있는 자원에 대한 정보를 탐색하고 활용하는 방법을 익힘으로써 성공적인 진로를 선택하도록 돕는 것은 시대의 요청에 부응하는 상담목표이기도 하다.

4) 개입

다문화 학생을 상담할 때 유의해야 할 사항은 교사의 개입이 학생의 문화에서 어떻게 받아들여지는지를 확인하면서 진행해야 한다는 것이다. 교사와 다른 문화에서 성장한 학생이라면, 교사의 개입 의도를 이해하기 어려울 수 있고 교사의 제안을 실천하는 데 어려움이 있을 수 있다. 교사는 다문화 학생이 상담에서 세운 개입 행동을 실천하지 못할 때, 그럴 수밖에 없는 이유가 있었을 것이라고 타당화해 주면서 그 원인을 구체적으로 살펴보아야 한다. 또한 주류와 다른 것은 오히려 강점이 될 수 있음을 고려하여 학생과 환경의 강점을 민감하게 포착하고 강화해야 한다. 그에 따라 학생의 상황에 맞는 대안적인 개입방법을 추가하거나 목표를 수정하는 것도 고려할 수 있다.

(1) 정보 제공

다문화 가정 학생들은 일반 학생들이 당연히 접하는 정보에 접근하기 어렵고, 자연스럽게 반응하는 상황에 대하여도 생소하게 느끼는 경우가 있다. 교과 수업, 비교과 프로그램, 창의적 체험활동, 동아리활동, 자유학기제 등 여러 가지 프로그램 중에서 반드시 참여해야 할 활동과 선택할 수 있는 활동을 구별하는 것이 이들에게는 매우 혼란스러울 수 있다.

교육제도나 프로그램에 대하여 여러 차례 설명을 들어도 명확하게 이해하기 어려우며, 금방 잊어버리고 같은 것을 되묻기도 한다. 일반 학생들은 가정에서 부모를 통해 자연스럽게 해결하는 궁금증에 대하여, 자꾸 묻게 되는 자신이 부족하다고 느껴지고 부끄러워서 질문을 억누르기도 한다. 이들에게 필요한 정보를 매우 친절하게 전달하며, 같은 정보를 반복적으로 묻거나 엉뚱하게 알아듣고 부적절한 반응을 하더라도 변함없이 친절하게 안내해 준다.

(2) 지지자원 연계

다문화 학생에게는 다양한 지지자원이 필요하다. 학습 능력을 기르기 위해 담임교사, 교과 교사, 방과후 프로그램 교사 등이 지지자원이 되어 줄 수 있다. 진로를 탐색하기 위해 다양한 비교과 프로그램 운영자, 관심 분야 직업인, 교내 전문가로서의 교과 교사가 지지자원이 되어 줄 수 있다. 인성 및 사회성 발달을 위해 전문상담교사, 전문상담사, 또래 상담반 동료들이 도움이 될 수 있다. 지역사회 복지관, 주민센터, 청소년 상담기관, 보건소 등 지역사회 자원을 활용할 수 있다. 이외에도 학생에게 필요한 것이 무엇인지를 구체적으로 탐색하여 지역사회 자원들과 연결하는 태도와 행동이 필요하다.

(3) 칭찬과 격려

칭찬은 학생에게 학생의 행동이 적절하다는 메시지를 줌으로써 행동을 계속할 힘을 얻게 한다. 학생의 바람직한 행동과 태도를 적극적으로 발견하고 언급해 줌으로써 학생에게 긍정적인 관심을 보여 줄 수 있고, 또한 바람직한 행동을 계속하라는 교육적인 메시지를 전달할 수 있다. 꼭 필요한 정도의 교정적 피드백도 필요하다. 칭찬은 학생의 자기 효능감 및 자존감 증진에도 도움이 된다는 점을 기억할 필요가 있다.

격려는 피드백의 일종이지만, 아동의 행위과정에서 기울인 노력의 긍정적인 측면을 부각시킨다는 점에서 차별화되는 기법이다. 격려는 현재 학생의 모습 그대로가 충분히 훌륭하다는 것을 전제로 수행된다. 여러 연구에서 격려는 학생의 자기수용과 자기존중감을 높이는 효과가 있는 것으로 밝혀졌으며, 격려를 실천하는 구체적인 방법은 다음과 같다(나미연, 오익수, 2011; Dreikurs & Cassel, 1972). 교사가 아동의 가치와 잠재력을 신뢰하고, 노력을 인정해 주며, 긍정적인 것에 초점을 맞추고, 실수를 통해 배우도록 가르치며, 유머 등을 사용하여 상황을 긍정적으로 지각하도록 돕고, 스스로를 격려하도록 도우며, 자신의 노력과 행동이 사회에 긍정적으로 기여하고 있음을 확신하도록 해 주는 것이다.

(4) 옹호

옹호는 학생의 문제를 예방하고 해결하기 위해 교사가 학생을 대신하여 학생의 환경에 개입하는 것을 말한다. 학생을 위해 환경변화에 개입하는 교사의 행동을 모두 옹호라고 볼 수 있다. 옹호는 학생 개인이 겪는 고통에는 환경의 책임이 있다는 가정을 바탕으로 한다. 많은 다문화 학생이 가정·학교·지역사회·국가적으로 열악한 환경에서 성장하고 있으며 열악한 환경은 개인의 고통을 유발하거나 잠재력을 개발하는 데 장애 요소로 작용한다. '다름'을 수용하지 못하는 학교 문화에서는 개성 있는 학생이 억압이나 차별을 당할 수 있는데, 그것은 그 학생의 잘못이 아니라 다름을 수용하지 못하는 문화에 문제가 있다는 것이다. 학벌주의 풍조가 있는 문화권에서 학생의 성적이 낮으면 자존감도 함께 낮은 경우가 많은 것도 한 예이다.

환경의 잘못으로 인한 문제들로 인해 고통을 겪는 학생을 상담하면서, 교사는 문제의 원인 중 학생 개인의 변화로 해결 가능한 부분에 대하여는 개인상담으로 대응한다. 이 과정에서 학생과 함께 자신의 잘못이 아닌 부분, 즉 환경에 의한 고통을 구분함으로써 학생의 과도한 자책감을 덜어 주는 개입이 필요하다. 더 나아가, 전체 학생이나 부모 또는 정책입안자 등 환경을 대상으로 교육, 연수, 세미나 등을 기획하여 약자 위치의 학생에게 고통을 주고 잠재력 발달을 가로막는 환경을 변화시키기 위해 적극적인 역할을 해야 한다. 옹호는 현재 문제를 겪고 있는 학생을 위한 작업일 뿐 아니라 앞으로 닥칠 문제를 예방하기 위해 필수적이다.

옹호에는 여러 가지 방법이 있으며, 앞서 언급한 지지자원 연계도 넓게 보면 옹호 방법 중 하나이다. 학생을 옹호할 때 유의해야 할 사항은 해당 학생의 의견을 적극 존중해야 하고, 옹호 과정에서 비밀 유지를 위한 방안을 철저하게 수립하며, 동료 및 전문가들과 연대를 맺으면서 수행하는 것이다.

5) 평가와 마무리

상담에 대한 평가는 상담과정과 마무리 시점에 실시한다. 상담에서 어떤 성과를 거두었는지, 앞으로 남은 과제는 무엇인지를 점검한다. 긍정적인 성과는 학생에게 일어난 바람직한 변화를 통해 평가한다. 상담을 통해 어떤 변화를 이루었는지, 그 변화는 학생의 어떤 노력과 강점으로 인해 가능했는지, 학생을 향한 주변의 도움에는 무엇이 있었는지 등을 구체적으로 점검하는 것이 도움이 된다. 학생은 상담이 끝난 후에도 계속 성장할 것이기 때문에, 학생 자신의 강점과 주변의 도움은 앞으로도 학생의 긍정적인 성장을 위해 활용될 가능성이 크기 때문이다.

변화가 미진한 부분에 대하여는 추후 과제로 남기되, 미진함을 강조하기보다는 작은 부분이라도 변화가 있었다면 그것을 강조해 주는 것이 효과적이다. 작더라도 변화가 시작되었다면, 그것을 바탕으로 또 다른 변화가 생성될 수 있기 때문이다.

상담이 마무리된 이후에도 다시 상담을 요청할 수 있음을 알려 준다. 상담은 부족한 학생이 받는 것이 아니라 긍정적인 변화를 지향하는 학생이 받는 것임을 명확히 언급해 준다. 상담을 통해 당시의 문제를 해결한 학생이라 하더라도 새로운 발달과제를 만나면 긴장과 스트레스를 다시 경험할 수 있기 때문이다.

4. 다문화 상담의 실제

담임을 맡은 학급의 학생인 민주를 보는 김 교사의 마음은 착잡하다. 민주가 지각을 자주 하고, 수업시간에 졸음에 가득 차 엎드려 있으며, 학습 내용에 관심을 보이지 않는다. 쉬는 시간에는 화장실에 있거나 자기 자리에 앉아서 까무잡잡한 피부에 큰 눈망울로 멍하니 밖을 내다보고 있다. 친구들이 삼삼오오 모여서 떠드는 모습을 가만히 보다가 다시 창밖으로 시선을 돌린다. 가끔 민주에게 말을 거는 학생이 있지만, 대화가 오래 이어지지는 않는다. 특별히 문제를 일으키지는 않지만, 자꾸 세상에서 멀어지려고 하는 민주를 정확히 이해하고 민주가 활기차게 성장하도록 돕고 싶다.

여러 가지 자료를 통해 볼 때, 민주는 다른 과목보다 수학 시간을 재미있어 하며, 초등학교 때 학습 내용을 이해하는 데 큰 어려움은 없었던 것으로 파악되었다. 가정환경을 묻는 질문에 민주는 거의 대답을 하지 않거나 단답식으로 응답하였는데, 그 과정에서 어머니가 베트남 출신이고, 부모님이 매일 싸우며, 네 가족이 방 2개짜리 빌라에서 지내고 있다는 것을 알 수 있었다. 집을 나가겠다고 고함치는 어머니에게 민주가 "나가 버려."라고 소리쳤다가 어머니는 엉엉 울고 민주는 아버지에게 매를 맞았다고 한다.

1) 상담 관계 형성

김 교사는 민주와 문화적 관계를 형성하기 위해 RESPECTFUL 모형(D'Andrea & Daniels, 2001)을 활용하여 교사와 민주의 문화적 특징을 이해하고자 하였다.

문화적 요소를 분석해 보니 김 교사는 연령, 사회경제적 지위, 심리적 성숙도, 민족/인종 등 여러 문화적 요소에서 민주와 차이가 있어서 교사의 경험만으로 민주를 이해하기에는 한계가 있음을 인정하였고, 민주에게 다음과 같이 전달하였다.

"민주야, 선생님과 민주는 같은 남자이고, 같은 한국인이고, 같은 학교에 다니는 등 공통점들이 있어. 반갑다. 하지만 선생님은 30대라서 10대인 민주를 이해하는 데 한계가 있고, 성장한 시대와 환경이 달라서 민주가 원하는 만큼 정확하게 이해하지 못할 수도 있어. 그럴 때 참지 말고 선생님에게 민주에 대해서 알려줄래? 그럼 선생님도 민주를 더 잘 이해하게 될 거 같아."

또 민주가 원하는 상담 관계가 무엇인지 이해하기 위해, 김 교사는 피더슨과 아이비(1993)가 제시한 문화적 스타일의 네 가지 유형을 참고하였다. 민주의 언어적·비언어적 행동을 관찰한 결과, 민주에게는 수평적인 관계보다는 권위적인 인물을 믿고 따르며 그들로부터 답을 얻고자 하는 알파 유형과 베타 유형의 특징이 있다고 가정하게 되었다. 그래서 온화한 권위자이자 전문가로서 존재해 주는 것이 민주를 위해 도움이 된다고 생각하면서 매회기 상담을 진행하였다. 이와 함께 경청, 재진술, 공감적 이해, 무조건적 존중 등 전통상담의 기본 기법을 충실히 실행하고자 노력하였다.

2) 문제의 이해

김 교사는 전문가로서의 권위를 잃지 않으면서도 민주의 내면세계에 대하여는 알지 못함의 자세를 취하면서 민주의 도움을 받아 체계도(McMahon, Patton, & Watson, 2015)를 작성하였다. 시간이 흐르면서 민주가 먼저 체계도의 빈 곳을 채워 주기도 하였다.

(1) 민주의 현재 상태와 개인 내적 특징

체계도의 첫 순서로 민주의 현재 상태와 그것에 영향을 미친 개인 내적 특징을 탐색하여 그림으로 표현하였다. 민주에게 물으면서 현재 상태를 적었다. 처음에는 민주가 말을 꺼내기 어려워하는 것 같아, 중학교 1학년이라고 교사가 적은 후, 친구 관계, 공부, 학교생활, 꿈 등에 대해 질문하면서 받아 적었다. 그리고는 현재의 상태 각각에 대하여 그것의 원인이 되는 자신의 특성을 말하도록 하였다.

친구 관계가 활발하지 않다고 생각하는 이유부터, 민주의 어떤 특징 때문에 그런지를 생각해 보자고 질문하였다. 민주는 어머니가 베트남 출신이라는 것을 여러 사람이 알면 무시당할까 봐 자기가 먼저 친구들을 멀리한다고 하였다. 초등학교 때 열심히 해도 받아쓰기에서 높은 점수를 받기가 너무 어려웠고, 그래서 국어나 다른 과목에는 관심도 없어졌고, 영어는 국어보다는 조금 낫다고 하였다. 수학은 어릴 때부터 계산을 잘해서인지 재미있다고 하였다. 친구가 없어 심심하고, 부모님이 싸울 때마다 이혼하실까 봐 불안하고, 미래의 꿈에 대해서는 생각해 본 적이 없다고 하였다.

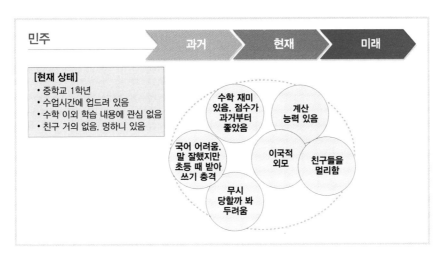

[그림 11-1] 민주의 현재 상태와 개인 내적 특징

다음으로는 민주가 말한 개인 내적 특징들이 시간의 흐름에 따라 어떻게 변화해 왔는지 점검하였다. 이 작업을 통해 국어에 대한 민주의 어려움이 언제 시작되었고 어떻게 변화되어 왔는지 탐색할 수 있었다. 어릴 때 민주는 말을 잘하고 똑똑하다는 소리를 많이 들었다. 그러나 학교에서 받아쓰기 시험을 보거나 책을 읽을 때는 자신이 바보 같다는 생각을 했다. 틀린 단어들을 집에 가서 바르게 다시 써 오라는 과제를 어머니와 함께 했었는데, 그 또한 틀린 글자여서 학교에서 망신을 당하고는 창피했다. 국어는 너무 어렵다. 하지만 수학 점수가 좋은 편이어서 민주는 학교에서 '공부를 좀 하는' 편에 들어 있었다.

(2) 민주의 환경적 특징

이번에는 민주에게 영향을 미친 환경적 특징에 대해 이야기를 나누면서 환경체계를 그려 보았다. 민주에게 자신의 환경 중에서 가장 큰 영향을 미치는 사람이나 물건은 무엇인지 질문하였다. 민주가 얼른 떠올리지 못해서 좀 기다리다가 부모님을 예로 들어 주었다. 이야기를 나누면서 점차 형제, 친척, 교사, 친구, 그리고 휴대폰과 PC도 민주에게 영향을 미치고 있음을 확인하였다.

우선, 부모님 이야기부터 시작하였다. 부모님은 민주가 어릴 때부터 많이 싸우시고, 한번 싸우시면 아버지가 어머니를 때리는 것으로 끝이 나고, 민주와 동생은 불안에 떨었다. 아주 어릴 때는 부모님이 싸우시는 방에서 둘이 함께 울고 있다가

방 밖으로 쫓겨났고, 배가 많이 고팠다고 한다. 초등학교 4학년 때부터는 부모님이 쫓아내시기 전에 미리 집을 나와서 아껴 놓았던 용돈으로 동생과 함께 햄버거나 떡볶이를 사 먹었다. 부모님은 싸우실 때 외에는 민주와 동생에게 따뜻하게 대해 주신다. 특히 아버지는 기죽지 말라고 용돈도 자주 주신다. 민주와 동생 민희만이 아버지 삶의 유일한 희망이라고 이야기하신다. 부모님이 민주에게 미친 영향을 시간의 흐름에 따라 이해하기 위해 과거의 부모님과 현재의 부모님에 어떤 차이가 있는지 물었더니, 아버지가 예전보다 술이나 담배를 덜 하시고, 이제는 어머니를 때리지 않으신다고 하였다. 민주에게 그려지는 부모님의 미래는 지금처럼 말다툼은 하시지만 이혼은 안 하실 것 같다. 민주는 그런 부모님과 함께 지금보다 조금 좋은 집에서 행복하게 살고 싶다. 김 교사는 형제, 친척, 교사, 친구, 휴대폰, PC 등의 영향에 대하여도 구체적으로 탐색하였다. 이야기를 나누면서 [그림 11-2]를 완성하였다.

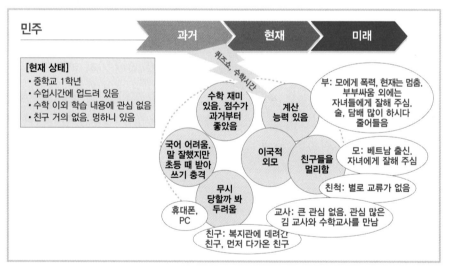

[그림 11-2] 민주에게 영향을 미친 직접적 환경

이번에는 민주에게 영향을 미친 우연과 기회들을 탐색하였다. 김 교사는 우연히 발생한 일들에서도 큰 영향을 받을 수 있다는 점을 설명하고, 지금까지 살아오면서 예상치 못했던 사건들을 생각해 보자고 하였다. 민주는 초등학교 3학년 때, 아버지에게 쫓겨나서 동생과 함께 걸어가던 중 길에서 친구를 만났다. 친구는 복

지관의 축제에 가고 있었다. 민희가 거기 가면 맛있는 거 많을 것 같다고 졸라서
함께 갔다. 같은 반 친구들도 있었고, 민주는 복지관 선생님의 권유로 퀴즈쇼에
참여하였다. 그날 나왔던 숫자 문제를 민주가 거의 다 맞혔다. 친구들은 민주에게
엄지를 치켜올렸다. 민주는 상품을 두둑이 받고 피자도 먹었다. 이 일이 학교에
알려져서 민주는 친구들의 인정을 받게 되었고, 수학을 더 열심히 하였다. 김 교
사는 민주가 마음을 열고 긍정적으로 생활하다 보면 그런 뜻하지 않게 오는 기회
나 행운들을 만날 수 있고, 기회를 빨리 알아차리고 잘 활용할 수 있다고 알려 주
었다.

　다음으로 민주에게 간접적인 영향을 미치는 환경들에는 무엇이 있을지 탐색하
였는데, 민주 스스로는 찾아내지 못하였다. 김 교사는 일반계고와 특성화고 등 고
등학교 종류와 종류별 특징을 알려 주고, 지역사회 내에 있는 고등학교에 대해 간
단히 알려 주었다. 커리어넷에 들어가서 대학 정보도 찾아보았다. 민주 학년의 학
생들에게 해당하는 입시제도, 다문화 가정 학생을 위한 특례입학제도, 국가장학
금 등을 설명해 주었다. 제도는 해마다 바뀔 수 있어서 꼼꼼하게 검토해야 하는
데, 민주가 진학할 시기쯤 되어 미리 잘 살펴보면 활용할 수 있는 제도가 많이 있
을 것이라고 말해 주었다.

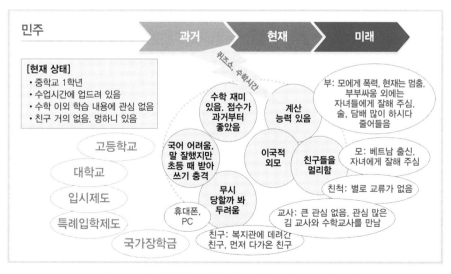

[그림 11-3] 민주에게 영향을 미친 우연과 사회 환경

민주의 체계도를 그리는 과정에서 김 교사는 민주가 지금까지 받았던 심리검사에는 어떤 것들이 있었고 그것들을 통해 자신에 대해 무엇을 알게 되었는지도 말하도록 기회를 주었다. 민주는 중학교에 들어와서 실시한 정서-행동평가 검사에서 자신의 불안 수준이 너무 높게 나와서 당황했던 이야기, 적성검사에서 탐구형 점수가 높았던 이야기를 해 주었다. 많은 이야기를 주고받으면서 김 교사는 민주의 어려움을 들을 수 있었고, 그 어려움의 내용 또한 더 깊이 이해할 수 있었다.

3) 상담목표 수립

김 교사는 민주에게 목표를 표현할 기회를 먼저 주고, 민주가 표현하는 목표를 존중하면서 상담목표를 수립하고자 하였다. 이를 위해 김 교사는 민주에게 상담을 통해 어떤 변화가 생기기를 원하는지 질문하였다. 민주는 학교에 기분 좋게 오고, 마음이 편해졌으면 좋겠다고 이야기하였다. 김 교사는 민주에게 각각의 목표를 조금 더 구체적으로 말해 주기를 요청하였고, 민주의 잠재력 계발을 위한 학습 효능감 증진, 자존감 증진, 진로발달 등의 최종 목표를 염두에 두고 중간 목표들을 다음과 같이 구체화하였다.

첫째, 학습효능감을 높이기 위해 좋아하는 과목인 수학 능력부터 강화하기로 하였다. 이를 위해 수업시간에 허리를 펴고 앉고, 예습과 복습을 하며, 과제를 해 오고, 모르는 것을 선생님께 질문하기로 하였다.

둘째, 자존감을 높이기 위해 피부색이 친구와 다른 것은 자신의 잘못이 아니고 자신의 피부색은 그 자체로 가치가 있음을 스스로에게 분명히 말하기로 하였다. 또한 자신이나 어머니가 한국어를 잘하지 못하는 것은 능력이 부족해서가 아니라 어린 시절부터 한국어를 접할 기회가 적었기 때문임을 국어 시간 시작 전에 혼자 말로 하기로 하였다.

셋째, 진로발달을 위한 자기탐색을 위해, 교과 · 비교과로 수행되는 진로탐색 시간에 자신의 직업 흥미, 가치, 성격, 적성을 파악하기로 하였다. 진로탐색 시간에 적극적으로 임하고, 상담시간에 그에 대하여 보고하기로 하였다.

이와 같이 목표를 수립하는 과정에서 민주는 이렇게 되기만 하면 자신이 학교에 기분 좋게 나오고 편안한 마음이 될 수 있을 것 같다고 말하였다. 김 교사는 민주

와 협의하여 세운 상담목표이니 열심히 지키도록 하고, 실천하지 못할 때에도 편안하게 교사에게 말함으로써 그에 맞는 대책을 세우자고 제안하였다.

4) 상담 개입

김 교사는 민주에게 수학 시간에 적극적으로 수업에 임하는 데 도움이 되는 전략들을 소개하였다. 공부에 방해되는 감정이 몰려들 때 어떻게 해야 할지, 어려운 문제를 풀다가 반복해서 틀리면 어떻게 해야 할지, 부모님이 싸우셔서 공부에 집중할 수 없을 때 어떻게 할지 등을 의논하였다. 민주는 심호흡, 상담목표를 수립하던 순간을 떠올리기, 질문하는 것은 창피한 일이 아니라고 스스로에게 말하기, 집 근처 시립도서관을 이용하기 등의 방안을 생각해 냈다.

민주가 자신의 외모를 개성으로 인식하고 긍정적인 신체이미지를 갖도록 돕기 위해 혼잣말을 하도록 하였다. 김 교사는 혼잣말의 대사를 민주와 함께 짜고, 민주와 함께 소리 내어 읽어 보았다. 집에서는 크게 읽기 어렵기 때문에 외워서 속으로 말하기로 하였다. 또 만일 외모에 대하여 놀리는 친구가 다시 나타난다면, 그것은 민주의 문제가 아니라 그 친구들의 문제라고 분명히 말하는 자기표현 연습을 하였다.

진로탐색을 돕기 위해 김 교사는 민주에게 교내 진로탐색 프로그램 내용을 미리 확인하고 정보를 주었으며, 각각에서 무엇을 배우고 올지에 대하여 의논한 후, 실제로 배운 것이 무엇인지를 다음 상담시간에 논의하였다. 민주에게 필요한 지지 자원을 알아보고 연계하기 위해, 복지관 · 구민회관 · 청소년상담실 등의 프로그램을 조사하였고, 민주에게 필요한 정보를 전달하였다.

민주를 옹호하기 위해 민주의 허락을 구한 후 수학 선생님과 민주의 상담시간을 마련해 주었다. 부모님에게 전화를 드려서 민주의 강점들을 알려드리고, 민주가 열심히 학교생활을 하려고 노력하고 있으니 민주가 공부하는 시간에는 조용한 분위기를 만들어 주시는 것이 필요하다고 알렸다. 교사들과 논의한 후 올해 배당된 다문화 학생 지원예산의 일부를 민주가 관심 있어 하는 분야의 전문가와 함께 하는 체험활동으로 활용하기로 하였다.

5) 상담 평가와 마무리

상담이 진행되는 동안 민주가 상담을 통해 어떤 효과를 경험하는지, 어떤 변화를 보이는지 점검하였다. 상담목표를 실행하던 초기에는 민주에게 위기가 있었다. 그때마다 김 교사는 민주가 상담목표를 실천하지 못했다고 생각함에도 불구하고 빠지지 않고 상담받으러 온 사실을 확인시키며 그에 대해 긍정적인 피드백을 하였다. 어려운 여건 속에서도 동생을 살폈고, 자신의 재능을 발달시켜 온 점을 강조하였다. 나름대로 열심히 살아가던 민주에게 복지관을 방문하여 재능을 발견할 기회가 생겼듯이, 긍정적인 자원과 변화 가능성이 보인다는 낙관적인 전망을 주입하였다.

어렵사리 상담목표를 실천하던 중, 수학 교사는 민주가 꽤 어려운 문제를 풀어내는 모습을 발견하였고, 민주가 했던 방식 그대로 앞에 나와서 풀어 보게 하였다. 민주는 자신의 수학 실력을 그때 다시 확인할 수 있었다. 아직 외모에 대하여 자부심을 느끼지는 못하지만 적어도 외모를 평가하고 비교하는 것이 좋지 않은 행동임은 확실히 알게 되었다.

수학 시간에 민주를 지켜본 같은 반 친구 준용이가 민주에게 먼저 다가왔고, 민주는 준용이와 급식실을 함께 가는 등 친해지고 있다. 그러나 여러 친구와 자연스럽게 지내기는 어렵다고 하는데, 김 교사가 보기에 민주의 성격은 내향적이다. 김 교사는 민주에게 내향적 성격으로 인해 민주가 여러 사람과 사귈 때 편안하지는 않겠지만, 깊은 관계를 유지하는 데는 오히려 유리하다는 것을 알려 주었다. 민주는 진로탐색 시간에 실시한 성격 체크리스트 결과에서도 내향성으로 나왔다면서 좋아하였다. 진로탐색 프로그램에도 적극 참여하고 있다고 말하였다.

상담이 끝나도 학교 안에서 언제든 선생님과 다시 마주칠 수 있으니 어려움이 있을 때 의논하러 와도 된다고 알려 주었다. 향후 민주가 성장하면서 또 다른 도전을 만나게 될 때 언제든 상담을 정식으로 다시 시작할 수 있음을 알려 준 후 상담을 종결하였다.

 생각해 봅시다

1. 다문화 상담의 개념과 대상을 설명하시오.

2. 다문화 상담에 준비된 교사가 되기 위한 실천계획을 수립해 보시오.

3. 문화적 관계 형성 방법을 설명하시오.

4. 체계 속의 학생 이해 방법을 사례를 들어 설명하시오.

 참고문헌

나미연, 오익수(2011). 교사의 격려언어가 초등학교 아동의 학교생활적응에 미치는 효과. 초등상담연구, 10(2), 137-150.

이윤주(2017). 효율적인 상담사례개념화를 위한 상담사례개념도의 활용. 상담학연구: 사례 및 실제, 1(2), 53-72.

임은미, 구자경(2019). 다문화 사회정의 상담. 서울: 학지사.

Arredondo, P., Toporek, M. S., Brown, S., Jones, J., Locke, D. C., Sanchez, J., & Stadler, H. (1996). *Operationalization of the Multicultural Counseling Competencies*. Alexandria, VA: AMCD.

D'Andrea, M. M., & Daniels, J. A. (2001). Respectful counseling: An integrative multi-dimensional model for counselors. In D. B. Pope-Davis & H. L. K. Coleman (Eds.), *The Intersection of Race, Class, and Gender in Multicultural Counseling* (pp. 417–466). Thousand Oaks, CA: SAGE.

Dreikurs, R., & Cassel, P. (1972). *Discipline without Tears*. Ontario, Canada: Alfred Adler Institute of Ontario.

Essandoh, P. K. (1996). Multicultural counseling as the fourth force: A call to arms. *The Counseling Psychologist, 24*, 26-138.

Jun, H. (2009). *Social Justice, Multicultural Counseling, and Practice*. Thousand Oaks, CA: Sage Publications.

McMahon, M., Patton, W., & Watson, M. (2015). My systems of career influences. In M. McMahon & M. Watson (Eds.), *Career Assessment: Qualitative Approaches* (pp. 169-177). Rotterdam, Netherlands: Sense Publishers.

Mthethwa-Sommers, S. (2019). *Narratives of Social Justice Educators: Standing Firm*. 임

은미, 강혜정, 김지영 공역. 사회정의 교육으로의 초대. 서울: 사회평론 아카데미. (원저는 2014년에 출판)

Neukrug, E. (2017). *The World of the Counselor: An Introduction to the Counseling Profession* (5th ed.). 이윤주, 구자경, 권경인, 박승민, 손은령, 손진희, 임은미 공역. 전문상담자의 세계. 서울: 사회평론 아카데미. (원저는 2016년 출판)

Pedersen, P. B., & Ivey, A. E. (1993). *Culture-centered Counseling and Interviewing Skills*. Westport, CT: Greenwood Co. Pub.

Sperry, L., & Sperry, J. (2014). *Case Conceptualization: Mastering this Competency with Ease and Confidence*. 이명우 역. 사례개념화: 이해와 실제. 서울: 학지사. (원저는 2010년에 출판)

제12장
다문화 학생을 위한 한국어교육[1]

김윤주

---

1) 이 장의 일부 내용은 저자의 다른 글(김윤주, 2015, 2020)을 참고한 것이다.

 개요

다문화 학생을 위한 한국어교육은 초·중·고등학교 학령기의 다문화 배경 학생을 위한 제2언어로서의 한국어교육을 의미한다. 다문화 학생을 위한 한국어교육은 단순히 한국어 능력이 부족한 학생들에게 한국어를 가르치는 것을 의미하지 않는다. 다문화사회에서의 언어적 소수자를 위한 교육의 관점에서 다각도로 생각해 보아야 할 점들이 있고, 고려해야 할 요소들도 많다. 이 장에서는 다문화사회에서의 언어 습득과 언어교육 문제에 대해 살펴보고, 다문화 학생을 위한 한국어교육 문제에 대해 접근하는 바람직한 관점에 대해 짚어 보고자 한다. 또한 다문화 학생 대상 한국어교육의 역사와 현황을 살펴보고 바람직한 교육을 위한 원리와 방안, 실제에 대해 살펴볼 것이다.

세부목차

1. 다문화사회에서의 언어 습득과 언어교육
2. 한국어교육의 개념과 역사
3. 다문화 학생을 위한 한국어교육의 이해
4. 다문화 학생을 위한 한국어교육의 실제

 학습목표

1. 다문화사회에서의 언어 습득과 언어교육에 대해 설명할 수 있다.
2. 다문화 학생을 위한 한국어교육의 개념과 범주에 대해 설명할 수 있다.
3. 다문화 학생을 위한 한국어교육의 목표와 내용에 대해 설명할 수 있다.
4. 다문화 학생을 위한 한국어교육의 원리와 방법에 대해 설명할 수 있다.
5. 다문화 학생을 위한 한국어 수업을 설계할 수 있다.

1. 다문화사회에서의 언어 습득과 언어교육

　다문화교육과 관련하여 반드시 생각해 보아야 할 것이 다문화사회 구성원의 언어 습득 양상과 소수자 언어교육 문제에 대한 논의이다. 다문화교육의 맥락에서 언어교육에 관한 논의를 할 때는 보통 다문화 배경을 가진 이주민, 즉 언어적 소수자를 대상으로 한 한국어교육의 문제만으로 한정시키는 경우가 있지만 실은 더욱 본질적인 논의와 성찰이 필요하다.

　국내 체류 외국인의 수가 증가하고 다양한 유형의 이주민들이 증가하면서 이들을 대상으로 한 한국어교육의 문제가 대두되었다. 특히 다문화 자녀가 증가하고 이들이 학령기에 도달하면서 학교 안팎에서 이들을 대상으로 한 언어교육의 문제가 중요하게 부각되었다. 다문화 학생을 위한 한국어교육 문제에 대해 논의하기 위해서는 다문화사회를 구성하고 있는 구성원들의 다양한 언어 습득 양상과 언어의 위상, 더 나아가 소수자 언어교육에 대한 우리 사회의 기본적 관점 등에 대해 생각해 볼 필요가 있다.

　이 절에서는 다문화사회에서의 소수자 언어교육 문제와 관련해 생각해 보아야 할 몇 가지 사항들에 대해 살펴보고자 한다. 먼저, 언어의 위상에 따라 달라지는 용어와 개념, 다문화 학생의 언어 능력을 구성하는 요소 등에 대해 살펴보고, 한국 사회에서 소수자 언어교육 문제를 바라보는 다양한 관점에 대해 살펴볼 것이다. 이는 다문화 학생을 위한 한국어교육에 대한 이해의 지평을 넓히고 바람직한 교육방안을 모색하기 위해 갖추어야 할 기본적 인식을 고양하는 데에 도움이 될 것이다.

1) 다문화사회에서의 언어 습득

(1) 제1언어 습득과 제2언어 습득
　제1언어 습득(First Language Acquisition: FLA)이란 태어나 처음으로 접하는 언어,

즉 모어 또는 모국어 습득을 의미한다. 모어(母語, mother tongue)는 화자가 태어나 자라면서 자연스럽게 배운 언어를 의미하며, 어떤 언어를 모어로서 사용하는 화자를 모어 화자(native speaker)라고 한다. 모국어(母國語, national language)는 국적을 기준으로 구분하는 용어로 화자의 모국에서 공식적으로 사용하는 언어를 지칭한다. 제1언어는 보통 L1이라고 칭한다.

제1언어(first language, L1)는 일반적으로 모어, 모국어라는 용어와 혼용되어 사용되기도 하지만 엄밀히 보자면 이들이 항상 일치하는 것은 아니다. 예를 들어, 미국에 건너가 살게 된 한국인 가정에서 아이가 태어나면 이 아이의 국적은 미국이 된다. 미국의 공용어는 영어이므로 아이의 모국어는 영어가 된다. 그런데 이 가정에서 부모가 주로 사용하는 언어가 한국어라면 모어는 한국어가 되는 것이다. 이러한 상황은 국내 다문화 가정에서도 흔히 있는 일이다. 다문화 가정 자녀가 한국에서 태어났다면 이 아이의 모국어는 한국어지만, 가정에서 양육되는 동안 주로 사용하는 언어가 베트남어라면 아이의 모어는 베트남어가 되는 것이다.

제2언어 습득(Second Language Acquisition: SLA)은 화자가 처음으로 접하는 모어 외에 추가적으로 다른 언어를 습득하는 것을 의미한다. 제2언어는 보통 L2라고 칭한다. 제2언어(second language, L2)는 화자가 모어 외에 추가적으로 습득하게 되는 언어를 모두 포괄적으로 의미한다. 세 번째로 배우게 되는 언어라고 해서 제3언어라고 특별히 구별해서 칭하지는 않는다.

(2) 외국어와 제2언어

언어교육의 맥락에서는 단순히 언어 습득의 순서에 따라 제1언어와 제2언어를 구별 짓는 방식 외에도 언어의 사용 맥락과 위상에 따라 제2언어를 외국어와 구별한다. 즉, 학습자의 언어 사용 환경과 상황에 따라 언어를 지칭하는 방법이 차별화된다. 외국어라 하면 모국어가 아닌 다른 나라의 말을 의미한다. 보통 언어 수업 이외의 상황에서는 그 언어를 사용할 일이 거의 없는 상황의 언어를 외국어라 칭한다. 해당 국가의 공용어가 아니기 때문에 공적인 상황에서 사용되지는 않는 언어이다. 즉, 일상생활에서 꼭 필요한 것은 아니지만, 다만 학업이나 국제적인 활동 등 어떤 목적에 의해 갖추어야 하는 정도의 언어이다.

외국어와 달리 제2언어라 하면 타언어를 모어로 갖고 있는 사람이 어떤 사회에서 삶을 영위하기 위해 꼭 필요로 하는 언어를 의미한다. 제1언어 다음에 추가적으로 배우는 언어이기는 하지만 그 언어로 일상생활의 거의 모든 의사소통 상황을 해결해 가야 한다. 언어 수업이 이루어지는 교실 안에서는 물론이고 학교 밖에서도 사용해야 하는 언어이며, 더 나아가 학업이나 취업, 진학이나 진로 등을 위해 능숙하게 구사할 수 있어야 하는 언어를 의미한다. 보통 유학이나 취업 등의 이유로 오래 거주해야 하는 경우 또는 이민이나 귀화 등을 통해 타국에 새롭게 자리 잡게 되어 그 언어로 삶을 꾸려 가야 하는 경우에 해당한다.

한편, 언어교육의 상황에서 학습자가 새롭게 배우게 되는 언어, 새롭게 가르쳐야 하는 언어를 목표어(target language)라 한다. 한국어교육의 상황에서도 학습자의 삶에 목표어인 한국어가 어떠한 위상을 지니는가에 따라, 즉 학습자의 상황과 언어교육의 맥락에 따라 외국어로서의 한국어(Korean as a Foreign Language: KFL), 제2언어로서의 한국어(Korean as a Second Language: KSL) 등으로 달리 칭한다. 이에 관해서는 뒤에 한국어교육의 개념과 범주 단원에서 자세히 다루게 된다.

(3) BICS와 CALP

다문화 학생을 위한 한국어교육에 대해 논하기 위해서는 이들에게 필요한 언어 능력의 성격이 어떠한지, 그러한 언어 능력을 습득해 가는 과정에 어떤 특성이 나타나는지 등에 대한 이해가 있어야 한다. 학령기 다문화 학생의 언어 습득 양상에 대한 논의와 관련하여 BICS와 CALP의 개념을 살펴볼 필요가 있다. 캐나다 토론토 대학교 교수이자 이중언어학자인 커밍스(Cummins, 1980, 2000, 2005)는 다문화 배경 학생의 언어 습득 양상 및 언어의 특성에 대해 설명하기 위해 BICS와 CALP라는 개념을 제안하였다.

BICS는 'Basic Interpersonal & Communicative Skills'의 약자로 '기본적 대인관계 · 의사소통 능력'을 의미하고 CALP는 'Cognitive Academic Language Proficiency'의 약자로 '인지적 · 학문적 언어 숙달도'를 의미한다(김윤주, 2015). 즉, BICS는 일상적 대화 상황에 얼마나 소통 가능한가의 유창성 정도를 의미하고, CALP는 학교에서 이루어지는 교과학습에 적응하고 수업의 내용을 이해하기 위해 갖추어야 하는 학업 맥락에서의 언어 능력을 의미한다. 다문화 학생이 학교생활에 잘 적응하고 성공적인 학업성취를 수행하며 자신의 삶을 영위해 나가기 위해서는 이러한 두 가지 다른 언어 능력을 모두 갖출 필요가 있다는 것이다. 이와 같이 언어 능력을 구분해서 개념적 특성을 살핀 것은 학교 교육이라는 사회문화적 맥락에 기반해 학습자의 언어를 이해하려는 노력이었다는 점에서 의미 있는 일이다.

학령기 제2언어 학습자가 학교 안팎에서 제2언어로 의사소통을 해야 하는 상황을 생각해 보자. 먼저, 사람과 사람이 직접 만나 대화를 하는 상황에서처럼 언어적 의사소통 상황이기는 해도 언어 자체만이 아닌 비언어적 요소에 의해서도 단서를 추측하며 대화를 이어 갈 수 있는 상황이 있다. 이때는 대화의 내용을 이해하는 데에 매우 많은 단서들이 상황 맥락으로 제공되기 때문에 의사소통에 어려움이 비교적 적은 편이다. 이러한 상황에서 필요한 언어 능력을 BICS라 할 수 있다.

이에 반해 CALP는 일상적 대화와는 거리가 있는 좀 더 인지적이고 학문적인 상황에서 필요한 언어 능력으로 BICS보다 추상적이고 형식적인 성격의 언어이다. 이러한 학문적 상황에서 필요한 어휘나 표현들은 일상생활에서 자연스럽게 접할 수 있는 것이 아니어서 의식적이고 체계적인 교육을 통해 습득이 가능하다. 사실 CALP는 제2언어 학습자의 언어 습득 맥락에서만 논의될 일은 아니다. 모어 학습자의 상황이라 해도 아동이 언어를 습득하기 시작하면서 점차 발달되어 가는 언어 능력이다. 다만, 모어 학습자의 경우 언어 습득의 초기부터 가정과 학교에서 인지적·학문적 언어 습득 상황에 자연스럽게 노출되는 데 반해, 제2언어 학습자는 비교적 늦은 시기에 이러한 언어에 노출된다는 것이다. 교육기관을 통한 체계적인 교수·학습의 기회도 모어 학습자는 비교적 이른 시기부터 이루어지는 데 반해, 제2언어 학습자의 경우엔 인지적이고 학문적인 언어를 경험하고 체계적으로 교육을 받을 수 있는 기회가 상대적으로 늦게 시작되기 때문에 더욱 주목해야 한다는 것이다.

BICS와 CALP를 교육하기 위해 활용되는 학습활동이나 과제도 차이가 나는데, BICS의 경우 주로 단어카드와 그림카드 짝 짓기, 인사 주고받기, 일상적 화제로 대화하기 등과 같은 수준의 단순한 유형들이다. 반면, CALP는 의견 판단하기, 추론하기, 증명하기, 가설 설정하기 등과 같이 복잡하고 어려운 유형들이다. 따라서 다문화 학생을 위한 한국어교육의 상황에서라면 언어교육의 초기에는 BICS의 향상에 중점을 두다가 점차 CALP의 향상을 위한 교수·학습의 비중을 높여 가는 것

이 바람직하다. 대개 BICS는 목표어에 노출되고 2~3년 정도면 습득되는 언어 능력이고, CALP는 적어도 5~7년 정도는 필요한 언어 능력이다. 따라서 교사는 학습자의 언어 습득 양상과 발달 과정을 주의 깊게 관찰하면서 BICS에서 CALP로 넘어가는 시점에 대해 잘 판단하고 그에 적절한 교수·학습방안을 모색할 필요가 있다.

2) 다문화 학생 언어교육의 문제

(1) 소수자 언어교육에 대한 관점

다문화사회에서 소수자를 대상으로 한 언어교육에 대해 논의할 때 전제되는 몇 가지 관점의 차이가 존재한다. 어떤 사회에 새롭게 들어온 소수자는 이미 먼저 사용하고 있던 언어들이 있게 마련이다. 주류집단의 언어와는 다른 이 소수자의 언어를 어떻게 바라보느냐에 따라 이들을 대상으로 한 언어교육에 대한 관점의 차이가 형성되는 것이다. 우리 사회에 이주해 들어온 언어적 소수자 대상 언어교육 문제에 대한 사회적 담론이 어떻게 형성되어 있는지를 살펴보면 대개 세 가지 정도로 정리가 된다. 언어를 결핍의 문제로 보는 관점, 권리로 보는 관점, 자원으로 인식하는 관점 등이 그것이다(신동일 외, 2016).

먼저, 언어를 결핍의 문제로 보는 관점이 있다. 이러한 시각은 기본적으로 단일언어주의에 기반한 사회에서 흔히 나타나는 현상이다. 한 사회에서 공통적으로 통용되는 하나의 언어가 존재하며 이 언어 능력을 갖추지 못한 경우에는 그 결핍으로 인해 개인적으로나 사회적으로 여러 가지 문제가 유발될 수 있다고 보는 것이다. 즉, 개인적으로는 주류 사회의 언어를 능숙하게 구사하지 못함으로 인해 언어적·문화적 차원에서는 물론이고 사회적·경제적 차원에서도 큰 불이익을 얻게 될 것이라는 것이고, 사회적으로는 전체 구성원의 통합에 저해되는 일이 생길 수 있다는 것이다. 이러한 관점에서 보게 되면 소위 언어적 결핍은 인지적·교육적·경제적 결핍 등으로까지 확대되며, 나아가 주류집단의 언어를 자유롭게 구사하지 못하는 개인은 가난하고 교육받지 못하여 인지적으로 결핍된 사람으로 규정되게 된다. 따라서 언어적 결핍은 교정되어야 할 문제이며 언어교육은 그러한 교정을 위한 처치의 하나가 되고, 교육의 성과는 평가를 통해 확인해야 하는 것으

로 인식하게 된다.

　다음으로 언어를 권리의 관점에서 논하는 입장이 있다. 즉, 누구나 태어나서 처음 접하는 생득적인 언어가 있게 마련이고 그 언어를 지속적으로 사용하고 유지할 권리를 갖고 있다는 것이다. 단일 언어주의 사회에서는 이러한 권리가 침해당하기 쉽기 때문에 소수자 언어를 보호하는 정책을 국가 차원에서 마련하고 시행해야 할 필요가 있다고 보는 관점이다. 이러한 논의가 초기에는 일부 소수 언어 집단에 대한 보호의 측면에서 이루어졌다면, 점차 초국가적 시대로 접어들면서 이제는 모든 언어에 대한 기본권 차원으로까지 확대되는 양상을 보이고 있다는 것이다.

　마지막으로, 언어를 자원으로 보는 관점이 있다. 결핍의 문제나 권리로 보게 될 때 수반되는 문제점들을 완화하기 위해 둘의 입장을 절충하여 대안을 모색하려는 관점이다. 언어를 결핍의 문제로 보고 교정이 필요한 대상으로 논하는 것도, 또 권리의 차원으로 보아 소수 언어의 권리를 보호하자는 주장도 결국 그 언어를 사회적 역학 관계에서 어느 지점에 두느냐의 문제와 관련이 있으며 결국은 정치적·경제적 역학 관계의 문제에서도 자유롭지 않다는 것이다. 그런데 언어를 자원의 관점으로 보게 되면, 소수 언어를 사용하는 화자가 그동안 겪어 온 시간과 사용해 온 언어와 경험한 문화가 모두 공공의 자산이고 공동체에 득이 될 수 있는 잠재적 가치로 여겨지게 된다.

　이러한 관점에서 보면 다문화 학생은 결핍과 문제의 학습자가 아니라 그 교실의 언어와 문화를 다양하고 풍성하게 하는 자원으로 인정받게 된다. 그렇게 되면 다문화 학생의 학문적 인지 능력, 학업성취도, 정의적 특성과 태도 등에 대해서도 유연한 관점에서 달리 보게 되고, 이들 서로 다른 언어를 사용하는 학습자를 위한 다양한 교육과정과 프로그램, 교수법과 평가 방안 등이 모색될 수밖에 없다. 이들이 지니고 있는 개별 자원이 학교에서 유용하게 활용될 수 있도록 다양한 방안을 모색하는 것으로 유연하고 창의적인 사회적 담론이 형성되게 될 것이다.

(2) 이중언어교육과 제2언어교육

　이중언어(bilingualism)는 2개의 언어를 유창하게 구사하는 것을 말한다. 이중언어교육(bilingual education)은 학교에서 교육의 매개어로 2개의 언어를 사용하는 것을 의미한다. 교과목 수업시간에 그 사회의 공용어 외에도 학습자의 모어를 사용해 교과의 내용을 가르쳐 이중언어 사용 능력을 함양하는 것이다. 시간의 배분이나 교실 분반 등 실제적 운영의 차원에서 약간씩 차이가 있기는 하나, 기본적으로 하루 시간표 중 일부 교과 시간을 주류집단의 언어와 소수자 언어로 나누어 가르치는 방식이다. 한국의 학교 상황을 예로 들자면, 베트남어권 출신 다문화 학생들이 재학 중인 학교에서 하루 중 일부 시간은 베트남어로, 나머지 시간은 한국어로 일반 교과의 수업을 진행하는 것이다.

이중언어교육을 지지하는 이들은 다음과 같은 이유로 이중언어교육의 필요성을 주장하고 있다. 첫째, 학습자의 인지능력 개발에 이중언어교육이 효과가 있다는 것이다. 둘째, 동등한 교육의 기회를 제공하고 성과에 도달하는 데에 이중언어교육이 중요한 수단으로 작용한다는 것이다. 셋째, 주류 언어와 주류 문화에 적응하고 전환하는 데에 도움이 된다는 것이다. 넷째, 소수자의 언어를 지켜 주고 그 언어로 수업을 운영하는 것이 학교 교육개혁의 문제와도 밀접하며 교육 개혁을 이루기 위한 중요한 접근 방식이라는 것이다. 다섯째, 민족 간에 긍정적 관계 형성과 촉진의 수단으로 작동할 수 있다는 것이다. 마지막으로, 언어적 소수 학생이 성인이 되어 자신의 언어로 일을 하고 사회에 자리매김을 할 수 있게 되어 결국엔 경제적으로도 현명한 투자라는 것이다(Baca & Cervantes, 2004).

다문화사회 구성원의 언어교육 문제, 학령기 다문화 학생의 언어교육 문제에 대해 우리보다 먼저 고민하고 방안을 모색했던 미국의 경우를 살펴보기로 하자. 제2차 세계대전이 끝나고 1950년대 무렵부터 세계적으로 다민족 · 다언어 사회가 형성되면서 미국에서도 이민자들을 위한 제2언어로서의 영어교육이 시작된다. 이때의 언어교육은 용광로 정책이라 불리는 동화정책에 기반해 표준 영어만을 교육하는 단일 언어교육이었다. 그런데 이러한 언어교육이 학교 내 소수 민족, 소수 언어 출신 아동들로 하여금 자신의 언어와 문화가 무시당한다는 인식을 형성하고 정서적 위축과 부적응을 초래한다는 점에서 비판이 일고 이에 대한 사회적 공감이 형성되기에 이른다.

이에 1968년에는 미국에서 「이중언어교육법(Bilingual Education Act)」이 제정되고 학교에서 공식적으로 이중언어교육이 시행되기에 이른다. 학교 내 소수 민족, 소수 언어 출신 아동들에게 자신의 모어와 표준 영어를 모두 교육함으로써 긍정적 자아 정체감 형성 및 학업성취를 도모하자는 것이다. 이민자 학생들이 자신의 모어로 교과학습을 하면서 학업에 뒤처지지 않고 영어 능력도 향상시킬 수 있다는 점에서 이중언어교육은 바람직하게 여겨진다. 양질의 이중언어교육은 국제사회에서 2개의 언어에 능숙한 경쟁력 있는 인재를 길러 낸다는 점에서도 긍정적이다. 하지만 대부분의 주에서 이중언어 교사의 수가 충분히 확보되지 못한 상황이었고 학습자의 모어 분포 및 학교 상황 등으로 인해 실제로 이중언어교육의 수혜 인구가 크지 않다는 점에서 프로그램 운영은 현실적으로 어려움이 있었다.

그러던 것이 2002년 부시 정부에 의해 「낙오아동방지법(No Child Left Behind: NCLB)」이 통과되면서 「이중언어교육법」은 공식적으로 만료되게 된다. 새롭게 「낙오아동방지법」이 시행됨에 따라 학생의 학업성취 문제 및 교육의 수월성 문제를 학교 간 성취도 비교를 통해 파악하게 되었고, 학교 내 영어 학습자가 주목을 받게 된 것이다. 학업성취가 낮은 학생들 중에는 영어가 모어가 아닌 학생들도 포함되어 있었고 이들의 영어 숙달도 향상이 학업성취도 향상을 견인해 올릴 것이라 진단하게 된 것이다. 그에 따라 연방 기금을 이중언어교육 프로그램이 아니라 학습자들을 위한 제2언어로서의 영어교육 프로그램(ESL)에만 지원되도록 조치를 취하게 된다. 이러한 정책하에서는 이민자의 모어 능력이 보존되기 어려워 사라져 버릴 가능성이 크다. 그러한 우려로 소수자 언어 지원 프로그램의 필요성 및 다양한 소수 언어 구사자들의 언어 능력 보존을 위한 방안 모색에 대한 요구가 여전히 있는 상황이다.

한국에서 이중언어교육이 정책적으로 교육 현장에 시작된 시점은 2009년 이중언어강사 양성 및 배치 사업이 처음 시행된 시점으로 보아야 할 것이다. 2012년 당시 교육부는 향후 이중언어강사를 1,200명까지 확보하겠다 발표하였고, 이듬해 서울, 인천, 경기 등 수도권을 비롯해 전국 9개 시도에 총 466명의 이중언어강사를 배출하여 현장에 배치하였다. 이중언어강사는 이후 다문화언어강사라는 이름으로 명칭이 변경되었다. 여기에서도 짐작할 수 있듯 이중언어강사들은 학교 현장에서 다문화 학생의 이중언어교육을 위해 활동하고 있기도 하지만, 일반 학생을 위한 다문화교육이나 국제이해교육 프로그램을 위한 수업과 활동에 투입되고 있는 경우도 많다.

한국 사회에서는 초 · 중 · 고등학교 다문화 학생을 위한 언어교육 문제가 이중

언어교육의 관점보다는 제2언어로서의 한국어교육의 관점에서 더욱 활발히 논의되는 상황이다. 이 분야에 대한 학술적 논의는 2000년대 중반 무렵부터 시작되었고 2012년 한국어교육과정이 고시되면서 본격적으로 심화·확장된다. 국가 정책적 차원에서의 제도 마련도 이때부터 활발해진다. 이에 관해서는 뒤에서 자세히 살펴보게 될 것이다.

🔤 2. 한국어교육의 개념과 역사

다문화 학생을 위한 한국어교육에 대해 살펴보기 전에 먼저 한국어교육의 개념과 범주에 대해 살펴볼 필요가 있다. 또한 다문화 학생을 위한 한국어교육이라는 영역이 시작되어 현재에 이르기까지 그동안 한국어교육이 밟아 온 역사와 발전 과정에 대해서도 살펴볼 필요가 있다. 공시론적 담론으로서의 성찰도 중요하지만 통시론적으로 볼 때에 어떠한 역사적·사회적 맥락에서 학문적·교육적 정체성이 형성되어 온 것인지에 대한 통찰도 필요하기 때문이다.

1) 한국어교육의 개념과 범주

(1) 국어교육과 한국어교육

한국 사회는 오랫동안 단일 언어주의, 단일 민족주의가 지배적인 가치로 존재하는 사회였다. 국가와 민족, 언어와 문화가 서로 하나로 연결되어 다르지 않다는 전제하에 국민 전체가 하나의 언어를 사용하고 단일한 문화를 공유한다는 잠재적 신념을 공유한 사회였다. 언어교육의 장에서도 국어라는 이름으로 모두가 공유하는 모어를 가르치고 배우는 행위가 당연하게 받아들여졌다. 즉, 국어교육은 곧 우리의 모어 한국어를 우리나라 사람들에게 가르치는 일이었다. 이때 국어는 한국어이고 한국어는 모어이며 우리말이라는 인식이 오래도록 받아들여져 왔다. 가르치는 사람도 배우는 사람도 모두 우리나라 사람이라는 전제에 근거한 용어였다. 국어교육과 한국어교육이 동일한 개념 범주에 속해 있는 셈이었고, 일반적으로 이 둘을 구별해서 사용할 만한 상황 맥락도 드문 편이었던 까닭에 큰 문제의식 없

이 받아들여져 왔던 것이다.

그런데 이제는 이 둘의 개념이 명확히 분리되어 사용된다. 본래 '국어'의 사전적 의미는 '한 나라의 국민 전체가 쓰는 그 나라의 고유한 말'이다. 대내적으로는 우리나라 사람들이 쓰는 우리말이지만, 대외적으로는 각 나라마다 그 나라의 국민이 사용하는 언어를 뜻하기 때문에 일정 언어를 가리키는 말이 아닌 상대적 개념을 지닌 용어이다. '한국어'는 이에 반해 '한국인이 쓰는 언어'라는 의미로, 세계 어디에서도 지칭하는 개념이 동일한 용어이다. 따라서 국어교육이라 하면 한국어를 모어로 하는 이들에게 가르치는 교육이고, 한국어교육은 한국어가 모어가 아닌 이들에게 한국어를 가르치는 교육을 의미한다. 이러한 배경에는 한국 사회에 다양한 언어와 문화를 배경으로 한 이주민들이 증가하고 그에 따라 언어교육의 장면이 이전과 달라진 것이 가장 큰 원인이다. 국내 체류 외국인이 증가하고 다양한 목적으로 한국어를 배우려는 국내외 학습자들이 증가하면서 모어로서 한국어를 배우는 사람이 아니라 다양한 상황에서 한국어를 배우려는 학습자들이 증가하면서 생겨난 현상이다.

(2) 한국어교육의 개념과 범위

한국어교육은 한국어를 모어로 하지 않는 다양한 학습자를 대상으로 한 교육을 의미한다. 이때 다양하다는 의미는 출신 국가나 거주 국가의 다양성을 의미하기도 하고, 학습자들이 한국어를 접하기 이전에 사용해 온 모어의 다양성을 의미하기도 한다. 또한 한국어를 배우게 된 계기나 목적에 따른 다양성을 의미하기도 하고, 교수·학습의 상황에 따른 다양성을 의미하기도 한다. 한국어를 처음 접하고 배우기 시작하는 연령대의 차이는 물론이고 한국어가 그들의 일상생활과 삶에 끼치는 영향의 정도 차이를 기준으로 삼은 다양성을 의미하기도 한다. 이러한 다양성에 입각해 한국어교육의 유형을 분류해 살펴볼 수 있다. 먼저, 지역 변인에 따른 기준으로 한국어교육이 어떻게 이루어지고 있는지 살펴보기로 하자.

- 국내에 거주하는 학습자를 대상으로 한 한국어교육
- 해외에 거주하는 학습자를 대상으로 한 한국어교육

국내에 거주하는 학습자에는 어떤 유형들이 있을지 생각해 보자. 국내 대학에 유학을 온 유학생들이 있을 수 있다. 이들 중에는 학부나 대학원에서 전공 교과목들을 수강하며 학위 취득을 위해 한국어를 공부하는 경우가 있고, 대학 부설기관인 언어교육원 등을 통해 한국어를 배우는 어학 연수생도 있다. 다음으로 결혼이나 취업 등의 사유로 한국에 들어와 살고 있는 결혼이민자와 이주근로자가 있다. 이들을 대상으로 한 한국어교육 지원사업이 정부 부처와 기관의 다양한 경로를 통해 이루어지고 있다. 또한 다문화 자녀들 중 초·중·고등학교 학령기 아동과 청소년 등을 대상으로 한 공교육 내 한국어교육이 있다. 이들 중에는 외국에 거주하다가 한국으로 들어오게 된 중도입국 학생 등이 포함된다.

해외에서 이루어지고 있는 한국어교육은 어떤 상황들이 있을까? 먼저, 해외 각국의 재외동포를 대상으로 한 한국어교육이다. 주로 거주국의 한국교육원이나 한글학교 등을 통해 이루어지고 있다. 우리 국민의 해외 이주가 시작되었던 초기에만 해도 그 나라에 가서 삶의 터전을 일구고 정착하는 일이 급선무였기 때문에 이민 1세대에서는 한국어를 가르치고 배우는 일이 도외시된 측면이 있다. 그러나 한국의 국력이 강해지고 경제적·문화적 위상도 크게 높아짐에 따라 재외동포 사회는 물론 해외 현지에서의 한국어에 대한 수요도 높아지고 한국어교육의 상황도 크게 발전해 가게 된다.

해외에서 이루어지고 있는 한국어교육의 또 다른 한 축으로는 재외동포 외에도 현지 외국인을 대상으로 한 한국어교육이 있다. 대학의 한국학 전공이나 교양 한국어 강좌 등을 통해 이루어지고 있는 한국어교육, 세종학당을 통해 이루어지고 있는 한국어교육 등이 그것이다. 최근에는 해외 여러 국가에서 한국어를 정규 교육과정의 외국어 교과로 채택하는 일이 많아지면서 이들을 대상으로 한 한국어교육도 크게 확장되고 있다. 이처럼 한국어교육의 현장이 확장되어 감에 따라 국가별, 지역별, 언어 및 문화권별, 학습자별 변인에 따라 한국어교육에 대한 다양한 논의가 형성되면서 한국어교육은 크게 발전해 가고 있는 상황이다.

한편, 학습자의 삶에 한국어라는 언어가 갖는 가치와 중요성 정도에 따라 한국어교육의 유형을 나누어 볼 수도 있다. 그들의 일상생활에 한국어가 얼마나 필요한 언어이며, 어떠한 가치를 지니는 언어인지에 따라, 즉 한국어의 위상에 따라 분류해 보자면 세 가지 정도가 있을 수 있다.

- 외국어로서의 한국어(Korean as a Foreign Language: KFL)
- 제2언어로서의 한국어(Korean as a Second Language: KSL)
- 계승어로서의 한국어(Korean as a Heritage Language: KHL)

KFL은 외국어로서의 한국어를 의미하고, KSL은 제2언어로서의 한국어, KHL은 계승어로서의 한국어를 의미한다. 각각 영어 표현의 머리글자를 따온 용어이다. KFL은 주로 해외에서 한국어를 배우는 외국인 학습자 대상 한국어교육의 상황을 떠올려 볼 수 있다. 즉, 한국어 수업이 이루어지는 교실 외에서는 한국어가 거의 사용되지 않는 상황이다. 반면에, KSL은 국내에서 이루어지는 한국어교육, 그중에서도 한국에 이주해 들어와 오랜 기간 머물러야 하는 학습자들을 대상으로 한 한국어교육의 맥락을 생각해 볼 수 있다. 유학생이나 이민자, 즉 다문화 가정, 이주노동자, 다문화 학생 등의 한국어교육 상황을 생각해 볼 수 있다. 이들에게 한국어는 일상의 거의 모든 영역에서 사용되는 중심 언어이며, 한국어 능력이 충분히 갖춰지지 않으면 한국에서의 삶을 영위하는 데에 어려움이 크다. KHL은 주로 재외동포 한국어교육의 상황을 생각해 볼 수 있다. 이들에게 한국어는 단순히 언어 능력을 넘어서는 전승되어야 하는 고유의 문화이고 정신이며 민족의 유산인 것이다.

2) 한국어교육의 역사와 현황

외국인을 대상으로 한국어를 가르치기 시작한 시점이 언제인지는 분명치 않다. 현대적 의미의 본격적인 한국어교육이 시작된 시점은 일반적으로 1950년대 후반으로 삼는다. 대학 부설 언어교육기관에서 선교사를 대상으로 한국어를 가르치기 시작한 시점이다. 하지만 외국인을 대상으로 한 한국어교육은 그보다 훨씬 이른 시기부터 있어 왔다. 근대 시기로 거슬러 올라가면 외국인 선교사나 외교관 등에 의해 쓰인 한국어 교재도 남아 있고, 더욱 거슬러 올라가면 신라시대에도 흔적을 찾아볼 수 있다.

(1) 근대 이전 시기의 한국어교육

박갑수(1999)에 의하면, 한국어교육의 시원은 신라 성덕왕 때까지도 거슬러 올라갈 수 있다. 『속일본기』의 기록을 통해 당시 일본인을 대상으로 한 한국어교육이 있었을 것이라고 추측해 볼 수 있다는 것인데, 이는 기록만 남아 있을 뿐 교재에 관한 내용을 알 수가 없다는 것이 문제이다. 이후 한국어 교재로 사용되었을 가능성이 있는 사료로는 중국 송나라 손목이 쓴 『계림유사』가 꼽히기도 한다. 고려 숙종 3년(1103) 당시 사신으로 고려에 온 손목이 당대 우리 어휘를 채록하여 한자로 기록 편찬한 책이다. 고려 시대의 풍습, 제도, 언어 등에 관해 기록해 둔 것으로 국어사 연구에도 귀중한 자료가 되고 있다.

근대 이전에 외국어로서의 한국어교육이 시행되었던 최초의 교육기관으로는 1727년 대마도에 세워진 한어사(韓語司)를 들 수 있다(박갑수, 1998). 한어사는 조선 통신사를 맞이하기 위한 통역사를 양성하기 위한 교육기관이었다. 그러나 이러한 근대 이전의 자료들을 통해 추정할 수 있는 한국어교육의 장면들은 외교적 필요성에 입각해 통역관들을 길러 내기 위한 목적에서 이루어졌던 교육의 장면들이다. 일반 개인 학습자를 대상으로 한 한국어교육의 흔적은 이보다 한참 뒤 19세기 말에 이르러서야 시작되었다.

(2) 개화기와 근대 시기의 한국어교육

1870년대 무렵부터 선교를 목적으로 들어온 서양인들이 한국어에 대해 소개하는 책이 출판되기 시작한다. 주로 영어, 불어, 독일어, 일어 등으로 집필된 한국어 문법서와 회화서이다. 선교사, 외교관, 언어학자의 신분으로 한국에 들어와 머물던 저자들이 자신들의 모국어와 한국어와의 차이에 주목하여 문법적 특징이나 어휘, 대화문 등을 정리한 것이다. 하지만 당대 외국인의 한국어에 대한 이해가 깊지 않은 상황이라 문법적 특징에 대한 내용이 간소한 편이다. 일제강점기를 지나는 동안에는 일본인을 대상으로 한 한국어 교재들이 남아 있어 당대 한국 통치를 위해 일본인을 대상으로 한 한국어교육이 일부 시행되었음을 짐작할 수 있다. 이 무렵에는 일본, 러시아, 미국 등 해외 대학에서도 한국어 강좌가 개설되어 한국어를 가르치기 시작하며, 재외동포를 위한 한국어교육도 이루어지기 시작한다.

(3) 광복 이후 현대 한국어교육

현대적 의미의 본격적인 한국어교육은 1950년대 시작된 것으로 본다. 연세대학교 한국어학당에서의 첫 한국어 수업이 1959년에 시작되었고, 이후 서울대, 고려대 등 여러 대학에 한국어 강좌가 열리면서 대학기관을 통한 한국어교육이 본격적으로 시작되게 된다. 이처럼 한국인에 의한 본격적인 한국어교육이 시작되고 새로운 국면으로 일단 접어들기 시작하자 한국어교육 현장은 이후 급속도로 발전하며 변화를 맞이하게 된다. 특히 1970년대 한국이 경제적으로 급성장하고 국제관계가 다양화되면서 한국어 학습자의 수도 증가하고 국적도 다양해지며 한국어교육은 이전과는 크게 다른 모습을 띠게 된다. 이후 1986년 아시안게임, 1988년 서울올림픽 등을 성공적으로 개최하면서 한국의 국제적 위상이 높아짐에 따라 한국어교육도 양적 팽창과 질적 성장을 이루게 된다.

이후 1990년대에서 2000년대 이르는 동안 국내 유학생이 크게 증가하고 많은 대학에서 한국어교육기관을 설립하기 시작하면서 학문적으로도 한국어교육의 기반이 잡혀 질적으로 집약적인 성장을 이루게 된다. 이 무렵엔 해외에서 유입되어 들어오는 노동인력도 증가하고 있었다. 특히 1990년대 산업연수생제도와 2004년 외국인 고용허가제가 실시되면서 외국인 근로자가 크게 증가하여 이들을 대상으로 한 한국어교육도 시작된다. 2000년대 들어서는 여성 결혼이민자들의 한국 정착과 적응 문제가 크게 대두되면서 이들을 위한 한국어교육 분야에서도 다문화적 관점에서의 다양한 논의가 펼쳐진다. 이후 취학 연령의 다문화 가정 자녀들이 증가하면서 이들의 학교적응을 위한 제2언어로서의 한국어교육(KSL)의 문제가 본격적으로 논의되기 시작하고 2012년에는 한국어교육과정이 고시되기에 이른다. 공교육 내에 다문화 학생을 위한 한국어교육의 토대가 본격적으로 구축되기 시작한 것이다.

🅰️🈁 3. 다문화 학생을 위한 한국어교육의 이해

한국어교육은 그 상황과 맥락에 따라 외국어로서의 한국어교육(KFL), 제2언어로서의 한국어교육(KSL), 계승어로서의 한국어교육(KHL) 등으로 분류된다. 각각은 교육의 목표와 내용, 학습자의 구성과 교수·학습 맥락, 교육이 이루어지는 지역

과 기관, 교수 · 학습방법 등에 있어 차별화된다. 이 장에서 주로 다루게 될 교수 · 학습 상황은 제2언어로서의 한국어교육의 맥락을 전제로 한 것이다. 그중에서도 특히 초 · 중 · 고등학교 학령기 학습자에 해당하는 다문화 학생을 대상으로 한다.

1) 다문화 학생 대상 한국어교육(KSL)의 발전 과정

앞서도 살펴본 바와 같이, 현대적 의미의 한국어교육의 역사는 대학의 언어교육 기관에서 출발하였으며 한국어교육의 대상은 주로 성인 외국인 학습자였다. 그러 던 것이 2008년에 「다문화가족지원법」이 공포되고 다문화 가정에 대한 본격적인 연구와 지원이 시작되면서 한국어교육 현장에도 변화가 일기 시작한다. 한국어가 모어가 아닌 다문화 가정 유아동과 청소년의 한국어교육에 대한 관심이 증가하게 된 것이다.

특히 2012년은 다문화 학생의 한국어교육 역사에서 큰 획이 그어진 시점이다. 다문화 학생을 위한 체계적인 한국어교육을 위해 우리나라 공교육 역사상 최초로 '한국어교육과정'이 고시된 해이기 때문이다. 2012년 교육부에 의해 '다문화 학생 교육 선진화 방안'이 발표되고, 같은 해 7월 '한국어교육과정'이 고시된다. 이에 따 라 우리의 공교육 현장에 다문화 배경 학생을 위한 한국어교육의 토대가 본격적 으로 구축되기 시작한다. 초 · 중 · 고등학생을 위한 『표준 한국어』 교재가 개발되 고, 익힘책과 교사용 지도서가 연이어 개발, 배포되면서 한국어교육이 시행된다. 이전에는 없던 한국어 과목이 교육과정에 편성되고 교육 현장에 처음으로 개설되 어 운영되게 된 것이다.

이후 교육과정의 수정 · 보완 작업을 거쳐 2017년에는 '개정 한국어교육과정'이 새롭게 고시되기에 이른다. 제2언어로서의 한국어 과목의 정체성을 더욱 명확히 하고 교육의 목표와 대상을 분명히 하였으며, 생활 한국어와 학습 한국어의 이원 체계를 더욱 정교화하고, 문화 교육 요소를 강화하였다. 또한 부록 부분에 수록된 어휘와 주제 목록 등 언어 재료를 대거 강화하여 현장 활용도를 높이고 있다. 다 문화 학생을 위한 제2언어로서의 한국어교육은 진단평가 등 평가 문항 개발, KSL 교사 연수 및 교수 · 학습 자료 개발 등은 물론 학습자별 세분화된 교수 · 학습 자 료 개발 등을 통해 끊임없이 발전을 거듭하고 있다.

2) 한국어교육의 목표와 대상

한국어 과목은 "한국어 의사소통 능력의 함양이 필요한 학생으로 하여금 한국어로 의사소통 능력을 길러 일상생활과 학교생활에 적응하게 하고, 이를 바탕으로 학교급별로 여러 교과의 학습을 한국어로 수행할 수 있는 역량을 기름으로써 장차 한국 사회의 구성원으로서 주체적인 삶을 영위하는 데 필요한 소양을 갖추게 하는 과목"이다(교육부, 2017). 따라서 한국어교육을 통해 한국어 의사소통 능력은 물론이고 학습에 필요한 기초 역량과 학교생활에 필요한 대인관계 역량을 기를 수 있어야 한다. 또한 상호문화이해 역량, 공동체와 정체성에 대한 인식과 역량을 함양할 수 있도록 해야 한다. 세부적으로 한국어교육과정에서 밝히고 있는 한국어교육의 목표는 다음과 같다.

<표 12-1> 한국어교육과정의 목표[2]

- 일상생활 및 학교생활에 필요한 기본적인 의사소통 한국어 능력을 함양한다.
- 모든 교과학습에 기초가 되는 학습 도구로서의 한국어 능력을 함양한다.
- 학교의 교과 수업 상황에 능동적인 학습자로 참여할 수 있도록 돕는, 교과 적응에 필요한 한국어 능력을 기른다.
- 한국 사회와 문화에 적절하게 대응할 수 있는 상호문화이해 및 소통 능력을 기른다.
- 한국어에 대한 흥미와 한국어 사용에 대한 자신감을 가지고, 한국 사회의 구성원으로서 긍정적인 태도와 정체성을 함양한다.

한국어교육은 기본적으로 한국어 의사소통 능력이 현격히 부족한 학생을 대상으로 한다. 한국에서 태어나지 않았거나 한국어가 아닌 다른 언어를 제1언어로 하는 학생으로 주로 중도입국 자녀나 외국인 가정 자녀가 이에 해당한다. 또는 한국에서 태어나고 자라기는 하였지만 외국 출신 부 또는 모의 제한된 한국어 수준으로 인해 한국어 의사소통 능력의 발달에 영향을 받은 국제결혼 가정 학생도 포함된다. 또한 제3국 등을 통한 오랜 탈북 과정을 통해 한국으로 입국한 탈북 학생,

---

2) 2017 개정 한국어교육과정에 명시된 내용이다.

해외에 오래 체류하다 귀국하여 한국어로 이루어지는 학교생활과 수업 참여에 어려움을 겪는 귀국 학생도 대상으로 포함될 수 있다(교육부, 2017).

3) 한국어교육의 내용

다문화 학생을 위한 한국어교육을 위해서는 현행 한국어교육과정을 좀 더 들여다볼 필요가 있다. 특히 교육과정에서 밝히고 있는 교육 내용의 체계를 살펴봄으로써 한국어교육에서 다루어야 할 내용의 요소와 성격에 대해 명확히 할 필요가 있다. 다문화 학생을 위한 한국어교육과정의 내용 체계는 BICS와 CALP의 개념을 원용한 생활 한국어와 학습 한국어의 이원 체계로 구성되어 있다. 한국어교육과정은 2012년 처음 고시된 이후로 2017년 개정 한국어교육과정이 고시되어 현장에 적용되고 있는 상황이다. 그사이 한국어교육과정의 변화한 모습을 살펴보면 학습 한국어 영역을 좀 더 세분화하고 있고 이와 관련해 교과학습에 필요한 언어 재료 부분이 점차 보강되고 있음을 알 수 있다.

〈표 12-2〉에서 제시된 바와 같이 '한국어교육과정'은 기본적으로 생활 한국어교육과 학습 한국어교육의 이원 체계를 취하고 있다. 처음 한국어교육과정이 고시되던 시점부터 이러한 이원 체계를 기반으로 삼고 있는데 이후에 개정된 교육과정이 고시되면서 세부 내용에 다소간 변화가 생겼다. 먼저, 생활 한국어 영역은 의사소통 한국어로, 학습 한국어의 하위 영역을 다시 둘로 나누어 학습 도구 한국어와 교과 적응 한국어로 나눈 것이다.

생활 한국어와 학습 한국어교육의 내용을 살펴보면, 생활 한국어교육은 의사소통 한국어를 중심으로, 주로 일상 기반의 주제와 의사소통 기능 등을 내용으로 하며, 문법도 학령 적합형 교육 문법에 텍스트 유형도 주로 구어 중심으로 다루도록 하고 있다. 학습 한국어는 학습 도구 한국어와 교과 적응 한국어로 다시 이원화하여 세분화하였는데, 그중 학습 도구 한국어는 본격적인 교과 적응 한국어로 넘어가기 위한 중간 단계 도구인 셈이다. 교과 적응 한국어가 주로 교과 기반 주제와 어휘 문법 등을 포함하며 텍스트 유형도 문어 중심인 데 반해, 학습 도구 한국어는 일상과 학업 사이에서 과도기적 역할을 할 수 있도록 체계화한 것이다.

<표 12-2> 한국어교육과정의 내용 체계[3]

구분		생활 한국어교육	학습 한국어교육	
		의사소통 한국어	학습 도구 한국어	교과 적응 한국어
언어 기능		• 듣기, 말하기, 읽기, 쓰기		
언어 재료	주제	• 일상 기반	• 일상 및 학업 기반	• 교과 기반
	의사소통 기능	• 일상 기반	• 일상 및 학업 기반	• 교과 기반
	어휘	• 일상생활 어휘 • 학교생활 어휘	• 교실 어휘 • 사고 도구 어휘 • 범용 지식 어휘	• 교과별 어휘
	문법	• 학령 적합형 교육 문법	• 학령 적합형 문식력 강화 문법	• 교과별 특정 문형
	텍스트 유형	• 구어 중심	• 구어 및 문어	• 문어 중심
문화		• 학령적합형 한국문화의 이해와 수용 • 학령적합형 학교생활문화의 이해와 수용		

　　이들 두 영역, 생활 한국어와 학습 한국어 영역은 각각 언어 기능과 언어 재료, 문화의 세 가지로 대분류를 한 후 언어 재료 부분은 주제, 의사소통 기능, 어휘, 문법, 텍스트 유형 등으로 나누어 성격을 밝히고 있다. 언어 기능은 듣기, 말하기, 읽기, 쓰기를 의미하고, 문화는 한국문화와 학교생활문화를 포함하되 각기 '학령 적합형'이라는 표현을 두어 학령에 적합한 문화교육을 시행할 수 있도록 체계화한 것이다.

　　학습 도구 한국어는 교과학습에 필요한 기본적인 도구로서의 한국어를 의미한다. 즉, 일상생활에서의 의사소통을 위한 기본적 언어 능력인 생활 한국어에 대한 학습이 끝나고 본격적인 각 교과의 학습을 위한 교과 적응 한국어로 넘어가기 위해서는 이러한 과도기적 언어를 습득할 필요가 있다는 것이다. 학업을 수행하기 위해 기본적으로 갖추어야 할 언어 능력으로, 교육과정의 학습 도구 한국어 영역을 살펴보면 특히 어휘 부분을 세분화해 둔 것을 알 수 있다. 즉, 교실 어휘, 사고 도구 어휘, 범용 지식 어휘 등의 세 영역으로 다시 구분해 둔 것이다. 이 각각의 어휘의 개념을 예시 어휘와 함께 살펴보면 다음과 같다.

---

3) 2017 개정 한국어교육과정에 명시된 내용이다.

교실 어휘는 수업 상황에서 요구되는 학습을 위한 메타 어휘, 교육 내용과는 직접적으로 관련이 없으나 학습자들에게 교육 내용이 제시될 때 그 제시를 위해서 텍스트 내에 공기하게 되는 어휘를 의미한다. '단원, 차시, 학습목표' 등과 같은 어휘가 이에 해당한다. 사고 도구 어휘는 학문이나 격식적인 상황과 같이 이른바 문식력을 요구하는 영역의 어휘를 의미한다. 학습목표나 과업의 지시문 등에 자주 출현하는 문어석 어휘가 이에 해당한다. '사고하다, 고려하다, 참고하다' 등의 어휘들을 예로 들 수 있다. 범용 지식 어휘는 각 교과별 전문 용어들을 받아들이기 위해 요구되는 지식 기반 어휘를 의미한다. 일종의 상위어 개념의 용어들이 이에 해당한다. 예를 들어, '귀틀집' 같은 본격적인 교과별 전문 용어를 학습하기 위해서는 이러한 용어를 포괄하는 상위어인 '가옥'과 같은 어휘를 알아야만 한다. 이때 이 '가옥'이 범용 지식 어휘의 예가 될 수 있다(심혜령 외, 2017).

4. 다문화 학생을 위한 한국어교육의 실제[4)]

다문화 학생을 위한 제2언어로서의 한국어교육(KSL)을 위해서는 다양한 언어 교수법에 대한 이해가 있어야 한다. 언어 수업에 활용하는 교수법은 어느 하나로 고정될 것이 아니라 상황과 맥락, 대상과 내용에 따라 다양한 교수 기법이 유연하게 활용될 필요가 있다. 그런 의미에서 교사는 이러한 다양한 언어 교수법에 대한 지식과 기술을 갖추고 있어야 한다. 다문화 학생을 위한 한국어교육에서 고려해야 할 점은 한국어교육이 이들의 한국어 의사소통 능력뿐 아니라 교과학습을 위한 언어교육의 측면까지도 생각해야 한다는 점이다. 이 장에서는 다문화 학생의 언어교육을 위해 활용할 수 있을 만한 교수법 하나를 가져와 실제 수업에 활용하기 위한 과정을 보일 것이다.

---

4) 이 장은 김윤주(2020)의 내용을 기반으로 일부 수정하여 구성하였다.

1) 언어-내용 통합 교수 방법

(1) 내용 중심 교수법

다문화 학생을 위한 한국어교육을 위해서는 두 가지 점을 동시에 생각해야 한다. 가르쳐야 하는 목표 언어와 그 언어가 담아내게 되는 내용에 대한 고려이다. 언어 교수법의 역사를 살펴보면, 언어 수업에서 다루어야 하는 내용이 무엇인지에 대한 결정이 결국은 그 교수법의 정체성을 규정하는 가장 직접적인 요소이며 교육방법 모색의 출발점이었다. 언어의 규칙과 형식인 문법을 중요하게 다루어야 한다고 생각하던 시대에는 문법 중심 교수법이 있었고, 듣고 말하는 구어 능력이 중요하다고 생각하던 시대에는 청각구두식 교수법이 있었다. 언어 그 자체보다는 언어를 사용해 수행하게 되는 의사소통 능력이 중요하다고 여겨지는 지금 시대에는 언어 수업에서도 의사소통 능력을 중요하게 다루고 있다.

내용 중심 교수법(content-based instruction)은 언어와 교과의 내용을 함께 가르치는 언어 교수법이다. 이때 내용은 주로 사회, 과학, 수학 등 교과의 내용을 의미한다. 즉, 언어 수업에서 어떠한 방식으로든 타교과의 내용을 다룬다는 의미이다. 언어와 내용을 통합하는 정도와 방식에 따라 몰입식 모형(immersion module), 내용 보호 모형(sheltered model), 병존 언어 모형(adjunct model), 주제 중심 모형(theme-based model) 등이 있다. 몰입식 모형은 일반 학생들과 언어 소수자 학생들이 한 교실에서 목표어로 모든 교과의 수업에 함께 참여하도록 하는 교수 모형이다. 내용 보호 모형은 다문화 학생만을 위한 내용 교과 수업을 별도로 운영하면서 학습자의 언어 수준에 적합하도록 교과의 내용을 수정하여 가르치는 방법이다. 병존 언어 모형은 언어 수업과 내용 교과 수업을 동시에 별도로 운영하여 다문화 학생이 두 수업에 모두 참여할 수 있도록 한다. 주제 중심 교수법은 일반 교과의 주요 내용을 주제로 추출한 후 그 주제 항목을 중심으로 언어 수업의 내용을 조직하는 교수 모형이다.

(2) CALLA 모형

언어 수업에서 언어 교수는 물론 타교과 영역의 내용 교수, 인지적 기능 개발, 학습 전략 훈련 등을 동시에 다룰 수 있도록 설계한 모형이 있다. 챠못과 오말리

(Chamot & O'Malley, 1994)에 의해 개발된 CALLA 모형이다. CALLA는 'Cognitive Academic Language Learning Approach'의 약자로 '인지·학문적 언어 학습 접근법'이라 한다. 북미 지역 중·고등학교의 언어적 소수자 학생을 대상으로 한 ESL 수업을 위해 개발된 모형이다. 일상생활에서의 언어 능력뿐 아니라 일반 학생과 함께하는 교실 수업에서 학업을 수행하는 데에 필요한 다양한 기술과 전략을 훈련하는 데에 초점을 두고 있다. 수업은 '준비(preparation)−제시(presentation)−연습(practice)−평가(evaluation)−확장(expansion)'의 다섯 단계로 구성하도록 한다. 각 단계마다 다루어야 하는 내용을 김윤주(2020)는 〈표 12−3〉과 같이 도식화하였다.

〈표 12-3〉 CALLA 모형의 교수 단계

단계	수업 내용
준비	학습자들이 본 단원을 학습하기 위해 갖추어야 할 선행 지식과 전략을 어느 정도 알고 있는지 확인하는 단계
제시	새로운 지식과 정보 및 전략 사용 방법을 제시하는 단계이며, 이때 교사는 시각적 보조 자료나 세부 설명 등을 통해 비계를 함께 제공해야 함
연습	학습자들이 새롭게 습득한 지식과 정보를 활용하고, 요약하기, 추측하기, 질문하기, 소그룹 활동하기 등과 같은 다양한 전략을 사용해 보는 단계
평가	교사 평가, 동료 평가, 자기 평가 등을 통해 지식과 전략에 대한 이해 수준 및 수행 능력 등을 파악하는 단계
확장	새롭게 습득한 지식과 전략을 적용하고 응용하며 심화·확장시켜 가는 단계

2) 다문화 학생을 위한 한국어 수업 설계

(1) 수업 목표와 내용

이제 다문화 학생을 위한 실제 학습 한국어 수업을 설계해 보기로 하자. 다문화 학생 중 중학교 KSL 학습자들을 대상으로 한 수업 사례이다. 학습 한국어 수업을 위한 수업이며, 중학교 사회 교과에 기반한 수업이다. 관련 단원은 '인구 변화와 인구 문제' 단원으로, 한국어 의사소통 능력과 학령에 맞는 사회 교과의 학업 문식성 향상을 목표로 한다.

 **322 제12장** 다문화 학생을 위한 한국어교육

<표 12-4> 사회 교과 기반 한국어(KSL) 수업 설계의 예

한국어 수준		중학교 중급 3, 4단계
관련 교과 및 단원		중학교 사회과 2학년 단원(인구 변화와 인구 문제)
교수·학습목표		• 한국어 의사소통 능력과 학령에 맞는 사회 교과의 학업 문식성 향상을 목표로 한다.
교수 요목	어휘	• 인구 문제 및 그래프 설명 관련 어휘와 표현
	문법	• 피동 표현 및 그래프 설명 관련 표현
	과제	• 인구 문제에 관한 그래프 설명하는 글쓰기
	텍스트	• 인구 문제 관련 텍스트

(2) 수업 단계

CALLA 모형에 근거하여 수업을 설계하면 다음과 같다. 이때 수업 시수는 KSL 수업에 확보된 시간에 따라 구성해야 한다. 일반학교에서 운영되는 다문화 학생을 위한 한국어 수업의 시수는 학교의 상황마다 다양한데, 일반학교의 경우 보통 별반 수업 형태로 주당 3시간 정도가 운영되고 있으나, 다문화예비학교의 경우 한국어 수업 시수가 그보다 많아서 주당 5시간에서 10시간까지도 운영되기 때문이다. 단계별 수업 내용은 〈표 12-5〉와 같다.

<표 12-5> CALLA 모형을 적용한 수업 단계

단계	구성	내용	시수
준비	도입	• 인구 문제를 보여 주는 그림, 동영상 시청 • 주제 관련 흥미 유발 자료 제시	
제시	텍스트 어휘 문법	• 교사 지도 아래 읽기 텍스트 읽어 보기 • 인구 문제 관련 어휘와 표현 학습 • 그래프 설명 관련 어휘와 표현 학습 • 인구 문제 그래프를 성명하기 위한 문법 표현 학습	1~2
연습	학습 활동 과제	• 관련 어휘와 문법 등 표현 학습과 확인을 위한 개인 학습 활동 • 그래프 해석 관련 조별 과제 연습	1~2
평가	동료 평가 자기 평가	• 과제 해결 과정에 대한 설명 • 해결 과정에서의 긍정적·부정적 요소에 대한 평가	

확장	확장 과제	• 인구 문제가 아닌 다른 주제를 다룬 그래프를 보고 해석하는 과제 • 2개의 그래프를 비교하여 인과 관계 혹은 대조 관계 등을 해석하는 과제 수행	1

① 준비 단계

준비 단계는 학생들이 이미 알고 있는 지식을 확인하고 학습 동기를 진작시키는 단계이다. 본 수업에서 학습하게 될 단원의 주제와 관련된 배경지식을 활성화시키고, 학생의 흥미를 유발하는 단계이다. 본격적인 학습이 시작되기 전에 해당 주제와 관련한 선행지식을 학생이 얼마나 갖추고 있는지를 파악하기도 하고, 관련된 시청각 자료 등의 보조 자료를 제공해 관심과 동기를 유발하기도 한다.

② 제시 단계

제시 단계는 학습해야 할 새로운 정보, 즉 어휘, 문법, 표현 등을 본격적으로 제시하는 단계이다. 시각적 보조 자료나 시범, 설명 등을 함께 제시하여 이해를 도모한다. 그림, 사진, 모형, 그래픽 조직자 등을 다양하게 비계로 제공하는 것이 학습자의 지식 습득 과정과 다양한 학습 전략 연습에도 도움이 된다. 언어 수업을 일반 교과의 내용과 통합하여 설계할 때 가장 중요하게 다루어져야 하는 것 중 하나는 텍스트의 선정과 제작이다. 교과 내용을 토대로 언어 숙달도 수준을 고려하여 텍스트를 새롭게 개작하는 과정이 선행되어야 한다.

③ 연습 단계

연습 단계는 전 단계에서 익힌 언어 표현을 중심으로 연습을 시행하는 단계이다. 어휘, 문법, 표현, 전략 등을 연습의 대상으로 한다. 가령, 앞서 설계했던 수업을 예시로 들자면, 주어진 그래프를 보면서 핵심 어휘와 문법, 주된 표현 등을 사용하여 설명한다거나, 그 내용을 기반으로 글쓰기를 한다거나 하는 다양한 활동으로 구성해 볼 수 있을 것이다. 이때 사용하는 그래프나 각종 자료는 교과서의 내용을 기반으로 하되, 다문화 학생을 위한 수업의 언어 수준에 적합하도록 개작을 해야 한다.

④ 평가 단계

평가 단계는 지금까지 학습한 내용을 얼마나 이해하고 숙달하였는지 그 수준을 파악하는 단계이다. 교사는 학생의 수준을 파악할 수 있도록 적절한 질문을 하고 대답을 통해 학습자 수준을 파악할 수 있다. 그 밖에도 협동 활동을 통한 동료 평가, 자기 평가 등의 방법이 활용될 수 있다. 이 단계에서는 학습의 내용은 물론이고 학습 과정에서 경험한 다양한 활동에 대해서도 돌아볼 수 있다. 서로 간에 피드백과 평가를 주고받을 때는 긍정적인 측면과 개선해야 할 점이 잘 조화를 이루도록 내용을 구성하여 제안하도록 유도한다.

⑤ 확장 단계

확장 단계는 마지막으로 그간 학습한 내용을 적용하고 응용하는 단계이다. 지금까지의 단계를 거쳐 오면서 새롭게 학습한 지식 내용을 적용하고, 새로운 맥락에서 응용하는 단계이다. 간단하게는 읽기와 쓰기 등의 심화 활동으로 구성할 수 있고, 좀 더 나아가서는 소그룹 활동이나 모둠 활동 등을 통해 다양한 과제를 수행해 볼 수 있도록 구성하는 것도 좋다. 특히, 교과학습이나 언어 수업에 직접 관련되지는 않더라도 해당 주제와 연결된 다양한 그림책이나 동화, 다른 장르의 텍스트 등을 통해 확장적 읽기를 시도해 보는 것도 중요한 지침이 될 수 있다.

생각해 봅시다

1. KSL, KFL, KHL의 개념에 대해 설명하시오.
2. 커밍스가 제안한 BICS와 CALP의 개념에 대해 설명하시오.
3. 다문화 학생을 위한 한국어교육의 목표에 대해 설명하시오.
4. 내용 중심 교수법의 교수 모형에 대해 비교하여 기술하시오.

참고문헌

교육부(2012). 한국어 교육과정.
교육부(2017). 개정 한국어 교육과정.

김윤주(2015). 다문화 배경 학생을 위한 KSL 한국어교육의 이해와 원리. 서울: 한국문화사.

김윤주(2020). 언어–내용 통합 교육을 위한 CALLA 모형 적용 방안. 한국어문교육, 32, 287–313.

박갑수(1998). 외국어로서의 한국어 교육과 문화적 배경. 선청어문, 26, 132–150.

박갑수(1999). 아름다운 우리말 가꾸기. 서울: 집문당.

서울대학교 국어교육연구소 편(2020). 한국어교육학사전. 서울: 도서출판하우.

신농일, 박수현, 김가현, 조은혜, 심우진(2016). 문제, 권리, 자원으로 보는 언어담론의 탐색. 학습자중심교과교육연구, 16(9), 1–30.

심혜령, 박석준(2017). 한국어(KSL) 교육과정에서의 학습 한국어 개념 설정 원리와 실제. 언어와 문화, 13(3), 97–115.

심혜령 외(2017). 한국어(KSL) 교재개발 기초연구. 서울: 국립국어원.

원진숙(2015). 2012 한국어교육과정의 성격과 KSL 프로그램 운영 방안. 국어교육, 149, 81–113.

Baca, L. M., & Cervantes, H. (2004). *The Bilingual Special Education Interface* (4th ed.). Upper Saddle River, NJ: Merrill/Prentice Hall.

Bently, K. (2010). *The TKT(Teaching Knowledge Test) Course CLIL(Content and Language Integrated Learning) Module*. London, UK: Cambridge University Press.

Brinton, D. M., Snow, M. A., & Wesche, M. (1989, 2003). *Content-Based Second Language Instruction. Michigan Classics Edition*. Ann Arbor, MI: University of Michigan Press ELT.

Chamot, A. U., & O'Malley, J. M. (1994). *The CALLA Handbook: Implementing the Cognitive Academic Language Learning Approach*. Boston, MA: Addison-Wesley Publishing Company.

Cummins, J. (1980). The cross-lingual dimensions of language proficiency: Implications for bilingual education and the optimal age issue. *TESOL Quarterly, 14*(2), 175–187.

Cummins, J. (2000). *Language, Power and Pedagogy: Bilingual Children in the Crossfire*. Clevedon, UK: Multilingual Matters LTD.

Cummins, J. (2005). Teaching the language of academic success: A framework for school-based language policies. In C. F. Leyba (Ed.), *Schooling and Language Minority Students: A Theoretical-Practical Framework* (3rd ed., pp. 3–32). Los Angeles, CA: Evaluation, Dissemination and Assessment Center.

Graves, K. (2000). *Designing Language Course: A Guide for Teachers*. Boston, MA:

Thomson Heinle.

Herrera, S. G., & Murry, K. G. (2005). *Mastering ESL and Bilingual Methods*. Boston, MA: Pearson Education.

Jordan, R. R. (1997). *English for Academic Purpose: A Guide and Resource Book for Teachers*. Cambridge, UK: Cambridge University Press.

Larsen-Freeman, D., & Anderson, M. (2011). *Techniques and Principles in Language Teaching*. London, UK: Oxford University Press.

Lightbown, P. M. (2014). *Focus on Content-Based Language Teaching*. London, UK: Oxford University Press.

Met, M. (1991). Learning language through content: Learning content through language. *Foreign Language Annals, 24*(4), 281–295.

Miller, M. J., & Castles, S. (2009). *The Age of Migration: International Population Movements in the Modern World*. New York: The Guilford Press.

Richards, J. C. (2001). *Curriculum Development in Language Teaching*. New York: Cambridge University Press.

Snow, M. A. (2005). A model of academic literacy for integrated language and content instruction. In E. Hinkel (Ed.), *Handbook of Research in Second Language Teaching and Learning* (3rd ed., pp. 693–712.). Mahwah, NJ: Lawrence Erlbaum Associates.

Stoller, F., & Grabe, W. (1997). A Six–T's approach to content-based instruction. In M. A. Snow & D. M. Brinton (Eds.), *The Content-Based Classroom: Perspectives on Integrating Language and Content*. New York: Longman.

제 13 장
문학을 활용한 다문화교육[1]

김윤주

---

1) 이 장의 일부 내용은 저자의 다른 글(김윤주, 2010, 2015, 2017, 2018)을 참고한 것이다.

개요

글을 읽고 이해하게 된다는 것은 세상의 이쪽과 저쪽을 잇는 다리를 놓는 일과 같다. 문학 작품을 읽는 일은 세상에 존재하는 온갖 사물과 인물과 사건과 현상을 간접적으로 체험하는 일이다. 문학 작품을 읽는 일은 그 자체로도 재미와 감동을 느낄 수 있는 즐거운 과정이지만 교육적 효과와 가치 측면에서도 유용하다. 특히 다문화 시대 우리 사회에서 만날 수 있는 다양한 장면을 문학 작품을 통해 경험하고 새롭게 인식하며 사고의 지평을 넓혀 가는 일은 매우 의미 있는 과정이 될 수 있다. 이 장에서는 문학을 다문화교육에 활용하기 위해 알아야 할 여러 가지 사항에 대해 살펴볼 것이다. 먼저, 문학의 교육적 가치, 디아스포라와 다문화 문학의 개념과 범주에 대해 살펴보고, 다문화교육을 위한 문학 작품 선정의 원리와 주요 수업 설계 모형을 살펴볼 것이다. 이후 문학을 활용한 실제 수업 사례를 살펴본다.

세부목차

1. 다문화 시대 문학의 교육적 가치
2. 디아스포라와 다문화 문학
3. 다문화교육을 위한 문학 작품 선정 및 수업 설계 방안
4. 문학을 활용한 다문화교육의 실제

학습목표

1. 다문화 시대 문학의 교육적 가치에 대해 설명할 수 있다.
2. 디아스포라와 다문화 문학의 개념에 대해 설명할 수 있다.
3. 다문화교육을 위한 문학 작품 선정 원리에 대해 설명할 수 있다.
4. 다문화교육을 위한 수업 설계 방안에 대해 설명할 수 있다.
5. 문학을 활용한 다문화교육을 위해 실제 수업을 설계할 수 있다.

[A/あ] 1. 다문화 시대 문학의 교육적 가치

우리는 문자를 통해 글을 읽고 글을 통해 세상과 만난다. 브라질에서 이민자를 대상으로 포르투갈어를 가르치며 언어교육의 정치적 측면에 대해 논한 파울로 프레이리(Paulo Freire)가 그의 저서 제목을『Literacy: Reading the Word and the World』라고 지은 것은 탁월한 결정이었던 셈이다. 그가 역설한 대로 글을 읽는 것이 세계를 읽는 일이다. 우리가 책을 읽는다는 것은 인간이 처한 삶의 맥락에서 문자와 세상과의 관계를, 언어와 세계와의 관계를 올바로 이해하는 것을 의미한다. 그런 의미에서 책을 읽는다는 것은 글자를 읽는 일(reading of the word)과 세상을 읽는 일(reading of the world) 사이의 보이지 않는 심오한 관계를 이해하는 일이다(Freire, 2014). 이 장에서는 언어와 문화적 배경, 인종과 민족적 배경 등이 다양한 다문화 학생과 일반 학생들이 공존하는 학교 수업에서 다문화교육에 접근하는 다양한 방식 중 문학 작품을 활용하는 문제에 대해 생각해 볼 것이다.

1) 문학의 교육적 가치

(1) 학습자 언어 능력 향상과 흥미 유발의 측면

문학은 오랜 세월 언어교육의 장면에서 긴밀하게 활용되어 왔을 뿐만 아니라 가장 믿을 만한 정전으로 오래도록 취급되어 왔다. 서양의 언어 교수법 역사를 살펴보면 라틴어와 고대 그리스어로 된 작품들을 읽고 번역하는 것이 언어교육의 본질이라 믿어 왔던 시대가 오랜 세월 지속되어 왔다. 언어를 학습하는 일은 학문적으로 접근해야 하는 것이며, 그 일은 본질적으로 정신 수양의 과정과도 같이 고되고 힘든 과정이며 그렇기 때문에 더욱 의미 있는 일이라 믿어 왔던 것이다. 그렇게 오래전으로 갈 것 없이 문학 작품을 포함한 읽기의 중요성을 강조한 논의는 현대에도 많다.

크라셴(Krashen)의 입력 가설(input hypothesis)이나 자연적 접근법(natural

approach)의 내용을 군이 살피지 않더라도 어린 시절 문해 환경에 노출되는 정도에 따라 취학 후 학령기에 성공적인 학습자가 될 가능성이 높다는 점을 입증하는 연구들은 많이 있다. 트렐리즈(Trelease)도 읽기의 중요성을 강조하고 있다. 평소에 책을 잘 읽지 않던 아동이 매일 10분씩만 책을 읽기 시작해도 초기에 500단어를 습득하게 되고, 점차 언어 능력 및 읽기 능력이 향상된다는 것이다. 특히 어휘 습득량이 급속도로 증가하는데 이 성장의 폭은 나이가 어릴수록 크다는 것이다.

보통 초등학교 3학년 정도만 되어도, 학생들의 어휘력 향상은 일상생활에서의 대화나 학교에서 배우는 기본적인 교과서의 내용을 통해 성취되지 않는다고 그는 주장한다. 이때쯤 되면 '혼자 읽기(sustained silent reading)'를 통해 어휘력 향상이 이루어진다는 것이다. 왜냐하면 학교에서 배우는 교과서에 실린 어휘나 문형은 일반 도서, 특히 문학 작품에 실려 있는 어휘나 표현에 비하면 훨씬 빈약하기 때문이라는 것이다. '혼자 읽기'란 다양한 독서 방법 중 하나로 말 그대로 스스로 책을 읽는 상태를 말한다. 교사나 부모가 특별히 읽으라는 요구나 안내를 하지 않아도 자발적으로 책을 읽고 독서에 대한 흥미와 동기가 지속적으로 유지되고 있는 상태라는 의미이다.

혼자 읽기 외에도 아동문학 작품의 지도 방식은 여러 가지가 있다. 이야기 들려주기(story telling), 소리 내어 읽어 주기(reading-aloud), 함께 읽기(shared reading) 등이 그것이다. 이러한 모든 활동은 그 자체로 단계 단계마다 즐거운 독서 체험을 유도한다는 점에서 의미가 있지만, 궁극적으로는 아동 스스로 독립적인 책 읽기(independent reading)가 가능해지는 단계까지 이끌어 주는 역할을 한다는 점에서 의의가 크다. 이 중에서도 소리 내어 읽어 주기의 장점에 주목한 연구들이 많다. 부모나 교사가 아동에게 그림책이나 동화책을 소리 내어 읽어 주는 일이 아동의 독서 의욕을 고취시키고, 읽기 능력을 향상시킨다는 점에서도 의미가 있지만, 무엇보다 이러한 활동 자체가 재미가 있다는 점을 큰 장점으로 들고 있다(Cullinan, 2006).

아동문학의 가치를 논한 또 다른 연구로 슈(Sheu, 2008)가 있다. 대만의 언어 교사들과 인터뷰를 진행한 연구인데, 그림책이 학생은 물론이고 교사에게도 유용하다는 점을 강조하고 있다. 즉, 학생 입장에서는 학습한 언어 표현을 실제 맥락 안에서 연습할 수 있게 되어 도움이 되며, 교사 입장에서는 설명하기 어려운 의미 전

달을 그림을 통해 간단히 설명할 수 있어 언어 수업 진행에 도움이 된다는 것이다. 그 밖에도 라자르(Lazar, 1996)와 푸(Pugh, 1989)는 언어교육의 장면에서 아동문학 작품이 풍부한 입력 자원으로 활용될 수 있다는 점을 들면서 아동문학의 효용성을 강조하고 있다. 문학 작품의 풍부한 언어를 접하면서 학습자는 다양한 언어 사용법을 배울 수도 있고, 그로 인해 언어에 대한 전반적인 인식이 확대되는 경험을 하게 된다는 것이다.

(2) 사회문화적 측면

언어교육과 문화교육은 떼려야 뗄 수 없는 관계이다. 문학교육은 문화교육의 한 방법으로도 매우 유용하다. 이 점에 대해 논하기 위해서는 먼저 헤레라와 머리(Herrera & Murry, 2005)의 프리즘 모형을 살펴볼 필요가 있다. 헤레라와 머리(2005)는 언어적·문화적으로 다양한 배경의 학생들(Culturally Linguistically Diverse: CLD), 즉 다문화 학생을 위한 교수 상황에서 균형적으로 고려되어야 할 다양한 측면을 보여 주는 모형을 제시한 바 있다. 프리즘 모형은 언어와 문화적 배경이 다른 다문화 학생을 대상으로 한 바람직한 교육을 위해서는 이들의 학업성취도, 언어 숙달도, 인지적 발달 수준 등이 균형을 이루도록 해야 하며, 이를 위해서는 사회문화적 측면이 중요하게 다루어져야 한다는 점을 강조한 모형이다.

다문화 학생의 학습자 특성을 보여 주는 여러 연구를 살펴보면, 대부분 이들이 한국어 의사소통의 어려움에서 기인한 낮은 학업성취도와 학교생활 부적응, 그로 인한 높은 중도 탈락률 등을 문제점으로 제기한 연구가 많다. 그런데 이들의 학교 적응과 성공적인 자아 성취를 위해서는 단순히 언어 능력을 향상시키고 학업 역량을 키우고, 인지적 발달을 도모하는 것만으로는 불완전하다. 이들 외에도 사회문화적 요인이 큰 작용을 한다. 사회문화적 요인 중에는 한국 사회에 적응하기 위해 필요한 한국의 전통문화 및 현대문화에 대한 지식도 포함될 것이고, 학교생활을 위한 또래 문화에 대한 인식도 중요할 것이다. 또한 다문화적 문화 인식, 자아 정체감 형성 등 매우 다양한 요소가 고려되어야 한다.

[그림 13-1] 프리즘 모형

아크로피 등(Akrofi et al., 2009)은 미국에 이민해 온 소수자 학생들을 대상으로 한 문화교육에서 유아 문학을 활용할 것을 주장한다. 문학 작품에는 풍부한 언어 표현이 담겨 있으므로 그 자체로 총체적 언어 환경의 제공 요소가 된다는 점, 또 문학 작품은 다양한 문화 요소를 소개하고 문화적 경험을 하게 하는 이상적 도구 라는 점, 그러한 이유로 문화적 상대성을 경험할 수 있는 매개가 되어 준다는 점 등을 문학 작품의 교육적 가치로 강조하고 있다. 다문화 학생을 대상으로 한 문학 교육에서는 아동문학 활용에 대한 논의가 많은 편으로, 특히 그림의 효과에 주목 한다. 앞서 언급한 슈(2008)도 아동문학 작품 속 그림이 언어교육과 문화교육 상 황에서 얼마나 유용한 보조 자료 역할을 하는지에 대해 강조한 바 있다. 교사는 수업 중에 어휘, 문장, 담화 상황 등 설명하기 어려운 요소들을 맞닥뜨릴 때가 있 다. 학습자의 언어 수준이 아직 그에 못 미쳐서 그런 경우도 있고, 설명 자체가 쉽 지 않은 개념이거나 상황이어서 어려움을 느낄 때도 있다. 이런 상황에서 그림은 유용한 보조 자료 역할을 한다는 것이다.

(3) 정서적 측면

문학은 현실 세계에서 일어날 법한 일들을 문자와 글로 형상화한 예술 작품이 다. 기본적으로 다양한 글감을 읽는다는 것은 우리의 인지적 측면의 발달에 큰 영 향을 끼치지만, 문학의 경우 그것의 본질적 특성으로 인해 읽는 독자에게 큰 감동을 주기도 한다. 아름다운 문체와 묘사 등으로 인해 심미적 측면에서 울림을 얻기도 하고, 등장인물들이 처한 상황과 그들이 그에 대응해 가는 과정, 그 과정에서 만나는 온갖 희노애락, 행운과 불행의 조각들이 안타까움을 느끼게 하기도 하고 깊은 공감을 끌어내기도 한다. 그러면서 우리는 일상에서 맛보기 어려운 치유의 경험을 하기도 한다.

 이처럼 독자로서 우리는 일상에서의 제한적인 경험을 문학 작품을 통해 보완할 수 있다. 특히 다문화 학생이나 다문화 학생을 또래 친구로 두고 있는 일반 학생들은 문학 작품 속 등장인물과 사건, 서사를 통해 자신의 상황을 객관적으로 돌아볼 수 있을 뿐만 아니라 그 과정에서 다양한 정서적·심리적 체험을 할 수 있다. 학령기 아동이나 청소년들은 특히 자아정체감 형성에 매우 중요한 시기를 지나고 있다. 이 시기에는 교사나 부모의 지지도 중요하지만 또래의 지지가 그들의 삶에 매우 큰 영향력을 갖는다. 또래 집단의 압력이 그 어느 시기보다 높은 학령기 학습자들 입장에서는 학교 밖에서 또래들과 어울리기 위해 필요한 필수적인 문화 요소들을 학교 내에서 인지하고 습득하는 것이 매우 중요하다.

 청소년기의 제2언어 학습자들의 경우 또래 집단과 어울리기 위해서는 또래들 사이에서 유행하는 주류 문화에 대해 이해하고 정서적 공감대를 형성하는 것이 매우 중요하다. 청소년기의 학생들 사이에서는 역사적 지식을 쌓는 것, 시사 상식을 갖추는 것, 사회적 이슈를 아는 것보다도 또래들 사이에서 유행하는 음악이나 게임, TV 프로그램이나 영화에 대해 아는 것이 때로는 더 중요하고, 좋아하는 연예인이나 스포츠 팀, 운동선수 등의 최근 소식을 알고 있는 것이 훨씬 더 멋진 일로 여겨지기도 한다. 따라서 이런 화제를 공유하고 대화에 참여하기 위해서는 관련된 정보를 공유하기 위해 필요한 담화 능력이 있어야 한다. 이러한 과정에서 형성되는 공감대와 동질감이 청소년기의 자아정체감 형성에 긍정적으로 작용한다는 점은 더프(Duff, 2005), 스노우(Snow, 2005) 등 여러 연구에서 이미 확인된 바 있다(김윤주, 2015). 따라서 비슷한 상황의 또래가 등장인물로 등장하는 문학 작품이 다문화 학생의 정서적 안정감, 심미적 체험 형성에 유의미한 기능을 할 수 있다.

2) 문학을 활용한 다문화교육의 가능성

우리 사회와 교육 현장이 점차 다변화되면서 학생들은 자신이 가지고 있는 문화적 다양성과 자신의 고유한 정체성을 정립하는 과정에 서 있다. 그러한 혼란의 와중에 외부로부터 새롭게 다가오는 문화적 다양성에 적응하면서 자신의 태도와 입장을 형성해 가야 한다. 그 과정은 나와 다른 타인에 대해 스스로 품고 있는 편견을 인식하고 줄이려 노력하는 것, 타인으로부터 받게 되는 불합리한 일방적 편견에 대응하는 것 등 모두를 포함한다. 사람의 정체성을 구성하는 요소는 매우 다양하기 마련인데, 인종과 민족, 국적과 지역, 언어와 문화, 나아가 성별, 나이, 종교와 성 등의 요소 중 어느 하나로 일방적으로 규정되는 것은 폭력과 억압에 가깝다. 이러한 점을 인식하게 하고 올바른 다문화적 인식을 함양하는 데에는 다양한 문학 작품 체험이 긍정적인 효과를 이루어 낼 수 있다. 박윤경(2006)은 문학 작품을 통한 간접 접촉이 학생의 편견 감소에 효과적이라는 점을 강조하며 아동문학을 다문화교육에 활용할 것을 제안하고 있다.

한편, 언어교육과 문학교육 분야에서 다문화교육 방법을 논할 때 자주 등장하는 개념으로 문식성이 있다. 문학을 활용한 다문화교육에 대한 논의를 위해서는 이 문식성의 개념을 가져올 필요가 있다. 문식성(文識性)은 '문해력(文解力)'이라는 용어로도 쓰이고 '리터러시(literacy)'라고도 칭해진다. 리터러시는 과거에 '읽고 쓸 줄 아는 능력'이라는 좁은 의미로 쓰였지만, 지금은 문자에 한정되지 않고 매우 다양한 맥락에서 결합되어 사용된다. 의료 정보 문해력, 시각적 문식성, 정보 리터러시 등과 같이 학문적 분야는 물론이고 결합되는 어휘의 유형에도 제한이 없다. 이러한 현상이 지속됨에 따라 이제 문식성, 문해력, 리터러시는 더 이상 읽고 쓸 줄 아는 능력이 아닌 그 어떤 영역에 적합한 능력, 역량이라는 의미로 사용되는 양상을 보이고 있다.

다문화교육을 위한 언어·문화교육 영역에서는 다문화 문식성, 비판적 문식성 등의 개념이 종종 언급되기도 한다. 다문화 문식성은 자신의 문화를 인식하고 상대의 문화를 이해하며 공동체 안에서 살아가기 위해 언어뿐 아니라 문화적으로도 서로 소통하고 행동할 수 있는 능력을 의미한다(김윤주, 2015). 뱅크스는 다문화 문식성 교육이 제대로 이루어지려면 먼저 교과 영역의 내용을 다룰 때 주류집단

뿐 아니라 다양한 소수자 집단의 문화 내용을 통합적으로 보여 주어야 한다고 주장한다. 그래야만 학생들이 인종·민족·문화적으로 다양한 서로 다른 집단에 대해 편견 없는 태도를 키울 수 있다는 것이다. 또한 학교에서 다루는 지식이 구성되는 과정에 어떠한 문화적 가정과 관점이 기반이 된 것인지를 비판적으로 인식하고 의문을 제시할 줄도 알아야 한다고 주장한다. 이러한 이유로 다문화 문식성과 비판적 문식성은 서로 밀접한 관계를 갖고 있다.

앞서 이 장의 처음에 언급한 브라질의 교육사상가이자 실천가인 프레이리는 비판적 문식성 개념의 주창자라 할 수 있다. 비판적 문식성은 1960년대 후반부터 1970년대 초까지 프레이리의 비판교육 이론에 토대를 두고 등장한 개념이다. 텍스트의 표면적 이해를 넘어 텍스트의 목적, 필자의 의도와 관점을 분석한 후, 텍스트를 통해 작동하는 힘, 독자와 작가 사이의 권력 관계 등에 초점을 맞추어 능동적이고 성찰적인 독서를 하고, 문식력이 행동으로까지 이어질 수 있도록 되어야 한다고 보는 입장이다(윤여탁, 2015). 결국 이러한 다문화 문식성이나 비판적 문식성을 함양하는 방법으로는 독서가 필수적이고, 독서의 제제로 선정되는 텍스트로서 문학 작품은 매우 유용한 기능을 하게 된다.

2. 디아스포라와 다문화 문학

1) 디아스포라

디아스포라(diaspora)는 우리말로 보통 '민족이산(民族離散)' '민족분산(民族分散)'으로 번역된다. 어원적으로 디아스포라는 그리스어 전치사 'dia(cross, over)'와 동사 'spero' 또는 'speirein(to sow or scatter)'의 조합인 고대 그리스어 용어 'diaspeirein'에서 유래한 말이다(윤인진, 2003). 우리말로는 '~을 넘어'와 '흩뿌리다'의 조합인 셈이다. 즉, "고국으로부터 망명, 강요된 이주, 이민 혹은 재정착의 이유로 분산되고, 이주되고, 이전된 사람들"을 지칭한다(정형철, 2013).

고대 그리스인들은 소아시아와 지중해 연안을 무력으로 정복하고 식민지로

삼은 뒤 그곳으로 자국민을 이주시켜 세력을 확장하였다. 이때 디아스포라는 이
주와 식민지 건설을 의미하는 능동적이고 긍정적인 의미를 가졌다. 이후 디아스
포라는 유대인의 유랑을 의미하는 뜻으로 쓰이면서 부정적인 의미를 갖게 되었
다. 유대인의 디아스포라는 영어 대문자 'D'로 시작하여 'Diaspora'로 표기하는
데, 옥스퍼드 영어사전에 따르면 '바빌론 유수 이후 팔레스타인 밖에서 흩어져
사는 유대인 거류지' 또는 '팔레스타인 또는 근대 이스라엘 밖에 거주하는 유대
인'을 가리킨다(Choi, 2003: 윤인진, 2003, 재인용).

즉, 디아스포라는 역사적으로 팔레스타인 땅을 떠나 세계 곳곳에 거주하는 유
대인을 가리키는 말이었으나 현재는 유대인 이외의 다른 민족들의 이산과 이주도
모두 포괄하는 개념으로 사용되고 있다. 1990년대 디아스포라 연구가 활발해지면
서 디아스포라는 유대인뿐 아니라 다른 민족들의 '국제이주, 망명, 난민, 이주노동
자, 민족공동체, 문화적 차이, 정체성' 등을 모두 아우르는 포괄적 개념으로 사용
되고 있다(윤인진, 2003). 디아스포라는 한 민족이 세계 곳곳으로 흩어지는 과정을
지칭하는 말이기도 하고, 그렇게 분산된 같은 민족들, 또 그들이 거주하는 장소나
공동체를 지칭하는 말이기도 하다. 현재 디아스포라는 이주민 자체를 지칭하기
도 하지만, 그 이주민들이 소수 민족 집단을 이루어 자신의 고국에 대해 물질적으
로나 정신적으로 강한 유대를 가지는 것을 지칭하는 것으로까지 의미가 확장되어
쓰이고 있다.

디아스포라 문학이라 하면 이러한 디아스포라들의 이산의 상황, 다문화적 삶을
형상화한 문학 작품을 통칭하는 의미이다. 따라서 디아스포라 문학에는 떠나온
고향과 새롭게 정착하여 살아가야 하는 공간 사이에서 겪는 경계적 삶, 유동적 삶,
그럼에도 움직일 수 없는 부동적 삶, 분열성, 불안정과 혼란의 경험과 정서가 그대
로 녹아 있다. 새롭게 이주한 공간에서는 소수 민족으로 타자화되고 주류 사회로
부터 소외될 수밖에 없어 주변인으로 살아갈 수밖에 없는 필연성, 그것에 대한 인
식으로 겪어야 하는 정체성의 혼란과 고통이 문학적 정서로 드러날 수밖에 없다.
이는 디아스포라 문학이 지니는 보편성이기도 하다.

국내에서는 이러한 디아스포라 문학 창작이나 연구가 아직은 주로 이주노동자
나 여성 결혼이민자의 삶을 다룬 문학 정도에서 다루어지는 편이다. 해외에서는

재외동포 문학이나 북미 지역 한인 1.5세 혹은 한인 2세 작가들에 의해 코리안 디아스포라로서의 삶과 정서를 형상화한 작품이 소설이나 영화, 드라마 등으로 제작되어 주목받고 있다. 이창래의 『영원한 이방인』, 이민진의 『파친코』 등을 들 수 있고, 오스카 여우조연상 수상에 빛나는 영화 〈미나리〉는 재미교포 1.5세 감독이 자신과 부모의 삶을 투영한 작품이라는 점에서 주목을 받기도 하였다.

2) 다문화 문학

다문화 문학은 다양한 문화에 대한 횡문화적 이해가 점점 더 중요하게 여겨지고 있는 현대사회에서 다양한 문화와 사회문화적 배경을 가지고 있는 사람들을 접할 수 있는 효과적인 방법들 중의 하나이다(김정원, 2010). 그러나 이러한 다문화 문학의 효용성에도 불구하고 그 정의는 간단하지 않다. 학자마다 교육자마다 중점을 두고 있는 지점도 다양하고, 인식하는 문제의식도 다양한데다, 문학의 생산자와 향유자 등까지 범주를 넓히게 되면 그 안에 포함되는 유형이 더욱 확장되기 때문이다.

비숍(Bishop, 1992)은 "다양한 소수 민족에게 자신의 문화에 대한 자긍심을 갖게 하고 더불어 다른 민족의 문화와 상대적인 가치를 이해함으로써 다양성과 존중성을 기르기 위한 문학"을 다문화 문학이라 정의하였다. 박윤경(2007)은 "편견과 고정관념을 해소하는 것까지 포함해 인종, 민족, 종교, 계층, 언어, 성, 장애, 연령, 가족 등과 연관하여 다양한 사회집단의 문화를 다문화적 관점에서 기술한 책"을 다문화 문학이라고 정의하고 있다. 임경순(2011)은 "국적이 다르거나 인종이 다른 비주류 소수 인물이 주인공으로 등장하는 문학" 또는 "비주류 소수 이주민뿐 아니라 성, 계급 등에서 지배집단이나 문화와는 다른 비주류 인물이나 문화, 집단을 다룬 소설이나 문학"을 지칭하는 개념으로 다문화 문학을 정의하고 있다.

생각해 보면 문학은 주류보다는 비주류, 강한 것보다는 약한 것, 성공보다는 실패, 기쁨보다는 아픔, 중심부보다는 소외되기 쉬운 경계부에 더 관심을 둔다. 따라서 문학이 다루는 내용은 기본적으로 다문화적일 수 있다. 따라서 그것이 꼭 인종, 민족, 문화 등 표면적으로 드러나는 다문화적 요소를 다루고 있지 않더라도 그 안에 내밀하게 존재하고 있는 숨겨진 것들을 찾아내려는 노력이 필요한지도 모른

다. 그런 점에서 다문화 문학도 중요하지만, 다문화적으로 문학을 읽어 내려는 노력도 중요하다. 그것이 문학을 활용한 다문화 수업에서 취해야 하는 태도이기도 하다.

3) 전래 동화

전래 동화는 신화나 전설이 발전하여 만들어진 동화를 의미한다. 특히 민담 가운데 많으며, 상상 속 이야기나 교훈을 주는 내용이 이야기의 주축을 이룬다. 전래 동화는 그 자체가 역사적·문학적 가치를 지니는 작품이기도 하지만, 상상적 요소, 단순한 서사 구조, 이야기의 흥미 요소 등 고유의 특징 때문에 다양한 분야에서 폭넓게 활용되고 있다. 관광 상품은 물론이고, 음악, 미술, 영상 등 예술 분야에서도 활용되고 있으며, 교훈적 요소 때문에 교육 분야에서도 자주 활용된다.

특히 전래 동화는 서사 구조가 단순하고 주제 의식이나 내용에 있어서 지역적으로 국가별로 공유하고 있는 공통의 이야기들이 있다는 점에서 다문화 수업에서 자주 다루어진다. 아동 학습자에게는 이야기 자체가 흥미를 유발할 수도 있고 인류 공통의 가치관과 신념에 대한 확인을 통해 다문화적 감수성을 키울 수 있기 때문이다. 전래 동화는 다문화 학생뿐 아니라 일반 학생들도 함께하는 교실에서 다루어지기에 적합한 요소들을 두루 갖추고 있다.

전래 동화를 이처럼 다문화교육의 상황에서 활용할 때에는 고려해야 할 사항들이 있다. 언어적·문화적 배경이 다른 다문화 학생들은 한국어 숙달도와 한국문화에 대한 이해 수준이 일반 학생과 차이가 있을 수 있으나, 모국어 수준이나 모국의 문화에 대한 지식은 이미 축적되어 있는 상태라는 점을 교사는 인지해야 한다. 따라서 결핍이 아닌 자원의 측면에서 학생들을 대해야 한다. 이들이 교실에 들여오는 언어와 문화에 대해 존중하고, 정체성과 자존감이 훼손되지 않도록 배려해야 한다. 교사의 태도는 일반 학생들의 태도에도 큰 영향을 끼칠 수 있음을 인식해야 한다. 서로 간에 공감과 존중의 태도가 형성된 집단 내에서는 학생들 사이에서도 친밀한 유대감이 형성되어 더욱 활발하고 효과적인 교육이 이루어질 수 있다.

 3. 다문화교육을 위한 문학 작품 선정 및 수업 설계 방안

1) 다문화 문학 작품 선정

(1) 다문화 문학 작품 선정 원리

문학 작품을 다문화교육에 활용하려면 수업의 목표와 내용, 학습자 대상과 상황 등에 따라 적합한 제재를 선정해야 한다. 다문화 문식성 교육을 위한 문학 작품 선정 기준에 대해 김혜영(2012)이 소개하고 있는 뉼링(Newling)과 라덴치히(Radencich)의 선정 기준을 살펴보기로 하자. 먼저 뉼링(1988)은 일반적 정확성, 고정관념, 환경 묘사의 정확성(setting), 언어, 모욕적인 말의 사용, 삽화의 적절성, 작가의 관점, 호소력 있는 이야기, 논쟁적 이슈 제공(tough issue) 등을 다문화 문학의 선정 기준으로 들고 있다. 이 중 특히 언어에 대해서는 등장인물들이 표준어와 방언을 어떻게 사용하는지, 특정 문화권이 작품 속에 등장할 때 실제로 등장인물들의 언어가 해당 언어를 제대로 구현하고 있는지, 번역은 제대로 되어 있는지 등을 살펴야 한다고 강조한다. 또 논쟁적 이슈를 다룰 때에는 작가가 해당 이슈에 대해 제대로 정보를 다루어야 하고 다양한 관점을 제공해야 한다는 점도 강조하고 있다.

다음으로 라덴치히(1988)는 다문화 문식성 교육을 위한 수업에서 제재로 활용할 문학 작품은 다음과 같은 내용으로 이루어져야 한다고 주장한다. 사회적 기대의 한계를 넘어서는 것, 이중문화를 가진 등장인물이 자기이해의 방법을 배우는 것, 다른 문화권으로부터 온 등장인물들이 상호작용하는 것, 문화 간 비교가 있는 것, 다른 문화를 싫어하는 인물이 어떤 일을 하면서 다문화 이해를 배우는 것 등이 그것이다. 이러한 이론에 기반해 그는 "다른 문화권으로부터 온 등장인물들의 상호작용이 갈등을 낳거나 혹은 서로 이해하는 내용을 담은 작품, 다문화 자료로서 대표성이 있다고 생각되는 작품, 그리고 현재 이용 가능한 작품" 등을 선정 기준으로 들고 있다(김혜영, 2012, 재인용).

또한 민족 및 인종 문제와 관련된 편견 감소 수업에 적합한 아동 도서를 선정하는 데 기준이 되는 준거로 박윤경(2006)은 다음과 같은 세 가지 기준을 설정하고 있다. 주제 및 내용 적합성, 시각 적합성, 발달 적합성이 그것이다. 먼저, 주제 및 내용 적합성은 민족 및 인종 문제를 주요한 테마로 다루고 있는 책이어야 한다는 것이다. 구체적으로는 "국내 다민족 · 다인종 구성원의 삶을 드러내거나 소재로 삼은 책, 다양한 민족 및 인종 문화와 생활양식을 소개한 책, 인종 문제로 인한 편견과 차별 문제를 다룬 책 또는 다양한 민족과 인종이 공존하는 삶의 모습을 보여 주는 책"을 예로 들고 있다. 두 번째로, 시각 적합성은 민족 및 인종에 대한 시각이 문화 다원적인 책이어야 한다는 것이다. 즉, 문화 다양성을 문화 상대성의 입장에서 접근하고, 다인종 · 다민족 문화의 보편적 특성을 드러내고 있으며, 바람직한 인종 간 태도를 강조하거나 제시한 책이어야 한다는 것이다. 마지막으로, 발달 적합성이란 초등 수준의 아동들이 읽고 이해할 수 있는 수준의 책이어야 한다는 것이다.

(2) 다문화교육을 위한 문학 작품 선정

다문화 문학 작품 선정 원리를 기반으로 박윤경(2006), 이정미(2008), 이세연(2009), 김혜영(2012), 최일선(2012) 등의 연구 결과를 참고한 후, 이에 더하여 추가로 선정한 작품들까지 포함하여 다문화 문학 작품 목록을 만들어 보면 다음과 같다.

〈표 13-1〉 다문화 문학

대상	도서명	지은이	출판사
유아동	언제까지나 너를 사랑해	로버트 먼치	북뱅크
	코코 네 잘못이 아니야	비키 랜스키	친구미디어
	새를 부르는 아이	크리스토퍼 마이어스	마루벌
	아프리카 소년 샤카	마리 셀리에	웅진씽크빅
	이모의 결혼식	선현경	비룡소
	우리는 할 수 있어요	찰스 푸즈, 샘 브래트니	주니어김영사
	마음 깊이 어루만짐 후스르흐	김성희	한솔수북
	마들렌카	피터 시스	베틀북
	모자 쓰고 인사해요	한경대 디자인학부	보림
	반쪽이	이주혜	시공주니어
	성격이 달라도 우리는 친구	에런 블레이비	세용출판
	우리가 달라도	김혜리	아이코리아
	내 이름이 담긴 병	최양숙	마루벌

초등학생	저학년	이야기 이야기	게일 헤일리	보림
		파랑이와 노랑이	레오 리오니	물구나무
		우리 개를 찾아주세요	에즈라 잭키츠	베틀북
		외로운 덩치	앤드루 클레멘츠	한국몬테소리
		까마귀 소년	야시마 타로	비룡소
		정말 그런 인종이 있을까?	실비아 론칼리아	서광사
		인종 이야기를 해 볼까?	줄리어스 레스터	사계절
		마들렌카	피터 시스	베틀북
		세계의 친구들	아델 시불	아이세움
		이모의 결혼식	선현경	비룡소
		지붕 위의 꾸마라 아저씨	김병규, 조대현	문공사
		세계의 어린이들	누리아 로카	정인출판사
	중학년	까만 얼굴의 루비	루비 브리지스	웅진주니어
		우리 엄마는 여자 블랑카	원유순	중앙출판사
		까매서 안 더워?	박채란	파란자전거
		사라, 버스를 타다	윌리엄 밀러	사계절
		루비의 소원	S.Y. 브리지스	비룡소
		지구인 화성인 우주인	움베르토 에코	웅진주니어
		선생님, 우리 선생님	패트리샤 폴라코	시공주니어
		내겐 드레스 백 벌이 있어	엘레노어 에스테스	비룡소
		아시아	릴리 판시니 외	서광사
		얘들아, 안녕	우버 오메르	비룡소
		자이, 자유를 찾은 아이	폴 티에스	사계절출판사
		키아바의 미소	칼 노락	미래 M&B
		수호의 하얀말	오츠카 유우조	한림출판사
		세계의 내 친구들	삼성출판사 편집부	삼성출판사
		너는 어느 나라에서 왔니?	리비아 파른느, 브뤼노 골드만	초록개구리
		얘들아, 학교 가자	안 부엥	푸른숲
		세상의 어린이들	바나바스	박영률출판사

고학년	커피우유와 소보로빵	카롤린 필립스	푸른숲주니어
	너와 나는 정말 다를까?	로라 자페 외	푸른숲
	큰발 중국 아가씨	렌세이 나미오카	달리
	외로운 지미	김일광	현암주니어
	블루시아의 가위바위보	김중미 외	창비
	차별 싫어요!	플로랑스 뒤떼이	푸른숲
	지구촌 사람들 지구촌 이야기	고마쓰 요시오	한림출판사
	아이들의 하루	다니엘 피쿨리	오래된미래
	천둥아, 내 외침을 들어라!	밀드레드 테일러	내인생의책
청소년	나마스테	박범신	한겨레신문사
	안녕 라자드	배봉기	문학과지성사
	지구촌 곳곳에 너의 손길이 필요해	예영	뜨인돌어린이
	나는 한 번이라도 뜨거웠을까	베벌리 나이두	내인생의책
	거대한 뿌리	김중미	검둥소
	인도의 딸	글로리아 웰런	내인생의책
	아프리카 수단 소년의 꿈	앨리스 미드	내인생의책
	카리우키의 눈물	메자 무왕기	다른
	코끼리	김재영	실천문학사
	완득이	김려령	창작과비평사
	그 여자가 사는 곳	정인	문학수첩
	타인과의 시간	정인	문학수첩
	옐로	돈 리	문학사상사
	루	킴 투이	문학과지성사
	파친코	이민진	문학사상
	나의 안토니아	윌라 캐더	열린책들
	영원한 이방인	이창래	나무와숲
	축복받은 집	줌파 라히리	마음산책

2) 문학을 활용한 다문화 수업 설계

(1) 아동문학을 활용한 편견 감소 수업 모형

일반적으로 아동들은 아직 다른 문화나 집단에 대한 접촉이 적기 때문에 특정 집단에 대한 편견이 아직 형성되지 않았을 것이라고 생각하기 쉽다. 그러나 여러 연구에 의하면 아동들도 다양한 편견을 가지고 있음이 밝혀졌다. 홀과 롬버그(Hall & Romberg, 1995)의 연구에 의하면 능력, 외모, 신념, 계층, 문화, 가족 구성, 성, 인종, 성애, 나이 등이 유아에게서 자주 목격되는 편견 영역이며, 이들 9개 영역 중에서 유아들에게 가장 많이 나타나는 편견 영역은 나이, 능력, 성, 외모, 인종의 순이라 한다(김경, 2003, 재인용). 이러한 다양한 집단에 관한 아동의 태도는 유아기 초기부터 나타나기 시작하여 9세쯤이 되면 거의 형성되는데, 이후 살아가면서 획기적인 계기가 없으면 이러한 편견적 태도는 일생 동안 거의 변화 없이 그대로 지속된다고 한다(김정원 외, 2003, 재인용).

아동들의 경우, 부모와 교사 등 특히 아동의 삶에서 의미 있는 성인들이 어떠한 견해와 태도를 갖고 있는가에 따라 편견이 형성되는 경향이 있다. 그들이 속한 문화, 그들의 견해 및 태도가 아동들의 편견 형성에 영향을 끼치는 것이다. 그만큼 교사와 교육의 중요성이 강조되어야 함을 의미한다. 아동의 편견을 감소시키기 위한 수업에서 문학을 통한 간접 접촉 방식은 매우 중요한 도구가 될 수 있다. 간접 접촉이란 영화, 비디오, 녹음, 아동 도서, 사진 등을 매개로 하여 다른 민족이나 인종을 접촉하는 방식이다(박윤경, 2006). [그림 13-2]는 박윤경(2006)의 아동문학을 활용한 편견 감소 수업 모형이다.

1단계	아동의 편견 드러내기	간단한 시청각 자료나 교사의 발문을 바탕으로, 민족이나 인종에 대해 초등학생들이 가지고 있는 잘못되거나 불확실한 지식이나 편견적 감정 등을 드러낸다.
2단계	아동문학의 내용 이해하기	주요 등장인물, 사건, 인물들의 경험과 관계 등과 관련된 교사의 질문에 답하면서 책의 주요 내용을 확인한다.
3단계	편견을 부르는 오해 바로잡기: 인지적인 측면에서 편견에 도전하기	책 내용 중에 인종, 민족, 종교, 문화 등과 관련하여 새롭게 알게 된 것을 확인하고, 이에 대해 학습하거나 더 깊이 탐구한다.
4단계	편견과 연결된 감정 탐구하기: 정서적인 측면에서 편견에 도전하기	책 내용과 관련된 학생들의 다양한 정서적 반응을 확인하고, 이에 대해 더 깊이 탐구한다.
5단계	후속 활동 및 마무리: 변화된 인식을 심화하고 확장시키기	역할극, 편지 쓰기, 일기 쓰기, 문제해결하기 등 다양한 활동과 연계하여 아동문학을 매개로 새롭게 알게 된 정보, 지식 및 인식을 심화, 확장시키거나 공유한다.

[그림 13-2] 아동문학을 활용한 편견 감소 수업

(2) 번역 문학을 활용한 이야기 구조 교수 · 학습 모형

이야기 구조 교수 · 학습 모형은 권순희와 서명옥(2006)에 의해 개발된 모형으로 국어 수업 중에 번역 문학 작품을 제재로 다루는 방안으로 제안된 모형이다. 원작 속에 반영된 문화를 이해하고 우리 문화와 비교 · 분석하는 학습 과정이다. 다문화 문학 작품을 활용해 수업의 제재로 활용하고 학습자의 다문화적 감수성을 고양시키는 교수 · 학습 활동을 시행할 때 적용해 보기에 적절한 모형이다.

〈표 13-2〉 이야기 구조 교수 · 학습

단계	학습 과정	교수 · 학습 활동 내용	자료 유의점
전체 반응	이야기 내용 상기 학습 동기 유발 학습 문제 확인	• 읽은 이야기 상기 • 학습 분위기 조성 • 학습 문제 제시와 인지	

단계적 반응	이야기 구조 탐색	• 제목으로 주제 알기 • 주제 알아보기 • 전체 줄거리 알아보기	• 주로 이야기 내용 이해
	이야기 내용 탐색	• 문화 요소 탐색 • 재미있었던 부분 • 감동적인 부분 • 등장인물의 성격	• 개인적 감상 부분 강조 • 문화 요소 첨가 지도
	반응의 심화	• 토의, 토론(개인별·모둠별 토론), 독서퀴즈 등 수업 형태 다양화하기 • 토의 결과 발표	• 교사의 계획하에 이야기 내용에 대한 심화 활동 전개
통합적 반응	내면화	• 토의 결과를 내 생각과 비교하기	• 글쓴이의 의도와 관련하여 내면화시키기
	정리와 평가	• 학습 내용 정리하기 • 학습 활동 평가하기	

(3) 전래 동화를 활용한 들어가기-활동하기-확장하기 모형

'들어가기(into)-활동하기(through)-확장하기(beyond)' 모형은 내용 중심 교수법의 여러 모형 중 하나이다. California Literature Project 팀이 개발한 이 모형은 학습자들이 자신들의 목표어 수준을 조금 넘어서는 텍스트를 접했을 때 그 텍스트에 대한 이해를 극대화시키기 위해 고안해 낸 방법으로, 내용 중심 교수법의 여러 모형 중에서도 특히 주제 중심 모형을 실제 교실 수업에 적용하는 과정을 잘 구현해 내고 있다(진제희, 2005).

브링턴 등(Brinton et al., 1994)은 이 모형을 학습자들이 주어진 텍스트의 내용을 이해하고 의미를 발견할 수 있도록 교사가 이끌어 주는 여행과도 같은 과정이라고 설명한다. 즉, 교사는 이 모형을 활용하여 수업을 진행할 때 다음과 같은 과정을 염두에 두어야 한다. 먼저, 학습자들이 이전에 접한 적 없는 아직 모르는 내용에 서서히 접근해 들어가도록 하고(into), 텍스트를 본격적으로 접하게 되면서는 그 내용과 상호작용하도록 적합한 활동들을 활용해야 하며(through), 이어 학습자 나름의 분석과 반응이 이루어질 수 있도록 유도해야(beyond) 한다. 이 모든 과정이 효과적으로 이루어질 수 있도록 돕는 것이 교사의 역할인 셈이다. 각 단계에 해당하는 내용을 김윤주(2018)는 [그림 13-3]과 같이 도식화하였다.

들어가기
(into)
	• 학습하게 될 주제에 대해 생각해 보고, 이미 알고 있는 지식을 활성화시켜
	  새로운 내용을 배울 수 있도록 준비하는 단계
	• 이전에 배운 내용, 혹은 새로 배울 내용과 관련한 시각자료 활용하여 이야기
	  나누기, 새로운 어휘 예습 등

활동하기 (through)	• 앞 단계에서 이야기한 것과 관련된 새로운 내용을 학습하는 단계 • 주어진 내용을 이해하고 새로운 언어에 집중하는 단계 • 어휘 확장 및 문법 학습, 읽기 및 정보차 활동, 다양한 말하기·쓰기 활동 등
확장하기 (beyond)	• 단순한 이해의 수준을 넘어 새롭게 배운 지식을 응용하고 확장하는 단계 • 토론, 역할극, 에세이 쓰기 등 심화 활동 가능

[그림 13-3] 들어가기-활동하기-확장하기 모형

　일반적으로 이 모형의 가장 큰 특징은 수업의 단계를 세분화하지 않고 유연하게 설계하고 있다는 점이다. 수업의 단계를 크게 세 단계로 설계하고 그 안에서 자유로운 활동이 가능하도록 융통성을 보장하고 있는 모형이다. 따라서 수업의 상황에 따라 즉흥적인 계획의 변동이나 유연한 운영이 가능하다는 점에서 활용도가 높다. 학습자 대상이 어리거나, 다양한 학습자 유형이 혼재되어 있는 교실이나, 교육 프로그램의 운영이 자율적인 수업에서 활용해 볼 수 있다. 예를 들면, 나이가 어려 집중력이 오래가기 어려운 학습자라든지, 연령대가 다양한 학습자들이 함께하는 수업일 경우에는 뜻밖의 상황들이 발생하기도 하기 때문에, 수업 계획을 즉흥적으로 변동하거나 수업의 단계와 세부 활동을 조정해야 하는 일이 종종 일어난다. 이럴 때 교사의 순간적 판단이나 융통성 있는 대처가 필수적이기 때문에 이렇게 수업 단계를 유연하게 열어 두는 것이 도움이 될 수 있다.

㈜ 4. 문학을 활용한 다문화교육의 실제[2]

이 절에서는 앞서 살펴본 다양한 교수·학습 모형 중 하나를 적용하여 설계한 문학 활용 다문화 수업의 실제 사례를 살펴보도록 하겠다.

1) 전래 동화를 활용한 다문화 수업 설계

〈표 13-3〉은 초등 저학년을 대상으로 한 전래 동화 활용 다문화 수업의 예이다.

<표 13-3> 전래 동화를 활용한 수업 설계

학습 주제	전래 동화의 공통점과 차이점을 통해 상호문화이해 능력 키우기		
대상	초등학교 저학년 또는 중학년		
학습목표	• 전래 동화 읽고 핵심 제재와 주요 사건, 주제를 파악할 수 있다. • 전래 동화를 비교하여 공통점과 차이점을 알아낼 수 있다. • 전래 동화에 담겨 있는 공통의 가치와 덕목을 찾아낼 수 있다. • 이러한 과정을 통해 상호문화이해 및 문화 간 소통 능력을 기른다.		
수업 차시별 주제와 제재	차시	분류	제재
	1	신기한 물건 이야기	• 중국 전래 동화 〈마량의 신기한 붓〉 • 한국 전래 동화 〈도깨비 방망이〉
	2	권선징악 이야기	• 필리핀 전래 동화 〈마리아〉 • 한국 전래 동화 〈콩쥐팥쥐〉
	3	자연 현상 이야기	• 태국 전래 동화 〈비를 내리게 하는 파야탠〉 • 한국 전래 동화 〈청개구리〉
	4	지혜로운 이야기	• 몽골 전래 동화 〈지혜로운 며느리 이야기〉 • 한국 전래 동화 〈우렁각시 이야기〉
	5	건국 이야기	• 베트남 건국신화 〈락롱꿘과 어우꺼〉 • 한국 건국신화 〈단군신화〉

---

2) 이 절 내용은 김윤주(2018)에서 설계한 수업 사례를 토대로 하였다.

학생들이 흥미로워할 만한 다섯 가지 대주제를 설정한 후, 각 대주제 영역별로 한국과 외국의 전래 동화를 각각 1편씩 선정하여 비교하며 학습할 수 있도록 구성하였다. 전체 프로그램은 총 5차시 수업으로 구성하였지만, 상황에 따라 하나의 수업만 선택하여 진행할 수 있다.

2) 수업 단계 및 활동 구성

다음에서는 앞의 5개 대영역 중 하나를 선택하여 들어가기-활동하기-확장하기 모형에 근거하여 단계별 수업 과정을 구성하고자 한다. 수업 절차상 주요 단계에서의 학습 내용과 보조 자료, 학습 활동 등에 대해 살펴보기로 하자.

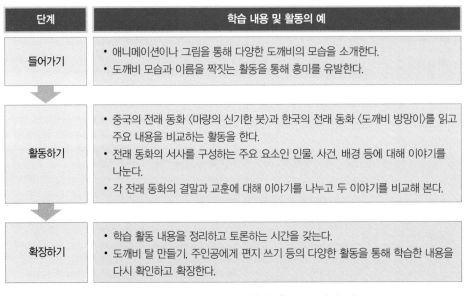

[그림 13-4] 수업 단계 및 학습 활동 구성의 예

(1) 들어가기 단계

이 단계는 본격적인 학습을 시작하기 전에 먼저 수업 중에 다루게 될 텍스트와 관련된 내용을 엿보며 서서히 접근하는 단계이다. 학습자가 이미 가지고 있는 배경지식을 끌어내 스키마를 활성화시키고 학습할 내용에 대해 흥미를 유발시키는 단계이다. 그림이나 영상 등 다양한 자료를 통해 학습자의 흥미 유발 및 동기 부

여에 힘쓰도록 한다. 이 수업의 경우, 전래 동화 〈도깨비 방망이〉를 읽게 될 것이
므로, 다양한 도깨비 모습이 그려진 그림에 색칠을 한다든가, 도깨비의 모습을 보
면서 특징에 적합한 이름을 지어 본다든가, 그림과 이름을 서로 연결 짓는 활동을
해 본다든가 하는 다양한 활동을 시도할 수 있다. 아울러, 도깨비 방망이처럼 신
기한 물건들이 등장하는 이야기에 또 어떤 것이 있는지 한국의 전래 동화 중에 혹
은 다른 나라의 전래 동화 중에 떠올려 볼 수 있도록 기회를 주고 그에 관한 이야
기를 자유롭게 나눈다. 이 과정을 통해 학생은 오늘의 수업 내용에 흥미를 갖게
되고, 어떠한 내용을 다루게 될지 짐작해 볼 수도 있을 것이다.

(2) 활동하기 단계

이 단계는 본격적으로 전래 동화를 읽는 단계이다. 읽기 활동을 통해 독서 능력
이 향상되고, 다양한 상호작용 활동을 통해 문해력이 향상될 수 있도록 구성한다.
학생 스스로 적극적인 독자가 될 수 있도록 이끄는 것이 중요하며, 이를 위해 다양
한 유형의 활동을 구안해야 한다. 다만, 읽기 본연의 흥미와 의미를 맛볼 수 있도
록 활동을 구성하여 수업을 진행하는 것이 중요하며, 학습 활동의 결과가 평가로
인식된다거나 수업의 목표가 되어서는 안 된다. 텍스트 자체에 대한 이해 능력,
텍스트와 텍스트를 비교하는 능력, 그 안에 담겨진 의미를 독자의 삶 속으로 끌어
들여 이해하고 적용하는 능력 등이 이 단계에서 추구해야 하는 내용이다. 이를 위
해 주요 인물 파악, 각 인물의 성격과 상황 및 관계 파악, 주요 사건과 내용, 서사
의 구조 파악 등이 이루어질 수 있도록 학습 자료를 구성하고 수업 중 활용한다.
이러한 과정이 다문화적 감수성을 향상시킬 수 있도록 구성되었는지, 상호문화이
해 능력을 향상시킬 수 있도록 진행되고 있는지 교사는 스스로 질문할 수 있어야
한다.

(3) 확장하기 단계

이 단계는 앞 단계에서 읽은 전래 동화에 대한 분석적이고 비판적인 해석을 토
대로 자신만의 고유한 관점과 생각을 정리하고 확장해 가는 단계이다. 본질적으
로는 인식의 확장에까지 도달하는 것을 의미하지만, 이를 위해서는 구체적인 확
장적 활동이 있어야 한다. 학생들이 다양한 지적 활동과 인식의 고양을 경험할 수

있도록 이 단계의 활동들을 구성하는 것이 좋다. 앞서 읽은 전래 동화의 내용을
제대로 이해하고 있는지를 확인할 수 있도록 주요 내용을 자신의 말과 글로 정리
해 본다든가, 도깨비 탈을 만든다거나, 주인공에게 편지를 쓴다거나 하는 활동이
이 단계에서 활용해 볼 수 있는 활동들이다. 이러한 다양한 활동을 통해 학생의
흥미를 유지하는 것은 물론이고, 다문화적 감수성과 소통 능력이 향상될 수 있도
록 해야 하며, 사고의 폭과 깊이를 확장하는 기회를 제공할 수 있어야 한다. 관련
주제를 담고 있는 다른 텍스트나 자료를 찾아 읽거나 보는 것도 좋은 방법이 될
수 있다.

 생각해 봅시다

1. 문학의 교육적 가치에 대해 설명해 보시오.
2. 디아스포라와 다문화 문학에 대해 설명해 보시오.
3. 다문화교육을 위한 문학 선정의 원리에 대해 설명해 보시오.
4. 다문화교육에 활용할 문학 작품을 하나 선정하여 왜 그 작품을 선정했는지 이유를 설
    명해 보시오.

 참고문헌

권순희, 서명옥(2006). 창의적 표현 능력 신장을 위한 국어과의 교수 학습 전략 방안: 문화
    텍스트적 관점에서의 번역 동화 이해와 감상 표현을 중심으로. 한국초등국어교육, 32,
    5-56.
김경(2003). 반편견 이야기 나누기가 유아의 편견 감소에 미친 영향. 한국유아교육학회 연
    차학술대회 발표집, 290-303.
김영은(2010). 문학 제재를 활용한 다문화교육 연구: 다문화 제재 분석과 적용을 중심으
    로. 고려대학교 교육대학원 석사학위논문.
김윤주(2010). 재외동포 아동학습자용 한국어 교재 개발 방안 연구: 아동문학 제재를 활
    용한 문화교육 단원 구성 방안. 한국어교육, 21(1), 61-85.
김윤주(2015). 다문화 배경 학생을 위한 KSL 한국어교육의 이해와 원리. 서울: 한국문화사.
김윤주(2017). 귀국 학생을 위한 한국어문화교육 연구 동향 분석과 향후 과제: 문화 교육
    을 중심으로. 한국언어문화학, 12(3), 1-24.

김윤주(2018). 내용 중심 교수법을 활용한 한국어문화 수업 설계 방안: 여성결혼이민자와 자녀를 위한 전래 동화 수업을 중심으로. 국어국문학, 184, 313-337.

김정원(2010). 다문화교육의 문학적 접근을 위한 이론적 탐색: 로젠블렛의 교류이론에 근거한 고찰. 어린이문학교육연구, 11(2), 133-151.

김정원, 류성희(2003). 문학적 접근을 통한 반편견 교육이 유아의 장애, 연령, 외모, 가족 구성, 성에 대한 인식에 미치는 영향. 열린유아교육연구, 8(2), 95-112.

김혜영(2012). 다문화 문식성 신장을 위한 교육 내용 분류: 소설과 시 텍스트를 중심으로. 새국어교육, 90, 261-284.

박윤경(2006). 민족 및 인종 편견 감소를 위한 초등 다문화교육: 아동 문학을 활용한 간접 접촉. 초등사회과교육, 18(2), 27-45.

박윤경(2007). 지식구성과 다문화 문식성 교육. 독서교육, 18, 97-126.

서경식(2006). 디아스포라 기행: 추방당한 자의 시선. 경기: 돌베개.

윤여탁(2015). 문화교육이란 무엇인가. 경기: 태학사.

윤인진(2003). 코리안 디아스포라: 재외한인의 이주, 적응, 정체성. 서울: 고려대학교출판부.

이세연(2009). 다문화 제재 문학 텍스트를 활용한 초등 한국어 교재 개발 방안 연구: 한국어 능력 중급 수준의 다문화 가정 자녀를 대상으로. 서울교육대학교 교육대학원 석사학위논문.

이옥희(2016). 미국 청소년 문학에 나타난 여성 디아스포라의 정체성: '망고거리의 집'과 '천국에서 한 걸음'을 중심으로. 고려대학교 교육대학원 석사학위논문.

이정미(2008). 문학제재를 활용한 다문화 이해 교육. 전주대학교 교육대학원 석사학위논문.

임경순(2011). 다문화 시대 소설(문학)교육의 한 방향. 문학교육학, 36, 387-420.

임채완, 선봉규, 지충남, 전형권(2017). 코리안 디아스포라의 현지적응과 정착기제. 경기: 북코리아.

정형철(2013). 포스트콜로니얼리즘과 코스모폴리타니즘. 서울: 동인.

진제희(2005). 한국어 수업을 위한 내용 중심 교수 방안: 고급 수준 재미 교포 학습자를 대상으로. 한국어교육, 16(3), 353-377.

최일선(2012). 문학을 활용한 다문화교육. 장인실 외(2012). 다문화교육의 이해와 실천. 서울: 학지사.

Akrofi, A. K., Swafford, J., Janisch, C., Liu, X., & Daurrington, V. (2009). Supporting immigrant students' understanding of U.S. culture through children's literature. *Childhood Education, 84*(4), 209-218. 정가윤 역. 이민자 학생의 유아문학을 통한 미국문화 이해. 어린이교육 10, 237-261. (원저는 2008년 출판)

Banks, J. A. (2008). *An Introduction to Multicultural Education* (4th ed.). Pearson Education, Inc.

Barton, D. (2007). *Literacy: An Introduction to the Ecology of Written Language.* Malden, MA: Blackwell Publishing.

Bishop, R. S. (2012). Extending multicultural understanding. In B. E. Cullinan (Ed), *Invitation to Read: More Children's Literature in Reading Program* (pp. 80−91). Newark, DE: International Reading Association.

Brinton, D., Goodwin, J., & Ranks, L. (1994). Helping language minority students read and write analytically: The journey into, through, and beyond. In F. Peitzman & G. Gadda (Eds.), *With Different Eyes: Insights into Teaching Language Minority Students Across the Disciplines.* New York: Longman.

Brooks, N. (1975). The analysis of foreign and familiar cultures. In R. Lafayette (Ed.), *The Culture Revolution in Foreign Language Teaching.* Lincolnwood, IL: National Textbook.

Brown, D. (2009). Why and how textbooks should encourage extensive reading. *ELT Journal, 63*(3), 238−245.

Brown, H. D. (2007). *Principles of Language Learning and Teaching* (5th ed.). London, UK: Longman.

Campell, D. (2010). *Choosing Democracy: A Practical Guide to Multicultural Education* (4th ed.). London, UK: Pearson Education.

Cullinan, B. E. (2006). *Read to me: Raising Kids Who Love to Read.* New York: Scolastic.

Duff, P. A. (2005). ESL in Secondary Schools: Programs, Problematics, and Possibilities. In E. Hinkel (Ed.), *Handbook of Research in Second Language Teaching and Learning* (pp. 45−63.). Mahwah, NJ: Lawrence Erlbaum Associates.

Freire, P. (1970). *Pedagogy of the Oppressed.* New York: Bloomsbury Academic.

Freire, P. (2014). *Literacy: Reading the Word and the World.* 허준 역. 문해교육: 파울로 프레이리의 글 읽기와 세계 읽기. 서울: 학이시습. (원저는 1987년 출판)

Freire, P., & Macedo, D. (1987). *Literacy: Reading the Word and the World.* London, UK: Praeger.

Gibson, S. (2008). Reading aloud: A useful learning tool? *ELT Journal, 62*(1), 29−36.

Hawkins (2005). ESL in Elementary Education. In E. Hinkel (Ed.), *Handbook of Research in Second Language Teaching and Learning* (pp. 25−43.). Mahwah, NJ: Lawrence Erlbaum Associates.

Herrera, S. G., & Murry, K. G. (2005). *Mastering ESL and Bilingual Methods*. Boston, MA: Pearson Education.

Hinkel, E. (1999). *Culture in Second Language Teaching and Learning* (pp. 196−219.). London, UK: Cambridge University Press.

Hirsch, E. D. (1987). *Cultural Literacy: What Every American Needs to Know*. Boston, MA: Houghton Mifflin Company.

Janks, H. (2010). *Literacy and Power*. New York: Taylor & Francis.

Krashen, S. D. (2005). Bilingual education and second language acquisition theory. In C. F. Leyba (Ed.), *Schooling and Language Minority Students: a theoretico-practical framework* (3rd ed., pp. 33−64). Los Angeles, CA: California State University, Evaluation, Dissemination and Assessment Center.

Lankshear, C., & Knobel, M. (2006). *New Literacy: Every Practices and Classroom Learning* (2nd ed.). Maidenhead, UK: Open University Press.

Lazar, G. (1996). Literature and language teaching: Exploring literary texts with the language learner. *TESOL Quarterly, 30*(4), 773−76.

Nieto, S. (2009). *Language, Culture and Teaching*. New York: Taylor & Francis.

Pollock, D. C. & Van Reken, R. E. (2001). *Third Culture Kids: The Experience of Growing Up Among Worlds*. Boston, MA: Nicholas Brealey Publishing.

Pugh, S. (1989). Literature, culture, and ESL: A natural convergence. *Journal of Reading, 33*(Jan), 320−29.

Seelye, H. N. (1987). *Teaching Culture: Strategies for Intercultural Communication*. Lincolnwood, IL: National Textbook Company.

Sheu, Hsiu-Chih (2008). The value of English picture story books. *ELT Journal, 62*(1), 47−55.

Snow, M. A. (2005). A model of academic literacy for integrated language and content instruction. In E. Hinkel (Ed.), *Handbook of Research in Second Language Teaching and Learning*. Mahwah, NJ: Lawrence Erlbaum Associates.

Trelease, J. (2006). *The Read-Aloud Handbook* (6th ed.). London, UK: Penguin Books.

Wiley, T. G. (2005). Second language literacy and biliteracy. In E. Hinkel (Ed.), *Handbook of Research in Second Language Teaching and Learning*. Lawrence Erlbaum Associates.

Willinsky, J. (1990). *The New Literacy: Redefining Reading and Writing in the School*. New York: Routledge.

찾아보기

인명

저자 소개

장인실(Insil Chang)

미국 노스캐롤라이나 대학교 교육과정과 수업 박사

현 경인교육대학교 교육학과 교수

    한국다문화교육연구원 원장

모경환(Kyung-hwan Mo)

미국 캘리포니아 대학교 버클리 캠퍼스 철학 박사(PhD)

현 서울대학교 사회교육과 교수

    평등과 다양성을 위한 세계교육연대(WCEDE) 상임이사

김윤주(Yoonjoo Kim)

고려대학교 한국어문화교육학 박사

현 한성대학교 크리에이티브 인문학부 교수

    고려대학교 한국어문교육연구소 편집위원

박철희(Cheolhee Park)

서울대학교 교육학 박사

현 경인교육대학교 교육학과 교수

임은미(Eun Mi Lim)

서울대학교 교육학 박사

현 전북대학교 교육학과 교수

    한국진로교육학회 연수위원장

조현희(Hyunhee Cho)

미국 워싱턴 대학교 교육과정과 수업 박사

현 홍익대학교 교육학과 교수

함승환(Seung-Hwan Ham)

미국 미시간 주립대학교 교육정책학 박사

현 한양대학교 교육학과, 다문화교육학과, 러닝사이언스학과 교수

다문화교육

Multicultural Education

2022년 3월 15일 1판 1쇄 인쇄
2022년 3월 25일 1판 1쇄 발행

지은이 • 장인실 · 모경환 · 김윤주 · 박철희 · 임은미 · 조현희 · 함승환
펴낸이 • 김진환
펴낸곳 • (주) **학지사**
⠀⠀⠀⠀⠀04031 서울특별시 마포구 양화로 15길 20 마인드월드빌딩
대표전화 • 02)330-5114⠀⠀⠀팩스 • 02)324-2345
등록번호 • 제313-2006-000265호

홈페이지 • http://www.hakjisa.co.kr
페이스북 • https://www.facebook.com/hakjisabook

ISBN 978-89-997-2617-0 93370

정가 19,000원

출판 · 교육 · 미디어기업 **학지사**

간호보건의학출판 **학지사메디컬** www.hakjisamd.co.kr
심리검사연구소 **인싸이트** www.inpsyt.co.kr
학술논문서비스 **뉴논문** www.newnonmun.com
교육연수원 **카운피아** www.counpia.com